"十二五"国家重点图书出版规划项目

非洲城市化建设实证研究丛书 / 甄峰主编

U0778089

非洲城市化建设

甄　峰　席广亮　魏宗财 等 编著

东南大学出版社

SOUTHEAST UNIVERSITY PRESS

南京·2016

内容提要

加强对非洲城市化建设研究，对中非合作的可持续发展具有重大意义。本书在参考国内外文献的基础上，以城市化建设为主线，系统梳理了非洲资源基础与城市经济增长、城市化发展的历程、空间格局、支撑体系等内容，并结合对非洲四国城市在乡村发展现状的考察和中国城市化的建设经验，提出非洲不同区域的城市化发展战略和策略建议。

本书可供从事中非投资与研究的人员学习参考，也可供从事城市研究、城市规划与相关专业的师生阅读。

图书在版编目（CIP）数据

非洲城市化建设 / 甄峰，席广亮，魏宗财等编著 . —
南京：东南大学出版社，2016.3
（非洲城市化建设实证研究丛书 / 甄峰主编）
ISBN 978-7-5641-6445-4

Ⅰ . ①非… Ⅱ . ①甄…②席…②魏… Ⅲ . ①城市建
设—研究—非洲 Ⅳ . ① F299.4

中国版本图书馆 CIP 数据核字（2016）第 067752 号

书　　名：**非洲城市化建设**
编 著 者：甄　峰　席广亮　魏宗财　等
责任编辑：徐步政　李　倩　　编辑邮箱：894456253@qq.com
文字编辑：莫凌燕

出版发行：东南大学出版社
社　　址：南京市四牌楼 2 号　　邮编：210096
网　　址：http://www.seupress.com
出 版 人：江建中

印　　刷：虎彩印艺股份有限公司　　排版：南京新洲制版有限公司
开　　本：787 mm×1092 mm　　1/16　　印张：14.75　字数：348 千
版　　次：2016 年 3 月第 1 版　2016 年 3 月第 1 次印刷
书　　号：ISBN 978-7-5641-6445-4　　定价：49.00 元

经　　销：全国各地新华书店　　　　发行热线：025-83790519　83791830

编写委员会

总 负 责：甄　峰　席广亮

编写成员：甄　峰　席广亮　魏宗财

　　　　　王　波　朱寿佳　陈映雪

总序

　　非洲幅员辽阔，资源丰富，人口众多，更是世界古人类和古文明的发祥地之一。自1847 年以来，非洲殖民地相继独立，非洲国家和地区经济社会发展逐渐恢复，个别石油矿产资源丰富的国家一度呈现出良好的发展势头。但长期以来殖民主义统治造成的非洲经济结构单一、经济增长不均衡、种族对立冲突与社会持续贫穷的乱象一直存在。当然，这些问题的表现形式和程度在不同非洲国家之间会有所不同。在非洲，经济社会发展的落后，并没有限制城市人口的增长。非洲大陆以"当今世界城市化增长最快的区域之一"而知名。根据联合国人居署的报告，非洲的人口城市化比例已经超过了 40%，且每年以平均 2% 的速度在增长。然而，我们也看到，伴随着快速城市化，是大量城市贫困及非正规经济等问题在非洲国家的普遍出现，大量城市居民生活在贫民区和无规划的环境中。同时，非洲大陆可耕地资源达 8 亿 hm^2，但其农业经济基础和发展水平与其土地的丰富程度相比，却显得极不相称，现在开发利用的耕地还不到 2 亿 hm^2。长期以来，非洲各国粮食供应不足，粮食安全状况十分脆弱。这些都是困扰非洲未来发展的难题。

　　中国与非洲同为世界文明的发源地，中非友谊与合作源远流长。半个世纪以来，中非友好合作关系经受住了国际风云变幻的考验，得到不断巩固和发展。中国经济发展和对能源、原材料的巨大需求，非洲作为资源丰富的广袤大陆，和中国在经济上存在重要的互补性。同时，随着我国经济持续发展和综合国力的增强，中国正逐步增加对非援助，为消除贫困、实现联合国千年发展目标积极贡献。2000 年，中非合作论坛的建立，为中非关系发展提供了新的互利共赢的合作平台。2006 年，中国政府《中国对非洲政策文件》的出台，更是明确提出与非洲共建政治上平等互信，经济上合作共赢，文化上交流互鉴的新型战略伙伴关系。在战略利益上，非洲国家与中国在众多国际事务中一直相互支持，成为共同发展的重要伙伴。目前，国营和民营企业两千多家已走入非洲，中方专家、职工已有数十万之众在非洲辛勤耕耘，给非洲和中国人民带来了共同利益。可以说，作为世界上经济发展最快的国家，中国为非洲的发展做出了重大贡献，已经成为对非洲投资规模最大的发展中国家。2000 年中非贸易额为 106 亿美元，2014 年中非贸易额则增至 2 200 亿美元，中国已成为非洲第一大贸易伙伴。

　　在非洲地区的工业化与城市化过程中，中国因素正在发挥着日益重要的作用，推动了非洲地区城市与区域的发展。中国正在积极推进与非洲国家在金融、电信、旅游、航运、服务贸易等领域的合作，这将进一步推进非洲国家工业化与城市化进程。2013 年 3 月，国务院授权三部委发布的《推动共建丝绸之路经济带和 21 世纪海上丝绸之路的愿景与行动》中，明确将非洲作为"一带一路"战略的实施区域之一。在此基础上，2015 年，中国与非洲联盟签署了一项长达 48 年，覆盖几乎非洲全境的交运开发备忘，涉及高铁、高速公路、航空和工业化基建等所有相关设施。中国与非洲在资源开发、能源合作、人才流动、资金与技术输出等方面也建立了进一步的紧密合作。

　　改革开放以来，中非学术研究与交流取得了重大进步，非洲学研究也步入了一个新的台阶。尽管中国对非洲研究取得了很大的成绩，但同美国、英国、法国等发达国家相比较，中国的非洲学研究力量还显得相对薄弱。在温家宝总理推动的"中非联合研究交流计划"

的实施推动下，国家相关部委如外交部、中联部、商务部、农业部等都日益重视对非问题的研究，对非研究已经成为新的热点，也是国家战略的必然选择。同时，中国国家、地方政府及企业广泛参与了非洲的基础设施项目，一些非洲项目也获得了中国政府的援助，这促使中非在城乡规划与建设领域的合作与交流日益增多。可见，随着非洲国际地位的提升以及中非新型战略合作伙伴关系的建立，非洲研究也将面临新的发展机遇，逐渐成为"显学"。

当前中国对非洲研究的成果主要集中在对非洲现有资源、环境、文化、国际关系等方面内容的描述性解释，与"火热"的经济联系相比，我们在非洲国家与城市研究方面，仍然是相当薄弱，在系统性、实证性研究方面更是非常缺乏。由于对非洲基础研究的缺乏，非洲学研究的理论框架并不清晰，这不仅使得国家对非政策建立方面理论与实践支撑不足，也使得国内学术界及普通民众对非洲国家与城市发展的现状、问题等都不了解。目前为止没有专门的丛书去系统分析、研究非洲国家和城市发展，国内学者发表的针对非洲国家和城市研究的论文相对欧美国家也是非常稀少。

展望未来，从全球层面来看，非洲将是中国最理想的海外投资地。中国与非洲国家同为发展中国家，而中国拥有向非洲社会发展提供综合性解决方案的能力，即非洲发展所需的任何资源(资本、技术、管理、设备等)中国都能系统提供。中国的成功发展模式对非洲也很有启发意义。因此，在新的国际政治经济环境下，加强对非洲国家与城市的研究已经成为中国国家战略的重要考量。教育部目前也在推动学术研究"走出去"，对非洲的研究无疑是中国学术研究"走出去"的首要选择。

该套丛书试图立足于新的国际地缘政治与文化背景，从中非互惠共赢、战略伙伴的关系出发，对非洲当前国家与城市层面一些重点与热点问题进行研究与梳理，从新的角度去阐释非洲国家与城市的资源分布、产业开发与园区建设、交通网络建设、城市化与城市体系等方面内容。希望本丛书的出版，既为非洲学术研究提供丰富的基础资料与重要理论观点，也为国家和企业的对非政策提供可靠的决策和参考依据。不仅在理论上丰富"非洲学"的研究，在实践上也能为国家和企业的战略规划提供相应的支撑。

甄峰
中国非洲问题研究会副会长
中非人民友好协会理事
2015 年

序言

《非洲城市化建设》是一部着重阐述非洲城市问题的专著。我有幸在该书出版前阅读全稿,受益良多。

尽管非洲城市化起步较晚,但发展迅速。自20世纪中叶以来,非洲城市化呈加速之势,并将持续较长时间,非洲的城市化和工业化发展越来越成为全球关注的焦点。全球化、工业化、人口膨胀以及频繁的战乱是推动非洲城市化快速发展的重要原因。一方面,全球化深度影响,为非洲的现代工业经济发展和城市发展创造良好的外部动力。另一方面,非洲人口迅速增长、贫困、政治动荡等因素在导致城市人口爆炸式增长的同时,也带来了严重的城市社会问题,如城市贫困、就业严重不足、基本公共服务设施严重短缺等"城市病"。这已成为学术界广泛关注的热点,国内外学者在积极寻求解决"城市病"的策略和方法,以促进非洲可持续的城市化发展。

在当今世界和平与发展环境下,非洲城市化发展的政治社会环境和制度趋于稳定,全球化、信息化和国际贸易深入发展,非洲经济结构将得到进一步的调整和优化,多元化的经济体系将逐步建立起来,成为非洲城市化快速发展的重要经济保障,非洲人口和劳动力的巨大潜力也将推动城市化快速发展。同时,也应当清楚地看到当前及未来非洲城市化建设所面临的巨大挑战,如何应对服务设施建设与管理、经济结构调整和就业保障、城市贫困、人居环境改善、气候变化等挑战,优化城市化空间格局,提升城市发展质量,是在推进非洲城市化建设中需要深入研究和思考的重要领域。

21世纪以来,在"中非合作论坛"精神指引下,中非关系在贸易、投资、承包合作、发展援助等领域均取得了巨大的成就。中国在推动非洲城市基础设施建设、矿产资源开发、产业园区建设、工程建设等城市建设方面发挥了巨大的作用,但国内学者对于非洲城市发展和城市化的研究相当薄弱,因此加强非洲城市地理、城市规划方面的研究,然其对当前推动中非命运共同体发展、提升非洲城市化建设质量具有重要的理论和实践意义。

甄峰教授长期重视非洲的研究工作,先后赴非洲多个国家进行实地考察调研,特别是在非洲区域经济增长和城市发展方面的研究成果颇丰。本书着重聚焦非洲城市化建设,为读者全面系统地阐述了非洲城市化发展的特征和战略,从非洲区域、国家和城市等不同尺度,分析非洲城市化发展的现状特征、过程、空间格局、动力机制和发展战略等内容,帮助我们更加深入地理解非洲城市发展。

该书的研究框架中,特别强调了中国对非援助在促进非洲城市发展和城市化建设中的作用。甄峰教授在非洲城市和乡村考察的基础上,对非洲城市和乡村发展提出了独特的见解,并从中国城市化发展经验借鉴的角度,提出非洲城市化发展的策略,难能可贵。

非洲正处于城市化加速发展的阶段,为全球经济发展、国际贸易提供了非常广阔的资源、市场和空间。《非洲城市化建设》编撰成书,恰逢其时,可以说这是一部结构严谨、思路清晰、图文并茂的学术著作,值得一读。

在该书出版之际,甄峰教授嘱我作序,我谨将感受写下来,不揣浅陋,聊以塞责。但愿我国的城市地理学者结合中国在推动城市化建设过程中积累的丰富经验,从理论与实践上对非洲城市问题解决和健康可持续的城市化发展做出更多实质性的探索,研究成果越来越丰硕。

姜忠尽

前言

 非洲大陆是当今世界城市化增长最快的区域之一。根据联合国人居署的报告，非洲的城市化率已经超过了40%，每年平均2%的城市化速度已经超过了亚洲。非洲城市化发展逐渐成为全球关注的焦点。但是，伴随着城市化的快速发展，非洲国家普遍存在城市贫困及非正规经济等问题，大量城市居民生活在贫民区和无规划的环境中，非洲城市化问题十分突出。同时，非洲大陆幅员辽阔，土地资源丰富，可耕地资源达8亿hm^2，但其农业经济基础和发展水平与其土地的丰富程度相比，却显得极不相称，现在开发利用的耕地还不到2亿hm^2，乡村发展对城市化的推动作用较弱。

 20世纪80年代以来，非洲国家陆续实现了国内政治的和平稳定，在此基础上推进区域和国家一体化发展和行政管理创新，以及经济、全球贸易领域的改革，为资源开发、工业经济发展和城市建设提供了良好的制度环境和内部动力。同时，经济全球化的深入发展，极大地促进了贸易自由化、金融国际化和生产一体化，而信息化与高新技术发展引起的国际分工的深刻变化，加速了资本、货物、人才、技术、信息等要素向非洲转移，拉动了非洲的外商投资，提升了非洲内部以及非洲同其他区域的经济贸易水平。大量的外商投资和先进技术、管理经验进入非洲，带动了非洲国家对传统产业改造和经济改革，从而有效改善和提高了非洲城市的生产力与资源开发利用水平，对于增加城市就业机会、提高经济效率、改善城市环境、增强城市经济活力等有着积极意义。而非政府组织和国际援助在维护非洲地区和平、提供社会服务和社会救助方面具有很大影响，在这些因素的影响和推动下，非洲国家将迎来工业化与城市化的加速发展时期。

 伴随着中国经济的增长与中非全面战略伙伴关系的建设，中国对非投资规模越来越大。中国不仅仅投资于非洲国家的石油矿产资源，同时也投资非洲城市的基础设施、住宅、港口、工业园区建设和农业发展，这些都直接或间接地促进了非洲的城市化建设和乡村发展。因此，加强非洲城市化建设研究，对于中非合作的健康可持续发展具有重大意义。相对于西方对非洲几百年的研究和关注，国内对于非洲的研究总体上还处于起步阶段，尤其是对非洲城市化建设的研究几乎为空白。在非洲地区的工业化与城市化过程中，中国因素正在发挥着日益重要的作用。中国正在积极推进与非洲国家在金融、电信、旅游、航运、服务贸易等领域的合作，这将进一步推进非洲国家工业化与城市化进程。因此，迫切需要开展非洲国家城市化建设的影响机制、空间格局、发展战略及支撑体系的研究，进而针对性地提出城市化与乡村发展政策。从非洲国家国情出发，认真研究、借鉴中国城市化发展的有益经验，有助于促进非洲国家城市化与乡村建设健康、快速发展。

 本书在参考国内外文献的基础上，以城市化建设为主线，系统梳理了非洲资源基础与城市经济增长、城市化发展的历程、空间格局、支撑体系等内容，结合对非洲四国（南非、刚果民主共和国、刚果共和国和马里）城市与乡村发展现状的考察和中国城市化建设经验，提出非洲不同区域的城市化发展战略和策略建议。城市化研究是一项系统性、长期性和复杂性的工作，由于研究覆盖内容较为宽广，文献资源和数据有限，以及作者水平的限制，书中难免有不少缺陷和不足，望广大读者朋友提出宝贵意见。

 本书的主要内容和分工如下：第1章由魏宗财撰写。主要分析非洲国家资源基础与城市经济增长，包括非洲的地理环境、矿产、农林产品、水利等资源禀赋情况，民主化进程和社会文化，以及主要国家和城市的经济增长。第2章由朱寿佳撰写。在介绍城市化发展历程基础上，分析非洲城市化的总体态势和不同区域的城市化发展现状，并从发展质量和动力、城乡差距、城市贫困、设施配套和环境等方面总结了非洲城市化存在的问题。第3章由王波撰写。研究了非洲国家人口的空间分布差异与特征，城市化发展的时空变化，以及不同区域城市空间分布格局、城市空间体系和城镇集聚区发展等内容。第4章由席广亮撰写。剖析气候环境和自然灾害、人口增长、经济发展、历史和民族冲突等因素对非洲城市化发展的影响，在此基础上从内部和外部两个层面分析了非洲国家城市化发展的动力机制。第5章由陈映雪撰写。从交通运输体系、能源电力供给、生态环境、人力资源、公共服务体系、城市管治等六个方面分析其对非洲城市化的支撑状况及发展方向和对策建议。第6章席广亮撰写。在分析非洲城市化面临的挑战、机遇和发展趋势之后，从经济振兴与沿海中心城市建设、人口集聚与内陆中心城市培育、农业现代化与乡村城镇建设提出非洲城市化发展战略。第7章由甄峰撰写。详细介绍了考察南非等四国城市与乡村发展的情况，基于实际考察梳理非洲国家城乡发展的区域特征和主要问题，进而提出中国城市化建设经验对非洲的借鉴作用。章雨晴、尹秋怡、封蓉协助完成部分图件制作、文字修改。全书最后的统稿与审定由甄峰、席广亮完成。

甄峰

2015年10月25日

目录

1 非洲国家资源基础与城市经济增长

　　非洲，全称为"阿非利加洲"[①]，位于地球东半球，东濒印度洋，西临大西洋，北隔地中海和直布罗陀海峡与欧洲相望，东北角以苏伊士运河与亚洲相接。赤道大致平分整个非洲大陆为南、北两部分。南、北回归线横贯南北两部，全洲四分之三以上的面积位于南、北回归线之间，热带、亚热带地区占全洲面积的 95% 以上（图 1-1）。

　　非洲南北全长 8 100 km，东西全长 7 500 km，面积为 3 022 万 km²，约占全球陆地总面积的 20.4%，是中国面积的 3 倍以上。根据世界银行统计，2012 年非洲人口总数约 11.04 亿，约占全球人口总数的 15.77%。其中城市人口为 4.40 亿人，城市化率约为 39.86%，按照城市化发展的国际经验，非洲整体上已经进入城市化中期发展阶段。目前非洲有 55 个国家。据世界银行 2013 年统计，非洲人口主要集中在几内亚湾和非洲东部，人口较多的国家包括尼日利亚（1.6 亿）、埃塞俄比亚（0.91 亿）、埃及（0.81 亿）、刚果（0.66 亿）、南非（0.51 亿）、坦桑尼亚（0.48 亿）、肯尼亚（0.43 亿）等，这些国家人口数量合计 5.4 亿，约占非洲人口总数的 49%。

图 1-1　非洲在全球中的位置

1.1　非洲资源禀赋

　　非洲自然资源富饶，矿产、农业、林业、水力以及旅游资源等十分丰富。非洲拥有世界上最重要的 50 种矿产，其中石油、天然气、黄金、钻石等矿产的蕴藏量位居世界第一。可可、咖啡、棉花、小麦、玉米、高粱和棕榈油等农林特产品享誉全球。另外，非洲还是世界古人类和古文明的发祥地之一，历史积淀深厚，地域文化丰富，拥有很多独特的旅游文化资源。

1.1.1　得天独厚的矿产资源

　　作为世界上最古老的大陆，非洲在矿产资源方面拥有得天独厚的条件。在漫长的地质演变过程中，非洲大陆生成了多种多样的矿体，特别是作为非洲构造基底的前寒武系岩层中，由于岩层的变质程度不同，富集了众多大型的金属矿藏，如铬、钛、钒、钴、铂、金、铀、铁矿等。后期的岩浆活动也生成了多种重要的矿藏，其中最著名的是白垩纪喷发的金伯利岩筒（金刚石的原生矿体），广泛分布在非洲南部地区。沉积矿藏有南部非洲的煤、锰矿，北部非洲的硝酸盐矿，西部非洲的铝土矿和北部非洲、西部非洲的石油等。

非洲的矿产资源无论是已探明的蕴藏量还是产量，在世界上均占有举足轻重的地位，享有世界"矿产资源宝库"的美誉，当然这也是非洲绝大多数国家在历史上沦为资本主义殖民地的重要原因。当前，非洲17种矿产资源储量位居世界第一。例如全球铂金属储量的90%、金刚石储量的60%、钻石矿储量和金矿储量的50%以上、磷矿储量的40%以上、锰矿和铝土矿储量的30%，以及铀、铬、铁、钒和钛矿储量的20%以上等都集中分布在非洲。此外，铅、锌、锑、重晶石等矿产资源储量也相当可观。而且，非洲大多数的矿产具有品位高、分布连续、易于规模化开采的特点。

另外，非洲的石油和天然气资源储量也非常丰富。20世纪50年代中期，在北部非洲的撒哈拉、西部非洲的几内亚湾和大西洋沿岸先后发现重要的含油气盆地，这拉开了非洲作为世界上重要能源供应基地的序幕。自从发现油气资源以来，非洲油、气藏探明储量一直呈快速增长的态势。据英国石油公司调查，截至2010年，非洲石油探明储量为1 321亿桶（图1-2），约占世界的9.6%，属世界六大产油区之一，同时也是近年来全球石油储量和产量增长最快的地区。此外，非洲天然气开发进展也较快，非洲大陆已探明的天然气储量为14.66万亿 m^3，占世界总储量的7.9%[1]，是世界重要的天然气储产区，拥有巨大的投资潜力。

非洲的矿产资源分布还具有地域集中化的特点，即某种资源相对密集地分布在同一区域或某些相邻国家，不同的地区有不同的资源优势。以油气资源为例，非洲70%以上的油气资源和产量集中在北部非洲和西部非洲。其中阿尔及利亚、埃及、尼日利亚和利比亚被誉为"四大国俱乐部"，它们在非洲油气资源的生产与供应方面占据绝对优势地位。钻石矿集中分布在博茨瓦纳、刚果民主共和国、南非、纳米比亚和安哥拉等中南部非洲国家。金矿集中分布在南非、加纳、马里、几内亚等西部非洲国家。铜矿和钴矿集中分布在刚果民主共和国、赞比亚、南非等中南部非洲国家。铝土矿集中分布在几内亚、塞拉利昂、加纳等西部非洲国家。铁矿集中分布在南非、津巴布韦等南部非洲国家和毛里塔尼亚、尼日利亚等西部非洲国家。铀矿集中分布在南部非洲的纳米比亚、南非和马拉维及西部非洲的尼日尔[2]。这种集中化的矿产资源分布态势虽然确保了非洲在

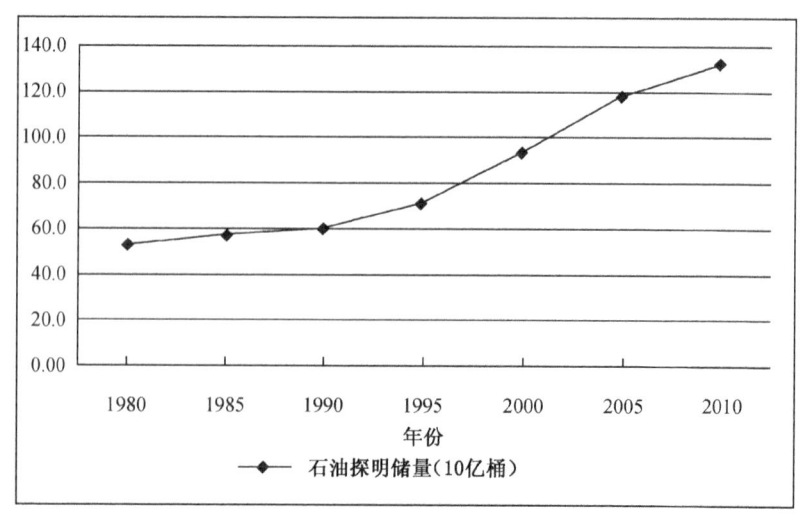

图1-2　非洲石油探明储量变化图（1980—2010年）

界能源版图中的地位，但也导致了其能源生产和供应的区域不均衡，一些经济与城市化水平相对较高的国家的发展仍受到能源与电力供应的限制。

非洲经济发展对矿产资源具有强烈的依赖性。非洲的富裕国家几乎均为矿产资源丰富的国家，即开采及出口丰富的矿产资源（特别是石油、金矿、铜矿）是许多非洲大城市、城镇集聚区发展的重要动力。例如，非洲西部的几内亚湾及北部的地中海等沿岸的许多城市的迅猛发展得益于丰富石油资源的开采，而非洲南部许多城市与城镇集聚区的发展得益于威特沃特斯兰德山脉丰富的金矿资源等的开采及出口，这里聚集了南非约98%的黄金资源。

具体到油气资源分布，在非洲18个油气生产国中，有9个产量高于1亿吨，属于产油大国。参考英国石油公司出版的世界能源统计年鉴，下面简要介绍利比亚、安哥拉、尼日利亚等国家的石油储量情况（表1-1）。

表1-1　非洲国家石油及天然气储量表

国家及地区 \ 年份	1990 石油（亿吨）	1990 天然气（亿m³）	1995 石油（亿吨）	1995 天然气（亿m³）	2000 石油（亿吨）	2000 天然气（m³）	2005 石油（亿吨）	2005 天然气（亿m³）	2010 石油（亿吨）	2010 天然气（亿m³）
阿尔及利亚	12.12	33 000	13.14	36 900	14.90	45 230	16.16	45 042	16.07	45 040
安哥拉	2.14	—	4.12	—	7.87	—	11.90	—	17.78	—
埃及	7.38	3 790	5.29	6 450	4.02	14 330	5.07	18 950	5.93	22 100
利比亚	30.03	12 080	38.86	13 130	47.42	13 140	54.62	13 160	61.15	15 490
尼日利亚	22.52	28 400	27.43	34 740	38.20	41 060	47.71	51 520	49.00	52 920
苏丹	3.95	—	3.95	—	7.90	—	8.43	—	8.83	—
非洲合计	77.35	85 530	94.78	99 300	123.01	124 640	154.86	140 682	173.97	147 268
世界总计	1 364.9	1 190 955	1 374.2	1 396 201	1 402.0	1 493 811	1 750.3	1 710 405	1 888.0	282 818

利比亚拥有丰富的油气资源，是非洲地区重要的欧佩克石油生产国。2010年利比亚石油储量为61.15亿吨，居世界第九位，非洲第一位；天然气剩余探明可采储量为1.55万亿m³，居非洲第四位。同时利比亚油气资源勘探潜力较大，目前已勘探区域仅占国土面积的25%，陆上和海域都拥有许多未勘探的区域，未探明石油储量预期可达1 000亿桶。

安哥拉石油资源丰富，尤其是海上石油生产，是目前非洲第二大石油生产国，2010年石油储量为17.78亿吨，但天然气产量很低。当前石油出口收入占到该国国内生产总值的一半以上。

尼日利亚位于被誉为世界海上油气区"金三角"的非洲西部海区，油气能源资源丰富。该国共有油田175个，油田面积虽小，但油品好、产量高。目前，尼日利亚石油储量为49.0亿吨，居世界第十位；天然气储量为5.29万亿m³，居世界第七位。尼日利亚和利比亚两国的天然气储量相当大，占到全非储量的2/5以上。

阿尔及利亚是非洲第二大国，拥有丰富的油气资源，是欧佩克组织的成员国。该国具有相当大的石油储量和生产成长潜力，有"北非油库"之称。2010年，阿尔及利亚已探明的石油储量为16.1亿吨，居世界第十五位；天然气储量4.5万亿m³，居非洲第二位。该国撒哈拉东部地区是主要的石油产区。

埃及自从 20 世纪 90 年代以来，对油气资源进行了大量密集的勘探工作，储量大幅增长，逐渐成为石油和天然气大国，2010 年石油储量为 5.93 亿吨，其炼油能力居非洲大陆首位。埃及的石油产区按地理位置可分为四块，即苏伊士湾产区、西奈半岛产区、西部沙漠和东部沙漠产区。其中以苏伊士湾产区的原油产量最大，占埃及石油总产量的 78%，西奈半岛占 5%，沙漠地区共占 17%。最近 20 年，尼罗河三角洲发现了世界级的天然气蕴藏带，埃及的能源战略开始从石油向天然气转移。

苏丹地广人稀，资源丰富，特别是丰富的石油资源已经成为苏丹经济发展的基础。2010 年，苏丹石油探明储量 8.83 亿吨，天然气储量相对较少。美国雪佛龙公司在苏丹南部发现一些高产油田后，曾经预言苏丹原油储量"比伊朗和沙特阿拉伯加在一起还要多"。目前，据专家估计，苏丹石油储量超过 1 800 亿桶，仅次于沙特阿拉伯，居世界第二。

1.1.2 广袤神奇的"高原大陆之洲"

非洲素有"高原大陆"之称。在广袤的陆地地域中，海拔 200~2 000 m 的高原和台地占全洲面积的 86.6%，海拔 2 000 m 以上的山地占 3.7%；海拔 200 m 以上的平原和低地仅占 9.7%，主要分布在全洲沿海的狭窄地段。另外，非洲大陆上 65% 的土地是旱地，其中 1/3 是极干旱地区，其余 2/3 是干旱、半干旱和半湿润地区[3]。

总体来讲，非洲虽是高原大陆，但地形相对平缓，高寒山区较少，95% 的面积属热带和亚热带，土地和热量资源十分丰富。根据联合国粮农组织的统计，2005 年非洲土地资源总量为 2 970 万 km^2，居世界各大洲第二位。其中农用土地面积 1 780 万 km^2，非农用地 1 190 万 km^2，农用土地占土地总面积比重为 59.93%，低于 68.55% 的世界平均水平。在农用土地中，耕地 2.39×10^8 hm^2，草地牧场 9.07×10^8 hm^2，森林 6.35×10^8 hm^2，三者分别占农用土地总量的 13.4%、51.0% 和 35.7%[4]。从各类型土地的比重来看，非洲耕地和森林的比重偏低，非农用地比重偏高，这也是非洲一些国家常年出现饥饿现象的重要原因[5]。

由于难以获取非洲土地利用变化的最新数据，一些学者通过遥感解译等技术手段来分析土地利用的变化情况。李丽、黄贤金等基于 2000 年与 2009 年非洲土地利用与覆被遥感数据，结合土地利用变化模型研究了非洲土地利用与土地覆被变化的时空特征。李丽等学者的研究结论表明，21 世纪初的 10 年间，非洲处于土地利用快速变化期，土地总变化量为 645.22 万 km^2，占非洲总面积的 21.70%[6]。2000 年和 2009 年非洲土地利用的主要类型均为林地和其他土地，草地、耕地次之，水域、建设用地面积最小。另外，2000—2009 年非洲的土地利用与土地覆被类型结构发生了重大变化：

（1）耕地迅猛增加，由占全洲土地总量的 13.62% 上升到 16.23%，草地急剧减少，由占全洲土地总量的 19.58% 下降到 14.26%，其他类型用地相对稳定。这与非洲近年来人口快速增加、经济迅速发展急需开垦大量耕地有着密切联系。

（2）土地荒漠化有所加剧。十年间非洲荒漠的面积增加了 8 万 km^2，增量的 93.3% 来自于草地，4.9% 来自于耕地。而非洲土地利用类型的主要分布区基本没有变化。耕地主要分布在赤道至北纬 20° 之间的几内亚高原、曼丁哥高原、乍得盆地、尼罗河上游盆地、维多利亚湖四周、阿特拉斯山以北的区域、尼罗河入海口和马达加斯加岛的东南部；林地主要分布在几内亚湾、刚果盆地和马达加斯加岛的西北部部分区域；草地主要分布在北纬 20° 与北纬 10° 之间撒哈拉沙漠以南的热带草原分布区、非洲的西南角及马达加斯加岛的西南部；其他土地主要为撒哈拉沙漠及南回归线附近非洲西部的纳米布沙漠[6]。

根据联合国粮农组织调查，2005 年非洲各大区域的土地的总数量、结构以及人均数量均存在较大的差异（表 1-2）：

（1）从数量上看，南部非洲最多，为 $11.96 \times 10^8 \, hm^2$；北部非洲次之，数量约 $11.25 \times 10^8 \, hm^2$；西部非洲和中部非洲分列第三、四位，分别为 $9.89 \times 10^8 \, hm^2$、$8.64 \times 10^8 \, hm^2$，而东部非洲最少为 $5.77 \times 10^8 \, hm^2$。在农业土地方面，南部非洲的数量最多，高达 $5.46 \times 10^8 \, hm^2$，西部非洲、中部非洲次之，分别为 $3.55 \times 10^8 \, hm^2$、$3.38 \times 10^8 \, hm^2$，东部非洲最少，仅为 $2.31 \times 10^8 \, hm^2$。

（2）从人均农业土地方面看，中部非洲人均量最高，为 $5.45 \, hm^2$，南部非洲和北部非洲次之，分别为 $4.37 \, hm^2$ 和 $4.30 \, hm^2$，东部非洲最少，为 $1.65 \, hm^2$。

（3）从耕地面积来看，西部非洲的耕地面积最多，为 $0.86 \times 10^8 \, hm^2$。受西南季风影响，尼日利亚、加纳、多哥、贝宁等国所在的环几内亚湾地区水热条件较好，耕地资源相对集中。北部非洲（$0.48 \times 10^8 \, hm^2$）、东部非洲（$0.42 \times 10^8 \, hm^2$）、南部非洲（$0.41 \times 10^8 \, hm^2$）等三个地区的耕地面积相近，分别位列第二、三、四位，但数量仅相当于西部非洲的一半，其中北部非洲的耕地集中分布在尼罗河沿岸和地中海沿岸的苏丹、埃及、摩洛哥、阿尔及利亚等国，东部非洲的耕地主要分布在埃塞俄比亚、坦桑尼亚、乌干达等国，南部非洲的耕地主要分布在东南部气候相对湿润地区的南非、赞比亚、莫桑比克等国；中部非洲的耕地面积最少，为 $0.23 \times 10^8 \, hm^2$，约是西部非洲的 1/4，集中分布在喀麦隆、刚果民主共和国、乍得等国。

（4）从草地牧场来看，南部非洲面积最大，为 $3.21 \times 10^8 \, hm^2$，在南非共和国、安哥拉、莫桑比克等国家分布较广。西部非洲、北部非洲次之，面积分别为 $1.93 \times 10^8 \, hm^2$、$1.89 \times 10^8 \, hm^2$，西部非洲的尼日利亚、尼日尔、毛里塔尼亚等国家较为丰富，北部非洲的苏丹、摩洛哥等国较为丰富。东部非洲以埃塞俄比亚、索马里、肯尼亚、坦桑尼亚等国为多，面积约为 $1.24 \times 10^8 \, hm^2$。中部非洲的草地牧场面积最少，约为南部非洲的 1/4，以刚果共和国、刚果民主共和国、乍得等国较为丰富。

（5）在森林方面，中部非洲资源最为丰富，面积 $2.35 \times 10^8 \, hm^2$，以刚果民主共和国最多，这里有世界重要的热带森林区。南部非洲次之，面积约为 $1.84 \times 10^8 \, hm^2$，以安哥拉、赞比亚等国家较丰富。北部非洲和西部非洲的森林资源储量相当，均为 $0.76 \times 10^8 \, hm^2$，西部非洲的森林较多分布在尼日利亚、马里、科特迪瓦等国。东部非洲的森林面积最少，为 $0.65 \times 10^8 \, hm^2$，集中在坦桑尼亚、埃塞俄比亚等国[5]。

表 1-2　2005 年非洲各地区土地资源数量比较（单位：$\times 10^8 \, hm^2$）

项目		中部非洲	北部非洲	东部非洲	西部非洲	南部非洲
农业土地	合计	3.38	3.13	2.31	3.55	5.46
	耕地	0.23	0.48	0.42	0.86	0.41
	草地牧场	0.80	1.89	1.24	1.93	3.21
	森林	2.35	0.76	0.65	0.76	1.84
非农用地		1.88	4.99	1.15	2.80	1.04
合计		8.64	11.25	5.77	9.89	11.96
人均农业土地（hm^2）		5.45	4.30	1.65	2.32	4.37

尽管非洲的土地资源总量比较丰富，但适耕土地比例仅占土地总面积的21%。结合庞大的人口基数以及持续壮大的人口增量，非洲的人均土地占有量比较低。另外，据前文分析，当前非洲的土地利用在结构上具有不均衡性，非农用地所占比重过大，而耕地比重相对较小。而这种土地利用结构在很大程度上制约了非洲农业的发展，特别是种植业的发展，也是造成非洲粮食危机的重要因素。而非洲的气候和水汽分布差异造成了非洲不同区域土地资源结构的差异，这也是非洲粮食短缺问题在某些区较为突出的原因之一[5]。另外，非洲土地资源也存在着区域维度上的不均衡性。南部非洲的土地资源和农业土地资源数量最多，而东部非洲在两个指标方面均为最低。从人均数量方面看，中部非洲人均量最高，东部非洲人均量最低，不足中部非洲的1/3[6]。从空间结构来看，环几内亚湾地区和尼罗河流域耕地数量相对集中；受热带草原气候影响，草地牧场在非洲各次区域都有大面积分布；森林则在中部非洲刚果河流域最为集中。此外，非洲的耕地资源还面临严重的土地侵蚀问题，这在非洲不同地区存在显著的差异。总体来说，北部非洲的土壤受到良好的管理和保护，而绝大多数专家认为撒哈拉以南非洲的土壤遭遇了世界上最为严重的侵蚀。一些专家认为约20%的非洲农田严重退化。

1.1.3 辽阔的热带林地与珍稀农林特产品

非洲森林资源丰富，类型多样。根据联合国粮农组织 (Food and Agriculture Organization of the United Nations, FAO) 的统计，2010 年非洲大陆的森林面积为 674.42 万 km^2，占世界森林面积总量（4 033.06 万 km^2）的 16.72%，非洲的森林覆盖率为 23%，低于 31% 的世界平均水平[7]。非洲是世界热带木材的主要产区之一，非洲热带木材占世界热带木材市场的份额为 7%。非洲森林的经济价值很高，盛产红木、黑檀木、花梨木、柯巴树、乌木、樟树、栲树、胡桃木、黄漆木、栓皮栎等珍贵木材[8]。

在非洲大陆内部，森林资源的分布和覆盖率存在较大的差异。据联合国粮农组织统计，西部和中部非洲的森林面积最大，为 328.09 万 km^2，占全球森林面积总量的 8%，其森林覆盖率高达 32%；其次是东部和南部非洲，其森林面积为 267.52 万 km^2，占全球森林面积总量的 7%，森林覆盖率为 27%；北部非洲的森林面积最小，为 78.82 万 km^2，仅占全球森林面积总量的 2%，其森林覆盖率为 8%（表 1-3）。

非洲森林大部分为天然林，且以阔叶林占绝对优势，约占非洲森林面积的 99%、木材积蓄量的 97%，占全世界阔叶林总量的 1/4 以上，而针叶林面积还不到全世界针叶林面积总量的 1%[9]。非洲森林资源的类型主要包括西部非洲和中部非洲的热带雨林，东部非洲和南部非洲的热带干燥森林，北部非洲和南端的亚热带混交林和山地林以及海岸带的红树林等，另外还有少量的人工林地[10-11]。

表 1-3　2010 年非洲各地区森林覆盖情况

区域 / 次区域	森林面积		
	数量（万 km^2）	森林面积覆盖率（%）	占全球森林面积比重（%）
东部和南部非洲	267.52	27	7
北部非洲	78.82	8	2
西部和中部非洲	328.09	32	8
非洲（合计）	674.42	23	17
世界（总计）	4 033.06	31	100

非洲热带雨林的总面积高达 2 亿 hm^2，占全世界热带雨林总面积的 1/4，也是世界第二大热带雨林分布区，仅次于南美洲亚马逊热带雨林区。非洲热带雨林的植物品种

异常丰富，超过1万种，其中3 000多种是非洲独有品种。然而，非洲木材总蓄积量虽大，但适合工业采伐的蓄积量并不多[7]。热带旱季落叶林广泛分布于东非和中南非的许多地区，是仅次于热带雨林的第二木材产区。热带稀树草原林在非洲广泛分布，约占非洲总面积的40%，是世界最大的热带稀树草原分布区，也是世界上此类植被发育最为典型的地区，但木材蓄积量、生产率和商品价值都较低。

非洲森林资源分布极不平衡，在各次区域间存在很大的差异。非洲的森林资源主要集中分布在中部非洲和南部非洲。据联合国粮农组织统计，当前非洲森林面积居前10位的国家依次为：刚果民主共和国、苏丹、坦桑尼亚、赞比亚、中非共和国、安哥拉、喀麦隆、刚果、加蓬和莫桑比克，它们的森林面积均在1 600万 hm^2 以上，合计占非洲森林总面积的65.5%[7]。中部非洲六国——赤道几内亚、加蓬、刚果共和国、刚果民主共和国、喀麦隆和中非共和国等共同占有刚果盆地热带雨林资源，森林覆盖率达48.3%。其中仅刚果民主共和国一国森林覆盖面积就高达1.35亿 hm^2，加蓬森林覆盖率高达69.3%，赤道几内亚森林覆盖率为63.5%。南部非洲的森林覆盖面积达1.95亿 hm^2，森林覆盖率为30%。其中安哥拉森林覆盖面积最大，其次是赞比亚和莫桑比克。西部非洲森林面积占全非森林覆盖面积总额的13%，木材蓄积量预计约为50亿 m^3。几内亚比绍是该地区森林覆盖率最高的国家，约82%，居非洲各国之首。东部非洲的苏丹森林覆盖面积约6 163万 hm^2，位居该地区之首。北部非洲则是少林和无林国家，覆盖率仅为1.2%。即使在该地区森林覆盖面积最大的摩洛哥，森林覆盖率也只有6.8%[7]。

虽然非洲森林资源丰富，但当前许多国家都存在毁林开荒和森林严重退化的问题。在非洲，为了扩大农耕面积，毁林开荒是十分常见的现象。20世纪初，非洲热带雨林资源还极其丰富，是仅次于拉丁美洲的世界第二大热带雨林区，森林覆盖率达60%以上，而现在该数字已不到10%。纵观世界范围内森林面积的净减少量，非洲名列第二[7]。据联合国粮农组织统计，以森林面积的年度变化指标为例，非洲在1990—2000年，森林面积年均约减少4.07万 km^2，约占同期世界森林面积减少总量的49%，其中东部和南部非洲地区年均减少面积最多，为1.84万 km^2，而西部和中部非洲的年均减少面积次之，为1.64万 km^2。而在2000—2010年，非洲森林面积的净减少幅度较前一阶段已开始下降，年均减少量下降为3.41万 km^2[7]（表1-4），特别是北部非洲的森林面积减少量下降为0.04万 km^2，这反映出非洲大陆在森林资源可持续发展的管理方面有较大的进展。但非洲仍然是过去20年间世界上森林面积减少最快的地区之一。

表1-4　1990—2010年非洲各区域森林面积年度变化

区域/次区域	1990—2000年		2000—2010年	
	减少面积（万 km^2）	比重	减少面积（万 km^2）	比重
东部和南部非洲	1.84	0.62	1.84	0.66
北部非洲	0.59	0.72	0.04	0.05
西部和中部非洲	1.64	0.46	1.54	0.46
非洲（合计）	4.07	0.56	3.41	0.49
世界（总计）	8.33	0.20	5.21	0.13

值得关注的是，1990—2000年，在世界森林面积年均净减少量最多的10个国家中，非洲有5个国家位列其中，苏丹、尼日利亚、坦桑尼亚、赞比亚、刚果民主共和国分别位列第三、五、六、八、九位，这5个国家的每年森林面积合计净减少2.04万km²。而在2000—2010年，由于对森林资源的有效管理和保护，苏丹已经从该名单上消失，而尼日利亚、坦桑尼亚、赞比亚、刚果民主共和国四个国家仍名列其中。现将部分国家森林面积减少（表1-5）[7]。

表1-5 1990—2010年年均森林面积减少最多的10国一览

国家	1990—2000年森林面积年均变化		国家	2000—2010年森林面积年均变化	
	减少面积（万km²）	比重		减少面积（万km²）	比重
巴西	2.89	0.51	巴西	2.64	0.49
印尼	1.91	1.75	澳大利亚	0.56	0.37
苏丹	0.59	0.80	印尼	0.50	0.51
缅甸	0.44	1.17	尼日利亚	0.41	3.67
尼日利亚	0.41	2.68	坦桑尼亚	0.40	1.13
坦桑尼亚	0.40	1.02	赞比亚	0.33	1.88
墨西哥	0.35	0.52	刚果民主共和国	0.31	0.20
赞比亚	0.33	1.58	缅甸	0.31	0.93
刚果民主共和国	0.31	0.20	玻利维亚	0.29	0.49
阿根廷	0.29	0.88	委内瑞拉	0.29	0.60
合计	7.93	0.71	合计	6.04	0.53

非洲森林资源退化的原因包括多个方面：一是过度采伐导致森林生态系统退化，同时造成某些珍贵树种的消失。在热带森林带的现有采伐区里，单位面积的采伐量一般都超过自然增长量（每公顷2.6 m³），亦超过世界每公顷1.6 m³的水平，特别是沿海林区大多已处于过伐状态。二是游耕制、轮种制、开矿毁林等滥垦滥伐，形成土地荒漠化。三是森林火灾[6]。另外，军事冲突、政治动乱等使森林无法得到安全、持续经营[12-13]。森林资源退化严重破坏了非洲大陆的生态平衡，湿地也在减少，这意味着非洲丰富独特的生物多样性受到严重威胁。许多大型哺乳动物数量减少，候鸟和水生动物灭绝。尽管非洲已设立了727个陆地保护区，但仍未缓解对生物多样性的严重冲击。

1.1.4 丰富的水资源与水利开发潜能

据联合国粮农组织统计，非洲拥有54 000亿m³的水资源，水力资源丰富。但非洲的水资源主要蕴藏在大型河流和蓄水库、广泛的含水层、湖泊和湿地以及在大气的水蒸气中，可再生水资源非常有限。非洲是世界上第二个最为干燥的大洲，仅次于大洋洲。非洲拥有的人口数量占全球人口总数的15%，但其拥有的可再生水资源的数量仅占全球总量的9%[14]。

非洲降水地区分布和季节分配明显不同，加上地形的影响，就使得地表水资源在各地区间的分布极为不平衡。非洲的可再生水资源分布严重不均，中部非洲地区占有大陆水资源的50.66%，而北部非洲仅占有2.99%[14]。非洲大陆的年平均降雨量约678 mm，折合降雨总量约为20.36万亿 m^3[14]，但国家和地区之间差异较大，而且不同地区间的人口水资源承载力存在着很大的差异。撒哈拉沙漠等干旱地区的降水量接近零，而刚果、几内亚的热带雨林地区是世界上降水最多的地区之一。具体来说，非洲北部地区的降雨量较少，年平均降雨量一般在96 mm左右。非洲降雨量较少的几个国家均分布在此，其中年平均降雨量最小的国家是埃及，为51 mm；其次是利比亚，为56 mm；阿尔及利亚为89 mm[15]。年降雨量较多的国家主要分布在几内亚湾和中非地区。其中年平均降雨量超过2 000 mm的国家有：圣多美和普林西比为3 200 mm，塞拉利昂为2 526 mm，塞舌尔为2 330 mm，利比里亚为2 390 mm，赤道几内亚为2 156 mm，毛里求斯为2 041 mm[15]。

非洲水资源年补给量约为3.93万亿 m^3，占世界水资源总补给量的9%。其中中部地区的该指标为1.88万亿 m^3，占非洲水资源年补给量的48%；几内亚湾地区是世界上著名的热带雨林地区，也是水资源补给量最大的地区，水资源年补给量约为0.95万亿 m^3，约占全洲的24%；而北部地区仅占1%[15]。在人均占有方面，非洲人均水资源补给量为4 528 m^3，其中非洲中部地区最多，为19 845 m^3；而非洲北部地区最少，为307 m^3[15]。

非洲水资源分布的不均衡不仅体现在不同地区之间，而且在流域之间也有显著表现。非洲的外流区域为2 055万 km^2，约占全洲面积的68.2%，其中刚果河、尼罗河、乍得湖、尼日尔河、赞比西河、奥兰治河、塞内加尔河、林波波河、沃尔特河构成了非洲九大流域，流域面积合计1 508万 km^2，占非洲大陆面积的50%[15]（表1-6），而内流水系及无流区面积为958万 km^2，约占全洲总面积的31.8%。

表1-6 非洲九大流域情况

流域	流域面积（km^2）	占非洲面积比例（%）	大型水库数量（个）	总库容（亿 m^3）	用途
刚果河	3 789 053	12.5	2	—	发电
尼罗河	3 112 369	10.3	6	1 749	灌溉、发电
乍得湖	2 381 635	7.8	4	166	灌溉
尼日尔河	2 273 946	7.5	6	314	灌溉、发电
赞比西河	1 340 291	4.5	3	2 319	灌溉、发电
奥兰治河	896 368	3.0	5	142	灌溉、发电
塞内加尔河	483 181	1.6	1	113	灌溉
林波波河	412 938	1.3	2	135	灌溉、发电
沃尔特河	394 196	1.3	2	1 494	发电
合计 t	15 083 977	49.8	31	6 432	—

在水库库容方面，非洲已修建大型水库53座，现有水库总库容约为7 980亿 m^3[15]。从表1-6可以看出，在非洲九条最大河流水系上共修建了31座水库，总库容为6 432

亿 m³，占全洲总量的81%。水库的空间布局也呈现空间上的不均衡现象。非洲南部的水库数量占全洲水库总数的39%，其次为几内亚湾地区，占29%——这主要由于该地区是非洲降雨量最大的地区，故水库的数量较少，北部地区占24%。

据统计，非洲水资源年消耗量为2 150亿 m³，仅相当于其水资源年补给量的5.5%，占世界用水量的6%[15]。当前，非洲水资源的利用主要包括三大方面：农业用水、生活用水以及工业用水。其他如水力发电、航运、渔业、采矿等，只占水资源消耗量的小部分。其中农业用水占总用水量的86%，超过世界平均水平（70%），且各地区差别较大：苏丹—撒哈拉地区和印度洋群岛农业用水所占比重最大，分别占该地区用水量的95%和94%；而中部地区农业用水占56%，因为该地区每年的降雨量能满足雨季时节农业种植的需要。另外，北部非洲地区和苏丹—撒哈拉地区的用水量约占非洲总用水量的70%，因为这两个地区的土地面积仅占非洲大陆的47%，却拥有高达67%的灌溉面积[15]。

据非洲部长级水事理事会（African Ministers' Council on Water，AMCOW）统计，自1990年以来，非洲3.22亿居民的饮用水源获得了改善，其中使用自来水的居民从1990年的1.47亿增加到2010年的2.71亿[16]。另外，非洲饮用水的覆盖率从1990年的56%剧增至2010年的66%。但与此同时，依赖尚未改良饮用水源的人口数量从1990年的2.79亿增加到2010年的3.44亿，而农村地区依赖尚未改良饮用水源的人口数量是城市地区的5倍。其中东部非洲使用尚未改良饮用水源的人口数量最多，为1.26亿人；其次是西部非洲，为1.07亿人；中部非洲和南部非洲的饮用尚未改良水源的人口数量类似，均为0.5亿人；而北部非洲最少，为0.13亿人[16]。在撒哈拉以南的非洲，马达加斯加、索马里、尼日尔、毛里塔尼亚、埃塞俄比亚、刚果民主共和国、莫桑比克等七个国家只有不到一半的人口使用改善的饮用水源。

水能资源是一种再生性很强的优势能源，不仅可缓解非洲紧张的能源供应形势，而且可促进其社会经济的可持续发展[17]。非洲的水能资源仅次于亚洲，有极其深厚的潜力。按照前文所述，非洲的地表水资源再分配和河网的分布呈现极不平衡的状况。非洲部长级水事理事会按照水能的蕴藏情况，将非洲大致划分为：①水能非常丰富地区——刚果盆地，仅刚果河，就拥有世界水能的13%和非洲水能的50%；②水能丰富地区，包括赞比西河流域、尼日尔河流域、尼罗河流域、东非高原、马达加斯加、几内亚湾、安哥拉等地；③水能较少地区，包括南非、索马里、非洲西北部阿特拉斯山一带；④水资源缺乏地区，如撒哈拉沙漠、卡拉哈里沙漠地带。从大的地区来看，中部非洲水力资源最为丰富，约占全非水能资源的50.6%；东部非洲次之，占33.3%，其中48%的水能资源分布在马达加斯加岛；西部非洲占11%；北部非洲占4%；南部非洲仅占1.3%[16]。水电对满足非洲的能源需求具有重要的意义，目前已开发或正在开发的项目仅占了可开发总量的很小比例。非洲十分充足的潜在水能资源将给非洲的城市发展带来强有力的支撑。

河流是影响城市布局的重要因素。尼罗河和刚果河等大型河流流域地区是非洲人口集聚的重要区域。沿河地区地势平坦的平原地区以及河口三角洲地区是非洲人口密度最高的区域。这一方面是由于河流为周边地区的人口提供了充足的淡水资源，另一方面，河流资源的开发利用带动了农业灌溉、渔业发展、航运、旅游开发、内河港口建设以及沿河地区矿产资源开发等发展，从而促进了流域地区的城镇建设。

1.1.5 独特的地理环境与丰富的人文旅游资源

非洲大陆面积广袤，横跨赤道以及南北回归线，地貌类型多样，拥有美丽的热带海滨、浩瀚的热带沙漠、广阔的热带草原、茂盛和神秘的热带雨林、众多的河流与湖泊，以及原生态的动物和植物。非洲历史悠久，是人类文明的发祥地之一，有着很多独特的传统文化和民风习俗，以及充满异国特色的人文环境等。

非洲大陆独特的区位和地形地貌类型造就了其丰富而独具特色的自然旅游资源，其中世界级旅游资源主要包括东非大裂谷、乞力马扎罗山、尼罗河、马拉维湖、维多利亚大瀑布、撒哈拉大沙漠等。此外，非洲还有世界上罕见的热带稀树草原生态群落，被誉为"珍禽怪兽的乐园"，尤以动物群最为著名，如羚羊、斑马、非洲象、犀牛、河马、长颈鹿等有蹄类食草动物和狮子、猎豹、鬣狗、豺等食肉动物。这些草原上的动物及以其为主体的众多野生动物保护区也是非洲最重要、最具代表性和最吸引人的旅游资源[18]。

非洲人文旅游资源引人入胜。作为世界古代文明的摇篮，非洲拥有璀璨的古代文化，形成了众多名胜古迹，如埃及的胡夫金字塔、狮身人面像及塞内加尔的戈雷岛等。非洲地域辽阔，区域差异较大，全洲约有1 500多个民族，涵盖有闪含语、苏丹语和班图语三个大语系，还有属于印欧语系的布尔语、马达加斯加语和科伊桑语三个小语系。各地区、各民族受自然、历史、宗教和传统习俗等的影响，形成了绚丽多彩的民俗风情，如"森林的儿子"俾格米人和"沙漠之子"桑人等神秘民族、形形色色的婚姻习俗、富有特色的居民建筑、古老的酋长制遗风以及制作精巧的手工艺品[19]。另外，非洲在近代又是欧洲的殖民地，近500年的殖民统治留下了较为丰富的象征欧洲文化的建筑、艺术和习俗等，它们也成为吸引欧洲游客的旅游产品[20]。

丰富而独特的自然和人文资源使得非洲的世界遗产丰厚而且集中。截至2007年底，非洲的世界遗产总数已高达851处，其中世界文化遗产660处、世界自然遗产166处、世界文化与自然双重遗产25处。故非洲的旅游资源以其深厚的文化底蕴、无比壮美的自然景观、独一无二的文物古迹，对游客形成了巨大的吸引力。

由于非洲大陆各国在旅游资源禀赋上存在较大的差异，加之非洲各国的经济、社会文化状况不同，旅游业的发展状况也各异。根据地域及旅游资源的差异、开发状况，以撒哈拉沙漠为界，可将非洲主要旅游目的地国家划分为北部非洲旅游区和南部非洲旅游区两大区块（表1-7）：北部非洲旅游区包括埃及、突尼斯、摩洛哥、阿尔及利亚、利比亚五个国家。这一区域是世界古文明的发源地之一，曾为人类创造过许多灿烂文明。该旅游区的主要特色是文物古迹和古城众多。北部非洲旅游区的旅游业发展，主要以埃及、摩洛哥和突尼斯三个国家为代表。南部非洲旅游区包括埃塞俄比亚、肯尼亚、坦桑尼亚、赞比亚、津巴布韦、南非等几十个国家。这一区域最大的特点是生物资源极为丰富，尤其是野生动物种类繁多[21]。

非洲独立以来，随着人口的迅速膨胀，人们对自然资源的需求大幅上升。非洲大陆的生态环境恶劣，土地退化、荒漠化扩大、森林减少、湿地消失及其对生物多样性的损害等，使得非洲的旅游资源遭到了十分严重的破坏，这给城市化的可持续发展带来了长远的挑战。

表 1-7　非洲主要旅游国家代表性旅游资源

旅游区	国家	主要旅游资源	
		自然旅游资源	人文旅游资源
北部非洲旅游区	埃及	尼罗河风光、红海休闲旅游区等	胡夫金字塔、哈夫拉金字塔、狮身人面像、亚历山大灯塔遗址、帝王谷、卢克索神庙、苏伊士运河
	摩洛哥	丹吉尔海滨	拉夫特王宫、菲斯古城、乌达亚城堡等
	突尼斯	杰尔巴岛海滨、撒哈拉沙漠旅游区、伊斯克乌尔国家公园等	突尼斯古城、苏塞港、迦太基城古遗址、沙格古镇、伊尔捷圆形剧院、苏斯古城、凯鲁万古城
南部非洲旅游区	肯尼亚	内罗毕国家公园、马赛马拉野生动物园、纳库鲁湖国家公园、阿巴尔德拉野生动物保护区、东非大裂谷、肯尼亚山等	卡伦故居、树顶旅馆等
	坦桑尼亚	马尼亚拉湖国家公园、恩戈罗火山口野生动物园、塞伦盖蒂国家公园、乞力马扎罗山、东非大裂谷、塞卢斯禁猎区等	基尔瓦基斯瓦尼遗址、松戈马拉遗址、桑给巴尔石头城、梅鲁山、孔多阿古岩画
	津巴布韦	维多利亚瀑布、马拉波尔斯国家公园、萨比切俄雷旅行区等	大津巴布韦国家纪念地、卡米古城遗址、马托博山岩画等
	南非	德拉根斯堡山脉、圣卢西亚湿地公园、克鲁格国家公园等	太阳城、黄金矿城、斯德克方丹、斯瓦特科兰斯等

1.2　非洲国家社会文化地域特征

非洲的地域文化主要来源有两种：一种是 19 世纪之前，非洲传统社会发育而成的前殖民地地域文化；另一种是 19 世纪以后的殖民体制下与欧洲文化接触后形成的殖民地文化。当前的非洲地域文化展现了在非洲历史发展过程中两种不同的地域文化相互融合、相互影响的成果。传统文化影响非洲城市化格局在非洲北部地区表现得尤为明显。如埃及虽然是非洲北部地区社会经济发展最发达的国家，但受农耕文化传统的影响，其城市化水平相对较低，城市化进程特别缓慢。而摩洛哥、阿尔及利亚、突尼斯等几个濒临地中海的国家，由于受重商文化的影响，港口城市商业贸易快速发展，大量农村人口的涌入，推动了这些国家城市化进程的快速发展。

1.2.1　非洲国家民族建构和民主化发展进程

非洲的国家独立和民族建构是多种因素互动的产物，既有非洲传统政治的成分，又蕴含着殖民主义的遗产；既是非洲人民长期斗争的成就，又是殖民宗主国政策演变的结果。由于各种因素的相互交错，独立后的非洲国家民族建构经历了十分复杂甚至痛苦的历程。随着 20 世纪 90 年代非洲大多数国家陆续完成多党民主制度改革，非洲各国家的政治、社会发展逐渐趋于稳定，日益稳定的政治、社会等制度环境成为推动非洲城市化快速发展的重要保障，并为非洲国家逐步发展成为世界城市化的主要地区提供重要的政治支持和制度保障。

（1）非洲民族冲突和国家民族建构

非洲有55个国家，500多个民族[22]。由于各国的殖民历史和地理环境存在较大差异，不同族群之间的冲突不断。赵磊[23]指出当前非洲的族群冲突主要存在六种表现形式：①地位较高的族群剥削和压迫级别较低的族群，导致该族群被排斥在制度外，无法享受经济资产、教育卫生等公民所享受的地位和身份，从而有可能造成族群冲突。②分离主义问题呈现上升趋势，加剧族群冲突。在非洲，分离主义问题较为严重的地区包括埃塞俄比亚欧加登地区、索马里的索马里兰、苏丹达尔富尔等。这些地区拥有三个共同的基本特征：无法同中央政府融合；感觉在国内遭受不平等对待；占据一定面积的领土等。③受全球气候变化影响，环境恶化和资源短缺诱发的族群冲突或国家冲突日益增加。乍得湖周边的国家喀麦隆、乍得、尼日尔和尼日利亚等对水资源的争夺不断促使族群发生冲突。④民主化激化国家分裂和民族矛盾。在独立后的一些非洲国家，国家政权的作用未得到充分合理的利用，反而成为地方民族主义产生的诱因。在非洲国家民族主义特征影响下，强调民族的传统价值体系，强调自己独特的"中间道路"或"第三种理论"，强调对外的民族解放斗争而忽略内部的阶级分化和冲突[24]。民主既带来平等和民主，也带来了大范围的冲突和社会分裂。⑤宗教因素与族群冲突相互触及，一些非洲国家出台歧视某些宗教和少数族群的政策，伊斯兰教与基督教或非洲原始宗教的矛盾冲突日益加剧。⑥外部力量的积极介入容易造成族群冲突。原殖民宗主国对相应的非洲国家仍有强大的干预能力[23-24]。

西方学者克劳福德·杨（Crawford Young）将非洲民主化总结为三次重大突破：20世纪50年代末和60年代初，非洲一些国家根据殖民宗主国的民主模式进行的宪制改革，可以说是非洲的第一次民主化浪潮；20世纪70年代末和80年代初以乌干达的阿明、中非的博卡萨和赤道几内亚的恩古马被推翻及塞内加尔、布基纳法索、冈比亚、毛里求斯、加纳、尼日利亚的民主选举和改革为标志，非洲民主化掀起第二次浪潮；20世纪80年代末到90年代的"非洲民主化"，亨廷顿认为是"非洲民主的第三波"[25]。总体来说，尽管20世纪80年代末世界局势的转变已开始触动非洲的政局的改变，但1990年发生的多起由于知识分子要求政治变革而与现政权发生冲突的事件才标志着非洲民主化的正式启动。非洲的民主化浪潮是自非洲国家独立以来最为广泛的一场政治变革。它既引发了各种社会和政治动乱，在一些国家还出现了军人干政，同时也迫使一些有独裁倾向的领导人进行改革，从而给非洲的政治文化带来了一定的积极影响。

（2）西方国家对非洲民主化进程的影响

20世纪冷战时期，美国和苏联两个西方国家争相在非洲推动民主价值观改变以争夺非洲国家的控制权，主要的手段包括两方面：一是通过在政治、经济或军事上支持和策动非洲国家内部的反对力量或者颠覆其政府政权，迫使该政府屈服并实施民主改革，或者成立新的政府；二是以提供援助为诱饵，迫使非洲国家接受西方价值观[26]。其中第一种为主要方式。冷战后，在20世纪90年代，西方国家主要通过以提供经济援助为条件要求非洲国家推行所谓的"民主改革"。在20世纪90年代初，随着"历史终结"论和新自由主义的兴起，以美国为首的西方国家对非洲的援助附加了越来越多民主、人权等政治条件，催生了90年代上半期非洲国家的第三次"民主化浪潮"，导致了较不稳定的动荡局势。对于拒绝实行民主和消除腐败的国家，西方国家会毫不留情地取消援助，如从1991年到1997年相继取消对索马里、苏丹、马拉维、肯尼亚和赞比亚等国的援助^[26]。由此可见，在20世纪末，国际援助成为一种西方国家用来控制非洲国家的所谓"民主社会"进程的工具。

进入21世纪，在非洲国家普遍实行多党制民主体制的大背景下，以美国为首的西方国家非但没有放松推进对非洲价值观改变的战略，反而进一步影响和深化控制非洲国家的发展。西方国家实施民主化的战略重点主要包括：一是有选择地清除或抛弃一些非洲国家的独裁政权，如利比亚卡扎菲政权、科特迪瓦巴博政权、埃及穆巴拉克政权等；二是对非洲国家的选举强化干预，通过派遣选举观察员以及和非洲地区组织合作，监督民主选举的"公正"；三是在施加基本影响力的同时，强化其决定性的影响力^[27]。例如，2002年英国等西方国家对津巴布韦的制裁，2003年起对苏丹巴希尔政府的打压，以及2011年北非动荡和苏丹南北分离，都充分体现了西方国家通过其决定性影响力对非洲国家施加的民主和人权价值观的影响。可以说，在非洲推行西方价值观将会是西方国家继续向非洲国家提供援助和支持其推行民主改革的基本条件^[27]。

总体来说，500多年的殖民统治并没有给非洲各国家带来像欧美地区一样的进步和发展，却使非洲国家迈上了既非传统的也非西方现代的依附性发展之路。多数西方大国与非洲国家在政治、经济、社会文化等领域保持密切关系。在政治方面，通过双边和多边渠道的高层交流保持较为密切关系；在经济方面，西方在提供援助、对非贸易、投资、资源开发和各种商业合作等方面与非洲有着密切联系^[27]。进入21世纪，西方尤其加强了与非洲在全球性问题、新能源和气候变化等新领域的合作和对话，继续对非洲产生重要影响。此外，西方国家，特别是美国和法国通过在非洲的军事基地建设或与非洲的军事合作，在一定程度上控制非洲国家的发展。在文化方面，民主、人权和良政等西方文化对非洲国家的价值观有着深刻的影响。作为前殖民宗主国，英国和法国与非洲国家的关系不仅是政治上的紧密联系，更多是一定程度的语言、文化认同，经济联系也是极其重要的基础环节^[27]。另外，两者在社会联系方面也十分紧密，由于历史原因，至今仍有大量欧洲人口居住在非洲，同时也有大量非洲人口居住在欧洲和美国。直到21世纪初，仍有非洲移民前往欧美国家置业或寻找就业机会。

在非洲社会文化对城市发展的影响方面，非洲是一个有着长期殖民历史的大陆。早期殖民地的建设对非洲城市化发展格局产生了深远影响。在历史上，非洲沿海地区（如地中海沿岸城市、大西洋沿岸城市）、矿产资源丰富的地区、气候环境宜人的地区（如非洲东部地区的白色高地等）几乎都成为欧洲国家的重要殖民地。这些殖民地较早地迈上了现代化的道路，不仅吸引了较多的殖民者定居，也集聚了大量的劳动力，成为非洲早期的主要城市。非洲各国独立后，这些城市由于良好的发展基础而成为各国社会经济发展的重要基地，也是城市化快速发展的主要地区。此外，这些城市当前仍然大多保留着与早期宗主国的社会经济交往，国际化程度较高，外资与技术的引入进一步推动了它们的发展。

随着20世纪90年代非洲大部分国家陆续完成多党民主制度改革，非洲国家的政治、社会发展逐渐趋于稳定，为资源开发和工业化、城镇化发展提供良好的社会环境。非洲国家逐渐探索多元化的农牧业、矿产资源开发经营模式，经济基础得到进一步的巩固。当前，非洲整体城市化水平已经逼近40%，处于由城市化发展初期阶段向中期阶段迈进的阶段。随着农业生产技术的不断提升和产业结构的进一步优化，将有大量的农村人口和剩余劳动力向城市转移，非洲城市化将进入加速发展阶段。日益稳定的政治社会环境将成为推动非洲城市化快速发展的重要保障，带动非洲国家逐步发展成为世界城市化的主要地区。

1.2.2 快速城市化背景下的社会文化发展及问题

非洲经济增长惠及了许多的非洲民众，贫困现象正在缓慢减少。截至 2011 年，大概 9 000 万非洲家庭成为"世界消费群体"（world's consuming classes），这比十年前增加了 3 100 万[28]。关于"世界消费群体"一词，麦肯锡公司认为这个消费阶级家庭群体是那些年收入在 5 000 美元或以上的（以平价购买力衡量），因为这个收入水平的家庭开始将一半以上的收入消费在除食品及其他必需品以外的方面[28]。然而，当前仍有数百万的民众正处于贫困陷阱之中。很显然，在提高经济和政治稳定性方面，经济的包容性增长显得尤为重要。

虽然非洲大部分地区的社会文化方面正发生积极变化，但进展速度缓慢，并且与经济增长和城市化方面取得的突飞猛进并不相称。由于非洲多数国家存在严重依赖初级商品的生产和出口，附加值有限，与其他经济部门的前向和后向联系不大等经济发展方面的结构性缺陷，所以经济增长在很大程度上没有创造就业岗位，也没有加快社会发展速度。近年来非洲社会发展趋势参差不齐：大部分地区继续取得积极发展，但进展速度缓慢，不足以实现其社会发展目标[29]。减贫和实现千年发展目标的其他具体目标的进展仍然缓慢，撒哈拉以南非洲尤其如此。在农村地区，贫困率高，教育和保健服务水平落后，以及青年人缺少就业机会等问题比较严重[29]。

非洲是世界上城市化起步发展最晚，同时也是城市人口快速增长的大洲。由于城市化的基础水平较低，2007 年全洲的城市人口仅为 3.73 亿，城市化率为 38.7%，远低于 49.4% 的世界平均水平（表 1-8），是世界上城市化水平最低的一个洲。而在非洲内部，撒哈拉以南的非洲和北非在城市化水平上存在明显差异，北非已经跨过城市化 50% 的门槛，而撒哈拉以南非洲地区的城市化率仅为 37%[30]。具体来说，城市化率高的地区集中分布在地中海沿岸和非洲西南部，东部和中部城市化率较低。其中城镇人口主要集中在几内亚湾和地中海沿岸的国家，主要包括尼日利亚、埃及、南非、阿尔及利亚、刚果[30]。

表 1-8　城市化的全球趋势（1950—2050 年）

地区	地区城市人口（百万）					城市化（%）				
	1950 年	1975 年	2007 年	2025 年	2050 年	1950 年	1975 年	2007 年	2025 年	2050 年
世界	737	1 518	3 294	4 584	6 398	29.1	37.3	49.4	57.2	69.6
亚洲	237	574	1 645	2 440	3 486	16.8	24.0	40.8	51.1	66.2
欧洲	281	444	528	545	557	51.2	65.7	72.2	76.2	83.8
拉丁美洲和加勒比地区	69	198	448	575	683	41.4	61.1	78.3	83.5	88.7
北美	110	180	275	365	402	63.9	73.8	81.3	85.7	90.2
大洋洲	8	13	24	27	31	62.0	71.5	70.5	71.9	76.4
非洲	32	107	373	658	1233	14.5	25.7	38.7	47.2	61.8

尽管当前非洲的城市化水平较低，但其城市化速度很快。据联合国人类住区规划署的研究，2025 年非洲的城市人口将高达 6.58 亿人，城市化水平将增加至 47.2%（表 1-8）。而世界银行的研究也表明，到 2030 年，非洲的城市化水平将增加至

50%[30]。随着城镇化进程的推进，非洲将有越来越多的人口涌入城市，这将需要更多的住所、服务。非洲的社会文化发展也出现新的特点，多种社会成分相互渗透、相互融合已形成了一种积极的发展态势。如独特的人口迁移、多元化的居住环境等。与此同时，非洲快速发展的城市化也带来了很多的问题，许多国家面临城市贫困及城市犯罪较严重、贫民窟比重偏高、性别平等及种族问题、妇女生育率高、儿童死亡率高及艾滋病等挑战。

（1）独特的人口迁移特征

农村人口往城市迁移是世界范围内城市化的主要特征。由于非洲在国家间、区域间、城乡间等不同尺度存在显著的不均衡，导致非洲大陆的人口迁移存在较多的差异。当前非洲的人口迁移主要体现为国家间的人口迁移，主要表现为由经济落后的内陆国家向经济相对领先的沿海国家移民，这也进一步导致了沿海国家与内陆国家经济发展和城市化发展水平的巨大差距，促成了非洲沿海地区成为许多城市与城镇集聚区的空间格局。1990—2010年非洲大陆劳动力空间分布的演变也证明，非洲劳动力数量的重心近二十年来经历了集中在非洲南部—非洲大陆分散分布—集中在非洲东海岸的变化历程[29]。这些将在本书后面章节详细论述。另外，非洲城市化的一个比较独有的特征是城乡之间的循环迁移，以及低层次住宅区往高层次住宅区的递进式迁移。这种递进式迁移过程意味着小型城市住宅区比大型城市住宅区的移民率高[29]。

（2）城市贫困及城市犯罪较严重

高度的不平等削弱了贫穷对经济增长的反应[29]。非洲较高的不平等程度与较低的减贫速度有关[31]。此外，覆盖范围的增长有限，加剧了不平等。例如，非洲有些地方的城乡卫生差距是世界上最大的，其中城市地区的产妇由熟练接生员接生的可能性是农村地区妇女的两倍[29]。

非洲过度的城市化导致了贫民窟扩张。近年来，尽管非洲的城市经济增长较快，但过多的农村人口快速涌入城市造成过度的城市化，导致城市的住房供应紧张，城市居民居住条件急剧恶化，在非洲，绝大多数的大城市都出现了庞大的、拥挤不堪的、缺乏基本生活配套设施的棚户区、贫民窟等。这些贫民窟是城市环境品质较差的空间集聚地，是畸形、过度城市化给城市带来的一个直接后果。

非洲的贫困问题仍较为普遍，撒哈拉以南非洲的城市贫困程度长期居全世界之首。非洲南部地区的城市聚集了超过全国60%的生活在贫困线以下的人口，而且这个数字仅仅从1997年的55.5%下降到2007年的51.4%[32]。从表1-9可以发现，聚集点等级越高，人均经济活动增加值越高。豪登城市区域（Gauteng city region）占区域总人口的22%，经济增加值占全国的比重约39%，生活在贫困线下的人口占到了全国的14%；区域服务中心占区域总人口的14%，经济增加值占全国的比重约15%，生活在贫困线下的人口占到了全国的14%[33]。更令人担忧的是，物价和能源价格的持续上涨（虽然有所减缓但仍处于历史最高点）严重加剧了城市的贫困问题，也打击了非洲国家政府在改善城市贫困和人口饥饿问题方面的决心。

非洲的社会安全问题主要集中在人身安全和犯罪两方面。长期的高失业率，特别是青年群体的大量失业，导致了非洲城市犯罪案件的频繁发生。可以说，长期的高失业率和高犯罪率已经成为非洲发展道路上的重大社会问题，它直接关系着非洲经济的发展和社会的和谐与稳定，成为非洲各国亟待解决的社会难题[29]。

表 1-9 非洲南部人口、经济活动和贫困的空间分布一览

区域		占总人口的比重（%）	经济活动增加值（GVA）占全国的比重（%）	生活在贫困线下的人口比重（%）
城市	豪登城市区域（Gauteng city region）	22	39	14
	沿海城市区域	16	25	10
	中等城市	6	5	6
	区域服务中心	14	15	14
	服务性城镇	4	3	5
	本地及小型居民点（niche settlements）	9	5	12
	合计	71	92	61
乡村	聚落和分散的农村居住点	21	2	31
	农田/其余南非地区	8	6	8
	合计	29	8	39

（3）居住环境多元化，贫民窟比重偏高

在经济全球化背景下，非洲国家以市场为导向的投资行为逐渐增多，并浮现了许多展示城市魅力的区域，在郊区也开始出现为中高级收入群体服务的休闲度假区、大型商业娱乐区和门禁社区[34]。

表 1-10 2005 年三个发展中国家贫民窟居民的人口比例

区域	居住在贫民窟的人口比例（%）	居住在中度恶劣环境下的人口比例（%）	人口 100 万~500 万（%）
撒哈拉以南非洲	62	63	27
拉丁美洲和大洋洲	27	82	18
南亚	43	95	5

但值得关注的是，非洲各国居住在贫民窟的人口比重也是发展中国家城市地区中最高的。2005 年撒哈拉以南非洲的城市和城镇约有 62% 的人居住在贫民窟（表 1-10），远高于拉丁美洲和大洋洲、南亚地区。

另外，这类非正规住所呈现明显的增长态势，成为非洲国家"过度城市化"的重要表现。这些非正规住所集中分布在黑人较多的农村地区以及其他非洲南部国家移民聚居地，尤其在埃塞俄比亚、安哥拉、中非共和国、乍得、几内亚比绍、马达加斯加、莫桑比克、尼日尔、塞拉利昂和苏丹等国（表 1-11）[35]。此外，这些国家和地区也面临卫生条件差、住房条件恶劣、缺乏清洁的用水等生活问题。例如，在中非共和国、乍得和埃塞俄比亚等国家，有高达 91% 的非贫民窟居民的居住环境也非常恶劣[36]。

表 1-11 非洲各国 1990—2007 年城市人口、居住在贫民窟的城市人口比例、贫民窟的城市人口

国家	城市人口（千人）				居住在贫民窟的城市人口比例（%）				贫民窟的城市人口（千人）			
	1990年	2000年	2005年	2007年	1990年	2000年	2005年	2007年	1990年	2000年	2005年	2007年
安哥拉	3 913	6 824	8 684	9 505	—	—	86.5	—	—	—	7 512	—
贝宁	1 786	2 770	3 397	3 684	79.3	74.3	71.8	70.8	1 416	2 058	2 439	2 608
布隆迪	357	552	749	858	—	—	64.3	—	—	—	481	—

国家	城市人口（千人）				居住在贫民窟的城市人口比例（%）				贫民窟的城市人口（千人）			
	1990年	2000年	2005年	2007年	1990年	2000年	2005年	2007年	1990年	2000年	2005年	2007年
喀麦隆	4 983	7 908	9 657	10 381	50.8	48.4	47.4	46.6	2 534	3 825	4 578	4 841
中非共和国	1 108	14 54	1 596	1 665	87.5	89.7	91.9	95.0	969	1 337	1 502	1 582
乍得	1 272	1 979	2 563	2 819	98.9	93.9	91.3	90.3	1 259	1 858	2 341	2 546
科摩罗	147	196	223	234	65.4	65.4	68.9	68.9	96	128	153	162
刚果共和国	1 316	1 868	2 172	2 296	—	—	53.4	—	—	—	1 160	—
科特迪瓦	5 079	7 423	8 704	9 277	53.4	55.3	56.2	56.6	2 710	4 102	4 892	5 249
刚果民主共和国	10 556	15 126	18 860	20 841	—	—	76.4	—	—	—	14 409	—
埃及	23 972	28 364	31 062	32 193	50.2	28.1	17.1	17.1	12 029	7 978	5 312	5 505
赤道几内亚	118	167	188	199	—	—	66.3	—	—	—	125	—
埃塞俄比亚	6 455	10 039	12 687	13 813	95.5	88.6	81.8	79.1	6163	9164	10 380	10 923
加蓬	635	948	10 79	1 127	—	—	38.7	—	—	—	418	—
冈比亚	369	680	872	951	—	—	45.4	—	—	—	396	—
加纳	5677	8 856	10 763	11 566	65.5	52.1	45.4	42.8	3 717	4 615	4 890	4 945
几内亚	1 691	2 547	2 970	3 176	80.4	57.3	45.7	45.7	1 359	1 485	1 358	1 451
几内亚比绍	286	407	473	503	—	—	83.1	—	—	—	393	—
肯尼亚	4 273	6 167	7 384	7 982	54.9	54.8	54.8	54.8	2 345	3 379	4044	4 370
莱索托	224	377	461	496	—	—	35.1	—	—	—	162	—
马达加斯加	2 836	4 390	5 313	5 733	93.0	84.1	80.6	78.0	2636	3 694	4283	4 470
马拉维	1 092	1 764	2 293	2 545	66.4	66.4	66.4	67.7	725	1171	1 522	1 722
莫桑比克	2 857	5 584	7 084	7 718	75.6	78.2	79.5	80.0	2 161	4 368	5 632	6 175
纳米比亚	392	494	708	51	34.4	33.9	33.9	33.6	135	206	240	252
尼日尔	1 202	1 801	2 161	2 331	83.6	82.6	82.1	81.9	1 005	1 487	1 774	1 909
尼日利亚	33 325	53 048	65 270	70 539	77.3	69.6	65.8	64.2	25 763	36 930	42 928	45 309
卢旺达	395	1 126	1 619	1 753	96.0	79.7	71.6	68.3	379	898	1 160	1 198
塞内加尔	3 075	4 200	4 891	5 203	70.6	48.9	38.1	38.1	2 172	2 055	1 863	1 982
塞拉利昂	1 346	1 605	2 057	2 194	—	—	97.0	—	—	—	1 995	—
索马里	1 992	2 346	2 884	3 136	—	—	73.5	—	—	—	2 120	—
南非共和国	19 034	25 827	28 419	29 266	46.2	33.2	28.7	28.7	8 794	8 575	8 156	8 399
苏丹	6 903	12 034	15 043	16 420	—	—	94.2	—	—	—	14 170	—
多哥	1 192	1 974	2 492	2 722	—	—	62.1	—	—	—	1 548	—
乌干达	1 976	2 983	3 632	3 955	75.0	75.0	66.7	63.4	1 482	2 238	2 432	2 507
坦桑尼亚	4 814	7 551	9 313	10 128	77.4	70.1	66.4	65.0	3 725	5 291	6 186	6 580
赞比亚	3 201	3 637	4 017	4 198	57.0	57.2	57.2	57.3	1 826	2 080	2 298	2 404
津巴布韦	3 040	4 273	4 706	4 911	4.0	3.3	17.9	17.9	122	142	842	879

虽然种族隔离政策已被终止，但其形成的城市结构和人口分离的"惯性"仍持续影响城市发展。受长期殖民统治和种族隔离的影响，非洲国家的城市规划和发展主要针对棚户区拆迁和居民安置，但这些住区大多位于城市边缘，使得居民远离就业机会、原来的社交网络和配套服务，生活成本较原来大幅提高[37]。另外，城市贫困社区容易被政府正规的管理制度所忽视，被视为城市"倭病"。在非洲最发达的南非的最发达城市，如德班、开普敦和约翰内斯堡，新的社会问题层出不穷，尤其是火灾和水灾对整个居民社区破坏严重，而这些问题往往被当地政府官员对外宣称为"自然灾害"或低收入群体所引起的社会问题，这再次表明了国家公共政策存在不公平性，往往基于牺牲穷人利益满足富人需求的立场而立[37]。

政府管理政策及既有管理能力的局限，不同社会人群之间的高度差异，以及对贫困人口有权使用城市土地的限制等因素，导致了非洲城市贫民窟的大面积蔓延，并将持续扩大[38]。

（4）性别平等及种族问题依旧存在

近几十年来，非洲许多国家政府意识到如果不解决性别不平等问题，将无法促进社会、经济和谐发展，故他们做出各种承诺以实现性别平等和妇女赋权的目标。女性在就业市场上的机会正在增加且更加多样化。越来越多的非洲妇女能够在非农业部门找到有薪工作。2009年，非洲（不包括北非）近1/3的非农业工人为女性，不过在北非该数字只有19%。增强妇女在政治领域的权利也在推进[29]。在非洲的大多数国家，妇女在议会中的代表性在稳步提高，北非在此方面的进展令世人瞩目：2011年，国会女议员所占比率是1990年水平的8倍，这部分得益于有利的政策和积极的区别对待行动，如采用保障妇女在政治领域职位的法律框架[29]。

然而，在非洲的一些国家，妇女仍然遭受到许多的边缘化和被排斥等不平等待遇，主要体现在个人收入偏低，教育普及率较低，得不到积极的医治，以及在政治、仕途和选举权上缺乏话语权[29]。总体来说，尽管已有部分国家在争取性别平等上取得较大的进步，但在整个非洲大陆实行性别平等仍是漫漫长途。

种族或阶级遗留下来的城市社会空间分异在非洲南部依旧存在，但与历史上相比，种族问题已不再是敏感的话题。实现普及小学教育的目标在许多非洲国家已取得了显著的进展。在政府的大力支持以及非政府组织捐赠下，非洲大部分国家的小学生入学率都不断地上升。大多数非洲国家都以在2015年以前完成小学教育性别平等为主要目标，并有极少数国家在初中教育和高等教育领域已采取性别平等的策略[29]。

（5）生育率高、儿童死亡率高和艾滋病问题

非洲人口的高速增长首先归因于非洲女性结婚较早、生育率高的现状。当前非洲女性大多在15~20岁年龄段结婚，这意味着非洲女性有较长的生育期，生育年龄的年轻化导致人口的急剧增长[39]。而实际情况也佐证了非洲女性生育率很高，2000—2005年撒哈拉以南非洲平均每个妇女生育5.5个孩子，远远高于同期世界平均水平（2.6个）。但绝大多数非洲国家在改善产妇健康状况方面取得的进展仍然不够。2010年被联合国经济及社会事务会归为孕产妇死亡率高的40个国家中有36个是非洲国家[29]。

有27个非洲国家（特别是撒哈拉以南的非洲国家）儿童死亡率很高，疾病和营养不良是导致儿童死亡率高的重要原因。不过非洲的儿童死亡率降幅已增加了约1倍，从1990—2000年每年降低1.2%增加至2000—2010年每年降低2.4%[29]。5岁以下儿童死亡率略有下降，从1990年每1 000个婴儿有185个死亡下降到2005年的165个[40]。

非洲在基本的卫生设施供应方面的进展十分有限，覆盖面仅由 1990 年的 35％增至 2010 年的 40％，大概 1.89 亿人能够享用到这些卫生设施[16]。除了北非地区以外，其他地区的结核病的发病率、患病率和死亡率依旧未得到改善。

非洲在防治艾滋病方面取得了显著进展。虽然非洲（不包括北非）仍然是受艾滋病毒影响最为严重的区域，但新的艾滋病毒感染者人数已经从 1997 年感染高峰期的约 260 万人减至 2010 年的 190 万人，降幅超过 21％。不过虽然在防治艾滋病、疟疾和其他疾病方面取得了一定的进展，但进一步提升遇到了许多的"瓶颈"。在非洲南部，艾滋病的患病率仍高达 15％以上，而在非洲北部地区仅有不到 1％的成年人口受感染。在许多非洲国家中，已有部分国家把解决艾滋病的问题纳入国家发展计划中。在非洲（不包括北非）接受抗逆转录病毒治疗的人口从 2003 年的 10 万人急剧增加到 2006 年的 130 万人。不过虽然治疗的覆盖范围在不断地拓宽，但覆盖率仍然非常低。

（6）教育质量有显著提升，但仍处于较低水平

一方面，非洲大陆在确保所有儿童完成小学全部课程方面取得了显著进展。非洲的小学净入学率增幅很大，从 2000 年的 64％上升到 2009 年的 84％。但仍有 18 个国家距离实现到 2015 年普及小学教育的目标差 10％左右[29]。

另一方面，由于教育设施的供应不足，非洲小学的完成率和教育质量随着入学率的上升而有所下降，2009 年只有 6 个国家的完成率高于 90％，许多国家的辍学率非常高。此外，虽然在小学入学率和完成率方面取得了实质性进展，但大部分国家在提高中学和大学入学率方面仍然进展缓慢。

1.2.3　非洲文化及其地域特征

非洲地域文化特征需要用发展的视角来审视。在历史上，非洲的地域文化主要源自两种：一种是 19 世纪之前，非洲传统社会发育而成的前殖民地地域文化；另一种是 19 世纪以后的殖民体制下与欧洲文化接触后形成的殖民地文化[41]。当前的非洲地域文化展现了在非洲历史发展过程中两种不同的地域文化相互融合、相互影响的成果。

非洲传统文化更多地表现为一种民间性的文化、部落性的文化，它的一个显著特征是，其古老文明主要是借助口头语言而非文字的条件发展起来的，加之非洲特殊的被殖民、被掠夺的辛酸历史，也就决定了非洲的现代化道路必定有别于其他地区[41]。口传文化的生动性是非洲传统文化具有强大生命力的重要原因。即使是在文字水平和文字文化高度发达的现代社会，非洲有着悠久传统的口传文化的重要性也并未衰减，反而作用不断得到强化。目前，非洲仍有许多人生活在文字文化不发达的地区，口头媒介依旧是大多数人最易接受的传播手段[41]。

传统文化也是影响非洲城市化格局的重要因素，这在非洲北部地区表现得尤为明显。埃及虽然是非洲北部地区社会经济发展最发达的国家，但受农耕文化传统的影响，其城市化水平却相对较低，城市化进程特别缓慢。而摩洛哥、阿尔及利亚、突尼斯等几个濒临地中海的国家，由于受重商文化的影响，港口城市商业贸易快速发展，大量农村人口的涌入加速推动了这些国家城市化进程的快速发展。

（1）具有鲜明民族性的传统部落文化

在非洲大陆上，不同族群在千百年来创造了辉煌璀璨的非洲传统文化，尤其是撒哈拉以南的非洲民族，由于共同生活在撒哈拉沙漠和热带雨林等天然屏障的相对封闭

的地理环境中，他们的传统文化有许多共同的基本特征，这与毗连的北部非洲地区、亚洲地区和欧洲地区的阿拉伯—伊斯兰文化、中华文化、印度文化和西方文化相比，有着自身的特色[42]。

传统的非洲文化特征主要有：第一，部落文化是其重要特征之一。非洲传统文化具有鲜明的民族性，并在传统社会中占主导地位。以血缘为纽带的部落是传统黑非洲社会生活的基石，这种社会结构特点使黑非洲的传统文化具有典型的与部落生活特点相关的独立性和封闭性。另外，长期以来在天然的、较为封闭的地理环境中生存以及受局限的人际交往和信息沟通，使得传统部落极少受到外来文化的冲击，封闭性较强，因此部落制度和部落文化不容易被轻易干扰。实际上，即使在西方殖民侵略和殖民统治时期，非洲部落也表现出对外来文化入侵的反抗，与异族文化的抗争，使得原有的以部落为单位的社会组织结构和传统文化未能在根本上遭到破坏和冲击[42]。第二，在文化传承的方式上，传统文化主要以口传或口述形式为主，鲜有文字记载记录。非洲传统社会文化主要依靠讲述人复述他们所目击的事实和从前辈处听取的知识传播，同时受到各种宗教信仰、部落宗族的仪式和社会因素等制约，其存在较大的主观性、局限性，严重影响了口头文化的可信性。第三，在文化的主体上，传统的非洲文化以大众文化为主，精英文化发展较不充分，主要依靠大众百姓通过多种不同的传承形式和文化作品的诞生来创造和传递传统文化的思想观念和价值取向。由于非洲经济社会发展缓慢，物质生活条件长期得不到改善，人类抽象思维的持续发展受到局限，加上传统文化的封闭性和排他性，致使非洲传统文化的传承和传递不畅通。同时由于非洲传统文化的内容、形式等都和部落生活紧密联系，从而产生了地域差异[42]。

（2）多元化的宗教文化

非洲是一个多宗教并存的社会，除了信仰本土的传统宗教外，伊斯兰教、基督教也有近半数的信徒。19世纪，伊斯兰教已在非洲得到广泛认同，而基督教只在南部非洲和东部非洲的个别国家得到认同，基督教根基较深的埃塞俄比亚阻挡了伊斯兰教的继续南传。在北部非洲情况略有不同，虽然早期基督教已占有明显的优势，但后来随着阿拉伯文的盛行，伊斯兰教后来居上[43]。与基督教相比，伊斯兰教的象征物地位高、氛围浓、分布广。马里的杰内古城曾为伊斯兰教传播中心，突尼斯的凯鲁万"在马格里布地区首屈一指"[44]，摩洛哥的马拉喀什阿拉伯人聚居区"影响遍及整个西部穆斯林世界"[45]。在埃塞俄比亚的哈勒尔城，凡传统房屋的庭园普遍设有礼拜区，清真寺及圣地分别达82处和102处[46]。

虽然有许多非洲居民皈依了伊斯兰教、基督教，但本土的传统宗教在社会生活中依然是各国宗教的主流。非洲传统宗教主要表现为祖先崇拜和至上神崇拜。非洲传统社会非常敬畏祖先和神灵，并形成了不同的宗教仪式。比如在祭祖仪式中，对规模、时间、地点、祭品都有严格要求。非洲人的至上神崇拜也是传统宗教文化中的一个重要方面。在非洲人各族心目中，至上神就是创世主，世界万物都归于神的创造。原始宗教对非洲社会的影响是巨大的，特别是对乡村生活的影响更大，它甚至直接支配着乡村的精神文化生活。

（3）影响深远的外来文化

由于历史、经济、社会和环境等多方面因素的影响，非洲文化融合了欧、亚文化的元素，尤其是欧洲文化的元素，特别是在城市建设和许多建筑风格上兼有多种外来的文化元素。从历史上来看，古罗马和阿拉伯势力在北部非洲统治的时间最长，故古罗马文化在北部非洲地区表现最为集中。在阿尔及利亚，蒂姆加德相互垂直的两条大街穿越整个方形城市被视为"古罗马城市规划的杰出代表"[47]。而在杰米拉（奎库尔城），独特的罗马式广场、神庙、长方形会堂和凯旋门等形成了山区古罗马城市的典型代表。葡萄牙人建于16世纪的摩洛哥马扎甘葡萄牙城和肯尼亚蒙巴萨的耶稣堡都具有文艺复兴时期军事设施的风格，到18世纪晚期在摩洛哥建造的索维拉城仍以同期欧洲防御城堡为蓝本。而坦桑尼亚的桑给巴尔石头城和埃塞俄比亚的法西尔盖比城则具有阿拉伯和印度风格的特征[47]。

非洲传统文化的现代变迁，并非意味着各民族要放弃和改变自己的文化个性、文化特征，而是需要在当今一个日渐全球化的时代，保持自身的文化个性和文化特征的长久存在。只有这样，人类文化持续发展才能得到保证。以口述文化为特征的非洲传统文化，在现代化进程重新被世界审视，这不仅证明了其自身的价值，而且在一定程度上是对世界文化多样性的贡献[41]。

（4）逐步形成的现代文化

从20世纪60年代起，随着撒哈拉沙漠以南诸多黑非洲国家的建立，如何实现传统的部族文化向富于凝聚力的现代文化的过渡转型，成为各国面临的一个严峻而紧迫的历史性挑战。在这种转型过程中，许多国家普遍表现出一个共同特点就是将国家权力机构和政府官僚组织作为创建统一现代国民文化的主导工具，以及推进民族一体化进程的基本动力。这一发展特点导致的一个"如双刃之剑利害并存"[48]的直接后果，是当代黑非洲各国逐渐成长的国民文化普遍被赋予了浓厚的政治色彩，即政治文化在整个国民文化体系中占据了中心位置[49]。

进一步深究可以发现，当代黑非洲对现代统一国民文化的追求之所以普遍借助于国家和政府的政治权力，重要原因是当前黑非洲的现代资本主义经济发展水平仍较低，不存在成熟发达的国内经济联系和市场组织力量，自主性的民间力量、社会力量及私人经济力量较为弱小，社会自我整合、发展的功能并不完备，所以需要依靠政府的力量来推进新国家的社会、文化、经济的一体化[49]。

以尼日利亚为例。独立以后，为促进国内民族一体化过程，尼日利亚开始构建统一的国民文化体系，加强对于自己历史文化的研究，发掘民族传统精神财富和历史文化资源以作为新国家文化建设的基础，同时通过对于少数民族的特别保护以全面体现民族平等。在传统文明的基础上，尼日利亚黑人正在努力发展民族经济，建立现代化的民族国家和民族文化，涌现了一大批卓有成效的歌唱家、舞蹈家、雕刻家、电影艺术家和体育明星。如尼日利亚的作家沃莱·索因卡因其卓越的文学成就而获得了诺贝尔文学奖。

（5）非洲文化的地域特征

日本的非洲问题专家日野舜也根据不同的建成时期和政治体制，将非洲的地域文化分为两类：第一类是在成为殖民地之前建立的传统非洲城市的地域文化；第二类是在殖民体制建立后以殖民地行政城市和矿产城市为代表的殖民地地域文化[50]。他认为，在东非沿海一带主要以斯瓦希里文化为主，19世纪后，斯瓦希里文化开始向非洲内陆地区扩散。根据日野舜也的研究，斯瓦希里文化有5个主要特征：①以在东非一带的非洲、亚洲混血居民为主；②具有东非沿海聚落的社会特点；③从内在要素看，形成了以伊斯兰教为基础的价值体系、观念、法律等；④从外在要素看，具有斯瓦希里文化的行为方式、技术、物质文化等特征；⑤斯瓦希里语是斯瓦希里文化的重要传递手段。而在西非地区的尼日利亚北部及喀麦隆北部以豪萨—富拉尼文化为代表，其特征主要表现为：①豪萨—富拉尼的血缘性、归属意识；②城市特征；③伊斯兰教；④豪萨—富拉尼的生活方式；⑤豪萨语、富拉尼语为通用语言。而在殖民地国家，由于受西欧文化影响，其地区的地域文化特征是：①西欧人种特性；②殖民地社会的城市特征；③基督教，展现了西欧的价值体系、观念、殖民地法等；④西欧人民的生活方式、行为方式、技术、物质文化等；⑤公用语言是各殖民母国的语言[50]。

1.3 非洲国家与城市经济增长

受历史上长期的殖民统治、民族冲突与战争等因素影响，多数非洲国家的经济发展较为缓慢，且非常不稳定。目前，非洲仍是世界上经济发展水平最低的大洲，绝大多数国家尚未脱离历史上形成的经济落后状态。

1.3.1 总体情况

就当前发展现状而言，非洲经济已从 2008 年的全球金融危机中恢复，2010 年全大陆国内生产总值增幅达 4.7%，明显高于 2009 年 2.3% 的增长水平。尽管当前仍面临全球经济减速、局势紧张和不确定性加剧等发展环境的影响，非洲在 2012 年经济增长依然强劲，增长率达到了 5.0%，远高于世界平均水平，这反映了非洲经济体的经济正逐步恢复活力，以及全球对非洲商品的强大需求。据联合国经济及社会理事会的分析，非洲许多国家的经济复苏受多方面因素的影响，包括国际市场对非洲商品的需求较高，伴随收入增加和城市化而来的内需增加，公共开支特别是基础设施项目开支增加，与新兴经济体和发展中经济体的贸易和投资增加，以及外商加大对采掘业和某些冲突后国家的投资等[51]。

尽管制造业和服务业呈现出明显的多样化发展态势，但大多数非洲经济体仍严重依赖于初级商品的生产和出口，附加值有限，与其他经济部门的前向和后向联系不大。由于这一结构性缺点，非洲的经济增长在很大程度上没有创造就业岗位，大多数非洲国家无法将经济增长转化为就业机会，也没有加快社会发展速度[29]。事实上，非洲国家当前的经济发展存在不平等和非包容性增长，这导致近年来非洲社会发展的参差不齐。虽然大部分地区取得了积极发展，但进展速度缓慢，也不足以使非洲国家实现其社会发展目标。减贫目标的实现进展仍然缓慢，大多数非洲国家仍然不可能在最初确定的 2015 年这一目标日期之前实现千年发展目标，撒哈拉以南非洲尤其如此。促进非洲经济从依赖初级商品和矿产资源向以商品为基础的制造业转变的政策和措施，将有助于促进一个更具包容性的增长进程，使自给自足的农村社区转变成充满活力的农业企业中心，提升价值链，为大多数人创造就业机会并产生必要的收入，以扩大并维持各社会部门的投资[29]。

根据非洲发展银行数据，2010 年非洲整体的真实地区生产总值（Real GDP）增长率为 4.9%，但不同地区之间存在巨大的差异。西部非洲的增长率最高，为 6.7%，北部非洲的增长率次之，为 6.2%。中部非洲、东部非洲的增长率一致，为 4.7%，南部非洲的增长率最低，仅为 3.3%，不足西部非洲的一半[29]。在非洲，经济发展水平较高的国家一般都位于沿海，最不发达的国家多数在内陆；商品农业基本上都分布在沿海狭长地带，制造业则高度集中于少数海港城市，尤其是一些国家的首都。另外，非洲各国家还存在严重的城乡差距。各国的城市纷纷移植西方国家的资本主义管理模式，而广大农村却仍然是以自给自足的自然经济为基础的传统社会，城乡之间缺乏互动和协调发展。另外，非洲各国家还存在资金、技术和人才的"瓶颈"，故非洲各国摸索出一条适合自身的、可持续发展的道路并非轻而易举之事。

受历史基础、资源禀赋、区位、殖民、环境承载力、政策等诸多因素影响，非洲各国在经济发展方面存在较大的不均衡性，不同国家的经济发展轨迹也存在较大的差异。非洲绝大多数国家按产业结构可以分为以下五种类型：工业比重较高、农业比重较高、服务业比重较高、工业和服务业为主、农业和服务业为主。按照经济的多元化水平和人均出口情况，麦肯锡公司将非洲主要的国家划分为四种类型：多元化经济体、石油出口国经济体、转型经济体、转型前的经济体[52]。

20世纪90年代中期以来，尽管全球经济增长波动不断，但非洲多数国家的经济基本保持了稳定增长的态势。2000—2010年，非洲经济保持5.1%的增速，仅次于亚洲8.6%的增速，是世界上经济增长最快的地区之一。

国际货币基金组织发表的《世界经济展望》指出，1995—2003年，非洲的平均经济增速为3.5%，是过去15年的2倍。2003年非洲经济增长率为4.1%，2006年增长率为5.9%，达到过去30年来的最高水平，2007年增长率为5.7%。随着经济的增长，非洲在世界经济舞台上的地位略有上升，其经济总量占世界的比重从1999年的3.2%增长到2006年的3.4%。其中农业、制造业、当地服务业（如零售、银行、运输和通讯）保持较快速度增长，而与自然资源相关的产业对非洲经济增长贡献最大[52]。

在过去十年中，遍及非洲全大陆的（发生在非洲30个最大经济体中的27个）、涉及所有生产部门的快速经济增长不仅仅是因为全球对矿产资源的强大需求，很大程度上还归因于各国内部结构的变化。这些变化在宏观尺度上主要表现为打造稳定的政治和宏观经济环境，在微观尺度上旨在创造一个市场驱动的商业环境。当然，非洲也从世界范围内对石油产品的强烈需求中受益匪浅。石油的价格从1999年的每桶不足20美元攀升至2008年每桶超过145美元，这极大地促进了阿尔及利亚、利比亚、尼日利亚及其他石油出口国的经济增长[52]。但世界对石油的强烈需求及油价的飙升只是非洲经济增长的动力之一。麦肯锡公司研究发现，石油及其他矿产资源仅贡献了非洲2000—2008年经济增长的24%。而其他经济部门的快速发展，如旅游业、银行业、电信等对经济增长的贡献最大，其次是制造业和农业的快速扩张[52]。

总体来说，非洲经济的中期增长前景仍然乐观，尽管存在很大的下行风险，包括全球经济疲弱和一些非洲国家的政治不稳定和社会动荡，而且最重要的是，全球经济预期表现疲软，且存在很大的不确定性。非洲内部各次区域和国家之间、国家内部城市之间的经济增长仍然存在严重的不均衡现象。非洲各国的实际国内总产值增长率各不相同，特别是在石油出口国和石油进口国之间存在较大的差异。2010年石油出口国的增长率为6.1%，石油进口国的增长率只有3.7%[29]。具体来说，石油出口国在2012年实现了有力的复苏（6.1%），原因是一些国家的政治局势有所改善，特别是北部非洲国家的石油产量增加以及国际市场油价一直保持高位运行。当然尽管石油进口国的经济增长从2011年的4.5%降至2012年的3.7%，但仍保持了强劲增长，原因是这些国家的农业、服务业和其他部门的表现有了极大地改善[29]。非石油因素推动的强劲增长确保了非洲各国经济多样化的发展势头。肯尼亚等国在干旱结束后迎来了强劲复苏，而其他国家冲突后的恢复促进了这些国家的明显改善。

殖民主义时期的经济政策并未促成非洲的富强及快速发展。相反，它在破坏了非洲自给自足的传统经济结构的同时，还将非洲变成了完全依赖宗主国的单一的商品生产地和出口地。在独立以后，非洲多数国家的经济虽有所增长，但没有长足的发展；虽与世界市场有紧密的纵向联系，但并未形成统一的内部横向联系。

非洲当前是世界上经济发展水平最低的大洲。20世纪非洲各个国家独立后，民族经济得到了一定程度的发展，在改变单一经济结构方面，取得了一些成绩。但目前绝大多数国家尚未脱离历史上形成的经济落后状态，没有及时将农业和矿产的资源优势转化为实际的竞争优势，均属发展中国家。这一方面是由于非洲国家缺乏必要的资金与技术来开发这些资源，另一方面是由于管理不善和负债累累，许多非洲国家早已把开发自然资源的权力抵押给了西方公司，对本国的自然资源已经没有完全的控制权，只能以抽取租金的形式得到有限的好处。故非洲的资源帮助别国实现了工业化，而未能改变非洲的面貌[53]。非洲国家在殖民地时期形成的高度依赖一两种农矿产品出口的经济结构，粮食难以实现自给，制造业薄弱，作为西方工业国家的原料供应地和工业品销售市场的地位没有得到改变。这导致当国际经济条件恶化，如遭遇金融危机时，非洲经济发展受到严重的负面影响。

（1）丰富的资源开发推动西部非洲国家经济强劲增长

基于对尼日尔三角洲地带的安全考虑、财政刺激减少和石油投资放缓，西部非洲的经济增长率从2011年的6.5%放缓到2012年的6.3%。非洲大陆第二大经济体尼日利亚的增长率也从7.4%降至6.4%。加纳于2011年实行商业石油生产后，经济增长率迅增至15.1%，2012年的增长率回落至更切合实际的7.4%[29]。几内亚比绍和马里的政治环境不稳定影响到自身的增长，这两个国家的增长率降幅均超过了4.4%。塞拉利昂因发现新的石油储量取得了26.5%的增长率。科特迪瓦增长了7%，恢复了其正常速度[29]。

（2）旺盛的内需继续推动东部非洲国家经济增长

虽然东部非洲的经济增长率有所下滑，从2011年的6.1%降至2012年的5.7%，但该区域大多数国家的经济表现良好，这主要由于大多数东非国家的国内需求旺盛、服务部门表现强劲，政府支出增加，以及稳健的货币政策使通货膨胀缓和[29]。肯尼亚农业生产复苏、国内需求强劲，且服务部门有所扩张，经济增长率从2011年的4.4%上升至2012年的4.8%。坦桑尼亚保持了强劲的经济增长（6.8%），主要是因为该国执行了审慎的财政和货币政策，增加了税收，减少了非经常性开支。此外，厄立特里亚（6.5%）、埃塞俄比亚（7%）、卢旺达（7.9%）和塞舌尔（3.6%）等国家的经济增长也依然强劲。但需要关注的是，农村贫穷、收入不平等、青年失业和全球经济前景的不确定性继续使得该区域的经济增长质量问题严重[29]。

（3）上升的石油贸易加速增长中部非洲国家经济

2012年，中部非洲实际国内总产值的增长率保持在5.0%，与2011年持平，但各国家的情况不尽相同。乍得2012年的经济增长速度翻了一番，达到6.2%，这是由于该国非石油部门和能源相关产业有所扩大，石油价格上涨，以及政府支出保持稳定[29]。喀麦隆因为石油和天然气产量的增加，2012年的经济增长率增至4.5%。而中非共和国

3.8%的增速得益于良好的收成和出口增加。罢工和石油生产中断导致加蓬的经济增长率从2011年的5.8%降至2012年的4.7%，且该国继续面临高失业率等问题。简言之，虽然该次区域的经济发展现状表现良好，但其仍然严重依赖初级产品的产出和采掘业，因此，包容性增长和创造就业机会成为该地区的一大挑战[29]。

（4）全球金融危机影响南部非洲国家经济增长

南部非洲的经济增速连续三年保持不变，为3.5%。由于南非与世界经济密切融合，受全球金融危机的影响，其经济增长率从2011年的3.1%明显减速至2012年的2.5%，而采矿业罢工更使这种局势进一步恶化[29]。其他一些国家2012年的增长率较为温和。博茨瓦纳、莱索托、纳米比亚和赞比亚尽管增长依然强劲，但其国内总产值下降0.8%以上，原因是政府从采矿业得到的税收减少，以及全球对铜、钻石和黄金等矿产需求疲弱。安哥拉是这一次区域增长最强劲的国家，从2011年的3.6%增至2012年的7.5%，主要原因是该国石油生产和天然气项目投资增加。莫桑比克自2011年开始成为煤炭出口国以来，其经济在2012年也呈现出明显的上升趋势（7.5%），而外国直接投资的增加也促使煤炭资源的产出增加。就发展前景来看，该次区域仍然受益于稳定的国际环境，但高失业率和收入不平等是其下行风险[29]。

（5）政治动荡局面的缓解使北部非洲国家经济逐步复苏

北部非洲几乎完全从2011年埃及、利比亚和突尼斯等国的政治和社会动荡所造成的经济收缩中恢复，2012年的增长率达到5.4%[29]。虽然该次区域在面对全球金融危机时表现出了一定的抵御能力，但其经济复苏仍将受到持续的政治不确定性及其欧元区的主要经济伙伴经济减速的影响。由于议会和总统选举过程中存在不确定性，以及围绕该国新宪法产生的政治紧张局势，埃及的实际国内总产值增长率从2011年的1.8%进一步降至2012年的1.1%。因为欧洲经济减速和农业表现不佳，摩洛哥的国内总产值增长率从2011年的4.1%减至2012年的2.8%。在利比亚，随着重建投资刺激经济，经济增长出现了100.7%的反弹，而石油产量则从2011年底的每天50万桶增加至2012年7月的每天142万桶（世界银行，2012年）。突尼斯的经济在2011年收缩了1.7%，但2012年增长了2.6%，这主要得益于旅游业、出口和外国直接投资的复苏。高居不下的青年失业率仍然是该次区域的一个挑战[29]。

由于社会经济基础、城镇发展历史和自然条件不同，非洲的城市分布极不均衡。当前，非洲城市集中分布在沿海、沿河、矿产资源分布丰富的地区以及主要交通干道沿线地区。就城镇分布而言，非洲城镇集中于北非的地中海沿岸、尼罗河三角洲及河谷地带和苏伊运河沿岸，西非的几内亚湾沿岸，中非的铜带，南非东部的威特沃特斯兰德矿区和沿海地带。这些地区几乎集中了非洲全部50万人口以上的大城市和大部分10万人口以上的中等城市，是非洲城市化水平最高的地区。

在非洲内部，撒哈拉以南的非洲和北非在城市化水平上存在明显差异，北非已经跨过城市化50%的门槛，而撒哈拉以南非洲地区城市化率仅为37%。随着城镇化进程的推进，将有越来越多的人口涌入城市，非洲的社会文化发展也出现新的特点，多种社会成分相互渗透、相互融合已形成一种积极的发展态势，如独特的人口迁移形式、居住环境的多元化等。但与此同时，非洲快速发展的城市化也带来了很多的问题，许多国家面临城市贫困及城市犯罪较严重、贫民窟比重偏高、性别不平等及种族问题等挑战。

1.3.2　产业发展概况

与世界上其他大洲相比，非洲在经济发展方面整体上处于落后的态势。具体到产业结构，非洲不仅与全球其他地区存在很大的差别，而且内部不同国家的产业结构也存在显著的差异。

当前，农业是整个非洲最重要的经济部门，在促进经济发展、减少贫困和提高食品及营养安全方面具有举足轻重的地位。虽然农业在经济发展中占据非常重要的地位，但在过去的半个世纪中，非洲各国政府在社会经济发展中，更加重视工业的发展，农业的作用被长期忽视。1980—1989年，非洲农业产值的年均增长率约2.4%，1990—1999年约为2.7%，2000—2007年上升为3.3%[②]，与其他发展中国家和地区比较，增幅偏小。

虽然非洲大陆工业化的整体水平较低，但正呈现缓慢增长的态势，1990年全大陆工业产值占国内生产总值的比重约为26.1%，2000年上升为27.9%，在2010年增加至28.6%。自20世纪60年代独立以后，为摆脱殖民时期形成的依附性经济的制约，尽管非洲各国的发展基础存在较大的差异，但多数国家都采取了工业化发展战略，如"进口替代"、"出口加工"等，基本上都以经济增长为目标，以发展矿产采掘、出口和加工制造业为核心，通过矿产资源的出口和外商投资带动经济发展。但在实际发展过程中，由于非洲多数国家工业水平普遍滞后，经济基础薄弱，使得油气资源出口成为各国迅速脱贫发展的捷径。另外，在国家工业化发展政策的引导下，非洲国家对农业的投资和发展不甚重视。这导致非洲国家在工业经济增长的同时，农业经济停滞不前，伴随的是乡村地区贫困境况的恶化。

非洲制造业的产值占国内生产总值的比重约10%，主要产业集中在食品、饮料和烟草、纺织品和服装、化学品、机械和交通运输等。其中食品、饮料和烟草行业等轻工业占制造业产业的比重最大，2009年的比重约为40%。其次是纺织品和服装、化学品，2009年两者的比例均为7%。比重最小的为机械和装备运输产业，仅为5%[54]。

（1）非洲国家产业结构类型

基于对世界银行统计数据的整理，作者获取了非洲46个国家的农业、工业及服务业增加值占GDP比重的数据，其中多数国家的这三项指标是2011年的数据，但由于统计数据的难以获取，马达加斯加、贝宁、马里、阿尔及利亚、中非共和国、厄立特里亚等国家的这三项指标采用的是2009年的统计数据；而吉布提、加蓬、喀麦隆、乍得、利比亚、科特迪瓦、尼日利亚等国家则采用的2007年的统计数据。根据非洲各国农业增加值比重、工业增加值比重、服务业增加值比重，非洲绝大多数国家按产业结构可以分为以下五种类型：工业比重较高、农业比重较高、服务业比重较高、工业和服务业为主、农业和服务业为主（表1-12）。

表1-12　按三次产业结构聚类的非洲国家类型

类别	特征	国家数量（个）	国家名称
Ⅰ	工业比重较高	9	赤道几内亚、安哥拉、刚果共和国、加蓬、乍得、利比亚、阿尔及利亚、毛里塔尼亚、尼日利亚
Ⅱ	农业比重较高	4	刚果民主共和国、中非共和国、塞拉利昂、利比里亚
Ⅲ	服务业比重较高	22	纳米比亚、莫桑比克、坦桑尼亚、卢旺达、乌干达、肯尼亚、吉布提、厄立特里亚、苏丹、喀麦隆、突尼斯、摩洛哥、塞内加尔、冈比亚、几内亚比绍、科特迪瓦、加纳、多哥、贝宁、马达加斯加、莱索托、南非
Ⅳ	工业和服务业为主	6	博茨瓦纳、津巴布韦、赞比亚、埃及、几内亚、斯威士兰
Ⅴ	农业和服务业为主	5	布隆迪、埃塞俄比亚、马里、布基纳法索、尼日尔

具体来说，第Ⅰ类国家的工业增加值占 GDP 的比重较高，多数在 40% 以上，工业较为发达；第Ⅱ类国家的农业增加值占 GDP 比重很高，均在 45% 以上，乍得的农业比重最高，占到 64%，国民经济非常依赖农业生产；第Ⅲ类国家的服务业增加值占 GDP 的比重较高，多数在 45% 以上；第Ⅳ类国家产业结构基本符合"三、二、一"的结构特征，以工业和服务业为主，但整体上服务业所占比重偏高，农业比重很低；第 Ⅴ类国家的产业结构以农业和服务业为主，工业占的比例较小，尤其是布隆迪、埃塞俄比亚、马里、布基纳法索、尼日尔等，工业占 GDP 比重不足 25%。

（2）非洲国家产业结构特征

基于上述分析，结合非洲各国经济社会发展的实际情况，进一步深入研究非洲主要国家产业结构的特征，以总结非洲国家产业结构的总体特征。

总体来说，非洲 75% 以上的国家以某一种产业为主，产业结构较为畸形，而且受外界的经济波动影响比较显著。以 2011 年非洲国家三次产业占 GDP 比重为例，中非共和国、塞拉利昂、利比里亚农业比重分别达到 57%、57%、53%。赤道几内亚、刚果共和国、利比亚等工业比重都在 75% 以上，其中赤道几内亚的工业增加值占 GDP 的比重达到了惊人的 94%。几内亚比绍、吉布提、南非、冈比亚、纳米比亚、厄立特里亚、塞内加尔等国家的服务业比重达到 60% 以上，其中几内亚比绍、吉布提的服务业比重分别为 84%、79%。这种以某种产业类型为主导的国家，容易受自然灾害、国际产品市场等外界经济波动影响，存在较大的不稳定性。另外，许多国家制造业占 GDP 的比重很低，如 2011 年布隆迪、肯尼亚、尼日尔、吉布提、卢旺达、马达加斯加、多哥、中非共和国、冈比亚、几内亚比绍、贝宁、埃塞俄比亚、利比里亚、塞拉利昂等国家的制造业产值占 GDP 的比重在 20% 以下，其中塞拉利昂只有 8%。

具体来说，不同产业结构类型的国家的产业特征具有显著的差异：

以工业为主的国家大多石油、天然气、磷酸盐、铀、铁、钻石等资源比较丰富，这些国家依赖自身的资源发展能源工业及采矿加工业。如阿尔及利亚、利比亚、尼日利亚、安哥拉、加蓬、刚果共和国等国家的石油、天然气资源丰富，这些资源的出口成为国家主要的外汇收入，极大地带动了国民经济的繁荣，人均 GDP 在整个非洲处于较高水平。但赤道几内亚、尼日利亚等国的煤、铁、钻石等资源型工业虽得到了缓慢的发展，整体经济水平仍不高。

以农业为主的国家，农业占 GDP 的比例很高，整体经济水平较为低下。以生产玉米、棉花、橡胶、咖啡等农作物为主，各国 70% 以上的人口从事畜牧业、半农半牧业，薄弱的经济基础无法带动工业的快速发展，这些国家多数被联合国确定为世界上最不发达的国家。

以服务业为主的国家，服务业占 GDP 的比例很高，它们的商品服务、金融贸易、交通运输、旅游、转口贸易等较为发达。其中多哥、贝宁、喀麦隆、乌干达、肯尼亚、冈比亚等国家的旅游业较为发展。加纳、马达加斯加依托可可、香草等特色农业产品发展起来的服务业也较为发达。

以农业和服务业为主的国家，在原来农业发展的基础上，商品服务、交通运输、旅游、转口贸易等有所发展，但由于没有强大的工业支撑，这些国家经济的整体发展水平仍然不高，部分国家农业人口比重较高，人均 GDP 很低。

以服务业和工业为主的国家，矿产资源丰富，工业发展基础较好，加之处于非洲大陆沿海地带，区位优势强化了对外联系，旅游业、对外贸易、交通运输等的发展使这些国家呈现"三、二、一"的产业结构，整体经济水平较高，是非洲经济实力较强的国家[54]。

（3）非洲国家产业结构差异的影响因素

非洲各国家产业结构的差异主要与区位条件、资源禀赋、社会历史等因素关系密切。

① 区位条件的巨大差异

在经济全球化时代，非洲的经济和产业发展不仅离不开世界市场，而且需要主动地融入世界经济发展体系。在这个过程中，便捷、快速的对外联系通道对国家的影响很大，而非洲各国家由于区位条件的巨大差异，对外联系的程度也存在很大差异。非洲北部的埃及、利比亚、阿尔及利亚扼守地中海要冲，与北美洲、欧洲、亚洲联系方便；非洲南部的国家临近大西洋和印度洋两大洋，水上交通发达，方便与世界临海国家进行经济往来；非洲西岸的国家，穿过大西洋即可到达南、北美洲。这些位于非洲大陆沿海的国家具有显著的区位优势，经济发展迅猛，产业结构不断地得到优化。而位于非洲大陆中心的国家，对外联系较为不便，交易成本较高，区位条件限制了其与世界其他国家的联系，工业和服务业发展缓慢，农业占据着主要的地位[54]。

总之，这种区位条件的巨大差异是导致非洲国家发展水平存在较大差异的重要原因。

② 资源禀赋不同

除了受区位条件影响外，非洲各个国家的产业结构还受到资源禀赋的影响。由于非洲国家经济发展水平不高，所以对资源依赖性特别强，尤其对矿产资源、水资源、旅游资源等的依赖性较强[54]。资源禀赋高的国家，整体经济发展水平较高，反之亦然。

具体来说，整个非洲大陆复杂的降雨格局，造成了非洲北部地区和西南部地区严重缺乏常年河流和湖泊[55]，这些地区的国家因水资源匮乏，无法进行正常的农牧业生产，农产品不能自给；而非洲中部地区的国家水资源相对丰富，农业发展较好。另外，各国矿产资源的禀赋差异也很大，有的国家一种或多种资源优势非常明显，如阿尔及利亚的天然气（储量世界第四位），南非的黄金（储量世界第一），刚果民主共和国、博茨瓦纳的金刚石（储量分别为世界第一、第二），加纳的可可（世界第一产国），索马里的骆驼，北非的咖啡等，对这些国家的出口贸易、外汇增长等都有很大的影响。而莱索托、索马里、几内亚比绍、布隆迪等国家的矿产资源贫乏。矿产资源禀赋的差异，导致这些国家的产业结构、经济水平存在很大的差异。另外，随着非洲旅游热的兴起，世界四大文明古国之一的埃及、"彩虹之国"的南非、野生动物聚集的肯尼亚和坦桑尼亚、新型的旅游国乌干达和卢旺达等国家，国际游客数量和旅游外汇收入迅速增长，拉动了服务业以及整体经济的发展[54]。

③ 基于历史原因的路径依赖

非洲国家是在结束漫长的殖民统治后才开始独立发展自己的经济的，由于历史上受殖民、战争等原因的影响，其经济发展受到严重影响，如依赖磷酸盐生产的西撒哈拉，1976年发生战争之后，磷酸盐的生产陷于停顿状态，战争结束后才恢复生产。还有塞拉利昂、索马里、刚果民主共和国、埃塞俄比亚和厄立特里亚等地，持续不断的冲突和战争，严重影响了经济的发展和产业结构的升级。不稳定的社会因素和不利的投资环境，影响企业进行投资，尤其是影响国外企业投资，同时也影响国外技术人员、国际游客等进入非洲的信心。

1.3.3　非洲主要国家和城市经济增长

（1）主要国家经济增长

当前非洲正处于人口、经济、社会、技术发展和环境等多维转型过程中。在过去的十年间，非洲经历了剧烈的转变，国家间的冲突已显著下降。但与此同时，被认为是引领非洲经济、社会和技术升级的城市，不安全和暴力明显增多，这对吸引国际投资带来了严重的负面影响，非洲城市的可持续发展遇到了巨大的挑战。故非洲城市化需要重新反思这些转型能否带来更好、更全面的社会和人类发展[56]。

为清晰地了解不同国家间所面临的经济增长机会及挑战，按照经济的多元化水平和人均出口情况，麦肯锡公司将非洲主要的国家划分为四种类型：多元化经济体、石油出口国经济体、转型经济体、转型前的经济体[52]。尽管每一类型的国家存在一些差异，但它们的经济结构和所面临的挑战相似。麦肯锡公司认为这种分类对于评价一个内部存在较大差异的大洲的经济增长潜力是十分有帮助的[52]。

多元化经济体：非洲的增长引擎。埃及、摩洛哥、南非、突尼斯等非洲四大最发达的经济体业已形成了较发达的制造业和服务业。在2000—2009年，建造业、银行业、电信及零售业等服务部门对这些国家经济增长的贡献率超过70%。从2000年开始，这些国家的城市共计吸纳了超过1 000万的新移民。当前，90%的家庭已拥有一些可以自由支配的收入。这些经济体从经济全球化过程中受益匪浅，经济增长稳定。但需要关注的是，这四大经济体在发展高附加值产业的道路上尚面临巨大的挑战，因为它们的单位劳动力成本要高于中国和印度。另外，它们还面临如何拓展出口市场，提升教育水平以培养更熟练的技工，以及加快建设基础设施以支撑经济的进一步增长等挑战[52]。

石油出口国经济体：如何促进经济的持续增长。石油和天然气出口国既是非洲人均GDP最高的国家，但也是单一经济国家，这些国家从持续高涨的油价获益匪浅。阿尔及利亚、安哥拉、尼日利亚是三个最大的石油生产国，2000—2008年，它们共从石油出口中获益超过1万亿美元。在这些国家的制造业和服务业仍不发达，占国内生产总值的比重不超过1/3的背景下，如何有效利用这笔财富显得尤为关键。东南亚的印度尼西亚通过石油出口获取的巨额利润来扶持其他产业的多元化发展的成效已经显现，为非洲石油出口国家的后续发展提供了一个较好的标杆。非洲的石油出口国经济体面临维持政治稳定，维持经济发展的持久动力等挑战[52]。

转型经济体：建立在工业制成品出口的基础上。非洲的转型经济体包括加纳、肯尼亚、塞内加尔等国家，虽然这些国家的人均国内生产总值要低于前面提到的多元化经济体、石油出口国经济体等，但它们仍处于经济的快速发展过程中。这类经济体的农业和资源产业的产值约占国内生产总值的35%以及出口总值的2/3。这些国家的出口产品主要包括加工过的燃料和食品、化工产品及服装等。这些国家的产品出口主要面向非洲的其他国家，如何进一步拓展出口市场对转型经济体的未来发展至关重要。虽然这些国家的服务业发展迅猛，但如电信、银行业及正规的零售业等关键行业的市场渗透率却远低于多元化经济体[52]。

转型前的经济体：亟须夯实基础。这些经济体每年的人均GDP仅为353美元，非常贫穷，但也有一些正在迅速发展。自2000年开始，刚果民主共和国、埃塞俄比亚、马里等三个经济体年均增长7%。即使如此，这些经济体的经济增长有时并不稳定。尽管每个经济体的经济发展现状存在较大的差异，但缺乏经济发展的基础要素是它们所面临的共同问题，如强势的、稳定的政府及公共机构，良好的宏观经济环境及稳定的农业发展等[52]。

南非是非洲经济最发达、工业化水平最高的国家，国内约有 4 760 万人口，有较大的市场容量。另外，该国基础设施完善，法律体系较为健全，腐败和恐怖主义对企业的消极影响相对较小，金融市场也比较成熟。埃及、阿尔及利亚也是非洲经济发展状况良好、工业化水平较高的国家，人口分别为 7 600 万和 3 390 万，市场容量大。尼日利亚是非洲人口最多的国家，有 1.46 亿人，国内市场容量很大，但该国对石油工业依赖性较强，工业多样性较差。2008 年以来，尼日利亚社会趋于平稳，石油产量随之增加，经济增长也将趋于稳定[36]。

虽然非洲一些国家的经济已经取得了长足的发展，但由于其发展基础较为薄弱，消除贫困和摆脱当前的不发达困境，仍是各国长期所要面临的任务。非洲许多国家普遍存在单一经济结构，过高依赖低附加值的农矿初级产品的生产与出口，过高的人口增长率，以及巨额外债、艾滋病蔓延、内战等隐患严重制约经济的可持续发展。故就全球范围来看，虽然非洲在融入世界经济的进程中贡献了大量的廉价原材料和人力资源，但从其中获益很少，致使资源禀赋最富有的非洲至今仍是世界最贫穷的地区，并在全球化进程中处于进一步边缘化的状态[53]。李智彪认为，当前非洲发展陷入了一个"怪圈"：非洲融入全球经济的程度越深，它在全球经济中的重要性就越小，在国际分工中的地位就越无足轻重，对外界的依附或依赖程度就越深[57]。

（2）主要城市经济增长

由于社会经济基础、城镇发展历史和自然条件不同，非洲的城市分布极为不均衡。当前，非洲城市集中分布在沿海、沿河、矿产资源分布丰富的地区以及主要交通干道沿线地区，各地区和各国之间的城市化发展水平以及城镇分布存在明显差异。

在 1950 年，仅有亚历山大和开罗超过 100 万城市居民。而到 1975 年，超过 100 万居民的城市数量达到 9 个，共容纳了 1 900 万人口。截至 2005 年，已经有 43 个城市的人口超过 100 万，它们人口数量合计超过 1.1 亿。预计到 2015 年，将有 53 个城市的人口超过 100 万，人口数量合计超过 1.68 亿。预计在 2005—2020 年期间，非洲将有 35 个城市跻身于世界 200 个增长最迅速的大都市地区。巴马科、达累斯萨拉姆、金沙萨及拉各斯甚至将跻身全球十大增长最快的大城市，它们的人口数量将在这 15 年间翻一番。但值得关注的是，非洲城市在历史上的高速增长曾导致了城市非正规的居民点和贫民窟的形成。随着当前非洲的许多最大的城市群正经历着非正规的、超常的增长，巨型城市中出现巨型贫民窟很有可能成为明日非洲的现实[58]。

当前非洲业已形成了三个巨型城市群：开罗（Cairo，埃及的首都）、金沙萨（Kinshasa，扎伊尔首都）和拉各斯（Lagos，尼日利亚的首都），它们持续快速增长，已经跻身世界上规模最大的都市地区。2007 年，开罗城市群有 1 190 万居民，拉各斯城市群有 960 万，金沙萨城市群有 780 万。估计到 2015 年，开罗、拉各斯和金沙萨三个城市群将分别拥有 1 340 万、1 240 万和 1 130 万人口，并将分别成为世界第十一、十七和十九大都市区[58]。

上述非洲的大城市或巨型城市群的数据尚未将新浮现的城市空间组织形式考虑在内，即城市区域和城市发展走廊。随着非洲大城市的持续增长，城市发展走廊成为正在浮现的城市空间。城市发展走廊由城市以及沿主要经济动脉的半城市体系所组成。城市发展走廊通常呈线性或带状，沿着城际公路和铁路等主要的物流连接延伸。这些发展走廊在远离大城市的污染、交通拥堵和高地价的同时，又能临近市场、服务和相关机构，故易于快速吸引产业发展和居民增长。大多数的非洲城市发展走廊是次国家层面的，主要包括开罗、亚历山大、塞得港、伊斯梅利亚和苏伊士之间的城市发展走廊，尼日利亚的拉各斯—伊巴丹走廊，摩洛哥的盖尼特拉—卡萨布兰卡走廊，以及南非的豪登省走廊（比勒陀利亚—约翰内斯堡—威特沃特斯兰德—弗里尼欣）。也有一些非洲城市走廊已经跨越国界扩展。最著名的案例是伊巴丹—拉各斯—科托努—洛美阿克拉走廊，将尼日利亚、贝宁、多哥和加纳等几个国家的沿海重点城市地区相连[58]。

在地理空间上相互临近的大都市区的核心城市，已经开始通过它们的政治、经济和空间的协同效应组合成为一个巨大的区域城镇体系。已出现这种迹象的有埃及的北部三角洲区域城镇体系（主要的组成城市包括开罗、亚历山大、塞得港和苏伊士），2007 年其人口总数超过 7 700 万；南非的豪登省城市区域（主要的组成城市包括约翰内斯堡、比勒陀利亚和弗里尼欣），居民数量约为 1 050 万，以及希拉城市走廊（主要的组成城市包括伊巴丹、拉各斯、科托努、洛美和阿克拉）[58]。

当前非洲中小城市吸纳了大多数的新增城市人口，而大城市也在人口规模方面继续增加。但仅仅考虑城市规模有误导的嫌疑，这主要因为城市增长率而非人口的绝对规模，能告诉我们城市承载力是否能够提供和管理人口的扩张，以及以何种速率扩张。非洲最大规模城市的增长已经开始减弱，这表明较大规模的城市的发展可能变得更易于管理。另一方面，人口的绝对增长仍非常重要，因为这揭示了一定阶段内社会服务、房屋、土地、运输的需求数量。

在非洲，商业利润经常被用作城市消费，而不是投资于社会住房、基础设施的建设以及创造就业。独立以后，新聘的政府工作人员数量庞大且不断增长，这有助于促进新兴的中产阶级的壮大，而一些国家的公务员调整优化计划也极大削减了臃肿的公务员队伍。但非洲许多城市并未能成为国家增长和发展的预期引擎。相反，现有的城市居民变得更加贫苦，而刚从农村来的新移民生活极端贫困。从这种意义上来说，非洲的城市化是一种由贫困驱动的虚假城市化。

对于非洲快速扩张的城市而言，城市总体规划无法发挥引领城市建设和发展的作用，这主要是由于"计划赶不上变化"，城市规划无法追赶快速发展的城郊地区。而实际上，这些发展没有相应的基础设施投资做支撑。由于规划的人口规模偏小，政府很快就无法满足居民对城市住房、社会服务设施和基础设施、城市生活的日益增长的需求[58]。

非洲各国政府应采取更积极的发展战略来提升非洲城市在全球化经济中的作用。为此，非洲需要积极发展跨境经济、政治和金融协作，来促进城市中心的发展，使之成为国家和地区经济增长和发展的引擎。

1.3.4　非洲大城市的发展与区域经济增长

西方城市化发展经验表明，城市化水平与经济发展水平之间存在较为密切的关系。美国地理学家诺瑟姆曾指出，城市化水平与经济发展水平之间是一种较为粗略的线性相关关系，即经济发展水平越高，城市化水平也越高。经济发展推动了城市化的步伐，城市化进程反过来也促进了经济的发展。因此，持续的经济增长和城市化水平提高是同步的。

但是从非洲城市化进程与社会经济发展比较来看，快速的城市化并没有带来相应的快速经济增长。从人均 GDP 来看，1961 年以来非洲人均 GDP 增长率并没有呈现出快速增长的态势。相反，从 1961 年至 2006 年，人均 GDP 增长率处于震荡起伏状态，最高增长率仅为 1963 年的 5.97%，最低的为 1992 年的 –2.48%，并且有 12 年的人均 GDP 处于负增长状态。从就业率来看，形势也不容乐观，1980—2006 年的 26 年间，非洲总体就业率从 1980 年的 41.14% 上升到 2006 年的 41.61%，增长微乎其微。不仅仅是在这两个指标上，在农业、工业、服务业三次产业上的发展速度也非常缓慢，在代表现代化水平的各项指标上，非洲国家与世界平均水平差距仍然很大[59]。

（1）北部非洲

北部非洲是非洲高度城市化的地区，大多数的城市分布在地中海沿岸地区及尼罗河的河谷和三角洲地区。埃及的首都开罗是一个超级巨型城市，现人口规模约为 1 100 万，预计在 2020 年前，年均增长率将不低于 2%[56]。自从 2011 年开始，北部非洲地区的城市发展经历了许多剧烈的变化，"阿拉伯之春"引起的剧烈社会及政治争斗至今尚未停息。对于埃及、利比亚和突尼斯等北部非洲的经济体而言，从持续动荡中摆脱出来和恢复以往的经济增长是其首要任务，这包括为大批处于边缘化位置的城市青年提供保障性住房，以及为他们提供更充分的就业机会。北部非洲地区的诸多历史悠久的城市中心的更新曾极大地振兴了当地旅游业的发展，但当前受剧烈的政治动荡和全球经济下行的影响显著。

城市的决策者们必须要将城市自身的可持续发展需求与受过相对良好教育的年轻人的就业需求相结合。因为上述这些方面的缺乏导致的阶层对立、贫困和无助感是 2011 年青年一代涌上街头的核心因素[56]。另外，该次区域的日渐显著的不稳定及家庭预算支出不断上涨的压力会导致进一步的动荡和抗议[56]。

（2）西部非洲

除了东部非洲外，西部非洲是非洲城镇化速度最快的次区域，特别是其海岸线地区。近年来城市聚落地的密度和城市之间相互联系的强度都极大地增加。

在西非地区，跨越国家边界的城市群呈条带状的空间分布格局，承载着小型的、非正规部门的经济活动以及更大规模的、正规的经济活动[56]。该地区城市之间的经济联系强度对于地区的发展至关重要，对于城市群中的首位城市以及二级城市乃至更小城市的增长更是如此。

西部非洲人口众多，其消费潜力是巨大的商机，已经受到全球市场的重视。新兴的城市中产阶级对于维持区域增长和吸引外商直接投资非常关键。另外，在次区域和国家层面，经济增长的驱动力主要来自于矿产能源开采及农业，第三产业活动主导城市层面的经济增长[56]。

非正规服务的提供、贸易和就业一直是西部非洲城市发展的核心特征。城镇高比例的失业青年一直是政府的关注话题，也是一个重要的发展机会。如果政府积极出台政策措施支持青年就业、教育、创业、职业培训及学徒项目，将有利于这一群体的稳定，并可能会成为重要的劳动力"蓄水池"及地区潜在的消费群体[56]。

不完善的城市基础设施阻碍了该地区经济的进一步增长和发展。在物流运输、港口基础设施、信息和通信技术和能源等方面的基础设施的严重配套不足对高效的存储，货物和人员的运输有不可估量的负面影响[56]。

（3）东部非洲

东部非洲是世界上城镇化水平最低，但同时又是非洲城镇化速度最快的次区域。到 2020 年，预计本区域的城镇人口将增加 50%，而 2040 年其城镇居民人口的总数量预计将增长至 2010 年该指标的 5 倍[56]。故可以预见，东部非洲未来将面临着大规模的城市人口增长带来的巨大挑战，如满足新增人口对可担负住房和城市公共服务的需求等。

在区域经济脆弱性方面，东部非洲地区矿产资源的开采潜力尚未完全展现。相比之下，农业部门的发展则重要很多[56]。东部非洲的农业发展受全球金融危机的影响并不显著。

近年来东部非洲最具影响力的是 2000 年成立的东非共同体。这个组织随后逐步扩大到包括布隆迪、肯尼亚、卢旺达、坦桑尼亚、乌干达和南苏丹。同时，东非共同体积极提倡公路和铁路的综合发展，这将东部非洲的经济中心连接起来，将整个地区打造成为沿海经济体。计划的成功可能对东部非洲的城市化模式带来变革性的影响[56]。

（4）中部非洲

尽管中部非洲正处于快速的城镇化进程中，但该地区的城镇化率预计在 2030 年左右才能超过 50%，其中中非共和国和刚果民主共和国预计在 2040 年，赤道几内亚预计在 2045 年左右才能实现 50% 的目标。金沙萨是刚果民主共和国的首都，其常住人口已超过 900 万。作为该地区规模最大、增长最快的城镇体系的首位城市，预计金沙萨将成为整个非洲第三位的巨型城市[56]。

在中部非洲地区，绝大多数首都城市的功能是兼具国际金融交易中心及跨国组织的管理中枢[56]。在基础设施建设、服务业和旅游产业等方面的大量投资有助于降低本地区的失业率。

在过去几年内，虽然中部非洲地区的多数国家和城市的经济发展有所起色，但它们的发展严重依赖于矿产资源的出口，尤其是铜、钻石、石油和木材的开发和出口。当前受全球金融危机加深的影响，中国和印度已减少了铜等矿产资源的进口量，故这些国家的资源出口和经济有所放缓。

尽管中部非洲地区拥有丰富的矿产和石油资源，但当地仍缺乏充足的矿产深加工产业。除此之外，当地政府需要考虑多元化的经济发展策略，以积极应对未来石油价格波动带来的负面影响[56]。

全球化和新技术的快速发展极大地改变了本地区的国家、城市与外界的贸易方式，尤其是促进了其与西方和远东国家的贸易往来。但本地区的国家之间的贸易量仍然很低，这主要是由于落后的公路和铁路等基础设施难以满足区域经济一体化的需求。

尽管中部非洲地区拥有丰富的水、森林及生物资源，但这里的城市却以极度贫困、不平等和腐败，以及大量的贫民窟和非正规的定居点而臭名昭著[56]。地方政府难以收缴充足的税收，故公共服务的提供存在资金的瓶颈。而低收入家庭难以担负得起水、能源、交通和食物等日常生活用品。逐步上升的失业率也是本地区政府和居民面临的重大挑战。值得欣慰的是，新的商业机遇、矿产资源财富和其他出口产品的税收及新的投资机会正日益增多[56]。

（5）南部非洲

南部非洲是撒哈拉以南非洲城镇化水平最高的地区，曾预计 2020 年整个区域的人口均将居住在城市地区。但在 2011 年，只有安哥拉、博茨瓦纳和南非共和国实现了这个目标。其他国家，除了斯威士兰，预计在 2050 年才能达到这一目标[56]。南部非洲城镇化水平参差不齐，而且自 2001 年以来，莱索托的城镇化水平有逐年下降的趋势。

从某种程度上说，由于中国和印度对全球矿产和石油资源的强劲需求，缓和了2008 年世界经济衰退对南部非洲大部分国家的经济冲击。诸如马普托和卢安达等首都城市，已迎来城市建设的繁荣时期，大量的外部资金和贸易往来涌入这些城市。拥有多元化经济发展的明星旅游城市和那些世界经济网络的创新节点城市，如南非的开普敦正在蓬勃发展，尽管其城市内部仍面临着持续的、急剧的不均衡发展的挑战[56]。

相对于其他撒哈拉以南的国家而言，南部非洲各国在经济增长方面取得了极大的成功，如国内生产总值持续增长，但不平等依旧是南部非洲城市的主要缺陷。城市经济的增长助推了本区域的增长，但未能达到提高地区生活水平和居民的收入水平的预期效果。相反，国内生产总值的增长造成了严重的社会阶层对立、族群分裂和不平等[56]。虽然在南部非洲，生活在贫民窟和非正规居住区的人口比例低于其他次区域（除了安哥拉、莫桑比克和赞比亚），但城市规划也面临着与其他次区域共同的挑战和难题：城市扩张、大量住房问题亟须解决、贫困和不平等、种族隔离、贫民窟、在城市中心和城市周边地区的非正式定居点的蔓延，以及基础设施和公共服务的供给不足等[56]。

注释

① 希腊文"阿非利加"是阳光灼热的意思。赤道横贯非洲的中部，非洲 3/4 的土地受到太阳的垂直照射，年平均气温在摄氏 20 度以上的热带占全洲的 95%，其中有一半以上地区终年炎热，故称为"阿非利加"。
② 基于 World Bank《World development indicators 2008》的计算。

参考文献

[1] 英国石油公司 .BP 世界能源统计年鉴 [M]. 北京 : 中国统计出版社 ,2011.

[2] Iain Frame. Africa South of the Sahara 2012[M]. London: Routledge, 2011.

[3] 联合国环境规划署 . 世界环境展望 [M]. 北京 : 中国环境科学出版社 ,1997.

[4] Food and Agriculture Organization of the United Nations. Food Situation and Crop Prospects in Sub-Saharan Africa[R].Rome: Food and Agriculture Organization of the United Nations, 2005.

[5] 王俊 . 非洲土地利用与农业发展研究 [D]. 金华 : 浙江师范大学 ,2009.

[6] 李丽 .2000—2009 年非洲土地利用变化及其时空特征的初步分析 [C]. 中国自然资源学会 2012 年学术年会论文集 , 2012.

[7] Food and Agriculture Organization of the United Nations. Global forest resources assessment 2010: Main report[R].Rome: Food and Agriculture Organization of the United Nations, 2010.

[8] 丁沪闽 . 非洲主要林业国家木材资源概况 [J]. 河北农业科学 ,2010,14(2): 88–90.

[9] 周秀慧,张重阳.非洲森林资源的开发、利用与可持续发展[J].世界地理研究,2007,16(3):93–98.

[10] 文云朝 . 非洲农业资源开发利用 [M]. 北京 : 中国财政经济出版社 ,2000.

[11] 张同铸 . 世界农业地理总论 [M]. 北京 : 商务印书馆 ,2000.

[12] 曾尊固， 等 . 非洲农业地理 [M]. 北京 : 商务印书馆 ,1984.

[13] 侯元兆， 等 . 热带林学 [M]. 北京 : 中国林业出版社 ,2002.

[14] United Nations Environment Programme. Africa water atlas[R]. Nairobi : Division of Early Warning and Assessment,United Nations Environment Programme, 2010.

[15] 李淑芹，石金贵 . 非洲水资源及利用现状 [J]. 水利水电快报 ,2009,30(1): 7–9.

[16] African Ministers' Council on Water. A Snapshot of Drinking Water and Sanitation in Africa— 2012 Update[R]. Cairo:AMCOW, WHO/UNICEF, 2012.

[17] 李智彪 . 非洲的人口、资源、环境与可持续发展 [J]. 西亚非洲 ,1997(3): 15–20.

[18] 安春英 . 中国企业对非洲旅游资源市场的开发方略 [J]. 西亚非洲 ,1998 (5):66– 70.

[19] 唐发华 . 非洲旅游业发展与布局研究 [J]. 世界地理研究 ,1994,4(1):53–59.

[20] 骆高远 . 非洲旅游资源及赴非旅游研究 [J]. 消费经济 , 2012, 3: 15.

[21] 唐兰兰 . 非洲旅游资源及其吸引力研究 [D]. 金华 : 浙江师范大学 ,2010.

[22] 刘玉民 , 于海侠 . 构建人权与民族权的区域性司法保护机制 [J]. 世界民族 ,2008(4) :9–17.

[23] 赵磊 . 非洲族群冲突的最新进展及冲突管理 [J]. 当代世界与社会主义 ,2011(3):8–82.

[24] 李安山 . 非洲社会主义的理论特点概述 [J]. 当代世界社会主义问题 , 1986(4): 65–71.

[25] Crawford Young. Africa: An Interim Balance Sheet [M]//Larry Diamond ,M F Plattner. Democratization in Africa. Baltimore & London: The Johns Hopkins University Press, 1999.

[26] Gordon Cumming. Aid to Africa: French and British policies from the Cold War to the New Millennium [R]. Cardiff: Cardiff University, 2001.

[27] 张永蓬 . 西方对非洲影响深化与扩大新态势——中非关系面临的新挑战 [EB/OL].(2013–04–16) [2014–03–14].http://www.focac.org/chn/xsjl/xzhd_1/1/t1031521.htm.

[28] Mckinsey & Coporation. Africa at work: Job creation and inclusive growth[R].New York: Mckinsey & Coporation, 2012.

[29] 联合国经济及社会理事会 .2012—2013 年非洲经济社会状况概览 [R]. 纽约 : 联合国经济及社会理事会 ,2013.

[30] 联合国人类住区规划署 . 规划可持续的城市 : 全球人类住区报告 2009[M]. 纽约 :Earthscan 出版社 , 2009.

[31] Martin Ravallion. 政策研究工作文件第 2558 号 : 增长、不平等和贫穷 : 平均值以外 [Z]. 2001.

[32] UN–DESA. Africa database [R]. New York: United Nations, 2008.

[33] United Nations Human Settlements Programme. Quick Guides for Policy Makers on Housing the Poor in African Cities[R].Nairobi: UN–Habitat, 2011.

[34] Murray. Fire and Ice: Unnatural disasters and the disposable urban poor in post–apartheid Johannesburg [J]. International Journal of Urban and Regional Research , 2009, 33(1): 172–173.

[35] UN–HABITAT. State of the World's Cities 2008/9: Harmonious Cities [M]. London: Earthscan, 2008.

[36] 朴英姬 . 中国对非洲直接投资的国别、路径及策略选择 [J]. 西亚非洲 , 2009,7:55–60.

[37] Bond P, Dugard J. The case of Johannesburg water: What really happened at the pre-paid 'Parish pump' [J]. Law, Democracy & Development, 2008, 12(1): 1–28.

[38] UN–HABITAT. The State of African Cities 2010: Governance, Inequalities and Urban Land Markets[M]. London: Earthscan, 2010.

[39] 姜忠尽 , 王婵婵 , 朱丽娜 . 非洲城市化特征与驱动力因素浅析 [J]. 西亚非洲 ,2007(1):21–26.

[40] United Nations Children's Fund. The State of the World's Children: Child Survival [R].New York: UNICEF, 2008.

[41] 许梦瑶 , 刘成富 . 浅谈非洲传统文化在现代化进程中的作用——从西非的 "格里奥" 现象说起 [M]// 姜忠尽 . 第二届 "走非洲，求发展" 论坛论文集 . 南京 : 南京大学出版社 ,2011.

[42] 葛公尚. 略论非洲传统文化与发展战略 [J]. 世界民族, 1996(1): 61–65.

[43] 杨海廷. 世界文化地理 [M]. 长春：长春出版社, 2008: 59.

[44] 联合国教科文组织. 联合国教科文组织世界遗产中心网资料 [EB/OL].(2011–07–13).http://whc.unesco.org/en/list/499.

[45] 联合国教科文组织. 联合国教科文组织世界遗产中心网资料 [EB/OL].(2011–07–13).http://whc.unesco.org/en/list/331.

[46] 尹国蔚. 非洲国家世界遗产的地域特征与成因分析 [J]. 地理与地理信息科学,2011,27(5): 99–103.

[47] 联合国教科文组织. 联合国教科文组织世界遗产中心网资料 [EB/OL].(2011–07–13).http://whc.unesco.org/en/list/38.

[48] Lawal Bayo, Kola Olugbade. Issues in Contemporary African Social and Political Thought: Readings for Colleges and Universities[M]. Massachusetts: Vantage Publishers, 1989.

[49] 刘鸿武. 论当代黑非洲的部族文化整合与国民文化重构 [J]. 西亚非洲, 1997(3):25–31.

[50] 日野舜也. 非洲的部族文化与地域共同文化 [EB/OL]. 麻国庆, 译.(2011–07–13).http://waas.cass.cn/upload/2011/06/d20110616154416093.pdf.

[51] 联合国经济及社会理事会.2011 年非洲经济社会状况概览 [R]. 纽约：联合国济及社会理事会,2011.

[52] Mckinsey & Coporation. Lions on the Move: The Progress and Potential of African Economies[R]. New York: Mckinsey & Coporation, 2010.

[53] 钟伟云. 非洲在国际体系中的地位 [J]. 西亚非洲, 2002(3): 16–21.

[54] 席广亮, 甄峰. 非洲国家产业结构特征及形成原因 [M]// 周光宏, 姜忠尽. "走非洲, 求发展"论文集. 成都：四川人民出版社,2008.

[55] Ashton P. Southern African water conflicts: Are they inevitable or preventable[J].Water Wheel, 2003, 2(1): 22–24.

[56] UN–Habitat.The State of African Cities 2014:Re–Imagining Sustainable Urban Transitions[M]. London: Earthscan, 2014.

[57] 李智彪. 中国、非洲与世界工厂 [J]. 西亚非洲,2012(3):53–72.

[58] UN–Habitat. The State of African Cities 2008: A Framework for Addressing Urban Challenges in Africa[M]. London: Earthscan, 2008.

[59] 王波, 甄峰. 非洲城市化进程研究 [M]// 姜忠尽. 第二届"走非洲, 求发展"论坛论文集. 南京：南京大学出版社,2011.

2 非洲城市化发展的历程、现状与问题

本章主要根据非洲城市化过程,结合世界银行数据,分析了非洲城市化的发展现状,并通过不同区域、不同国家城市化发展水平和城市经济增长的实际,探讨非洲城市化建设的特点与存在问题。

2.1 非洲城市化发展历程

2.1.1 早期城市化发展(公元前 3000 年—15 世纪)

非洲大陆城市文明渊源流长,早在 5 000 多年前就出现城市文明,如北非的孟菲斯、底比斯、迦太基、西拉尼加、亚历山大;东非的阿克苏姆、拉普塔;西非的伊巴丹;南部非洲的赞比西河谷、津巴布韦的丘陵高地等。这些城市犹如一颗颗璀璨的明珠点缀在非洲大地上,成为非洲文明不可或缺的部分,是非洲城市化的基础。

非洲最早的城镇发展历史可上溯至公元前 3000 余年,在埃及法老王朝时期(约公元前 3000 余年至公元前 30 年),古埃及尼罗河流域就兴起了孟菲斯(今开罗西南)、底比斯等城镇。其中底比斯在公元前 1360 年成为当时世界上唯一一超过 10 万人的城市。随着腓尼基人殖民贸易活动开始,公元前 10—前 9 世纪在地中海沿岸兴起了一系列殖民城邦,以迦太基城(今突尼斯)最为出名。在古希腊、罗马时期,北非都是重要的经济社会文化活力地区。希腊人在公元前 8 世纪的利比里亚西拉尼加建立了移民城邦,并征服了埃及,于公元前 332 年在尼罗河西部入海口建立港城亚历山大,使之成为公元前 10—前 4 世纪地中海东部的政治经济文化中心,并发展成为世界上最大的商业城市之一。

罗马帝国统治时期(公元 1—5 世纪),埃及成为"罗马粮仓",北非地区东起埃及,西至摩洛哥,耕作业兴盛,园艺发达,兴起的城镇为数不下数百个,其中利比里亚的阿波罗尼亚、大雷菩提斯和塞卜拉泰,突尼斯的杜加,阿尔及利亚的提姆加德、特贝萨和基尔,摩洛哥的丁吉斯等,以街道井然有序、建筑精美而著称。

随着古埃及文明的传播,东北非和埃塞俄比亚相继建立文明古国,出现了一些古老的行政、手工业、文化中心。其中公元前 3—1 世纪苏丹境内的麦罗埃留下类似于埃及神庙和金字塔的古迹。阿克苏姆首都阿克苏姆城在 3—4 世纪达到鼎盛时期。同期由于埃及与东非沿海地带频繁的商业、文化往来,东非沿海也兴起了如拉普塔(今达累斯萨拉姆附近)等商业、文化中心。

公元 4 世纪—15 世纪,非洲特别是北非和西非社会经济进一步发展,随着阿拉伯帝国的兴起和阿拉伯人对外贸易活动频繁开展,在北非至热带非洲出现不少伊斯兰城市。西方学者把这些具有历史传统的城镇,称为当地"本土城镇",它们是此后城镇发展和空间结构布局的重要历史基础[1]。其中北非各民族人民所建的著名城市有埃及的开罗,突尼斯的凯鲁万,阿尔及利亚的特莱姆森和摩洛哥的菲斯、马卡拉什等。开罗是阿拉伯地区的政治、军事、文化中心,菲斯为当时摩洛哥的手工业、商业中心。人口达 25 万以上的各个城市都遗留有象征伊斯兰教文化的巨大清真寺、城堡、宫室等精美建筑,以开罗最为著名。

在此期间，热带非洲传统式"本土城镇"兴起，伊斯兰式城镇兴盛，特别是西非多国社会文化发展迅速，各族人民早在公元1000年前已开始使用铁器，公元3世纪后已在塞内加尔和尼日尔河上游建立西非最古老的国家——加纳并于10—11世纪达到鼎盛时期。其后马里（13—15世纪）、桑海（15—16世纪）、卡涅姆—博尔努等许多王国相继兴起，疆域由尼日尔河上游向东延伸至下游乍得湖地带。在西非沿海，也出现了伊费、贝宁、奥约、达荷美、阿萨帝等古国。其中加纳古都昆比萨利赫（今毛里塔尼亚境内）城址广阔，居民超过3万，和欧洲其他大城市相当。桑海王国都城加奥，尼日利亚北部的卡诺、扎利亚、卡齐纳，西南部的伊费、奥约、伊诺林等城镇也发展到一定规模。公元12世纪阿拉伯人穿越撒哈拉沙漠的商队贸易兴盛，促进商路沿线城镇的进一步发展，其中通布图在15—16世纪成为西非伊斯兰教的活动中心，人口达到4.5万。至19世纪末殖民主义者侵略时，仅尼日利亚就有5万人口城市10个以上。

在东非内陆和沿海，古代也曾出现过许多古老国家和城镇。7世纪后，阿拉伯、波斯商人纷至沓来，一些沿海小型商业贸易城镇随之兴起。如摩加迪沙、马林迪、基尔瓦、吉布提、索法拉等，都是阿拉伯人海上贸易据点、亚非之间的海运商业中心。与此同时，内陆城镇也有一定程度发展，如贡德尔为17—19世纪阿比西尼亚（埃塞尔比亚）封建王朝的都城，曾繁荣一时。

除北非、热带非洲外，南部非洲各族人民也于中世纪建立了象征自己文化传统和冶金等手工技术水平的城镇。津巴布韦、马蓬古布韦等是当时文化传统和冶金技术水平的代表。津巴布韦的古城遗址，气势雄伟磅礴，至今驰名世界。

由上可见，非洲在15世纪殖民主义入侵以前，随着政治、经济和社会的发展，逐步形成了一批城市。这些城市是非洲历史发展的产物，它们充满了非洲本土的特色，不少城镇已相当繁荣。据历史记载，16世纪全非2万人以上的城镇有40多座，城镇人口达150万—200万。其中开罗人口达45万，菲斯和突尼斯城分别达12.5万和7.5万，前两者还进入当时世界最大城市行列。

2.1.2　殖民时期的城市与乡村发展（15世纪—20世纪中期）

灿烂古代文明促使古老的非洲大地出现一批繁荣的城镇，为以后非洲城镇发展奠定了基础。当时城市主要分布于西非和东非的沿海地带，以及北非尼罗河三角洲和地中海沿岸，内陆城镇较少，只在撒哈拉沙漠商道和非洲通往阿拉伯地区的商道上，出现过一些繁荣的城镇。进入殖民时期，非洲古代城市的性质和空间分布格局发生变化。根据殖民利益的需要，南部非洲和内陆一些城镇作为殖民据点发展起来，原有的沿海基础较好的城市则发展成为贸易政治和军事殖民点。但是由于殖民地经济等各方面因素限制，城镇发展一直较为缓慢，低于同时期世界城市化水平。

15世纪后，西方殖民主义者向非洲渗透。为了掠取非洲象牙、黄金和奴隶，16—19世纪前半叶，西班牙、葡萄牙等殖民者先后涉足地中海沿岸和热带非洲以南沿海（图2-1），对休达、丹吉尔、菲斯、基尔瓦、摩加迪沙、桑给巴尔等沿海城镇强行占领，并在西非的拉各斯、阿克拉、波多诺伏、维达、比绍，中非的罗安达、本格拉，东非的蒙巴萨，南非的开普敦等地广布贸易及政治性殖民据点，这些沿海据点日后发展成一定规模，成为沿海主要的城市。而穿越撒哈拉沙漠的商路沿线的古老内陆城镇，如马里的通布图（今延巴克图）、加奥、杰内等则受沿海殖民贸易的影响，相对衰落。

19世纪后半叶后，欧洲各国殖民主义势力从沿海大举入侵非洲内陆，非洲各国几乎全部沦为殖民地。随着殖民主义者在非洲各国任意修建铁路，开发矿山，经营种植园，兴起一批殖民主义城镇。非洲许多国家首都如班吉（1880）、科托努、利伯维尔（1849）、雅温得（1888）、亚的斯亚贝巴（1887）、金萨沙（1881）、达累斯萨拉姆（1862）、内罗毕（1899）、科纳克里（1895）、阿比让（1928），几十个主要工矿、商业交通和行政中心如捷斯（塞内加尔）、布瓦凯（科特迪瓦）、塔马利(加纳)、卡齐纳和埃努古（尼日利亚）、卡南加和卢本巴希（刚果民主共和国）、姆万扎（坦桑尼亚）、约翰内斯堡（南非），大都建立在这个时期。这个时期城市化速度大大加快。据统计，在 1920—1950 年非洲城镇人口由 1 000 万增至 3 100 万，所占

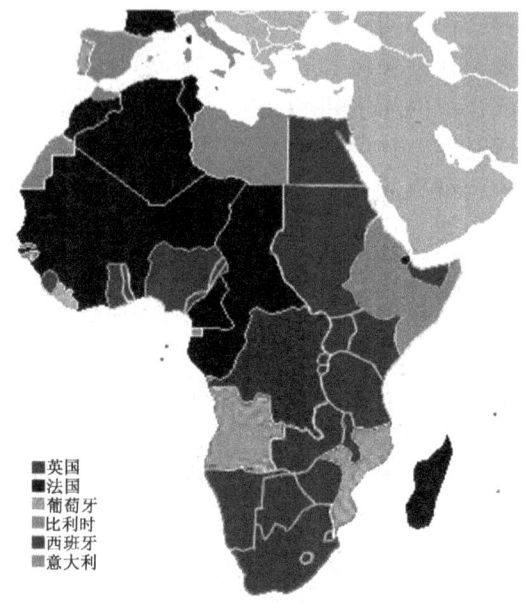

图例：
■ 英国
■ 法国
□ 葡萄牙
□ 比利时
■ 西班牙
□ 意大利

图 2-1 非洲国家和原宗主国分布 (1939 年)

人口比重由 7% 上升到 14%[2]，城镇数量、规模和地区分布都发生变化，沿海地区城镇迅速发展。以热带非洲为例，在 19 世纪中叶，较大规模城市几乎集中在尼日利亚的西南部，中等城镇延伸于西非萨瓦纳带，而小居民点则分散于大西洋沿岸的圣路易（塞内加尔）—洛比托（安哥拉）和印度洋沿岸的摩加迪沙（索马里）—马普托（莫桑比克）地带。至 20 世纪中叶，尼日利亚西南部的伊巴丹仍为热带非洲最大城市，拥有 50 万人口（1950 年），但奥波莫绍、奥绍博、伊费、阿贝奥库塔和北部的卡诺、卡齐纳、索科托、扎里亚人口也都在 15 万至 50 万之间[3]，沿海城镇的发展更为突出。大西洋沿岸的城市如达喀尔、拉各斯的人口达 25 万，阿克拉与罗安达各约 15 万人，金沙萨 20 万人。东部沿海地带的亚的斯亚贝巴人口略少于伊巴丹，喀土穆、内罗毕则超过 10 万人[2]。与此同时，北部和南部非洲由于原有城镇基础较好，在殖民主义的开拓、投资下，城镇发展迅速。如开罗、亚历山大、阿尔及尔的人口分别达 246.6 万、103.7 万和 44.5 万（1950 年），南非的开普敦和约翰内斯堡人口分别达 90.4 万，其中开罗、亚历山大位于世界特大城市的行列。因此，在非洲各国独立之前，非洲城镇主要位于沿海、水陆交通枢纽和铁路、公路沿线的地区格局基本形成。大部分城镇的非工业化的生产职能特征，以及主要城镇的欧洲外部形态和建筑造型，共同构成了非洲城镇鲜明的殖民地的特色。由于殖民主义的长期野蛮统治和压迫，殖民战争和奴隶贸易频繁，自然灾害和流行疾病蔓延，非洲经济与劳动力资源遭受严重破坏，非洲城乡人口增长较欧亚、美洲大陆缓慢，城镇发展速度低于世界平均水平。1920—1950 年世界城市化水平提高 9%，而非洲仅仅提高 7%。

2.1.3 民族独立后的城市化建设（20 世纪中期至今）

20 世纪 60 年代以来，非洲国家全力以赴推行工业化战略，力图以工业化带动经济的全面发展，以工业化推动城市化，该期非洲城市人口增长率一直居世界前列。2005—2010 年非洲城市化年增长率达 3.31%，其中西非和中非地区高达 4.03%。同时，尽管非洲城市人口持续增长，但是 20 世纪 90 年代后，非洲城市化人口增长速度呈现

下滑的趋势。1980—1990年非洲城市化率为1.7%，1990—2000年为1.5%，2000—2010年下降为1.3%[4]（图2-2）。

从工业原料和制成品的生产来看，非洲的工业在1960—1980年间取得数量上的进展，但在时间和地域上都是不平衡的。非洲工业生产表现出两个特点：一方面是工业原料生产在许多国家有相当可观的增长，包括石油、矿石和金属。另一方面是消费品工业的广泛增长，不但是为了满足本国的需求，而且是为了通过非洲内部的贸易和向工业化国家出口赢得国外市场，特别是科特迪瓦等国生产的农工用产品。

在1965—1980年间，工业部门就业的吸引力成为向城镇移民的重要动力。与此同时，第二次世界大战结束后，农村人口的大量流失，更多的是由于农业危机引起的，而不是第二产业部门和产业竞争造成的，即城市膨胀的主要因素，更多的是由于非洲的农业危机，而不是城镇地区工业就业的吸引[5]。

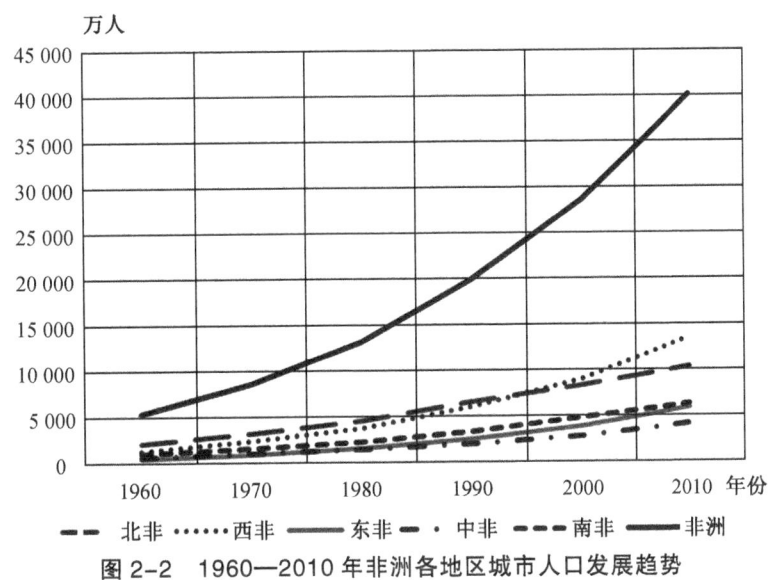

图2-2　1960—2010年非洲各地区城市人口发展趋势

2.2　非洲城市化发展现状分析

2.2.1　总体态势

（1）城市化起步较晚，但增长速度快

根据世界银行2013年数据，非洲2012年的总人口为11.04亿人，其中城镇人口为4.40亿人，城市化率为39.64%，仅比太平洋岛屿小国和最不发达国家（联合国分类）高（表2-1）。但撒哈拉以南非洲和北非在城市化水平上存在明显差异，北非已经跨过50%城市化门槛，而撒哈拉以南非洲地区城市化率仅为37%，距离50%城市化率仍有差距。

2009年非洲的人口第一次超过10亿，3.81亿人口（约38%）生活在城市里。非洲从5亿到10亿人口花费了27年的时间，下一个5亿人口只需要17年时间就能完成（图2-3）。到2027年的时候，非洲的人口增长将开始降低，需要花费24年才能增加5亿人口，到2050年非洲人口将接近20亿，而接近60%的人口居住在城市里。非洲从2010年到2050年增加60%的人口，而城市人口将增加12.3亿（图2-4）。到2030年，非洲的城市化人口将增加50%，这些人需要生存和住所、服务，非洲政府应该采取措施应对相应增加的需求。预计2040年早期，非洲城市人口会到达10亿，和2009年的总人口相似[6]。

表 2-1　世界分地区城市化率

阿拉伯世界	57%	经济合作与发展组织成员	80%
加勒比小国	43%	其他小国	48%
东亚及太平洋地区	50%	太平洋岛屿小国	37%
欧元区	76%	南亚	31%
欧洲联盟	74%	中东和北非	60%
欧洲和中亚	60%	撒哈拉以南非洲地区	37%
拉丁美洲和加勒比地区	79%	非洲	40%
最不发达国家（联合国分类）	29%	世界	53%

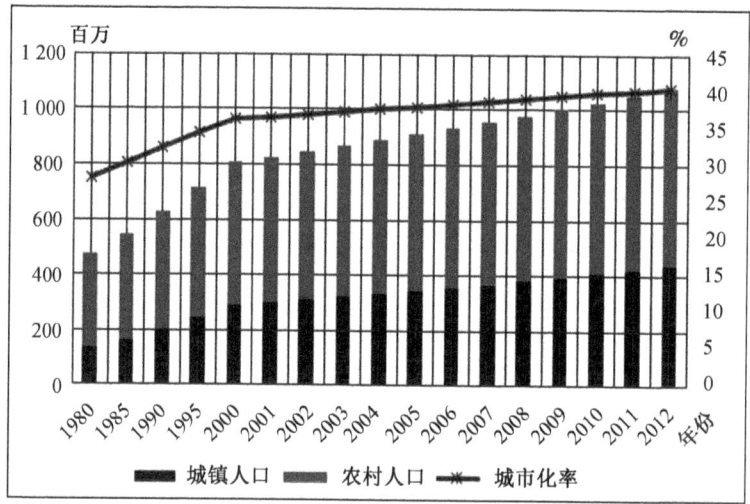

图 2-3　1980—2012 年非洲城市化率

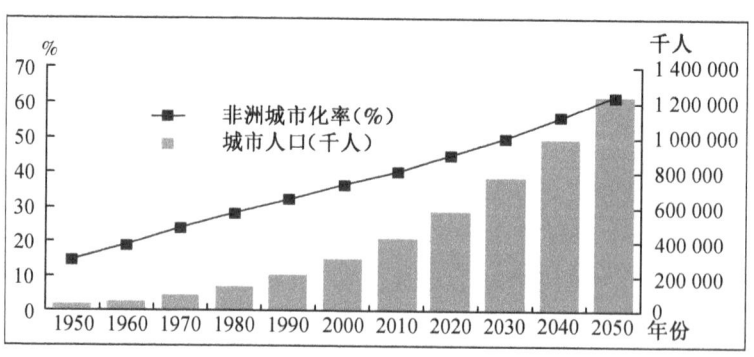

图 2-4　1950—2050 年非洲城市化和人口增长

表 2-2　世界分大洲城市化增长率变化（单位：%）

年份	东亚	欧洲	拉丁美洲	中东和北非	南亚	北美	撒哈拉以南非洲	世界平均
1960	4.68	3.14	3.39	6.02	4.31	2.38	5.48	4.20
1970	4.57	2.30	2.99	5.98	4.69	1.87	5.86	4.04
1980	3.26	1.80	2.61	5.32	5.43	1.30	5.17	3.56
1990	3.15	0.98	2.26	3.63	4.02	1.24	4.55	2.83
2000	2.00	0.52	2.06	2.79	3.59	1.27	3.88	2.30

年份	东亚	欧洲	拉丁美洲	中东和北非	南亚	北美	撒哈拉以南非洲	世界平均
2005	1.81	0.74	1.77	3.78	3.54	1.04	3.63	2.33
2010	1.71	0.71	1.46	3.39	3.02	0.56	3.68	2.08
2011	1.79	0.43	1.46	3.04	3.15	0.44	3.65	2.00
2012	1.84	0.72	1.43	2.83	2.65	0.90	3.69	2.01

当前，尽管非洲是世界上城市化水平最低的大洲，但是其城市化发展的显著特点就是速度快（表 2-2）。如果说 20 世纪 20—50 年代拉丁美洲城市化在世界上尚处领先地位的话，那么自 60 年代起，非洲已经后来居上，并且加速发展，始终位于世界前列，虽然在 70—80 年代被南亚超过，但是近 20 年一直高居世界之首，城市化速度保持在 3% 以上。

（2）城市化与经济发展不同步

通常来说，城市化水平与城市经济发展水平之间存在着密切的关系，即经济发展水平越快，城市化水平越高。经济发展推动了城市化步伐，城市化进程也必然会促进经济的更快发展。因此，持续的经济增长和城市化水平的提高应该是同步的。

但是，从非洲国家城市化进程与社会经济发展的实际比较来看，快速的城市化并没有带来快速的经济增长。从人均 GDP 来看，1961 年以来，非洲人均 GDP 增长并没有呈现快速增长的态势，相反，在 1961—2006 年，人均 GDP 增长率一直处于震荡起伏状态，最高增长率仅为 1963 年的 5.97%，最低的为 1992 年的 −2.48%，并且在 1961—2006 年的 46 年间，有 12 年的人均 GDP 处于负增长状态。再从就业率来看，形势也不容乐观。1980—2006 年的 26 年间，非洲总体就业率仅从 1980 年的 41.14% 上升到 2006 年的 41.61%，增长微乎其微。除了前面这两个指标外，非洲在农业、工业、服务业三大产业方面的发展速度也非常缓慢。在代表现代化水平的各项指标上，非洲国家和世界平均水平差距仍然很大。

（3）城市化水平地区差异明显，且呈增大趋势

在 1960 年，非洲各国城市化水平差异并不是很明显。其中，吉布提城市化率达到50.3%，南非城市化率达到 46.6%，埃及、突尼斯、毛里求斯、刚果共和国、阿尔及利亚 5 个国家城市化率在 30%~40%，摩洛哥等 8 个国家城市化率在 20%~30%，利比亚、多哥等 21 个国家城市化率在 10%~20%，贝宁、肯尼亚等 18 个国家城市化率在 2%~10%，并且区间城市化率差距并不大。即 1960 年除了少数几个国家城市化水平较高，54% 的国家城市化水平集中在 10%~30%，32.1% 的国家城市化水平在 0%~10%。

1960—1980 年非洲各国城市化水平逐渐拉开，但差距仍不明显。在 1980 年，除了吉布提、利比亚两个国家城市化率超过 70%，其他国家在 1960 年的基础上有所提高。1980—2000 年，非洲各国城市化水平差异加大。2000 年，加蓬的国家城市化率超过 70%，和吉布提、利比亚并列在城市化水平最高分类。突尼斯、阿尔及利亚两个国家城市化率在 60%~70%。摩洛哥等 7 个国家城市化率在 50%~60%。尼日利亚等 10 个国家城市化率在 40%~50%，几内亚等 13 个国家在 30%~40%，其中几内亚从 1980 年的 22.8% 上升为 2010 年的 31.03%。坦桑尼亚等 8 个国家城市化率在 20%~30%，其中坦桑尼亚从 1980 年的 14.55% 上升为 2010 年的 26.28%。埃塞俄比亚等 10 个国家城市化率在 10%~20%。布隆迪是非洲国家城市化水平唯一低于 10% 的。总体来说，非洲

在 1980—2000 年，城市化进程不断加快，低水平城市化率的国家逐渐减少，高水平城市化率的国家不断增多。

2010 年，加蓬城市化率已经上升到 85% 以上，吉布提、利比亚城市化率超过 75%，突尼斯、阿尔及利亚等 6 个国家城市化率超过 60%，安哥拉、喀麦隆等 7 个国家城市化率在 50%~60%，科特迪瓦、尼日利亚等 8 个国家城市化率在 40%~50%，几内亚、纳米比亚等 14 个国家城市化率在 30%~40%，坦桑尼亚、厄立特里亚等 8 个国家城市化率在 20%~30%，其余 7 个国家城市化率在 10%~20%，并且区间内各个国家城市化率差距较大（表 2-3）。

综上，1960 年的非洲各国城市化水平差异并不是十分明显，但是随着时间推移，到 2010 年非洲各国城市化水平差异变大，反映出非洲各国在城市化进程中的巨大差异（图 2-5）。

此外，从表 2-4 非洲各地区的城市化增长率来看，除西非外，其他地区城市化增长速度有所下降，其中城市化水平最高的地区——北非，其城市化增长速度最慢，而城市化水平最低的地区南非和东非的城市化增长速度最快[4]。

表 2-3　非洲城市化率分级统计

城市化率 (%)	1960 年的国家数（个）	代表国家	1980 年的国家数（个）	代表国家	2000 年的国家数（个）	代表国家	2010 年的国家数（个）	代表国家
0~10	18	贝宁	6	乌干达	1	布隆迪	0	—
10~20	21	利比亚	14	坦桑尼亚	10	埃塞俄比亚	7	南苏丹、卢旺达
20~30	8	摩洛哥	15	几内亚	8	坦桑尼亚、刚果共和国	8	坦桑尼亚、厄立特里亚
30~40	5	埃及	8	加纳、利比里亚	13	几内亚、多哥	14	几内亚、纳米比亚
40~50	1	南非	7	毛里求斯	10	尼日利亚、塞内加尔	8	尼日利亚、塞内加尔
50~60	1	吉布提	2	加蓬	7	摩洛哥	7	摩洛哥、安哥拉、喀麦隆
60~70	0	—	0	—	2	突尼斯、阿尔及利亚	6	突尼斯、阿尔及利亚
70 以上	0	—	2	吉布提、利比亚	3	加蓬	4	加蓬

表 2-4　1980—2010 年非洲各地区城市化增长率比较（单位：%）

地区	1980—1990 年	1990—2000 年	2000—2010 年
整个非洲	1.4	1.2	1.1
北非	0.9	0.5	0.5
东非	2.1	1.8	1.5
西非	1.2	1.5	1.4
南非	1.5	1.4	1.1

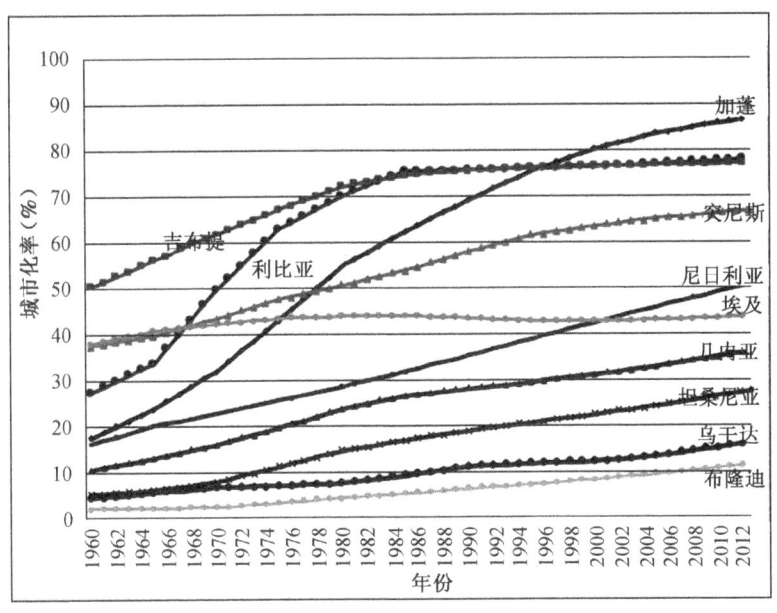

图2-5   1960—2012年非洲代表国家城市化率变化图

非洲城市化率空间分异明显，城市化率高的地区集中在地中海沿岸和非洲西南部，东部和中部城市化率较低。从图2-6可以看出，非洲2012年人口集中在几内亚湾和非洲东部，主要国家包括尼日利亚（1.6亿）、埃塞俄比亚（0.91亿）、埃及（0.81亿）、刚果（0.66亿）、南非（0.51亿）、坦桑尼亚（0.48亿）、肯尼亚（0.43亿）等。其中城镇人口主要集中在几内亚湾和地中海沿岸，主要国家包括尼日利亚（0.84亿）、埃及（0.35亿）、南非（0.32亿）、阿尔及利亚（0.28亿）、刚果共和国（0.23亿）。而从非洲城市化率空间分布图（图2-7）可以看出，城市化率高的地区集中在地中海沿岸和非洲西南部，包括位于西南部的加蓬（86.5%）、地中海沿岸的利比亚（77.9%）、阿尔及利亚（73.7%）、突尼斯（66.5%），西南部的刚果共和国（64.1%）以及非洲南部的南非（62.4%），而东部和中部城市化率较低，主要国家包括中部的布隆迪（11.2%）、乌干达（16%）、东部的埃塞俄比亚（17.3%）、尼日尔（18.1%）、南苏丹（18.2%）等。

由于社会经济基础、城镇发展历史和自然条件不同，非洲各地区和各国之间城市化发展水平以及城镇分布存在明显差异。就城镇分布而言，非洲城镇集中于沿海地区、工矿地带和主要交通干道沿线。北非的地中海沿岸、埃及的尼罗河三角洲及河谷地带和苏伊士运河沿岸，西非的几内亚湾，中非的铜带（赞比亚铜带和刚果民主共和国沙巴区），南非东部的威特瓦特斯兰矿区和沿海地带，是非洲城市化水平最高的地区。其中非洲西北部大西洋沿岸塞内加尔河河口东南—几内亚湾的塞拉里昂—尼日利亚间的11个国家，共占热带非洲面积的1/5，城镇人口的38%以上。在本格拉铁路东段、赞比亚铁路、津巴布韦铁路、中非铜带内铁路以及南非威特瓦特斯兰矿区交通沿线的城镇分布成串成组，形成城镇群[7]。

2.2.2 不同区域城市化发展现状

非洲按照地域分为北非、西非、东非、中非和南非。共有55个国家或地区，具体如表2-5所示。

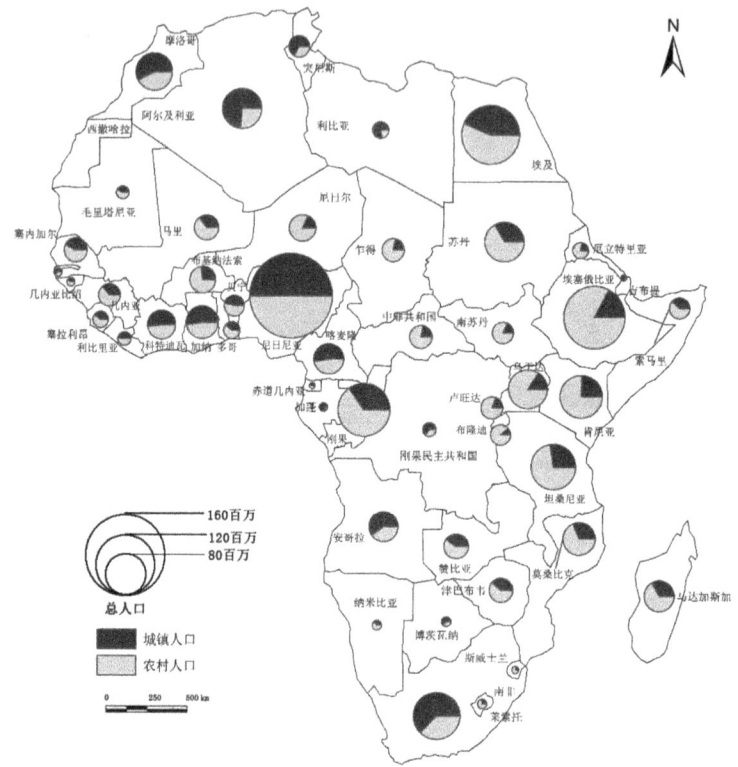

图 2-6　2012 年非洲人口分布及城乡构成

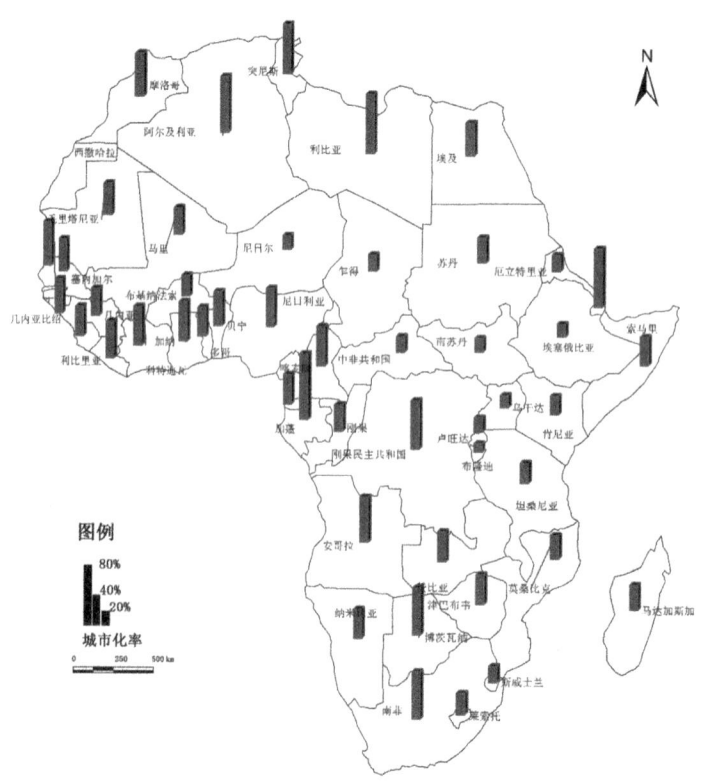

图 2-7　2012 年非洲城市化水平空间分异图

表 2-5　非洲国家分区汇总

区域	国家	个数
北非	阿尔及利亚、埃及、利比亚、摩洛哥、苏丹、南苏丹、突尼斯、西撒哈拉	8
西非	贝宁、布基纳法索、佛得角、塞内加尔、几内亚、几内亚比绍、冈比亚、利比里亚、马里、毛里塔尼亚、尼日尔、尼日利亚、塞拉利昂、加纳、多哥、科特迪瓦	16
东非	埃塞俄比亚、厄立特里亚、吉布提、索马里、肯尼亚、乌干达、卢旺达、布隆迪、坦桑尼亚、马达加斯加、马拉维、科摩罗、塞舌尔、毛里求斯	14
中非	乍得、中非共和国（简称中非）、喀麦隆、赤道几内亚、加蓬、刚果共和国［简称刚果（布）］、刚果民主共和国［简称刚果（金）］、圣多美和普林西比	8
南非	安哥拉、博茨瓦纳、莱索托、莫桑比克、纳米比亚、南非共和国（简称南非）、斯威士兰、赞比亚、津巴布韦	9

（1）北部非洲

2010 年，该地区人口有 21 290 万人。大部分居民定居点位于尼罗河两岸和靠近西北部的地中海沿岸。40% 居民住在尼罗河峡谷和三角洲，49% 居住在海滨区域。超过 1/3（39.67%）的人口，大约 845 万人居住在埃及。2000—2005 年，每年的人口增长率在 2.4%，这样快的增长速度持续到 2010 年。

在 20 世纪 80 年代和 90 年代，从郊区到城市的人口数量不断地下降，而苏丹的人口增长超过 4.3%，城市化率逐渐超过其他国家。但在 2005—2010 年，突尼斯、埃及、摩洛哥、利比亚、阿尔及利亚城市人口的增长率分别为 1.56%、1.99%、2.27%、2.23% 和 2.48%，而苏丹相比北非其他国家在降低。根据 2013 年世界银行的统计数据，52.9% 的北非人口居住在城市里，其中阿尔及利亚 73.71%、利比亚为 77.97%、突尼斯为 66.53%、摩洛哥为 57.41%、埃及为 43.7%、苏丹为 33.39%、南苏丹为 18.25%。北非城市人口到 2010 年首次超过 1 亿人口，而同年城市人口增长率达到最低（2.47%）（表 2-6）。从图 2-8 可以看出，利比亚的城市化率从 70 年代开始，一直位于北非国家城市化率之首，突尼斯位于第二，直到 2004 年被阿尔及利亚（65.51%）超过。此外可见南苏丹和苏丹低于非洲的城市化率平均水平，而埃及在 1985 年左右也开始低于北非的平均水平。因而北非各个国家的城市化率分异明显。

表 2-6　北非城市人口（1960—2012 年）

年份	1960	1970	1980	1990	2000	2010	2012
城市人口（万）	2 070	3 189	4 500	6 454	8 302	10 372	10 867
城市人口比例（%）	26.01	33.50	39.68	45.64	49.38	52.38	52.98
城市人口增长率（%）	4.58	4.87	4.05	4.06	2.51	2.47	2.49

在北非国家，大部分经济活动集中在少数城市。旅游和工业、房地产发展是吸引外国投资的主要部门，且集中在埃及、摩洛哥和突尼斯。由于这三个部门受到 2008 年的金融危机的影响，政府开始寻找新的经济增长部门。在埃及，税收和税费开始被削减，使得外国投资从 2004 年的 20 亿增加到 2008 年的 131 亿，经济得到较好的发展。

在北非，资本主义主导了城市的人口和经济，例如摩洛哥的卡萨布兰卡市。在阿尔及利亚、埃及、摩洛哥和突尼斯城市人口增长发生多重变化，小城市开始被大城市吞并。阿尔及利亚两个最大的城市阿尔及尔（280万）和奥兰（77万），一直保持10%的城市化人口增长率。在摩洛哥，卡萨布兰卡（320万）、拉巴特（180万）、马拉喀什（90万）三市占了全国22%的总人口和38%的城市人口。与此同时，卡萨布兰卡的人口增长率在1%，其他城市的增长率接近2%。2004年，突尼斯第二大城市斯法克斯拥有108.5万城市人口[8]，占整个突尼斯16%的城市人口。在埃及，城市首位度更高，开罗和亚历山大分别占22%和13%的城市人口（2006年）。埃及和摩洛哥已经采取宏大的政策来使新增城市人口到新城去。

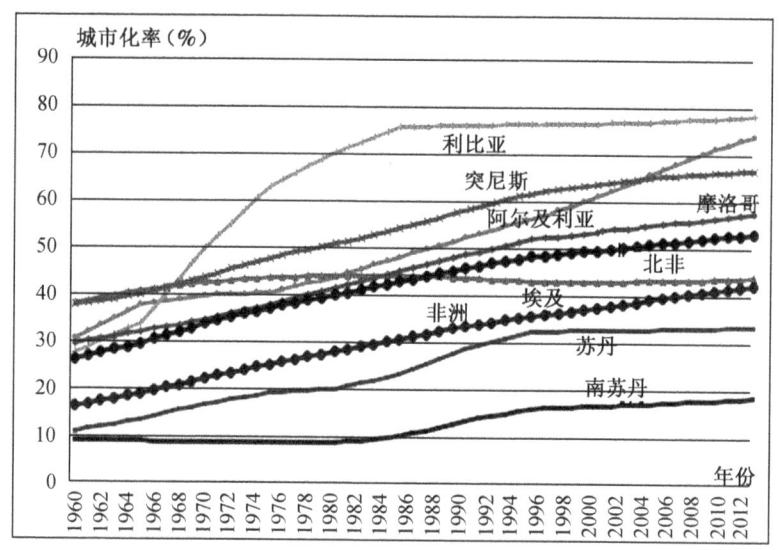

图 2-8 1960—2012 年北非城市化率

在埃及，为了阻止城市蔓延，政府重新把人口从尼罗河沿岸迁出到沙漠地区，新的聚居区在尼罗河的西部和东部。目前，大部分土地复垦工作开始在沙漠地区开展，从而更好地进行农业生产，增加城市耕地范围。在摩洛哥，两个新城在 AL Omrane 投资发展下形成，以作为可持续发展和社会住房，Tasmena 离首都拉巴特 15 km，Tamansourt 离马拉喀什 7 km。

利比亚是北非城市化程度最高的国家，有着 78% 的城市化率和 640 万城市人口。同时也是该地区最富饶的国家，人均国内生产总值 13 100 美元。该国有两大主要城市，的黎波里（110万）和班加西（120万），占全国 36% 的城市人口，而且每年以 2%~2.7% 增长速度增长。利比亚的城市化率到 2020 年会达到 80%，且有超过 55% 城市人口会居住在的黎波里和班加西。

苏丹的人口相比 1960 年增加了 3 倍，城市化率翻了两番。大部分增长主要集中在喀土穆（510万），占了苏丹 12% 的总人口，29% 的城市人口。在 2005 年，喀土穆人口以每年 2.7% 的速度在增长，每年增长在 13 万人左右。到 2025 年，喀土穆的人口会增加到 800 万，占有 15% 的苏丹人口。小城市主要位于尼罗河沿岸，另外包括苏丹港（红海沿岸，2008 年人口为 28.4 万）和 EL Obeidid、阿布撒，后两者位于主要的管道和铁路沿线。

北非城市化程度高的国家政治存在不稳定因素，影响了经济社会发展。如 2011 年埃及动乱、突尼斯动乱及利比亚战争，对城市影响极大（表 2-7）。

表 2-7　北非各国城市化率（1960—2012 年）（单位：%）

年份	1960	1970	1980	1990	2000	2010	2012
阿尔及利亚	30.51	39.50	43.54	52.09	60.79	72.02	73.71
埃及	37.86	42.21	43.86	43.48	42.80	43.38	43.70
利比亚	27.32	49.67	70.09	75.72	76.34	77.56	77.91
摩洛哥	29.36	34.48	41.21	48.39	53.34	56.68	57.41
突尼斯	37.51	43.48	50.57	57.95	63.43	66.10	66.53
苏丹	10.75	16.52	19.96	28.61	32.50	33.08	33.39
南苏丹	8.75	8.63	8.52	13.28	16.50	17.86	18.25
北非	26.01	33.50	39.68	45.64	49.38	52.38	52.98
非洲	16.04	21.92	27.71	33.29	37.34	41.32	42.15

注：西撒哈拉是有争议的地方，在世界银行没有统计数据。

（2）西部非洲

西非（Western Africa）东至乍得湖，西濒大西洋，南濒几内亚湾，北为撒哈拉沙漠。

根据 2013 年世界银行统计数据，43.4% 的西非人口居住在城市里，其中 5 个国家的城市化率在 50% 以上，包括佛得角（63.32%）、冈比亚（57.76%）、加纳（52.52%）、科特迪瓦（52%）、尼日利亚（50.23%）；5 个国家的城市化率在 40%~50%，包括利比里亚（48.56%）、贝宁（45.56%）、几内亚比绍（44.57%）、塞内加尔（42.87%）、毛里塔尼亚（41.79%）；4 个国家的城市化率在 30%~40%，包括塞拉利昂（39.64%）、多哥（38.51%）、几内亚（35.94%）、马里（35.57%）；有 2 个国家的城市化率在 30% 以下，包括布基纳法索（27.35%）、尼日尔（18.12%）。总体来看，西非城市化率水平偏低。

2003 年，西非城市人口首次超过 1 亿，但城市人口增长率逐年下降，到 2012 年降到最低，为 3.90%（表 2-8）。从图 2-9 可以看出，直到 2005 年，西非城市化率才超过非洲平均水平，但还有 5 个国家（布基纳法索、多哥、塞内加尔、几内亚比绍、几内亚）一直位于非洲平均水平之下。尼日尔的城市人口比例只有 17.1%。佛得角从 1990 年代开始，其城市化率一直位于西非国家城市化率之首，2010 年 61% 人口居住在城市里。冈比亚位于第二，加纳位于第三。此外，贝宁的首都波多诺伏，布基纳法索的首都瓦加杜古，加纳的首都阿克拉，尼日尔的首都尼亚美，尼日利亚的首都拉各斯，多哥的首都洛美等城市化率均在非洲水平之上，也都是过度城市化地区。这意味着这些地方人口增长超过当地经济水平，导致城市出现不充分的就业、贫民窟扩散、社会两极分化和犯罪等。总的说来，西非各个档次的城市化率都有，城市差距明显，且城市化水平总体较低（表 2-9、表 2-10）。

表 2-8　1960—2012 年西非城市人口

年份	1960	1970	1980	1990	2000	2010	2012
城市人口（万）	1275	2248	3724	5931	9016	13526	14656
城市人口比例（%）	13.55	19.43	25.62	32.36	37.05	42.31	43.40
城市人口增长率（%）	5.70	5.82	5.10	4.52	4.07	3.93	3.90

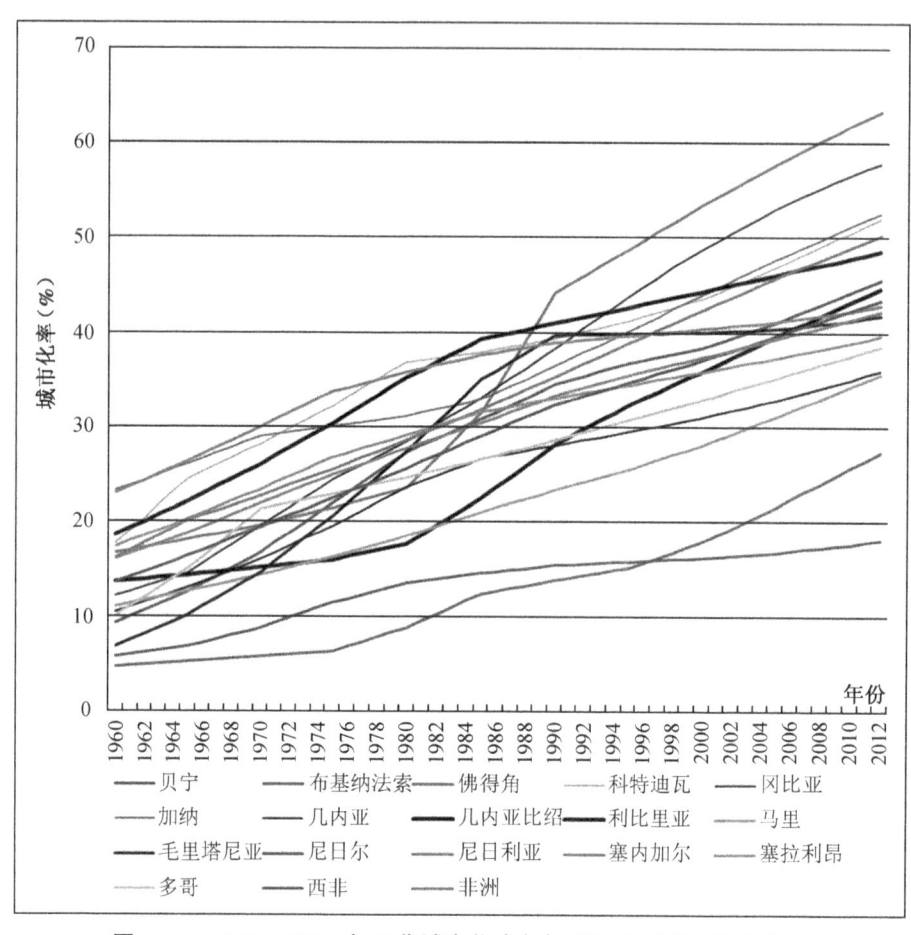

图2-9 1960—2012 年西非城市化率（含西非和非洲平均水平）

　　总的说来，西非城市化格局延续了几十年，相对稳定，未来也不会有太大的变化。然而近年来，一些新的城市增长点开始出现，使得原有的城市网络开始更为聚集。例如加纳的阿散蒂地区、尼日利亚的 Hausa、拉各斯的约鲁巴地区，这个三角地带是 2020 年后人口的主要聚居区。最大的人口聚集区位于尼日利亚的南部，从翁多州到 Illorin 的 160 km 范围的城市连绵区，和东西轴方向的从 Omuo 到 Oyo 的 200 km 的城市连绵区。在这里一个城市到另外一个城市很少有超过 10 km 的，包括东北部很小的城市集聚区，例如一些小镇 Owode,Ode lemo 和 Ibefun。在尼日利亚的北部如索科托、Kware 等一些大的城市聚集区也开始出现。它们吞并了一些小的城镇，例如 Guidan Madi，Bunkari Silame 和周围一些尼日尔的城镇如 Birni Nkoni,Malbaza Usine 和 Galmi。

　　在加纳南部和西部，一些较大的城市人口聚集区开始出现，如阿克拉就是首都大都市圈的一部分，后者范围东西向 200 km，而南北向 15 km。过去的几十年，加纳中部的库马西，也开始成为加纳最重要的城市人口增长区域。

　　一些次区域也出现了新的城市集聚区。例如，Mission-Tove（多哥）和 Se（贝宁）之间的区域，这个地方是多元化的住区，被称为大伊巴丹—拉各斯—阿克拉边缘区。如贝宁北部、尼日尔南部、加纳和科特迪瓦。

　　目前看来，虽然西非城市人口近些年来快速增长，但是还存在着很大的局限性和风险，如城市贫困、环境退化等诸多问题。而且，城市人口的增长暴露出社会经济和环境问题，包括贫困快速扩散、城市犯罪、种族冲突、无家可归的人和环境退化，这些都会深刻影响城市经济的发展。经济上的充裕才能提高城市的居住质量，然而西非城市在拥有很高的城市人口增长率同时却没有办法跟得上人口的变化，未来城市的发展问题是显而易见的，因而需要采取相应国家政策，例如优先发展重点地区，从而促进西非城市化健康发展。

在快速的城市化进程中，每一个国家都面临着机遇和限制。在很多发展中区域，城市扮演着国家经济增长极，创造着财富并提供良好的社会服务。然而并不是所有的管制和规划，都能够在西非的城市中得以实施。

表 2-9　1960—2012 年西非各国城市化率（单位：%）

年份	1960	1970	1980	1990	2000	2010	2012
贝宁	9.28	16.69	27.34	34.49	38.33	44.26	45.56
布基纳法索	4.70	5.75	8.81	13.82	17.84	25.67	27.35
佛得角	16.68	19.56	23.52	44.12	53.44	61.83	63.32
科特迪瓦	17.68	28.16	36.83	39.35	43.54	50.56	52.00
冈比亚	12.13	19.50	28.41	38.31	48.82	56.66	57.76
加纳	23.25	28.97	31.17	36.44	43.95	51.22	52.52
几内亚	10.47	15.98	23.62	28.03	31.02	34.97	35.94
几内亚比绍	13.60	15.13	17.61	28.13	35.85	43.22	44.57
利比里亚	18.63	26.03	35.17	40.94	44.33	47.80	48.56
马里	11.07	14.33	18.48	23.32	28.08	34.28	35.57
毛里塔尼亚	6.88	14.56	27.37	39.67	39.99	41.23	41.79
尼日尔	5.79	8.79	13.44	15.37	16.19	17.62	18.12
尼日利亚	16.16	22.71	28.58	35.28	42.35	49.00	50.23
塞内加尔	23.00	30.00	35.77	38.90	40.35	42.25	42.87
塞拉利昂	17.38	23.40	29.11	33.03	35.83	38.88	39.64
多哥	10.10	21.28	24.66	28.59	32.91	37.53	38.51
西非	13.55	19.43	25.62	32.36	37.05	42.31	43.40
非洲	16.04	21.92	27.71	33.29	37.34	41.32	42.15

表 2-10　1960—2012 年西非各国城市人口（单位：万）

年份	1960	1970	1980	1990	2000	2010	2012
贝宁	23	49	102	172	266	421	458
布基纳法索	23	32	60	122	207	399	450
佛得角	4	5	7	16	24	30	31
科特迪瓦	61	148	304	477	702	959	1 032
加纳	155	249	337	533	827	1 243	1 332
几内亚	37	67	106	169	271	380	412
几内亚比绍	9	10	14	29	46	69	74

年份	1960	1970	1980	1990	2000	2010	2012
利比里亚	21	37	67	86	128	189	204
毛里塔尼亚	6	17	42	80	108	149	159
尼日尔	19	39	78	119	178	280	311
尼日利亚	731	1 275	2 106	3 374	5 204	7 826	8 480
多哥	16	45	67	108	160	237	256
塞内加尔	73	127	199	292	398	547	588
塞拉利昂	38	59	93	134	148	224	237
马里	56	82	124	186	288	479	528
冈比亚	4	9	17	35	60	95	103
西非	1 275	2 249	3 724	5 931	9 017	13 527	14 656
非洲	5 306	8 594	13 189	19 958	28 551	40 063	42 952

（3）东部非洲

非洲东部地区，北起厄立特里亚，南迄鲁伍马河，东临印度洋，西至坦噶尼喀湖。

根据 2013 年世界银行统计数据，2012 年 30.91% 的东非人口居住在城市里，其中两个国家城市化率大于 50%，为吉布提（77.16%）、塞舌尔（54.01%）；两个国家城市化率在 30%~40%，为索马里（38.23%）、马达加斯加（33.21%）；4 个国家城市化率在 20%~30%，为科摩罗（28.16%）、坦桑尼亚（27.21%）、肯尼亚（24.40%）、厄立特里亚（21.83%）；5 个国家城市化率在 20% 以下，为卢旺达（19.43%）、埃塞俄比亚（17.28%）、乌干达（16.00%）、马拉维（15.85%）、布隆迪（11.21%），布隆迪也是非洲城市化率最低的国家。因而总体来看，在所有非洲地区中，东非城市化率水平最低，国家间差异大。

直到 2012 年东部非洲城市人口也没有超过 1 亿人口（表 2-11），城市人口增长率和其他非洲地区相比逐年下降，2011 年最低，为 3.98%。从图 2-10 和表 2-12、表 2-13 可以看出，东非城市化率一直低于非洲城市化平均水平，且除了吉布提和塞舌尔城市化率在非洲平均水平之上，其他东非国家的城市化率水平均低于非洲平均水平。吉布提从 60 年代开始，城市化率一直位于东非国家城市化率之首，塞舌尔位于第二，但在 80 年代左右达到相应水平后，增长速度都相对缓慢，而马达加斯加、索马里、肯尼亚等国家增长速度相对较快。大部分东非国家都出现了高城市首位度和不均衡的城市集聚区。首都拥有大部分财富和权利，并对周边地区发展产生着巨大影响。

表 2-11 1960—2012 年东非城市人口

年份	1960	1970	1980	1990	2000	2010	2012
城市人口（万）	437	787	1 482	2 429	3 800	5 897	6 460
城市人口比例（%）	13.05	17.20	21.66	24.09	26.91	30.14	30.91
城市人口增长率（%）	5.56	5.72	5.86	4.12	4.73	4.30	4.22

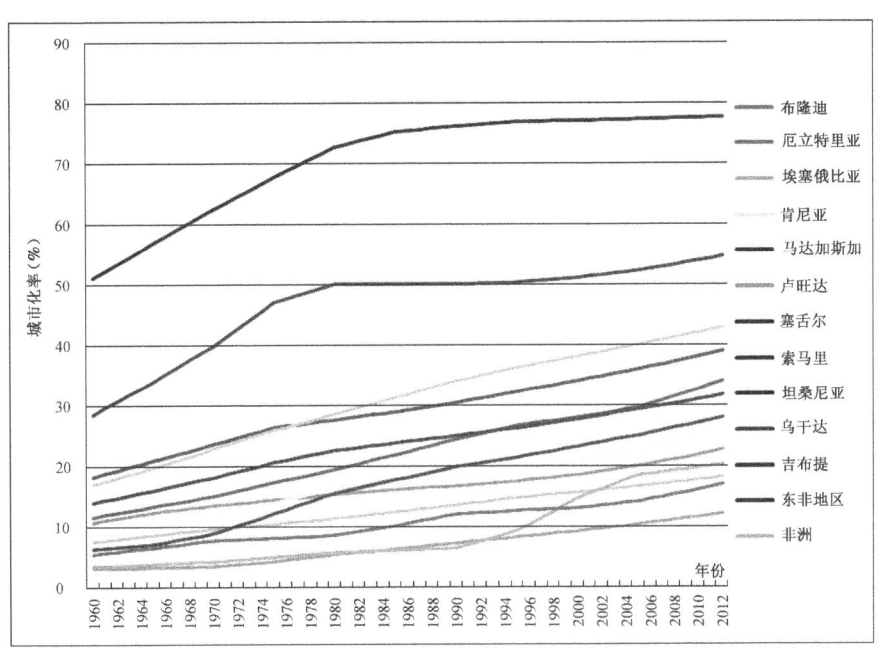

图 2-10　1960—2012 年东非城市化率（含东非和非洲平均水平）

表 2-12　1960—2012 年东非各国城市化率（单位：%）

年份	1960	1970	1980	1990	2000	2010	2012
吉布提	50.33	61.78	72.10	75.65	76.53	77.00	77.16
塞舌尔	27.67	39.07	49.37	49.27	50.40	53.24	54.01
索马里	17.31	22.68	26.76	29.66	33.25	37.29	38.23
马达加斯加	10.64	14.10	18.52	23.57	27.12	31.93	33.21
科摩罗	12.55	19.39	23.22	27.87	28.08	27.97	28.16
坦桑尼亚	5.25	7.85	14.56	18.88	22.31	26.28	27.21
肯尼亚	7.36	10.30	15.58	16.75	19.89	23.57	24.40
厄立特里亚	9.75	12.59	14.36	15.80	17.62	20.90	21.83
卢旺达	2.40	3.19	4.72	5.42	13.77	18.81	19.43
埃塞俄比亚	6.43	8.59	10.41	12.62	14.74	16.76	17.28
乌干达	4.42	6.66	7.53	11.08	12.08	15.16	16.00
马拉维	4.39	6.05	9.05	11.56	14.61	15.54	15.85
布隆迪	2.04	2.38	4.34	6.27	8.25	10.64	11.21
东非	13.05	17.20	21.66	24.09	26.91	30.14	30.91
非洲	16.04	21.92	27.71	33.29	37.34	41.32	42.15

表 2-13　1960—2012 年东非各国城市人口（单位：万）

年份	1960	1970	1980	1990	2000	2010	2012
埃塞俄比亚	142	244	367	606	973	1 459	1 585
坦桑尼亚	53	107	272	481	759	1 182	1 300
肯尼亚	60	116	254	393	622	964	1 053

年份	1960	1970	1980	1990	2000	2010	2012
马达加斯加	54	93	162	272	427	673	740
乌干达	30	63	95	194	293	515	582
索马里	48	78	163	187	246	359	390
马拉维	15	27	56	109	165	233	252
卢旺达	7	12	24	39	116	204	223
厄立特里亚	14	23	35	52	69	120	134
布隆迪	6	8	18	35	55	98	110
吉布提	4	10	26	45	55	64	66
科摩罗	2	4	7	12	15	19	20
塞舌尔	1	2	3	3	4	5	5
东非	437	787	1 482	2 429	3 800	5 897	6 460
非洲	5 306	8 594	13 189	19 958	28 551	40 063	42 952

（4）中部非洲

中非即非洲中部地区，包括撒哈拉沙漠与非洲大陆西部突起部分合围的广大纵深地区，但不包括东非大裂谷西部区域。

根据 2013 年世界银行统计数据，2012 年中非城市人口规模在 1 亿以下，52.86% 的中非人口居住在城市里：其中 4 个国家城市化率大于 50%，为加蓬（86.46%）、刚果（布）（64.08%）、圣多美和普林西（63.31%）、喀麦隆（52.66%）；3 个国家城市化率在 30%~40%，为赤道几内亚（39.69%）、中非共和国（39.35%）、刚果（金）（34.83%）。乍得是中非城市化率最低的国家，为 21.92%。总体来看，中非的城市化率水平较高，有 5 个国家城市化率在 50% 以上（表 2-14 至表 2-17）。

表 2-14　1960—2012 年中非城市人口

年份	1960	1970	1980	1990	2000	2010	2012
城市人口（万）	513	917	1 339	1 891	2 726	4 016	4 342
城市人口比例（%）	19.21	27.14	34.65	40.86	45.63	49.53	50.29
城市人口增长率（%）	4.71	5.56	4.44	4.26	3.29	3.40	3.37

表 2-15　1960—2012 年中非各国城市化率（单位：%）

年份	1960	1970	1980	1990	2000	2010	2012
加蓬	17.40	32.00	54.68	69.14	80.11	85.84	86.46
刚果（布）	31.60	39.13	47.86	54.32	58.70	63.22	64.08
圣多美和普林西	16.07	29.52	33.48	43.65	53.42	61.99	63.31
喀麦隆	13.94	20.30	31.92	39.66	45.54	51.51	52.66
赤道几内亚	25.54	26.95	27.87	34.75	38.81	39.34	39.69
刚果（金）	22.30	30.30	28.72	27.74	29.30	33.73	34.83
乍得	6.70	11.57	18.79	20.81	21.53	21.74	21.92

年份	1960	1970	1980	1990	2000	2010	2012
中非共和国	20.10	27.33	33.87	36.83	37.64	38.85	39.35
中非	18.00	25.59	33.45	40.90	47.05	51.97	52.86
非洲	16.04	21.92	27.71	33.29	37.34	41.32	42.15

表2-16　1960—2012年中非各国城市人口（单位：万）

年份	1960	1970	1980	1990	2000	2010	2012
刚果（金）	340	606	757	969	1 376	2 098	2 289
喀麦隆	75	137	285	479	725	1 062	1 143
刚果（布）	32	52	86	129	183	260	278
中非共和国	30	50	77	107	137	169	178
乍得	20	42	85	124	179	255	273
加蓬	9	19	40	65	98	134	141
赤道几内亚	6	8	6	13	20	27	29
圣多美和普林西	1	2	3	5	7	11	12
中非	535	956	1 447	2 168	3 271	4 988	5 412
非洲	5 306	8 594	13 189	19 958	28 551	40 063	42 952

表2-17　2010年中非人口大于75万的城市

国家	城市	人口	首位度
安哥拉	罗安达	4 772 000	4.62
安哥拉	万博	1 034 000	—
喀麦隆	杜阿拉	2 125 000	1.17
喀麦隆	雅温得	1 801 000	—
乍得	恩贾梅纳	829 000	—
刚果（金）	金沙萨	8 754 000	5.6
刚果（金）	姆布吉马伊	1 488 000	—
刚果（金）	卢本巴希	1 543 000	—
刚果（金）	卡南加	878 000	—
刚果（金）	基桑加尼	812 000	—
刚果（布）	布拉柴维尔	1 292 000	16.37

从图2-11看出，中非城市化率一直高于非洲的平均水平，一半国家的城市化率在中非平均水平之上，3/4国家的城市化率在非洲平均水平之上。加蓬于1976年城市化率（45.13%）超过刚果（布）（44.18%），之后一直位于中非城市化之首。圣多美和普林西比位于第三，且其增长速度很快。从历年的城市化率变化来看，喀麦隆、中非共和国和赤道几内亚位于非洲平均水平之上，中非平均水平之下，且赤道几内亚城市化率增长较慢，在2003年已经低于中非平均水平。刚果（金）城市化率基本保持在30%，而乍得的城市化率基本保持在20%，两个国家的城市化增长速度在中非国家中

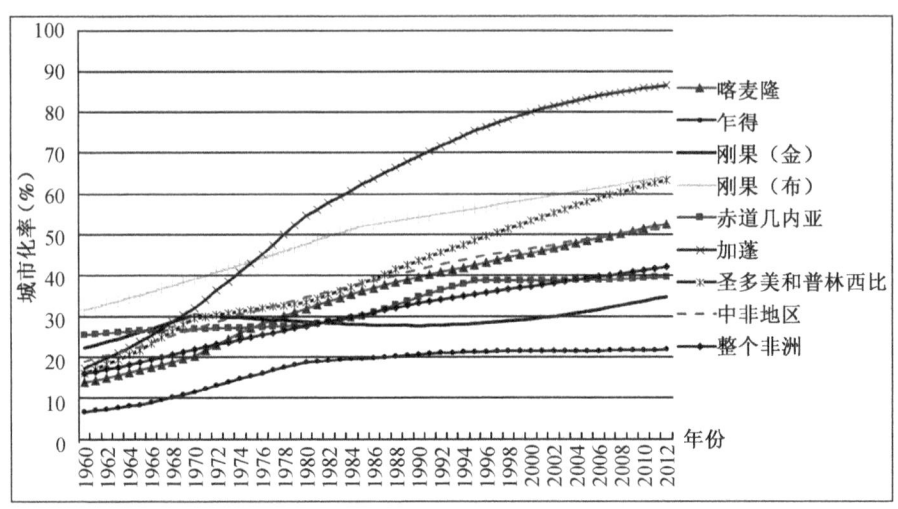

图2-11 1960—2012年中非城市化率（含中非和非洲平均水平）

也是较低的（3.2%和3.4%）。

中非国家城市人口也主要集中在一些特定的城市，大部分在首都。所有中非国家首都都是人口最多的城市，除了喀麦隆的雅温得。安哥拉首都罗安达比第二大城市万博大4倍；金沙萨［刚果（金）首都］是第二大城市卢本巴希的5.6倍，是第三大城市姆布吉马伊的5.8倍；刚果（布）首都布拉柴维尔是第二大城市黑角港口的16.3倍。

政治权力、制造业、就业、基础设施和社会服务基本都集中在城市区域里，地域间的平衡基本可以忽略。在刚果（布），由于战争的原因，大量人口从乡村和小城市逃离到大城市，这可以从1997—2000年大都市人口迅速增长看出。

杜阿拉是喀麦隆的第二大城市，占了11%的全国人口和18.8%的城市人口。罗安达和布拉柴维尔占了15%的全国人口。金沙萨是撒哈拉以南人口增长速度最快的城市之一，占了刚果（金）人口的13%，2010年总量达到6 600万。

此区域的快速增长导致人口统计数据的不真实。获得准确的城市人口数据在中非国家是非常困难的，因为在一些国家，已经十几年没有做过人口调查，很多地方都没有人口统计数据。如在刚果（金），人口统计数据调查已经25年没进行了，金沙萨、卢本巴希、卡南加的城市人口主要根据受教育的人进行推测的。更糟糕的是，从不同数据源获得的数据存在明显差异。例如金沙萨，美国经济和社会调查局的人口是875.4万，而非洲发展银行估计的人口是1 000万。除了数字上的不同，城市的范围每个国家的定义也存在差异，因而导致人口统计很难进行。

（5）南部非洲

根据2013年世界银行统计数据，2012年，42.59%的南部非洲人口居住在城市里，其中3个国家的城市化率大于50%，包括南非共和国（62.47%）、博茨瓦纳（62.25%）、安哥拉（59.90%）；4个国家的城市化率在30%~40%，包括赞比亚（39.61%）、津巴布韦（39.11%）、纳米比亚（38.96%）、莫桑比克（31.47%）；2个国家的城市化率在20%~30%，包括莱索托（28.3%）和斯威士兰（21.3%）。总体来看，南非的城市化水平较低，仅有1/3的国家城市化率在50%，其国家间差异较大（表2-18至表2-20）。

南非地区城市人口直到2012年也没有超过一亿，城市人口增长率总体不断下降，于2010年降到最低，为2.97%。从图2-12可以看出，直到2005年南非地区的城市化率一直低于整个非洲的平均水平。其中只有南非、博茨瓦纳、安哥拉高于非洲的平均水平。南非共和国一直位于南非的国家城市化率之首。近10年博茨瓦纳紧随南非共和国，城市化率增长速度极快，年平均增长率在5.96%，且在过去50年间，完成城市化基本转变，从1960年的3.06%增长到2012年的62.25%。20世纪60—70年代，南非地区城市化率最低的国家是博茨瓦纳。70—80年代，南非地区城市化率最低的国家是莫桑比克，但近年随着旅游经济的发展，其城市化率有很大的提升。1980—2000年，莱索托的城市化率最低，直到2005年莱索托的城市化率超过斯威士兰，但也仅有28.30%，城市化水平较低。

在2000—2010年，南非地区的郊区城市进程加快，达到53.8%。非洲整体郊区城市化率2010—2025平均每年将以7.0%的速度增长，预计到了2025年将超过50%。

表2-18　1960—2012年南非城市人口

年份	1960	1970	1980	1990	2000	2010	2012
城市人口（万）	1 011	1 453	2 144	3 253	4 707	6 252	6 627
城市人口比例（%）	13.31	18.30	24.32	31.68	36.86	41.63	42.59
城市人口增长率（%）	6.19	7.16	6.10	5.28	3.19	2.97	3.13

表2-19　1960—2012年南非各国城市化率（单位：%）

年份	1960	1970	1980	1990	2000	2010	2012
南非共和国	46.62	47.81	48.43	52.04	56.89	61.55	62.47
博茨瓦纳	3.06	7.83	16.48	41.93	53.22	60.98	62.25
安哥拉	10.44	14.96	24.30	37.14	48.99	58.38	59.90
赞比亚	18.15	30.35	39.82	39.41	34.80	38.73	39.61
津巴布韦	12.61	17.36	22.37	28.99	33.76	38.13	39.11
纳米比亚	17.91	22.29	25.07	27.66	32.37	37.82	38.96
莫桑比克	3.67	5.78	13.11	21.10	29.10	30.96	31.47
莱索托	3.42	8.61	11.45	13.97	19.97	26.85	28.30
斯威士兰	3.91	9.71	17.85	22.91	22.64	21.32	21.25
南非	13.31	18.30	24.32	31.68	36.86	41.63	42.59
非洲	16.04	21.92	27.71	33.29	37.34	41.32	42.15

表2-20　1960—2012年南非各国城市人口（单位：万）

年份	1960	1970	1980	1990	2000	2010	2012
南非共和国	811	1 056	1 335	1 832	2 503	3 077	3 196
安哥拉	52	89	186	384	682	1 141	1 247
莫桑比克	28	55	159	286	532	742	793
赞比亚	56	127	233	309	352	512	557
津巴布韦	47	90	163	303	422	499	537
博茨瓦纳	2	5	16	58	93	120	125
纳米比亚	11	17	25	39	61	82	88
莱索托	3	9	15	22	37	54	58
斯威士兰	1	4	11	20	24	25	26
南非	1 011	1 453	2 144	3 253	4 707	6 252	6 627
非洲	5 306	8 594	13 189	19 958	28 551	40 063	42 952

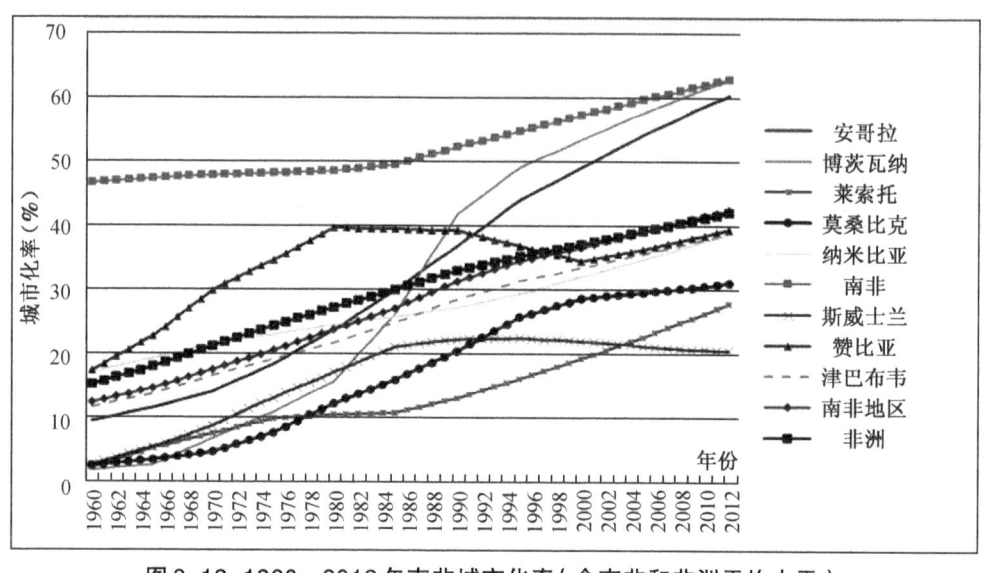

图2-12 1960—2012年南非城市化率（含南非和非洲平均水平）

2.3 非洲城市化发展存在的问题

2.3.1 城市化质量较低，集聚度不高

非洲是世界上城市化起步最晚，基础水平较低，但是发展速度最快的大陆。1950年非洲城镇人口占总人口的比例为14.14%，是当时世界上城市化水平最低的地区，仅相当于世界平均水平（28.14%）的一半。随着独立后经济社会的发展，城市劳动力的聚集效应逐步显现，1970—2010年，城镇人口比重大幅度提高：1970年非洲城镇人口比重为21.92%，2010年非洲城镇人口比重为41.32%。1970—2010年，非洲城市新增人口占城市人口的比例一直居世界首位，尤其是1990—2010年，非洲城市人口增幅高达100.73%，是同期世界平均水平的3.75倍。

根据联合国人居署《2010年非洲城市状况：治理、不平等与城市土地市场》，非洲一些城市的人口在接下来的15年里将扩展到85%。2010年人口最多的城市为埃及的开罗，其将以23%的速度增长，人口将增至1350万人。到2025年，其将被尼日利亚的拉各斯（1580万人）和刚果民主共和国的金沙萨（1500万人）所超过（图2-13）。食物和水的短缺、糟糕的基础设施、住宅的匮乏将是政府在快速城市化过程中所面临的问题。在迎接这些挑战方面取得进展有望降低贫民窟居民数量，其目前约占城市居民的70%。

非洲城市化速度未能同城市经济发展同步。这种"过度城市化"现象，不仅抑制了城市功能的发挥，而且加剧了"城市病"的发生。

2.3.2 工业结构单一，城市内生动力不足

1980年非洲生产的制造业成品占世界的比例只有0.9%，成为主要向欧美工业国家输送工业原料的大陆[8]。非洲大陆工业产值在非洲国内生产总值中所占的比重较低，基础较差。1960年为16.0%，1970年为24.9%，1980年为27.4%，1990年为26.1%，2000年为27.9%，2010年为28.6%。非洲制造业占工业产值的一半，但总体趋势不断下降，工业发展动力不足（图2-14）。

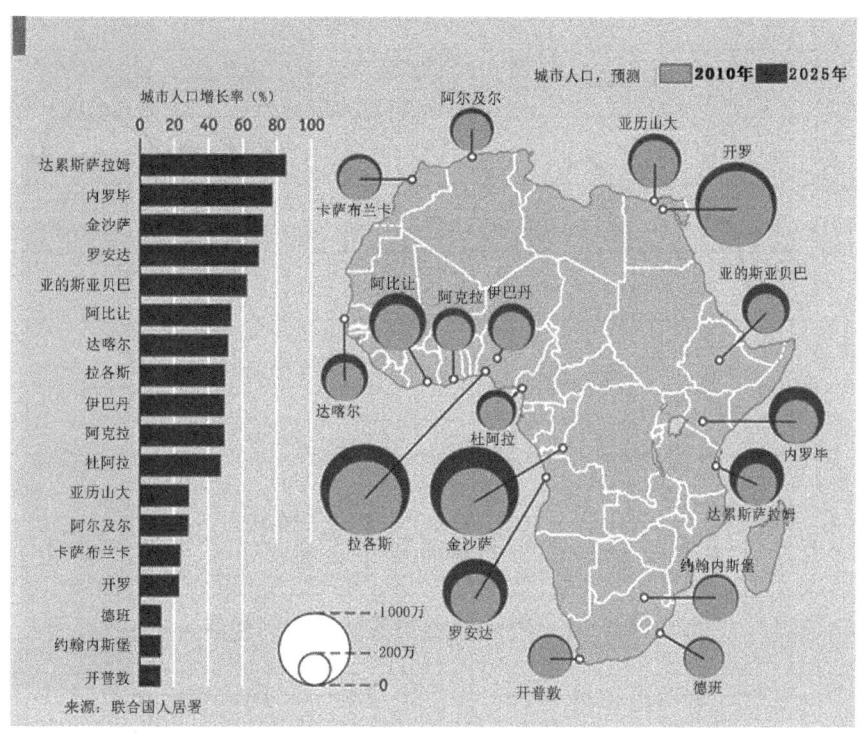

图 2-13 2010—2025 年非洲各主要城市人口增幅预测

从制造业产业类型来看，非洲制造业主要集中在食品、饮料和烟草、纺织品和服装、化学品、机械和交通运输。其中食品、饮料和烟草行业占的比重最大，其次是纺织品和服装、化学品，比重最小的为机械和装备制造（图 2-15）。以加纳黄金生产为例，大部分黄金采掘机械需要从国外引进，本土生产制造能力弱。因此，导致城市内生发展的动力严重不足。

2.3.3 城乡差距加大，城市化二元结构突出

非洲的许多城市是依托乡村建立的，发展之初具备良好的基础。与农村相比，城市发展拥有相对充裕的资金、先进的技术设备和充足的人力资源，而农业的发展却没有得到相应的重视，资金、科技投入不足，大量年轻人从农村到城市，造成农村经济和社会发展滞后，城乡差距不断拉大。同时，城市内部存在严重的二元结构，殖民时期欧洲人居住在地理条件较好的中心地区，这些地区经济社会发展水平高，生活设施配套齐全，外围是非洲本地人居住的区域。虽然非洲国家独立后欧洲人居住地区也有少数非洲人居住，但是城乡二元结构依然明显。而城乡二元结构问题的根源在于城市不均衡发展，导致财富和资源更加集中在城市，城乡差距越来越大。

2.3.4 城市贫困与高失业率，加剧社会安全问题

人口增加速度过快导致城市的住房供应紧张，人口拥挤不堪、缺乏基本生活配套设施的棚户区、贫民窟等在非洲国家大量存在。目前，非洲约 1.87 亿城市人口居住在贫民区。撒哈拉以南非洲居住在贫民窟的城市人口达 1.66 亿，占总人口的 71%。另有大量贫困人口栖息于坟场，形成特殊的"死人城"现象。

城市的人口数量远远超过城市经济发展的需要，且生产力的发展要求劳动力必须

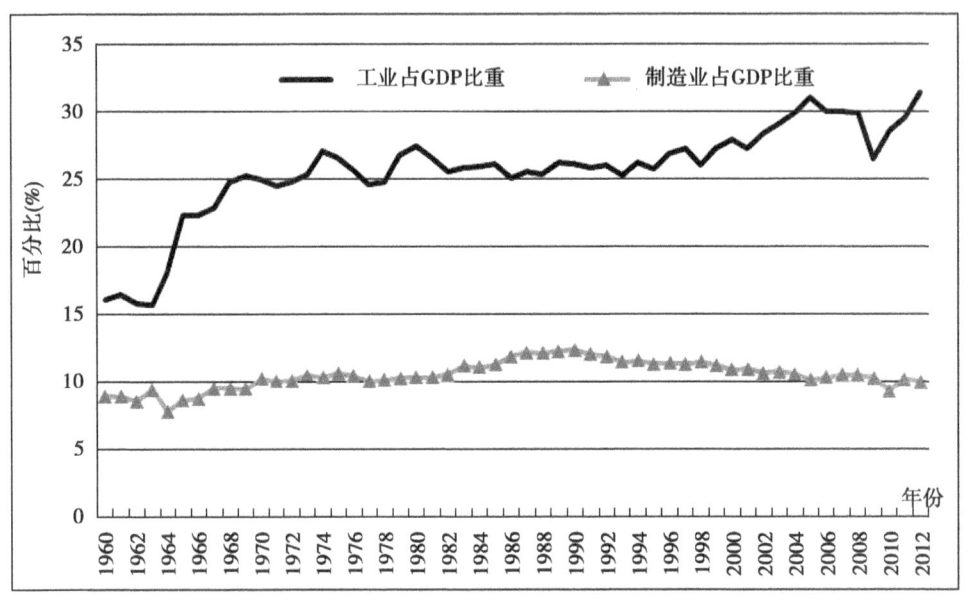

图 2-14　非洲工业和制造业占 GDP 比重

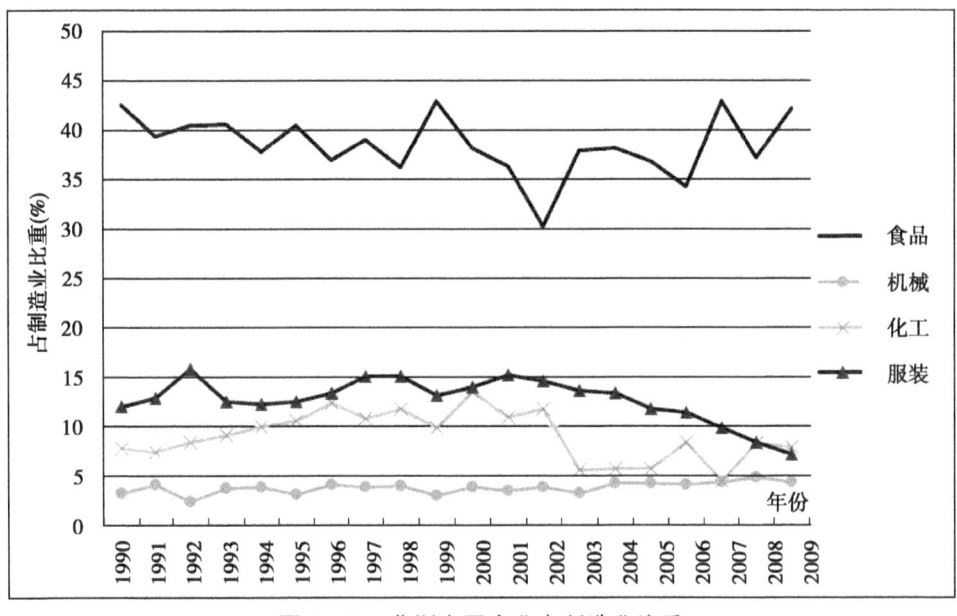

图 2-15　非洲主要产业占制造业比重

具备相应的素质和技能，这使得大多数缺乏知识和工作技能的农村人口面临失业。不管是由于乡村流向城市的居民增多，还是城市人口自然增长过快，正规部门创造的就业总数（包括政府机构、半官方部门、制造业、大型服务业如银行和旅游）往往跟不上城市居民的增长。

　　从 20 世纪 60 年代末到 70 年代初，乡村流向城市的居民人数大大超过了非洲城市能够提供的就业机会。70 年代以来，资金密集型产业有所发展，但移民的快速增长仍然导致城镇就业紧张。80 年代以来，随着非洲城市人口的增长，失业率一直在上升。据国际劳工局统计，90 年代非洲生产性就业岗位的年平均增长率为 2.4%，而同期劳动力的年平均增长率达 3.3%。在过去十年里，非洲的城市失业人数增加 2 倍，由 900 万人上升到 2 800 万人。据 2005 年非洲官方数据显示，非洲失业率为 10%。而通过比较次区域失业率表明，南部非洲失业率高达 31.6%，而东非为 11%，中非 9.4%，北非为 10.4%，西非最低为 6.7%。一些弱势群体失业率较高，包括妇女、残疾人、艾滋病患者、跨界移民。例如 2005 年，南非国内失业率为 26.7%，其中黑人的失业率高达 31.5%，有色人种的失业率高达 22.4%，印度人 / 亚洲人的失业率为 15.8%，但白人的失业率为 5.1%。另外，在非洲大多数地区，找到生产性的、体面的工作对年轻人来说是一个重要的挑战。虽然 1993 年年轻人与成年人失业率比率为 3.6，2003 年为 3.5，基本没变，但在正式的劳动力市场，由于缺少工作经验以及没有足够的社会关系，很多年轻人实际是被排除在外，无法得到报酬合理的正式工作。年轻妇女的处境更为恶劣，她们在劳动力市场更是面临无数障碍。

非洲的社会安全问题主要集中在人身安全和犯罪问题。长期的高失业率，特别是年轻人的大量失业，导致了非洲城市犯罪案件的频繁发生。1988—1994 年，非洲的犯罪率高达 76%，为全世界之最。在许多非洲国家，犯罪活动已经成为严重的社会和经济问题。犯罪已经成为该区域一个主要死亡原因。据 2004 年世界卫生组织非洲区域局调查显示，在非洲暴力致死率估计为每 1 万人中有 6 个人，是全球数字的两倍多，远高于其他区域。如南非每年平均有 1 100 多人遭到武装抢劫、谋杀、强奸，外国人是主要遭袭的对象。据统计，有着"世界第一危险之城"的南非第一大城市约翰内斯堡，平均每年抢劫案高达 10 万起，入室盗窃案达 30 万起。又如肯尼亚的首都内罗毕，非武装性的抢劫和偷窃犯罪活动频繁发生。2001 年联合国曾在内罗毕做过关于遭受犯罪行为侵害的专项调查，结果显示，2000 年内罗毕居民有 40% 的人至少被抢过一次，有 22% 的人至少被偷窃一次，有 18% 的人遭受身体袭击；2000—2003 年，内罗毕各种汽车盗窃案价值累计超过 3 860 万美元。长期的高失业率和高犯罪率已经成为非洲国家城市化道路上的重大社会问题，它直接关系着非洲经济发展和社会安全，成为非洲各国亟待解决的社会难题。

2.3.5　城市基础设施与公共服务不足，城市环境品质较差

调查表明，非洲大多数国家的基础设施的公共投资严重不足。例如，多哥 1966—1985 年的四个五年计划中，城市投资水平一直在下降：在第一个五年计划期间城市投资占总投资的 17.9%，第二个五年减少到 16.7%，第三个五年减少到 10.6%，第四个五年减少到 6%。这种情况也出现在非洲其他国家和地区。达累斯萨拉姆用于服务和基础设施的开支从 1978 年至 1987 年每年减少 8.6%。如果将人口增加考虑在内，同一时期，这方面的开支每年减少 11%。

由于过度城市化，城市规模不断扩大，城市人口数量迅速增加。城市每天产生的垃圾量远远超出其自身的清理能力。在非洲国家的许多城市中，1/3 以上的垃圾得不到处理，在一些收入低的国家，城市中心的垃圾收集率只有 10%~20%，因而垃圾通常被堆放在空地和街道上。达累斯萨拉姆居民区和商业企业产生的垃圾有 2/3 得不到收集。在金沙萨，只有为数不多的几个居民区收集生活垃圾，而该市的其他居民的生活垃圾要么堆放在道路上，要么倾倒在非法垃圾堆放点或者排水沟中，或者干脆放在空地上，这造成严重的健康和环境问题。在非洲国家的许多城市中，垃圾的收集和管理经常会花费政府收入的 20%~40%。一旦进行预算重新分配和削减，垃圾的收集和管理就会比其他各项服务所受的影响更大些。负责收集和处理生活垃圾的机构由于人员短缺，资

金紧张，一旦出现问题，就很难处理。以内罗毕为例，随着内罗毕人口和面积每年以近5%的速度增加，市政府现有的垃圾清理车辆已出现严重不足。1989年，政府相关部门官员认为要有效地为这个拥有100多万人口的城市服务，共需要100辆垃圾收集车，但当时该市只有40辆，而且每天能够运行的只有10辆。

　　每个城市的贫民窟地区都是垃圾收集服务最差的地方。这些地方往往是臭气熏天，垃圾招来传播疾病的虫害，耗子、蚊子、苍蝇在被垃圾堵塞的下水道乱飞乱跑。由腐烂的垃圾所产生的渗透液有可能对水源产生污染。固体废弃物处置不当，尤其是一些有害废液混杂在固体废弃物之中，对于贫民窟特别是依靠废弃物维持生活的穷人危害更为严重，更危害儿童的健康。据卫生组织报道，一些疾病，例如登革热的传播，都与固体废弃物处理不当有关。一些城市由于废弃物管理不当发生流行病，致使许多人丧生并且造成大量的经济损失[9]。

参考文献

[1] United Nations. Patterns of Urban and Rural Population Growth[R]. NewYork,1980.

[2] [苏] 布·伊·乌尔拉尼斯. 世界各国人口手册 [M]. 魏津生，等，译. 成都：四川人民出版社，1982.

[3] 菲利普·M.隆赛，罗伯特·W.加德. 世界的都市化：趋势和展望：人口研究译文集（第一集）[M]// 张同铸. 非洲经济和社会发展战略问题研究. 北京：人民出版社，1992：156.

[4] United Nations.The State of 2008 African Cities—A Framework for Addressing Urban Challenges in Africa[M].Nairobi:United Nations Human Settlements Programme,2008.

[5] 中国对外翻译出版公司. 非洲通史 [M]. 北京：中国对外翻译出版社，1984.

[6] United Nations.The State of African Cities 2010: Governance, Inequality and Urban Land Markets[R].Nairobi:UN-Habitat, 2010.

[7] 张增玲，甄峰，刘慧. 20世纪90年代以来非洲城市化的特点和动因 [J]. 热带地理,2007, 27(5): 455-460.

[8] United Nations.2014 revision of the World Urbanization Prospects[R]. New York,2014.

[9] 张建业. 非洲城市化研究（1960年至今）[D]. 上海：上海师范大学,2008.

3 非洲城市化发展的时空变化与空间格局

本章首先以地区与国家为单位，从人口规模与人口密度两个指数分析了非洲人口空间分布，探讨了非洲城市化发展的动态变化以及空间变化。其次，深入到国家内部，进一步探讨了非洲各个地区与国家的城市分布格局以及影响要素。第三，通过对首位城市与城镇集聚区的分析，指出首位城市以及城镇集聚区在非洲城市化发展中的重要地位，进一步揭示非洲城市化发展空间的集聚特征。同时，从规模结构、功能结构、文化特征三个角度，对非洲城市空间体系进行了初步的划分。

非洲共计 55 个国家，为了研究需要，依据联合国标准，将非洲分为非洲北部、非洲东部、非洲中部、非洲西部和非洲南部五个地区（图 3-1）。其中，非洲北部地区包括阿尔及利亚、埃及、利比亚、摩洛哥、苏丹、南苏丹、突尼斯、西撒哈拉，共计 8 个国家；非洲东部地区包括布隆迪、科摩罗、吉布提、厄立特里亚、埃塞俄比亚、肯尼亚、马达加斯加、马拉维、毛里求斯、卢旺达、塞舌尔、索马里、坦桑尼亚、乌干达，共计 14 个国家；非洲中部地区包括喀麦隆、中非共和国、乍得、刚果共和国、刚果民主共和国、赤道几内亚、加蓬、圣多美和普林西比，共计 8 个国家；非洲西部地区包括贝宁、布基纳法索、佛得角、科特迪瓦、冈比亚、加纳、几内亚、几内亚比绍、利比里亚、马里、毛里塔尼亚、尼日尔、尼日利亚、塞内加尔、塞拉利昂、多哥，共计 16 个国家；非洲南部地区包括安哥拉、博茨瓦纳、莱索托、莫桑比克、纳米比亚、南非共和国、斯威士兰、赞比亚、津巴布韦，共计 9 个国家。

本章中的总人口、城市人口、城市化率等相关数据主要来自联合国与世界银行提供的官方统计数据。1960—2011 年的统计数据来自于世界银行发布的《非洲发展指标》[1][2]。其余相关数据来自联合国普查数据和其他相关文献。

图 3-1 非洲五大地区及国家分布图

3.1 非洲国家人口的空间分布

城镇的本质在于集聚，即从事非农产业的人口在空间上的集聚。在探讨非洲城市化发展空间格局前，有必要先分析非洲大陆的人口空间分布。由于特殊的自然地理特征以及地区、国家间社会经济发展差异，非洲大陆在人口规模上具有明显的地区、国家差异。本章首先依据人口统计数据，分析非洲五大地区 1960—2010 年人口规模的发展与差异，以及 2010 年国家间人口规模的差异；其次依据人口密度指数，从地区、国家两个层面分析非洲人口空间布局特征。

3.1.1 人口规模的空间差异

2010 年，非洲总人口数达到 10.2 亿，仅次于亚洲，排名世界七大洲的第二位。从地区和国家对比来看，非洲五个地区以及 55 个国家间具有较为明显的差异（表 3-1，图 3-2）。

从表 3-1 来看，1960—2010 年，非洲大陆经历了快速的人口增长，人口规模从 1960 年的 2.86 亿增长到 2010 年的 10.2 亿，50 年间增长了约 2.56 倍。五大地区虽然都经历了较大的增长，但是增长的规模与速度存在明显差异。具体来看，非洲西部地区的人口规模从 1960 的 0.81 亿增长到 2010 年的 2.91 亿，50 年间增长约 2.59 倍，增长速度接近非洲大陆的整体水平，也是非洲大陆人口规模最大的地区。非洲东部地区的人口规模从 1960 年的 0.67 亿增长到 2010 年的 2.71 亿，50 年间增长约 3.04 倍，人口规模仅次于非洲西部地区。非洲中部地区的人口规模从 1960 年的 0.27 亿增长到 2010 年的 1.1 亿，50 年间增长近 3.0 倍，但仍然是非洲人口规模最低的地区。非洲北部地区虽然人口规模排名五大地区的第三位，但却是人口增长最慢的地区，人口规模从 1960 年的 0.67 亿增长到 2010 年的 2.09 亿，50 年间增长约 2.1 倍，增长速度远低于非洲大陆的平均水平。非洲南部地区也是 50 年间人口规模增长相对较小的地区（50 年间仅增长 2.26 倍），增长速度略高于非洲北部地区。如果考虑五大地区所占地域面积的差异，从 2010 年来看，非洲西部地区国土面积占非洲大陆的 20.3%，人口规模占到 28.5%；非洲东部地区与非洲中部地区国土面积分别占非洲大陆的 14.7% 与 17.5%，人口规模占到非洲大陆的 26.5% 与 10.8%；非洲北部地区与南部地区国土面积分别占非洲大陆的 27.7% 与 19.8%，人口规模占到非洲大陆的 20.5% 与 13.7%。因此，从人口规模来看，非洲五大地区存在明显的差异。相对而言，非洲东部地区与非洲西部地区人口规模较大，非洲中部地区与非洲南部地区人口规模较小。

表 3-1 非洲五大地区 1960—2010 年总人口数及人口密度表

地区	人口数（百万）						2010 年占总人口比例（%）	2010 年人口密度（人/平方 km²）	面积（百万 km²）	面积所占比例（%）
	1960 年	1970 年	1980 年	1990 年	2000 年	2010 年				
非洲北部	67	87	113	146	176	209	20.5	25.0	8.4	27.7
非洲东部	67	88	116	157	208	271	26.5	60.9	4.4	14.7
非洲中部	27	35	47	63	84	110	10.8	20.7	5.3	17.5
非洲西部	81	102	135	176	225	291	28.5	47.5	6.1	20.3
非洲南部	43	55	71	91	116	140	13.7	23.4	6.0	19.8
总计	286	367	481	633	809	1020	100.0	33.8	30.2	100.0

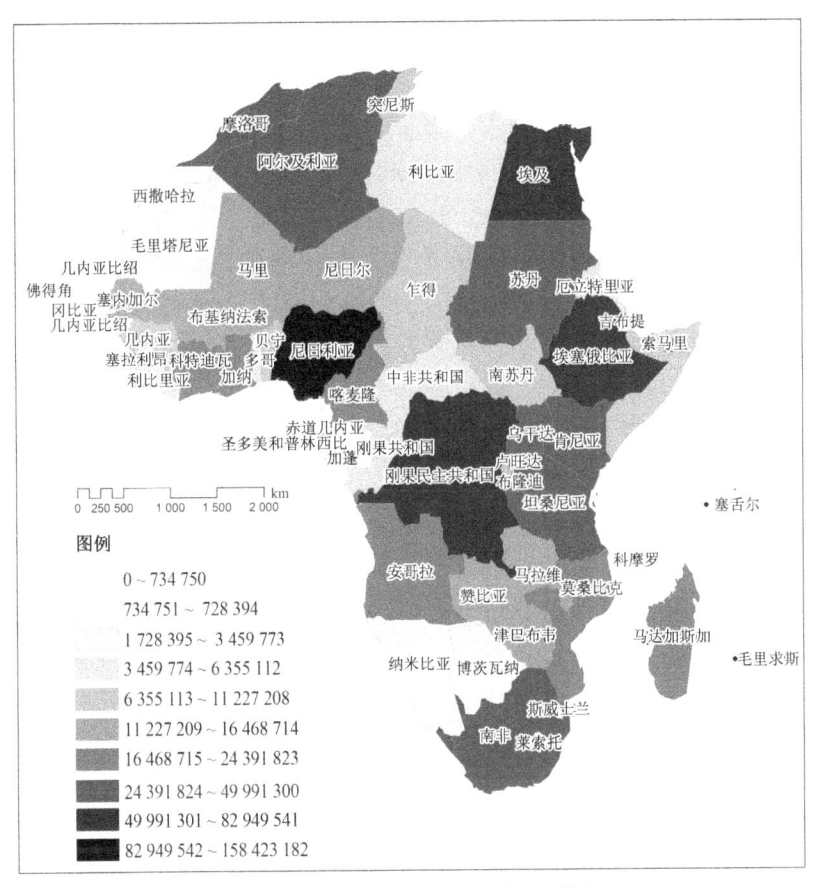

图 3-2 2010 年非洲各国人口规模（单位：人）

图例

0 ~ 734 750
734 751 ~ 728 394
1 728 395 ~ 3 459 773
3 459 774 ~ 6 355 112
6 355 113 ~ 11 227 208
11 227 209 ~ 16 468 714
16 468 715 ~ 24 391 823
24 391 824 ~ 49 991 300
49 991 301 ~ 82 949 541
82 949 542 ~ 158 423 182

　　不仅五大地区间的人口规模上存在较大差异，地区内的国家间也存在明显的差异（图 3-2）。人口规模排名前两位的国家位于人口规模较大的非洲东部地区与非洲西部地区。其中，非洲西部地区的尼日利亚，2010 年人口规模达到 1.58 亿人，是非洲人口最多的国家。非洲东部的埃塞俄比亚，2010 年人口规模达到 0.83 亿人。虽然位于非洲中部地区，刚果民主共和国 2010 年人口规模也达到 0.66 亿人，排名仅次于非洲北部地区的埃及（2010 年人口规模为 0.81 亿），位列 55 个国家中的第 4 位。位于非洲南部的南非紧随其后，2010 年的人口规模达到 0.50 亿人。人口规模排名第6 位到第 10 位的国家全部来自非洲东部地区与北部地区，包括东部地区的坦桑尼亚（0.45 亿人，排名第 6 位）、肯尼亚（0.41 亿人，排名第 7 位）、乌干达（0.33 亿人，排名第 10 位），以及北部地区的阿尔及利亚（0.35 亿人，排名第 8 位）与苏丹（0.34亿人，排名第 9 位）。相对而言，非洲西部地区除了尼日利亚、加纳与科特迪瓦外，其余国家人口规模并不大；而东部地区，除了一些国土面积小的国家（例如塞舌尔、吉布提、科摩罗等），大部分国家都具有较高的人口规模；北部地区除了利比亚、突尼斯以及西撒哈拉外，埃及、阿尔及利亚、摩洛哥 3 个国家人口规模都较大；南部地区除了南非外，其他国家人口规模均较小。总体来看，非洲国家间在人口规模上的差异较地区间差异更加明显，人口主要集中在少数国家。其中，排名前十位的国家共占了非洲大陆人口规模的 61.4%，排名前二十位的国家占了非洲大陆人口规模的

81.6%，而排名前三十位的国家所占比例已经突破92%。

3.1.2　人口分布的空间特征

人口规模数据的分析说明非洲人口规模在地区与国家间均存在明显的差异，反映了空间上的差异。但是，由于存在不同行政区域间国土面积的差异，人口规模数据并不能完全反映非洲人口布局集聚或分散特征。因此，采用人口密度指数衡量人口的空间布局特征。如表3-1所示，2010年非洲大陆的人口密度为33.8人/km²，与世界其他地区相比相对较低。但是由于非洲各个地区、国家间的明显差异，整体的人口密度低并不能说明非洲大陆是一个人口布局相对分散的地区（参见第3.3节、第3.4节）。

从地区间的对比来看，非洲东部地区与西部地区的人口密度均远远大于非洲的平均水平，分别达到60.9人/km²与47.5人/km²，人口较为集聚。非洲中部地区人口密度最低，为20.7人/km²，约为整体平均水平的一半，人口较为分散。而非洲北部地区与南部地区人口密度分别为25.0人/km²与23.4人/km²，也均低于整体平均水平。

与人口规模分析类似，仅仅分析地区间的人口密度不足以说明非洲的人口空间布局特征，因为国家间的人口密度差异更加明显。有趣的是，一些岛国，如毛里求斯、科摩罗、塞舌尔、圣多美和普林西比等，虽然人口规模都很小，但是人口密度却非常高，均位列非洲所有国家中的前十位。特别是毛里求斯，虽然人口规模非常小（0.013亿，排名第46位），却有最大的人口密度（630.1人/km²），是人口空间布局最集聚的国家。此外，人口规模最大的国家——尼日利亚与排名第10位的国家——乌干达，也有较大的人口密度。其中，尼日利亚的人口密度为173.9人/km²，排名第6位；乌干达人口密度为170.8人/km²，排名第8位。而人口规模排名前十位的阿尔及利亚、刚果民主共和国与苏丹的人口密度则相对靠后，分别仅为14.9人/km²（排名第44位）、29.1人/km²（排名第40位）和14.14人/km²（排名第46位）。

从北部地区内部来看（表3-2），虽然各个国家的人口密度均低于非洲大陆的整体水平（85.2人/km²），但是埃及、摩洛哥与突尼斯已经较为接近平均水平。而阿尔及利亚、苏丹等其他5个国家的人口密度则均低于15，与上述三个国家间存在较大的差异。

表3-2　2010年非洲北部地区各国人口密度（单位：人/km²）

阿尔及利亚	埃及	利比亚	摩洛哥	苏丹	南苏丹	突尼斯	西撒哈拉
14.9	81.49	3.61	71.59	14.14	14	67.9	1.9

从东部地区内部来看（表3-3），虽然集聚了较多高人口密度的国家（包括毛里求斯、卢旺达、布隆迪、科摩罗、塞舌尔、乌干达、马拉维），但是国家间的人口密度差异也非常明显。厄立特里亚、吉布提、马达加斯加等国家人口密度都明显低于非洲大陆的整体水平。

表3-3　2010年非洲东部地区各国人口密度（单位：人/km²）

布隆迪	科摩罗	吉布提	厄立特里亚	埃塞俄比亚	肯尼亚	马达加斯加
326.43	394.81	38.34	52.02	82.95	71.18	35.62

毛里求斯	卢旺达	塞舌尔	索马里	坦桑尼亚	乌干达	马拉维
630.1	430.64	188.1	14.87	50.62	167.28	158.05

从中部地区内部来看（表3-4），除了岛国圣多美和普林西比，其余国家的人口密度都远远低于非洲大陆的整体水平，说明这个地区的大部分国家人口布局相对较为分散。

表3-4　2010年非洲中部地区各国人口密度（单位：人/km²）

喀麦隆	中非共和国	乍得	刚果共和国
41.46	7.06	8.91	11.84
赤道几内亚	加蓬	圣多美和普林西比	刚果民主共和国
24.97	5.84	172.29	29.1

西部地区（表3-5）与东部地区类似，尼日利亚、冈比亚、佛得角、加纳、多哥5个国家的人口密度处于地区内的领先地位，国家间的人口密度差异明显。

南部地区（表3-6）与中部地区类似，除了莱索托与斯威士兰略接近于非洲整体平均水平，其余三个国家的人口密度都相对较低。

表3-5　2010年非洲西部地区各国人口密度（单位：人/km²）

贝宁	布基纳法索	佛得角	科特迪瓦	冈比亚	加纳	几内亚	几内亚比绍
78.48	60.19	123.08	62.07	170.79	107.2	40.62	53.88
利比里亚	马里	毛里塔尼亚	尼日尔	尼日利亚	塞内加尔	塞拉利昂	多哥
41.47	12.6	3.36	12.25	173.94	64.58	81.93	110.83

表3-6　2010年非洲南部地区各国人口密度（单位：人/km²）

博茨瓦纳	莱索托	纳米比亚	南非	斯威士兰	莫桑比克	赞比亚	津巴布韦	安哥拉
3.54	71.52	2.77	41.21	61.37	29.74	17.39	32.5	15.31

以国家为单元，对比2010年各国的人口密度（图3-3），不难发现以下的人口空间布局特征：

（1）沿海国家的人口空间集聚程度明显大于内陆国家，尤其是沿海与内河交汇的海湾地域。例如非洲西部地区沿几内亚湾的尼日利亚、贝宁、多哥等国家，非洲北部地区沿地中海的埃及、突尼斯、摩洛哥，非洲东部地区沿印度洋的厄立特里亚、埃塞俄比亚、肯尼亚。

（2）岛国，如毛里求斯、科摩罗、塞舌尔、圣多美和普林西比等，人口空间集聚最明显。

（3）内陆国家中，撒哈拉以南非洲地区较撒哈拉地区人口空间集聚程度高。如乌干达、刚果民主共和国、马拉维等国家的人口密度指数均处于内陆地区的较高水平。

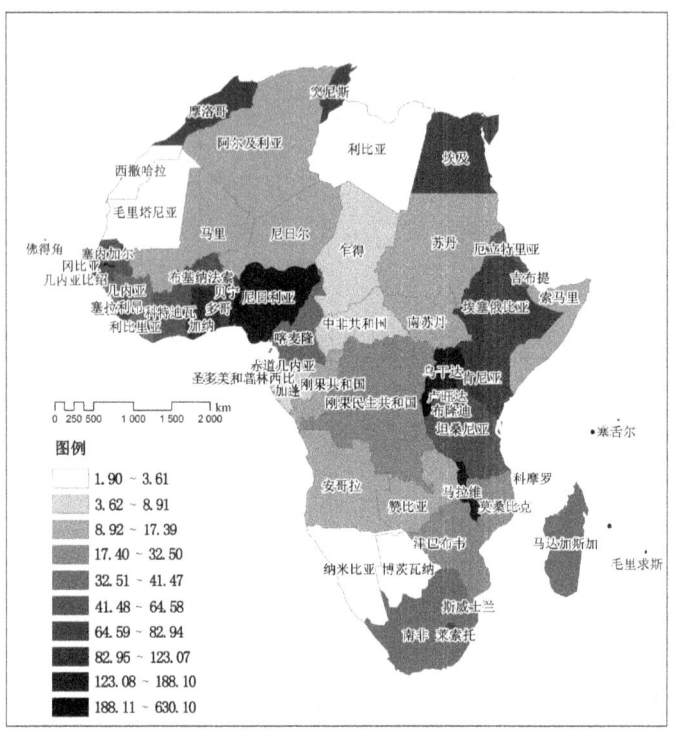

图 3-3　2010 年非洲人口密度分布图（单位：km²）

3.2　非洲国家城市化发展的时空变化

当前世界城市化仍处于持续发展阶段。据世界银行统计资料表明，2009 年全球城市化率已经突破 50%，即全球范围内已经有一半的人口生活在城市里。但是，由于各国社会经济发展、工业化进程、历史基础、文化背景的不同，世界城市化发展极不均衡，发达国家与发展中国家之间的差异明显。总体来说，以北美、欧洲、大洋洲为代表的发达国家进入城市化稳定阶段，甚至一些国家出现城市人口负增长的趋势。而以亚、非、拉美为代表的发展中国家城市化水平则普遍偏低，但是城市化进程明显提速，成为世界范围内城市化发展的重点地区。2010 年，虽然非洲城市化率仅为 39.33%，仍然是世界上城市化水平最低的大洲，但却是城市化水平增长最快的地区，并成为关注的焦点[1-4]。

城市化率是衡量城市化发展水平的通用指标，即城市人口占地域总人口的比例。在对非洲人口空间布局分析的基础上，本节首先以地区与国家为单元，以城市化率为衡量指标，分析 1960—2010 年非洲大陆城市化发展的动态变化；其次，以国家为单元，以城市化率为衡量指标，选取 1960 年、1970 年、1980 年、1990 年、2000 年、2010 年 6 个时间点非洲各国的城市化水平，分析非洲城市化发展的空间变化。

3.2.1　动态变化

1950 年非洲城市化率仅为 14.4%，是当时世界上城市化水平最低的地区，仅相当于世界平均水平的一半[5]。随着独立后非洲国家的发展，城市化进程后来居上，并加速发展，与世界平均水平的差距在不断缩小。如图 3-4 所示，非洲城市化率已经从 1960 年的 18.70% 增长到 2010 年的 39.33%，平均增速为 0.41%，高于世界平均水平 0.35%。

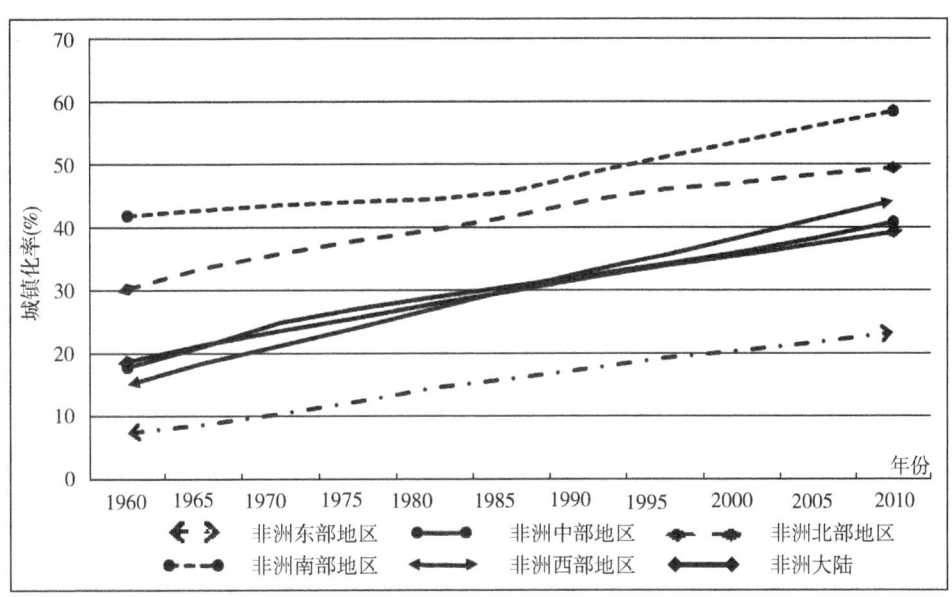

图 3-4 1960—2010 年非洲及五大地区城市化进程对比

与人口空间布局类似的是，五大地区的城市化进程也呈现出明显的差异。具体来看，非洲西部地区不仅人口规模大，人口分布较为集聚，同时也经历了快速的城市化。虽然非洲西部地区 1960 年的城市化率仅仅为 15.1%（在五大地区中，仅仅高于非洲东部地区），但至 2010 年城市化率达到 44.3%，50 年间增长 29.2%。相对而言，非洲东部地区虽然人口规模仅次于非洲西部地区，也是非洲大陆人口分布较为集聚的地区，但却是非洲城市化水平最低的地区。同时，非洲东部地区也是城市化进程相对缓慢的地区，仅仅从 1960 年的 7.27% 增长到 2010 年的 23.3%，50 年间仅仅增长16.03%。而非洲北部地区与非洲南部地区虽然人口分布相对分散，但却是非洲大陆城市化水平较高的地区。非洲北部地区 1960 年的城市化率已经达到 30.2%，而非洲南部地区甚至达到 42%。至 2010 年，非洲北部地区城市化率接近 50%，达到 49.6%（增长19.4%）；而非洲南部地区的城市化率在 1995 年就已经突破 50%，至 2010 年已经达到 58.5%（增长 16.5%）。非洲中部地区则与非洲大陆的整体水平保持着惊人的一致性，从 1960 年的 17.7% 增长到 2010 年的 40.9%。

进一步对比分析地区内部国家的城市化进程，不难发现国家间有着更加明显的城市化差异。在非洲北部地区，除了苏丹、南苏丹以外，其余的国家都保持着较高的城市化率。与地区内的其他国家相比，苏丹与南苏丹经济结构单一，以农牧业为主，工业落后，对自然资源以及外部援助的依赖性强[6-7]，甚至是非洲大陆内最不发达的国家之一。相对而言，埃及的城市化进程在经历了 1960—1975 年的快速发展后，进入了相对稳定和停滞的阶段，城市化率维持在 43% 左右。

非洲东部地区虽然整体城市化水平低，但是其内部国家间的城市化进程却参差不齐。首先，埃塞俄比亚、肯尼亚、乌干达、坦桑尼亚几个人口规模较大的国家，以及同时具有高人口密度、人口空间分布集聚的马拉维、布隆迪，城市化率非常低，处于地区内的落后水平。其次，那些地域面积小、人口密度高的国家，如吉布提、塞舌尔、毛里求斯，城市化率远远高于地区内的其他国家，甚至在整个非洲大陆也处于较高水平。

索马里城市化进程与非洲整体水平接近，在东部地区内属于城市化水平相对较高的国家。这种差异的出现可以归结到非洲东部地区各国特殊的政策、文化与经济发展因素。例如，埃塞俄比亚、马拉维等国家较低的城市化水平受到早期殖民对农村地区人口入城限制的影响；乌干达、卢旺达、布隆迪等国家较低的城市化水平则与国内不同种族群体的分散定居模式有关。

非洲中部地区各国的城市化发展更是呈现出两极分化的趋势。乍得、中非共和国、刚果民主共和国等内陆国家的城市化水平最低，而离海湾以及河流入海口越近的国家则拥有越高的城市化水平，如加蓬、刚果共和国、圣多美和普林西比等。与其他地区相比，非洲中部地区的城市化水平与社会经济发展的关联更加密切，政治、文化对国家城市化水平的影响相对较低[8]。

虽然非洲西部地区的整体城市化水平明显高于东部地区，但是与非洲东部地区类似，其内部各国的城市化水平也参差不齐。首先，内陆国家大多城市化水平低，城市化进程缓慢，如布基纳法索、尼日尔、马里。其次，毛里塔利亚、马里、尼日尔等被撒哈拉沙漠占据大部分国土面积的国家，城市化水平也相对较低。塞内加尔与科特迪瓦由于历史上受到法国殖民者在城市建设方面的帮助，并且曾经作为非洲西部地区法国殖民地的主要中心，成为该地区早期城市化水平较高的国家。而后，由于发展的相对滞后，城市化进程速度又有所下降[9-10]。加纳、尼日利亚作为非洲西部地区人均收入最高的地区，城市化进程稳步推进，在区域中具有相对较高的城市化水平[11]。

在非洲南部地区，南非、博茨瓦纳两个主要国家具有较高的城市化水平。特别是博茨瓦纳从1960年至2010年经历了惊人的快速城市化进程，从1960年的3.06%增长到2010年的60.98%，50年间增长近57.92%。两个国家均具有较好的工业体系以及丰富的矿产资源（金矿、煤矿等），较高的城市化水平也反映了工业在非洲大陆国家经济体系中的重要性以及矿产国家城镇集聚的特征[8]。

3.2.2 空间变化

依据城市化率，将城市化水平划分为十大类（无数据③、0.1%~10%、10.1%~20%、20.1%~30%、30.1%~40%、40.1%~50%、50.1%~60%、60.1%~70%、70.1%~80%、>80%）。将非洲各国在1960年、1970年、1980年、1990年、2000年及2010年6个时间点的城市化率按照分类标准进行划分，在ArcGIS中制作专题地图。通过6个时间点的城市化水平的空间变化，反映50年间非洲城市化发展的空间变化（图3-5）。

（1）沿海国家城市化进程明显快于内陆国家

非洲城市化进程呈现出明显的沿海国家快于内陆国家的特征。在1960年，这一特征已经初步显现，特别是埃及、突尼斯、阿尔及利亚、加纳、科特迪瓦、南非等国家的城市化率已经领先于非洲内陆国家的城市化率。这一方面是受到早期欧洲发达国家的殖民主义对非洲城市化发展的影响[12]。这些地区由于沿海，便利的交通条件以及优越的港口资源，使得这些国家成为早期的殖民地，特别是地中海沿岸的国家。发达国家在掠夺殖民地发展资源的同时，也带动了早期城市的建设，并推动城市化发展。另一方面，沿海国家也是人口多、人口空间布局较为集聚的地区，为城市化进程提供了较大的推力。

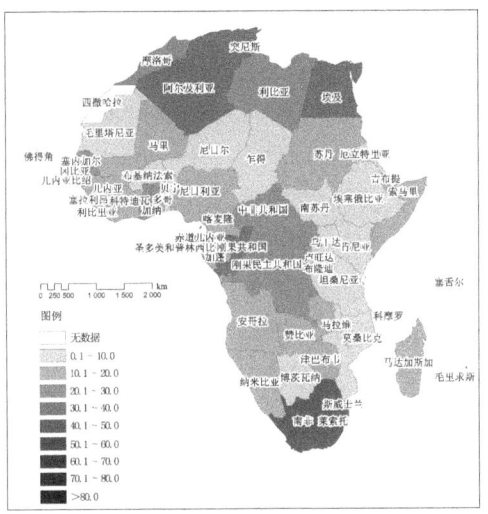

1960 年非洲各国城市化水平

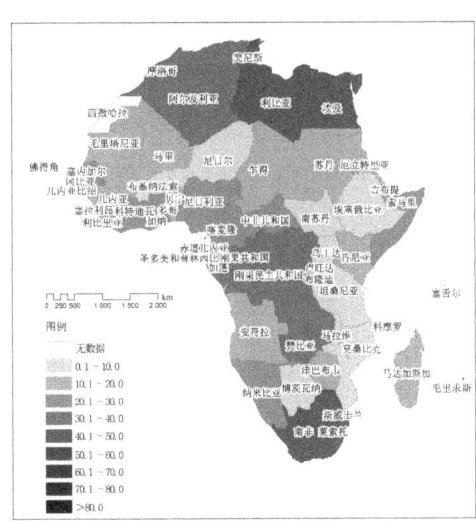

1970 年非洲各国城市化水平

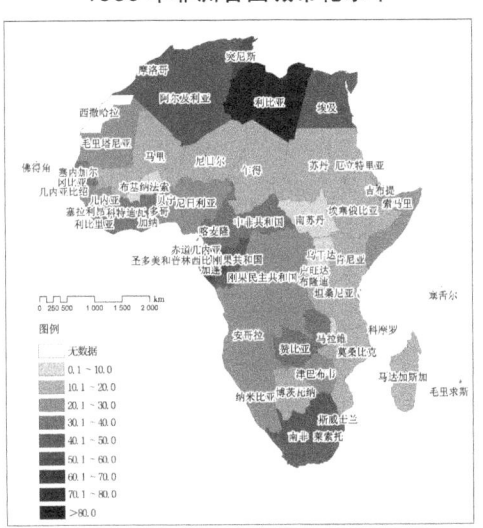

1980 年非洲各国城市化水平

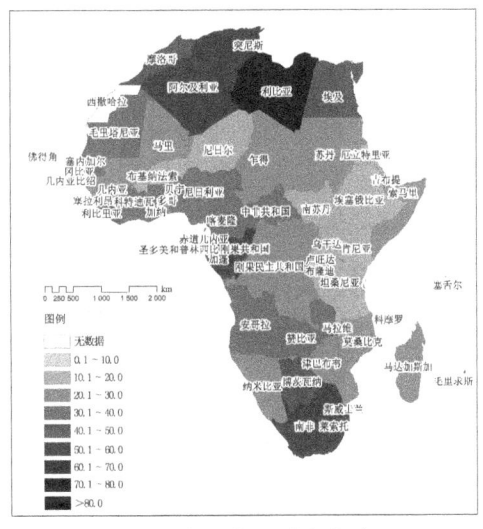

1990 年非洲各国城市化水平

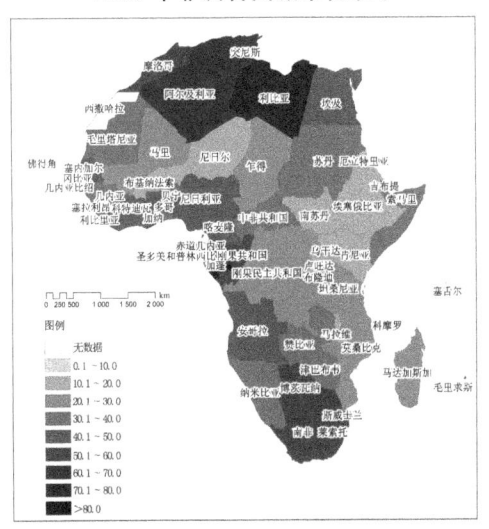

2000 年非洲各国城市化水平

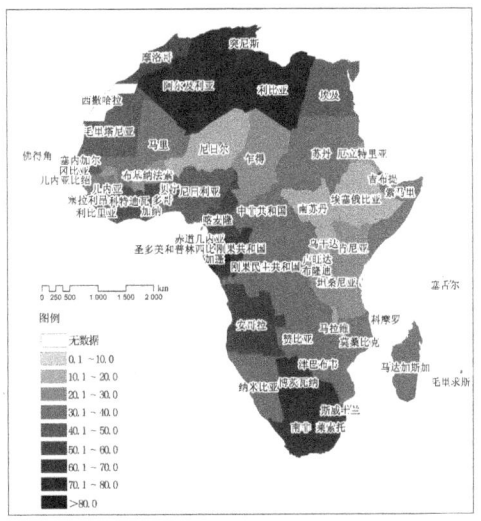

2010 年非洲各国城市化水平

图 3-5　1960—2010 年非洲各国城市化发展空间变化图

而此后，沿海国家的城市化进程与内陆国家的差距更加明显。至 2010 年，沿海国家的城市化率大多超过内陆国家 3 倍有余。这一方面离不开沿海国家在早期发展中积聚的城镇建设以及社会经济发展的优势，这点对于相对贫穷落后的非洲国家尤为明显，城镇基础设施建设资金的不足成为阻碍城市化进程的重要原因。另一方面，则是与非洲的社会经济发展特点相关。当前非洲的经济发展主要依靠制造业以及采矿业的发展，这使得沿海国家的港口运输优势得以继续发挥。同时，非洲的跨国移民也是扩大沿海国家与内陆国家城市化水平差距的重要原因[13]。非洲内陆国家由于农村的贫困以及农村地区年龄结构的年轻化，大量农村人口涌入城市，城市化中"农村的推力"较为明显。但是，"城市的拉力"却并没有出现在这些内陆国家，人口呈现出明显的国际迁移现象，进一步推动沿海国家的城市化进程。Hatton 和 Williamson 曾经指出影响国际迁移的两个主要因素是工资差异与年龄结构[14]。这两个要素在非洲沿海国家与内陆国家中体现得尤为明显。以南非为例，被南非国土包围的斯威士兰、莱索托两个国家就已经完全融入南非的劳动力市场。

　　（2）北部沿海国家城市化进程快于南部沿海国家

　　同样是沿海国家，北部沿海国家城市化进程快于南部沿海国家。在 1960 年，非洲北部的埃及、阿尔及利亚、突尼斯三个国家的城市化率已经突破 30%，而摩洛哥、利比亚两个国家也已经接近 30%。而非洲南部地区仅南非的城市化率超过 40%，其余国家相对较低。至 2010 年，阿尔及利亚、利比亚两个国家的城市化率已经突破 70%，突尼斯的城市化率已经接近 70%（66.1%），摩洛哥已经达到 56.68%，埃及增长相对缓慢，也达到了 43.38%。而南部沿海国家中的南非与埃及极其相似，增长相对缓慢，至 2010 年达到 61.55%，纳米比亚、莫桑比克等国的城市化进程也相对缓慢。

　　这种差距一方面受到早期欧洲殖民主义的影响。如前所述，非洲北部地区与欧洲仅仅相隔地中海，有更为密集的联系，也是受欧洲殖民主义影响更深的地区。同时，地中海沿岸的贸易无疑推动了非洲北部沿海国家的社会经济发展，从而带动城市化的发展。其次，非洲北部地区受到撒哈拉沙漠的影响，大面积的国土面积并不适合人类居住与城镇建设，这就进一步导致人口向少数城镇集中，推进了城市化进程（这一点会在第 3.3 节中进一步阐述）。需要指出的是，埃及与南非作为非洲第一和第二大经济体，是非洲大陆工业体系较发达国家，也是矿产资源丰富的国家（埃及的石油资源，南非的金属矿，成为支撑两个国家城市化发展的重要力量）。但是，埃及受重农文化传统的影响，其城市化进程并没有像北部沿海国家或南非一样快速发展。虽然埃及在沿尼罗河流域，特别是尼罗河入海口区域集聚了大量的人口与城镇。但是至今仍然有1/3 以上的职业人口从事农业活动（虽然耕地面积仅占其国土面积的 4.5%），这也导致了较低的城市化率。

　　（3）西部沿海国家城市化进程快于东部沿海国家

　　与北部沿海国家和南部沿海国家城市化进程差异类似，非洲西部沿海国家城市化进程明显快于东部沿海国家，且较北部和南部沿海国家的差异更为明显。在 1960 年，非洲西部沿海国家与非洲东部沿海国家的城市化率大致相当，除了东部沿海的毛里求斯、吉布提两个国家，其余国家的城市化率均未突破 30%。相对而言，非洲西部沿海各国的城市化率差异没有东部沿海国家明显。然而自 1960 年以后，两个地区的城市化进程呈现出明显的差异，非洲西部沿海国家的城市化进程经历了快速发展期，特别是几内亚湾附近的加纳、尼日利亚、利比里亚、科特迪瓦、喀麦隆、贝宁等国家，至2010年城市化率都已到50%左右。而东部沿海国家城市化进程仍然相对缓慢，埃塞俄比亚、肯尼亚、坦桑尼亚等主要国家的城市化率在2010年甚至都没有超过30%。

这种差距首先还是受到早期殖民主义的影响。西部沿海国家相对东部沿海国家，更早受到欧洲殖民者，特别是法国的影响，科特迪瓦等国甚至是西部地区法国殖民地的重要中心。其次，西部沿海国家，特别是几内亚湾沿岸国家大多拥有丰富的石油资源，支撑了这些国家的快速经济发展，从而也促进了城市化发展。同时，几内亚湾作为非洲最大的海湾，沿岸国家拥有丰富的港口资源，也促进了沿岸城镇的发展。而从水资源与气候来看，与东部沿海国家相比，西部沿海国家有更丰富的水资源和相对宜人的气候条件，这给农业发展与人口的集聚提供了条件[15]。此外，东部沿海国家还受到地方政治与种族文化的影响，一定程度上也阻碍了城市化的发展。

（4）撒哈拉以南地区城市化进程与降水量分布的一致性

正如已有研究证明的，撒哈拉以南地区的城市化进程与降水量分布具有一致性，气候变化对撒哈拉以南地区的城市化进程产生了重要的影响[16]。这点尤其体现在几内亚湾地区以及东南部地区国家的城市化进程明显快于其他地区。撒哈拉以南非洲地区的降水分布极不均衡，有的地区几乎终年无雨，有的地区年降水量多达10 000 mm以上。其中，东南部、几内亚湾沿岸及山地的向风坡降水较多。

整体来说，受到炎热气候、贫瘠土地的影响，非洲南部地区的农业发展相对滞后，农业产量也相对较低。但是，农业在该地区的经济发展中占据了重要的地位[15, 17-18]。1960年，地区农业产值甚至占到经济总量的40%。此后，虽然农业产值占经济总量的比重有所下降，但是在1997年仍然占到经济总量的1/3（同一时期，发展中国家农业产值占经济总量的平均比重为14.1%）。同时，由于缺少灌溉基础设施，撒哈拉以南地区农业的发展极其依赖降水。因此，降水量直接影响到不同国家农业的发展，进而影响到农村社会经济的发展，从而间接对乡村人口向城市的迁移产生影响。更为重要的是，非洲的人口迁移并不是仅仅局限于国家内部，国际迁移现象非常明显。因此，降水量的分布以及降水量对农业发展的影响，对整个撒哈拉以南地区不同国家之间乡村—城市的人口迁移产生了重要的影响，从而影响到整体城市化发展的空间变化。

3.3　非洲城市空间分布格局

在以地区、国家为单位探讨人口空间布局以及城市化发展空间的基础上，本节进一步深入到国家内部，探讨各个国家内部的城市分布格局与特点。由于空间相关数据的缺乏，本节关于城市分布格局的分析，主要基于1960年非洲大陆内主要城市的空间布局概况（图3-6）。虽然从城市人口规模变化来看，1960—2010年的城市化的快速发展加速了城市社会经济的发展及其内部空间变化，但整个非洲大陆城市体系及其空间分布格局并没有发生太大变化。因此，虽然采用1960年的城市空间布局有一定的局限性，但仍然能够较真实地反映当前非洲城市空间分布格局。

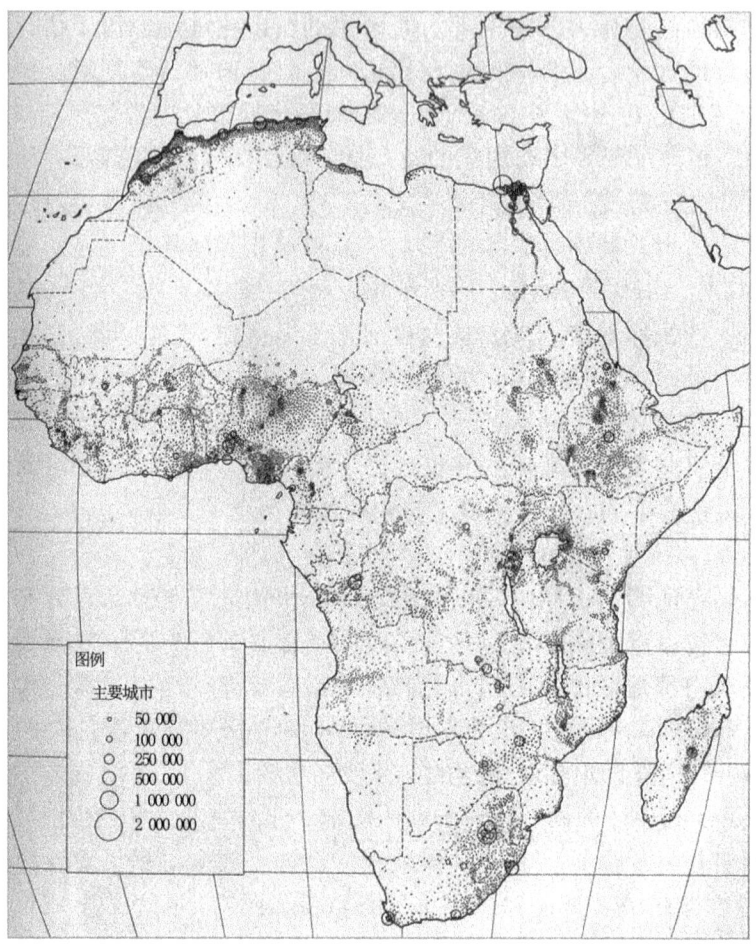

图 3-6　1960 年非洲城市布局图

3.3.1　北部地区

　　非洲北部地区拥有特殊的自然地理环境，该地区大部分为沙漠所覆盖，并不适宜作为人类的栖息地，因此，水就成为影响城市布局与发展最重要的因素。该地区城市主要分布在沿地中海与大西洋沿岸及沿河流域地区。

　　摩洛哥的城市主要布局在从萨非（Safi）到盖尼特拉（Kenitra）的大西洋海滨地带，这个地区虽然只占到国土面积的 11.4%，人口却占到了总人口的 35.1%（1960 年）。同时，城市空间布局呈现出明显的向南与向东南方向（南方与东南方为沙漠地带）递减的趋势。当然，摩洛哥呈现出明显的向大西洋海滨城市的移民趋势，也与这些地区在国内领先的制造业与服务业密切相关。阿尔及利亚、突尼斯城市空间布局与摩洛哥类似，城市也主要沿着地中海沿岸布局。利比亚 95% 的国土面积为沙漠，仅仅有 1.5% 的土地适宜人类永久居住。城市主要布局在两个区域：西北部沿着地中海的杰法拉平原，北部以班加西为中心沿着地中海蔓延的普兰尼加高原（Cyrenaican Plateau）。水资源对城市空间布局影响在埃及体现得最为明显，几乎所有的城市都集聚在的尼罗河流域（仅占国土面积的 3.9%），特别是尼罗河三角洲。同时，尼罗河流域也是苏丹、南苏丹主要城市分布的区域。

　　滨海地区以及沿河流域便利的交通条件以及随之带来的商业、服务业、制造业发展，进一步加速了该地区的城市发展与城市化建设，从而促使它们成为各个国家的首位城市或重要的城镇集聚区，成为支撑各国城市化发展的重点地区。

3.3.2 东部地区

非洲东部地区国家较多，城市分布格局也呈现出不同特点，但主要城镇还是布局在沿东非大峡谷的高原地区，特别是沿东非大峡谷布局的高原湖泊周围。水资源、土地肥沃程度、交通、铜矿资源以及早期的殖民地发展成为影响城市分布格局的主要因素[19-21]。

埃塞俄比亚是一个比较干旱、以游牧民族为主的国家，人口布局较为分散。国家西部的高原地区集聚了一些规模较小的城镇。索马里的城市则主要分布在朱巴河（Giuba）与谢贝利河（Shebeli River）两条主要河流沿岸。乌干达、肯尼亚、坦桑尼亚三个国家的城镇布局与非洲其他地区有非常大的不同，其城镇除了部分围绕印度洋沿岸布局外，主要围绕着三国交界的维多利亚湖（Victoria Nyanza）布局，并形成了密集的城镇布局。这与水资源的获取有关，足够的水资源支撑了当地农业乃至整体社会经济的发展，从而带动城市化的发展。另一方面火山喷发留下的肥沃土地资源以及以茶叶、咖啡为主的劳动力密集型农业促进了人口的集聚，为城市化提供了人口的集聚基础。而相对舒适的温度与适度的气候条件，吸引了早期欧洲殖民者来定居，从而带动了部分城市的发展。同时，这个区域也是热带疾病发病率较低的地区[19, 22-24]。这些优势条件的地理综合，就促使这些地区成为城市发展与城市化的集聚区。而对于肯尼亚而言，欧洲殖民者的定居地对其城市化发展产生较大的影响，白色高地④（White Highlands）成为肯尼亚人口布局最为密集的地区。卢旺达、布隆迪、马拉维三个国家与乌干达、肯尼亚、坦桑尼亚三个国家类似，主要城镇也布局在沿东非大峡谷的高原地区。马达加斯加的城镇主要布局在靠印度洋的东侧地区，这也是受到降水的影响，以及包括咖啡、香蕉、糖等经济作物种植的要求，同时东部沿海的港口也为这些经济作物的对外运输以及商业发展提供了条件，使得这些地区成为城市布局的主要地区。而印度洋沿岸的其他较小岛国（毛里求斯、塞舌尔、科摩罗），是非洲东部地区人口分布最为密集的地区。塞舌尔的发展明显受到欧洲殖民主义的影响，至今仍然有明显的法国文化的影子，马埃岛集中了全国主要的城镇人口。另外两个岛国在早期甚至是无人岛，直至欧洲殖民者来定居。由于岛上资源的有限性，为了控制人口密度，这些岛国当前大多已经出台关于人口增长的限制政策[14]。

3.3.3 中部地区

相对于其他区域，非洲中部地区的城市没有呈现出明显的分布特征，仅有的一些自然因素与政策因素也难以概括整个区域城市分布格局的成因。

乍得的城市分布格局可以根据降水量做一个粗略的分类：北部的博尔库—恩内迪—提贝斯提区域（Borkou-Ennedi-Tibesti，"B.E.T"）主要是沙漠与荒漠草原，人口分布稀少，城镇布局也较少；南部与喀麦隆、中非共和国接壤的地区，是人口与城镇集聚的区域，也是棉花等经济作物的主要产区。受早期殖民政策的影响，南部区域的城镇主要沿道路与河流布局。中非共和国的东部与北部几乎没有人口与城镇布局，首都班基（Bangui）周边区域成为国家最主要的城市分布区。喀麦隆的城市主要集中在北部从贝努埃州（Benue）到乍得湖（Lake Chad）的区域、西部山区以及东南部的杜阿拉

（Douala）与雅温得（Yaounde，喀麦隆首都）。刚果共和国、刚果民主共和国以及加蓬作为早期的法属赤道非洲，人口密度与城镇密度都相对较低，即使是主要的河流与道路也没有促进沿线城镇的发展，仅仅是各国的首都集聚了较多的人口，发展成为主要的城镇[25]。

3.3.4 西部地区

非洲西部地区城市主要集中在西部与几内亚湾两个区域。西部区域指靠近大西洋一侧的热带草原（dry savannah）与植被气候区（vegetation-climate zone），包括塞内加尔与冈比亚、几内亚的富塔贾隆高原（Fouta Djallon Mountains）、马里共和国首都巴马科（Bamako）周边区域、布基纳法索的莫西集聚区（Mossi country）、科特迪瓦北部的科霍戈（Korhogo）、贝宁北部的阿塔科拉区域（Atakora）以及尼日利亚北部的主要城市。这个区域往北直到撒哈拉沙漠，城市与人口都大规模减少。沿几内亚湾区域从加纳南部一直延伸到尼日利亚西部的沿海湾区域，这个区域不仅是人口集中布局的地区，也是城市化快速发展与城镇集聚的地区[26-27]。

研究表明，西部热带草原与植被气候区成为城市布局的主要区域得益于：①受洋流的影响，区域内有相对足够的水资源补给，并且相对肥沃的土壤，为区域内花生、棉花等经济作物提供了优良的种植条件；②区域内相对发达的农业技术以及对农业基础设施的投入与使用，提高了经济产出；③早期法国殖民主义的影响，为这些地区的社会经济发展以及城镇建设留下了良好的基础条件；④区域内不断改善的交通条件，特别是区域内的铁路建设，连接了内陆国家与沿海港口，带动了沿线城镇的发展；⑤早期港口地区作为物资集散中心，带动了周边商业的发展，形成了一些商业城市节点，从而带动了区域城市化的发展。与西部热带草原与植被气候区相比，几内亚湾区域除了同样得益于足够的水资源补给与肥沃土地保证农业发展外，还包括：①区域具有种植可可豆、咖啡豆、棕榈等相关经济作物的特殊生态适宜性，使其成为世界上这些相关经济作物的主要产地；②区域内的石油及矿产资源带动了劳动力密集型产业的发展，从而促进了矿产城市的发展；③与非洲其他地区相比，几内亚湾区域是最早与世界外围地区联系并且联系最紧密的地区，这促进了区域内科技的进步以及商业的发展，从而带动了城市化的发展；④这个区域不仅在早期，而且现在仍然是内陆国家国际移民的主要迁入地；⑤早期的王国或部落的统治稳定，保证了该区域早期的持续发展，并引导了早期主要城镇的发展，而这些城镇又成为日后社会经济快速发展的主要地区[28]。

3.3.5 南部地区

作为非洲大陆经济最发达的国家，南非对非洲南部其他国家的城市空间分布产生了较大的影响。整体来看，非洲南部地区的城市主要布局在南非的北部区域与东部沿海区域，以及博茨瓦纳南部（与南非接壤的地区）。而斯威士兰与莱索托作为境内的"岛国"（被南非包围），虽然有较高的人口密度，人口空间布局较为密集，但却都是传统的农业国家。两个国家已经完全融入南非劳动力市场[29]，大部分居民在南非就业（据统计，莱索托大约53%的成年男性在本国外就业[30]）。纳米比亚不仅人口密度低，而且城镇发展缓慢。赞比亚与津巴布韦的城镇布局则相对分散，这与这些地区相对落后的社会经济发展水平相关，仅有的主要城镇大多为铜矿开采城市与金矿开采城市，城市布局也一定程度受到降水的影响。整体来看，南部非洲地区城市分布受到明显的经济发展（采矿业、港口运输）、殖民政治的影响[31]。

南非的城镇主要集中布局在北部的兰德区域（Rand），以及沿海的开普敦（Cape Town）与德班（Durban）区域。以约翰内斯堡为核心的兰德区域是南非最重要的城镇集聚区，境内除了约翰内斯堡，还包括南非的行政首都——茨瓦内（Tshwane），以及重要的工业城市，如弗里尼欣（Vereeniging）、萨索尔堡（Sasolburg）等。该区域的发展得益于境内威特沃特斯兰德（Witwaterscrand）山脉丰富的金矿资源，当前兰德区域已经成为南非最发达的制造业中心。开普敦是南非的立法首都，也是全国第二大城市和重要港口，是重要的海运航道交汇点。优越的交通条件带动了整个区域的制造业（特别是造船业）与旅游业发展，从而促进了周边区域的城镇发展。与开普敦类似，德班是通往印度洋的"非洲大门"，同时还是著名的国际会议之都，旅游业、运输业以及制造业、房地产业的发展促进了城镇的发展。影响南非城镇发展的另外一个重要因素则是与种族相关的政策管治。统计资料显示，南非的原始居民虽然占到总人口的近70%，却仅有40%左右的人居住在城市；而非原始居民（包括欧洲白人、亚裔以及混血人群）虽然只占总人口的约30%，却有85%以上的人居住在城市。同时，由于早期的欧洲殖民者根据种族对土地划分的不公（87%的土地被欧洲人占领与使用，而剩余的土地被作为原始居民的栖息地），长期的种族隔离对农村—城市的人口迁移以及区域、国家间的人口流动带来了极大的限制。对非洲原始居民迁入城市以及就业人口携带家眷迁入城市的限制，减缓了南非城市人口的增长，从而也限制了城市规模的增大。博茨瓦纳的城镇发展离不开境内丰富的矿产资源，城市空间布局沿着威特沃特斯兰德山脉。与南非类似，斯威士兰的城镇发展也受到了殖民主义带来的复杂土地所有权属的影响，导致种族聚居地间的城市化差异，从而影响到城市分布格局。

3.4 首位城市与城镇集聚区的发展

由以上对非洲城市分布格局的分析可知，虽然非洲整体的人口密度偏低，但是人口分布并不分散，相反，人口特别是城市人口分布是相对比较集聚的。因此，本节重点从城市与城镇集聚区的角度分析非洲的城市化发展格局。本节主要选取《非洲发展指标》（2012年）中首位城市占全国人口比重以及人口规模100万以上的城镇集聚区人口占全国人口的比重，分别考察各个地区与各国首位城市、城镇集聚区的发展。

3.4.1 首位城市

首位城市是在一个相对独立的地域范围内（通常指国家）或相对完整的城市体系中人口规模最大的城市，通常指城市体系中第一级的城市。通常通过首位城市规模与总人口的比重（首位城市比），或首位城市同人口规模第二大城市的比值（城市首位度）来衡量首位城市在城镇体系中的重要性。

位序规模法则在非洲的城镇体系中体现得并不明显，特别是在撒哈拉以南的非洲地区，这也说明当前非洲城镇体系发育并不完善。在有的国家，首位城市的人口规模甚至是第二位城市的4~8倍（如多哥、厄立特里亚、塞内加尔、卢旺达、索马里、刚果共和国、加蓬等国），即使是部分国家拥有两个较大的城市，也呈现出规模随位序快速递减的趋势。

（1）北部地区城市

从非洲北部地区来看，除了苏丹外，其余 5 个国家首位城市比在 1960—2010 年均呈现出下降的趋势。至 2010 年，阿尔及利亚与突尼斯的首位城市比已经下降到 11% 左右，利比亚、摩洛哥在 20% 左右，而埃及仍然维持在 30% 左右（首位城市比较为稳定），苏丹则上升到 46%。需要指出的是，开罗 2010 年的人口规模达到了 1 100 万，成为整个非洲地区最大的城市。此外，喀士穆的人口规模突破了 510 万，卡萨布兰卡达到 328 万，阿尔及尔也达到 280 万（表 3-7）。

表 3-7　1960—2010 年非洲北部地区首位城市比变化及 2010 年人口规模[5]

| 国家 | 城市 | 首位城市占全国人口比重（%） | | | | | | 2010 年人口规模（百万） |
		1960 年	1970 年	1980 年	1990 年	2000 年	2010 年	
阿尔及利亚	阿尔及尔	26.45	23.59	19.80	13.77	12.15	10.96	2.80
埃及	开罗	34.83	36.83	37.27	36.66	35.13	31.27	11.00
利比亚	的黎波里	47.27	40.23	30.84	26.27	25.60	22.47	1.11
摩洛哥	卡萨布兰卡	28.33	28.51	26.16	22.37	19.82	18.13	3.28
苏丹	喀士穆	38.77	36.48	38.64	40.32	44.11	46.52	5.17
突尼斯	突尼斯	27.44	22.65	17.86	13.62	11.72	11.00	0.77

（2）东部地区城市

相对非洲北部地区，非洲东部地区各个国家的首位城市比在 2010 年大多维持在 30% 左右，相互间比较均衡（除了布隆迪、厄立特里亚、卢旺达、索马里）。从 2010 年的人口规模来看，非洲东部地区首位城市的人口规模相对较小。除了内罗毕（352 万）、亚的斯亚贝巴（293 万）外，其余城市都低于 200 万，甚至低于 100 万（表 3-8）。

表 3-8　非洲东部地区 1960—2010 年首位城市比变化及 2010 年人口规模[6]

| 国家 | 城市 | 首位城市占全国人口比重（%） | | | | | | 2010 年人口规模（百万） |
		1960 年	1970 年	1980 年	1990 年	2000 年	2010 年	
埃塞俄比亚	亚的斯亚贝巴	35.78	29.32	31.87	29.36	24.58	21.08	2.93
布隆迪	布琼布拉	76.03	100.01	93.31	66.74	62.28	—	0.45
厄立特里亚	阿斯马拉	88.74	86.56	71.17	71.76	73.24	—	0.65
吉布提	吉布提	93.56	62.10	57.54	75.48	84.96	—	0.57
科摩罗	莫罗尼	37.45	30.33	22.52	23.08	24.10	—	0.05
肯尼亚	内罗毕	49.04	45.82	33.99	35.14	35.87	36.90	3.52
卢旺达	基加利	51.60	49.63	52.46	56.91	44.60	57.35	1.15
马达加斯加	塔那那利佛	46.42	39.27	36.37	35.66	32.67	28.41	1.88
马拉维	布兰太尔	5.14	12.52	21.96	24.53	30.06	37.33	0.86
塞舌尔	维多利亚	67.72	69.13	73.56	71.22	60.82	—	0.03
索马里	摩加迪沙	19.24	33.36	31.99	52.89	48.82	43.11	1.50
坦桑尼亚	达累斯萨拉姆	30.68	33.40	30.74	27.34	27.86	28.42	3.35
乌干达	坎帕拉	45.85	53.99	49.12	38.51	37.49	31.54	1.60
毛里求斯	路易港	47.15	37.75	35.22	30.41	28.49	—	0.15

（3）中部地区城市

非洲中部地区的首位城市比相对较高，除了喀麦隆、乍得两个国家外，其余国家都在 40% 左右或以上水平（表 3-9）。同时需要特别指出的是，几乎所有国家的首位城市比都在 1960—2010 年经历了不断上升的过程，这进一步说明这个地区 50 年间城镇体系维持较低的发展水平。同时考虑到该地区相对落后的社会经济发展水平，较高的首位城市比往往背后反映的是大规模贫困人口在首位城市的集聚，城市贫困成为这些国家亟须解决的发展问题。

表 3-9　1960—2010 年非洲中部地区首位城市比变化及 2010 年人口规模[⑦]

国家	城市	首位城市占全国人口比重（%）						2010 年人口规模（百万）
		1960 年	1970 年	1980 年	1990 年	2000 年	2010 年	
赤道几内亚	马拉博	22.73	28.21	54.17	40.78	42.76	—	0.13
刚果共和国	布拉柴维尔	38.60	45.65	51.85	54.21	53.58	51.77	1.32
刚果民主共和国	金沙萨	12.92	17.42	26.46	35.29	38.58	39.35	8.75
加蓬	利伯维尔	32.98	43.08	69.54	61.91	49.57	—	0.62
喀麦隆	杜阿拉	20.24	21.43	19.63	19.28	20.05	21.05	2.12
圣多美和普林西比	圣多美	93.01	98.60	98.10	81.10	67.29	—	0.06
乍得	恩贾梅纳	35.78	36.75	37.82	38.12	36.54	33.95	0.83
中非共和国	班基	31.22	40.77	45.01	43.20	41.52	—	0.70

（4）西部地区城市

非洲西部地区各国的首位城市比呈现出差异化水平。2010 年，尼日利亚的城市首位比最低（13.63%），加纳、贝宁的城市首位比在 20% 左右，而多哥的城市首位比达到 73.68%，冈比亚（52.41%）、毛里塔尼亚（52% 左右）与塞内加尔（54.49%）3 个国家的首位比在 50% 左右，其余大部分国家的城市首位比在 40% 左右。需要指出的是，2010 年尼日利亚的拉各斯人口突破 1 000 万，是非洲地区第二大的城市。此外，除了阿比让（413 万）、达喀尔（286 万），其余国家的首位城市人口规模均未突破 200 万（表 3-10）。

表 3-10　1960—2010 年非洲西部地区首位城市比变化及 2010 年人口规模[⑧]

国家	城市	首位城市占全国人口比重（%）						2010 年人口规模（百万）
		1960 年	1970 年	1980 年	1990 年	2000 年	2010 年	
贝宁	科托努	32.56	34.35	34.15	30.60	25.71	21.56	0.84
布基纳法索	瓦加杜古	25.77	34.22	40.72	41.72	41.97	45.14	1.91
多哥	洛美	59.57	42.94	52.29	59.05	64.68	73.68	1.67
佛得角	普拉亚	36.89	39.18	53.61	40.17	40.35	—	0.13
冈比亚	班珠尔	68.52	69.49	68.52	61.50	52.21	—	0.44
几内亚	科纳克里	30.25	58.40	63.20	55.42	47.10	47.37	1.65
几内亚比绍	比绍	21.72	33.25	46.00	53.72	52.63	—	0.30
加纳	阿克拉	25.04	25.07	25.35	22.21	19.87	18.75	2.34
科特迪瓦	阿比让	29.83	35.94	44.19	42.68	41.99	41.34	4.13
利比里亚	蒙罗维亚	36.11	43.80	48.04	119.65	66.19	43.34	0.83

国家	城市	首位城市占全国人口比重（%）						2010 年人口规模（百万）
		1960 年	1970 年	1980 年	1990 年	2000 年	2010 年	
马里	巴马科	22.39	25.64	36.52	36.90	34.99	32.24	1.70
毛里塔尼亚	努瓦克肖特	8.94	22.85	46.11	52.88	52.33	—	0.71
尼日尔	尼亚美	30.57	33.60	34.68	36.07	38.47	38.34	1.05
尼日利亚	拉各斯	10.27	10.85	11.91	13.84	13.81	13.63	10.58
塞拉利昂	弗里敦	31.31	33.98	39.25	40.24	46.36	39.49	0.90
塞内加尔	达喀尔	50.36	49.68	49.44	49.87	52.89	54.49	2.86

（5）南部地区城市

非洲南部地区虽然只有 9 个国家，但是城市首位比也呈现出差异化水平。2010 年，南非的城市首位比最低（仅为 11.93%），博茨瓦纳的城市首位比在 20% 以下，斯威士兰、赞比亚为 30% 左右，纳米比亚与津巴布韦则达到 35% 左右，而莱索托与安哥拉均超过 40%。而从 2010 年城市规模来看，除了安哥拉的罗安达与南非的约翰内斯堡城市人口规模达到 477 万与 367 万，大部分国家的首位城市人口规模都很小，甚至没有超过 40 万（表 3–11）。

表 3–11　1960—2010 年非洲南部地区首位城市比变化及 2010 年人口规模[9]

国家	城市	首位城市占全国人口比重（%）						2010 年人口规模（百万）
		1960 年	1970 年	1980 年	1990 年	2000 年	2010 年	
安哥拉	罗安达	42.37	51.81	51.81	40.84	37.99	42.84	4.77
博茨瓦纳	哈博罗内	22.48	26.05	31.69	21.04	19.15	—	0.20
莱索托	马塞鲁	37.28	34.49	51.55	49.43	43.45	—	0.22
莫桑比克	洛伦索马克斯	64.62	67.97	34.55	27.15	20.69	22.85	1.65
纳米比亚	温特和克	33.04	35.69	36.17	35.58	36.98	—	0.34
南非	约翰内斯堡	14.15	13.68	12.40	10.36	10.91	11.93	3.67
斯威士兰	姆巴巴纳	21.14	32.54	26.06	22.49	28.36	—	0.07
赞比亚	卢萨卡	16.46	22.09	23.17	24.45	30.23	28.98	1.45
津巴布韦	索尔兹伯里	52.42	46.08	37.79	34.52	32.66	34.04	1.63

（6）首位城市的重要性测度

首位城市不仅是人口规模最大的城市，往往也是城镇体系中最为重要的城市。首位城市的重要性可以通过人口规模、交通、经济、政治等几个方面综合反映。本节选取 32 个代表性首位城市，通过上述几个方面指标，测度选取的首位城市在该国城市体系中的重要性。同时，在测度过程中，也不难发现非洲城市化发展过程中，哪些要素发挥着重要的作用（表 3–12）。

首先，在城市体系测度中，有 11 个城市在所在国家中远远领先于其他城市，是这些国家中唯一的主要大城市[10]。有 12 个国家除了首位城市外，还有另外一个主要的大城市。9 个国家拥有三个及以上的主要大城市。

其次，这些首位城市都是国家重要的交通枢纽。33 个城市都是所属国家的机场枢纽，

25 个城市是所属国家的公路枢纽。16 个城市是海港枢纽，8 个城市是河港枢纽，这再次说明了非洲城市沿着海岸与河流发展的特点，港口优势成为促进城市发展以及带动周边城镇发展的重要因素。此外，还有 16 个城市是所属国家的铁路枢纽。

所有的首位城市都是所属国家的经济中心。大部分国家的首位城市都是首都。一方面说明首位城市在所属国家中经济政治地位的重要性，同时也说明发达的经济对促进城市发展以及带动周边城镇发展的重要性。

表 3-12　非洲 32 个首位城市的重要性测度

城市	唯一的大城市	两个以上的大城市之一	交通枢纽					经济中心	政治中心	得分
			海港	河港	机场	铁路	公路			
北非地区										
阿尔及尔		√	√		√	√	√	√	√	6
开罗		√		√	√			√	√	5
的黎波里		√	√		√		√	√	√	6
卡萨布兰卡			√		√		√	√	√	5
喀土穆	√				√	√	√	√	√	7
突尼斯			√		√		√	√	√	5
东非地区										
亚的斯亚贝巴		√			√	√	√	√	√	6
内罗毕		√			√	√	√	√	√	6
塔那那利佛	√				√	√	√	√	√	6
布兰太尔	√				√	√	√	√	√	6
坎帕拉	√			√	√			√	√	5
中非地区										
布拉柴维尔		√		√	√		√	√	√	6
金沙萨				√	√			√	√	4
利伯维尔		√	√		√			√	√	5
杜阿拉		√	√		√	√		√		5
班基	√			√	√		√	√	√	6
西非地区										
科托努		√	√		√	√	√	√	√	7
瓦加杜古		√			√		√		√	4
洛美	√		√		√	√	√	√	√	7
阿克拉			√		√			√	√	4
阿比让		√	√		√	√	√	√	√	7
蒙罗维亚	√		√		√	√	√	√	√	7
巴马科	√			√	√		√	√	√	6
尼亚美	√				√		√	√	√	5
拉各斯			√		√	√		√	√	5

城市	唯一的大城市	两个以上的大城市之一	交通枢纽					经济中心	政治中心	得分
			海港	河港	机场	铁路	公路			
弗里敦	√		√		√	√	√	√	√	7
达喀尔	√		√		√		√	√	√	7
南非地区										
约翰内斯堡					√		√	√		3
罗安达			√		√			√	√	4
洛伦索马克斯		√	√		√	√		√	√	6
索尔兹伯里		√			√		√	√		5
卢萨卡					√		√	√	√	5
总数（33个城市）	11	12	16	8	33	16	25	33	30	

3.4.2 城镇集聚区

城镇集聚区是在一定的区域内，以中心城市为核心，集聚了不同规模、不同职能的城镇，并且城镇间具有紧密的社会、经济、文化、生活等各方面联系。城镇集聚区是城市化发展到一定水平的产物，在区域乃至国家的社会经济发展中均发挥着重要的作用。

本节所分析的城镇集聚区指人口集聚规模达到 100 万以上的地区。如表 3-13 所示，1960—2010 年非洲各国的城镇集聚区占全国人口的比重均在不断上升，反映了城镇集聚区不断发展的趋势。在刚果共和国，城镇集聚区占全国人口的比例达到 38.52%，安哥拉达到 30.55%，一方面反映了这些国家城镇集聚区的发展规模，同时也反映了这些国家城市化发展空间布局紧凑的特点。此外，2010 年非洲北部地区的埃及、非洲中部地区的刚果民主共和国、非洲西部地区的尼日利亚以及非洲南部地区的南非的城镇集聚区人口规模均突破了 1 000 万，占全国人口的比重分别达到 19.02%、17.18%、15.50% 及 34.47%。相对而言，非洲东部地区的城镇集聚区人口规模较小，2010 年均未突破 350 万。其中乍得与尼日尔 2 个国家的城镇集聚区人口规模较小（分别为 104 万与 122 万），占全国人口的比重也低于 10%，说明这些国家城镇集聚区发展较慢，也反映出这些地区城镇化发展缓慢以及城镇布局分散。

表 3-13　1960—2010 年非洲部分国家城镇集聚区占全国人口比重及人口规模

国家	城镇集聚区人口占全国人口比重（%）						2010 年城镇集聚区人口规模（百万）	地区
	1960 年	1970 年	1980 年	1990 年	2000 年	2010 年		
阿尔及利亚	8.07	9.32	8.62	7.19	7.46	8.04	2.85	非洲北部地区
埃及	18.58	21.08	21.95	21.33	20.34	19.02	15.43	
利比亚	12.92	19.98	21.62	19.89	19.53	17.48	1.11	
摩洛哥	12.73	15.46	17.51	18.33	18.45	18.40	5.88	
苏丹	4.17	6.03	7.71	11.54	12.72	13.44	4.52	

国家	城镇集聚区人口占全国人口比重（%）						2010 年城镇集聚区人口规模（百万）	地区
	1960 年	1970 年	1980 年	1990 年	2000 年	2010 年		
埃塞俄比亚	2.30	2.52	3.32	3.71	3.62	3.52	2.92	非洲东部地区
肯尼亚	3.58	4.72	5.30	5.89	7.08	7.99	3.24	
马达加斯加	4.94	5.54	6.74	8.40	8.86	9.17	1.90	
索马里	3.33	7.57	8.56	15.69	16.23	15.28	1.43	
坦桑尼亚	1.61	2.62	4.47	5.16	6.22	7.61	3.41	
乌干达	2.03	3.60	3.70	4.26	4.53	4.77	1.59	
刚果共和国	12.20	17.86	24.81	29.45	32.58	38.52	1.56	非洲中部地区
刚果民主共和国	5.03	8.17	10.89	13.02	14.64	17.18	11.33	
喀麦隆	4.22	7.03	10.82	14.10	18.12	23.82	4.67	
乍得	2.38	4.25	7.11	7.93	8.55	9.24	1.04	
布基纳法索	1.21	1.99	3.68	5.76	7.49	11.60	1.91	非洲西部地区
多哥	6.02	9.14	12.90	15.34	18.86	24.11	1.45	
几内亚	3.17	9.33	14.93	15.53	14.63	17.18	1.72	
加纳	9.10	11.29	12.04	12.79	14.93	18.06	4.40	
科特迪瓦	5.27	10.12	16.27	16.79	18.26	21.03	4.15	
马里	2.48	3.67	6.75	8.61	10.11	12.57	1.93	
尼日尔	1.77	2.95	4.66	5.54	6.23	7.88	1.22	
尼日利亚	4.68	6.77	9.48	12.18	13.74	15.50	24.56	
塞内加尔	11.45	14.90	17.68	19.40	21.34	23.53	2.93	
南非	24.17	25.63	26.53	27.81	29.73	34.47	17.23	非洲南部地区
津巴布韦	6.61	8.00	8.46	10.01	11.03	12.14	1.53	
安哥拉	5.17	8.77	14.59	18.33	22.76	30.55	5.83	
莫桑比克	2.37	3.93	4.53	5.73	5.60	4.84	1.13	
赞比亚	2.99	6.71	9.23	9.64	10.52	13.30	1.72	

从地区对比来看，2010 年非洲北部地区的埃及、利比亚、摩洛哥与苏丹的城镇集聚区占全国人口的比重均较大，这反映了非洲北部地区城镇化发展空间布局紧凑的特点，特别以埃及开罗为核心的尼罗河三角洲地区最为集中。

2010 年非洲东部地区各国城镇集聚区占全国人口的比重差异较大。索马里的比值达到 15.28%，马达加斯加接近 10%，其余国家比值相对较低，这与第 3.3.2 节分析的东部地区城镇化发展空间布局的差异性相一致。

2010 年非洲中部地区的刚果共和国、刚果民主共和国、喀麦隆的城镇集聚区占全国人口的比重都较大，但是除了刚果民主共和国，其余 3 个国家的城镇集聚区人口规模都相对较小，这反映出这些地区城镇化发展相对缓慢的态势。

2010 年非洲西部地区各国城镇集聚区占全国人口比重相对均衡，在 20% 左右（除了尼日尔和马里）。此外，以尼日利亚为中心的几内亚湾地区，已经形成了超大规模的城镇集聚区，有进一步发展成为世界级城镇集聚区的趋势。

2010 年南非较高的城镇集聚区占全国人口比重（34.47%），与以兰德区域、开普敦与德班区域为主的三大城镇集聚区的快速发展相关，反映了这三大集聚区在南非城镇化发展过程中的重要地位。此外，安哥拉的城镇集聚区占全国人口比重也达到30.55%。

3.5 城市空间体系

传统的城市空间体系划分包括对研究区域内城市规模等级、职能结构、空间结构的综合分析。在对非洲城市空间体系划分的研究中，数据常常成为研究的最大困难。一方面是难以获得真实可靠的数据，另一方面则是各个国家数据统计口径与数据类型存在差异。这使得对城市的空间体系划分中出现划分标准体系内部的重叠与相互矛盾，从而导致划分的体系特征并不明显[30]。本书主要结合已有数据，从规模结构、功能结构以及文化特征三个角度对非洲城市空间体系展开分析。

3.5.1 规模结构

如第 3.4 节分析指出的，首位城市在非洲城市化发展中起到了主导作用[32]。由于当前非洲城镇体系发育的不完善（特别是撒哈拉以南地区），位序规模法则在非洲的城镇体系中并没有得到体现，其城市规模结构呈现出明显的金字塔结构。

需要指出的是，仅仅从人口规模来划分非洲的城市空间体系不仅比较困难，而且也相对不准确。一方面，除了首位城市及重要城市，非洲大陆其他城市（特别是小城市）的数据难以获取，并且，由于规模等级间的巨大差异，城市规模等级结构最终更多反映的是首位城市及部分大城市的空间布局结构，绝大部分的中小城市难以与这些城市一起衡量。另一方面，由于非洲各国自然环境、社会经济、城镇化政策以及发展历史的不同，城市规模与城市在区域中的功能地位并不能完全匹配（当然，首位城市除外，它们大部分不仅仅是人口规模最大的城市，也是各自国家功能最为完善、最重要的城市）。一些规模较大的城市，经济发展水平滞后，仍然停留在初级产品生产阶段或工业化初级阶段，农业经济的痕迹十分明显，大规模的人口集聚更是带来了严重的城市贫困问题。

选取 2010 年非洲大陆人口规模 100 万人以上城市，分析其规模等级结构（表 3–14）。①第一等级的城市包括位于非洲北部尼罗河三角洲区域的开罗与位于非洲西部地区几内亚湾的拉各斯，两个城市是非洲大陆极少人口规模突破 1 000 万的超大城市。②第二等级的城市包括位于刚果河下游的金沙萨、位于尼罗河流域的喀土穆、濒临大西洋木戈湾的罗安达、位于几内亚沿岸的阿比让，以及位于尼罗河地中海入海口的亚历山大，5 个城市的人口规模在 400 万～1 000 万。③第三等级的城市包括南非的约翰内斯堡、肯尼亚的内罗毕等城市，人口规模在 200 万～400 万。④第四等级的城市包括布基纳法索的瓦加杜古、马达加斯加的塔那那利佛等，人口规模在 100 万～200 万。

结合第 3.3 与第 3.4 节的分析，不难发现这些高等级规模城市空间布局的两个主要特征：①大多布局在沿海与沿河的港口地区，特别是沿地中海与大西洋的港口；②布局在矿产资源丰富的地区，特别是沿几内亚湾的石油资源以及东非大裂谷沿线的金属矿产资源。

表 3-14　非洲部城市规模等级结构（人口规模大于 100 万的城市）

规模等级	人口规模	城市目录
第一等级	>1 000 万	开罗（1 100 万，埃及）、拉各斯（1 058 万，尼日利亚）
第二等级	400 万~1 00 万	金沙萨（875 万，刚果民主共和国）、喀士穆（517 万，苏丹）、罗安达（477 万，安哥拉）、亚历山大（450 万左右，埃及）、阿比让（413 万，科特迪瓦）
第三等级	200 万~40 万	约翰内斯堡（367 万，南非）、内罗毕（352 万，肯尼亚）、开普敦（350 万左右，南非）、达累斯萨拉姆（335 万，坦桑尼亚）、卡萨布兰卡（328 万，摩洛哥）、德班（300 万左右，南非）、亚的斯亚贝巴（293 万，埃塞俄比亚）、达喀尔（286 万，塞内加尔）、阿尔及尔（280 万，阿尔及利亚）、姆布吉马伊（250 万左右，刚果民主共和国）、阿克拉（234 万，加纳）、杜阿拉（212 万，喀麦隆）等
第四等级	100 万~20 万	瓦加杜古（191 万，布基纳法索）、塔那那利佛（188 万，马达加斯加）、巴马科（170 万，马里）、拉马特（170 万左右，摩洛哥）、洛美（167 万，多哥）、科纳克里（165 万，几内亚）、洛伦索—马贵思（165 万，莫桑比克）、哈拉雷（163 万，津巴布韦）、坎帕拉（160 万，乌干达）、卢本巴希（170 万左右，刚果民主共和国）、奥兰（150 万左右，阿尔及利亚）、摩加迪沙（150 万，索马里）、卢萨卡（145 万，赞比亚）、卡南加（140 万左右，刚果民主共和国）、布拉柴维尔（132 万，刚果共和国）、阿巴（130 万，尼日利亚）、基桑加尼（120 万左右，刚果民主共和国）、基加利（115 万，卢旺达）、的黎波里（111 万，利比亚）、尼亚美（105 万，尼日尔）、蒙巴萨（100 万左右，肯尼亚）、阿布贾（100 万左右，尼日利亚）等

3.5.2　功能结构

城市功能是划分城市类型的重要标准。城市功能包括：商业或贸易、交通、制造业生产、农业、矿产、教育、服务、军事、行政、宗教等。定量的分析方法，特别是区位熵成为分析城市功能的重要方法。然而，受制于数据的获取，采用定量分析方法对非洲城市功能结构划分比较困难。

城市所在区位的环境特征也是判别城市功能的一种可靠方法，特别是对于非洲城市，资源环境与城市的发展之间存在密切的关系。具体的划分体系为：港口城市（沿海、沿河、湖泊）、交通城市（铁路、公路）、资源开采城市（矿产资源、水利设施发电）、制造业城市（矿产加工、能源生产等）。

海港城市在非洲城市体系中占有重要的地位，如表 3-12 首位城市重要性测度分析所述，各国最大的城市中几乎有一半为海港城市。这些城市通常由早期的贸易集散中心发展而来，并且其贸易功能与交通功能随着铁路与公路的建设进一步强化。同时，这些城市大多也是各个国家的政治首都，具有行政功能。当代，这些城市优越的交通优势，成为吸引国际投资与发展制造业的重要基地，也是各国的商业中心。

内陆河流或湖泊港口较海港城市的重要性有所下降。这些城市的主要功能为交通与商业贸易，以及生产制造业功能。主要分布在尼罗河流域、刚果河流域、尼日尔河流域、塞内加尔河流域、维多利亚湖、坦噶尼喀湖等。

随着非洲内陆交通基础设施的改善，一批内陆公路交通枢纽城市开始出现，并成为重要的交通与商业贸易城市，包括加纳的库马西（Kumasi）、尼日利亚的卡诺（Kano）、乌干达的坎帕拉（Kampala）、津巴布韦的布拉瓦约（Bulawayo）、赞比亚的卢萨卡（Lusaka）等。

主要功能为生产制造业的城市分布也较为广泛。非洲北部地区包括穆罕默迪耶（Mohammedia）、阿尔及利亚的阿尔泽（Arzew）等。非洲南部地区也集聚了一些非洲重要的制造业城市，包括南非的弗里尼欣（Vereeniging）、杰米斯顿（Germiston）与萨索尔堡（Sasolburg）。其他地区的如塞内加尔的吕菲斯克（Rufisque）、乌干达的津加（Jinja）等。

南非拥有大批重要的资源开采城市。这些城市的产业体系经过多年的发展，产业门类进一步丰富且大多拥有较为发达的制造业，但是采矿业仍然是其中的重要部分。此外，在赞比亚与刚果民主共和国的沙巴区集中布局了一些铜矿资源开采城市。其他零散分布的城镇包括加纳的奥布阿西（Obuasi，金矿）、尼日利亚的乔斯（Jos，锡矿和钶铁矿）等。

非洲的行政功能城市，特别是各个国家的首都，大多也是各个国家社会经济发展领先的城市，其商业贸易、制造业生产、交通等其他功能也非常显著，甚至超越其行政功能[33]。

3.5.3　文化特征

由于文化对城市各个方面的潜在影响，使得不同文化影响下的城市在建设与发展上呈现出明显的不同[34]。受长期殖民主义的影响，本土文化与外来文化（殖民文化）的继承、融合与冲突在非洲城市中体现得尤为明显。因此，可以根据本土文化与外来文化的不同，将非洲城市划分为本土文化起源（Indigenous Origin）的城市与外来文化起源（Expatriate Origin）的城市。本土文化起源的城市主要指本土文化得到继承，同时与外来文化融合较好的城市。而外来文化起源的城市则主要指外来文化指导建设的新城市或本土文化消失殆尽被外来文化取代的城市。两类城市在城市形态、建筑艺术、城市功能、人口等方面存在较大差异。

一般而言，本土文化起源城市的中心一般为一个面积相当大的重要集市（集市内几乎没有其他建筑）与首领的住处（在穆斯林文化城市，主要的清真寺一般也会与集市共同布局在城市的中心）。普通住处一般是围绕各个氏族头领的住处建造，且一般建筑密度高，缺乏相应的卫生或给排水等其他基础设施。与外来文化起源城市相比，建筑形式相对统一，建筑高度较低，也多体现传统文化要素。城市的外围一般修筑壕沟、围墙。集市一般是城市中两条或多条主要城市道路的交汇点。城市道路一般比较蜿蜒并非规则布局，比较适宜人的步行，而不太适合现代交通。在当代规划的少量交通干道上，车辆与行人都相对较少。外来建筑大多分散修建在外围地区。例如，在摩洛哥，盖尼特拉、拉巴特、马拉喀什等城市，现代法国建筑大多修建在城墙外以保证中心的穆斯林城市受到较少干扰。在非洲西部地区，许多城市只有殖民者的办公与住处以及医院、警察局等设施是外来建筑。而且，常常这些外来建筑会选择在高地修建，一方面是为了更好地保护自己和获得更好的通风条件，另外也是为了保证卫生状况。一般外来建筑群中会有一个现代的商业中心，并且通过铁路或主要道路与旧城联系。学校、医院、教堂等建筑也会布局其中。本土文化起源城市的功能丰富多样，其中传统商业的功能仍然非常重要。城市中大多保留了农业经济，在围墙内留有大面积的农用地。手工艺品制造业比较发达，且大多是在家庭、商场或货摊上生产与销售。在非洲东部地区的埃塞俄比亚与非洲西部地区的部分国家，手工艺人常常聚居在一起，且与种族有紧密的关系，这与其手艺的传递是有关系的。在人口方面，本土文化起源的城市大多具有明显的同质性（同一种族），且人口增长率相对较低，性别与年龄结构大致接近国内平均水平。

外来文化起源的城市与本土文化起源的城市在许多方面正好相反。城市的中心为中央商务区（CBD），并且集中了大量的商业设施与公共设施。城市大多具有明显的规划痕迹，有宽阔的主要道路，并且为交通功能布置的土地（主要指港口用地与铁路设施用地）明显多于本土文化起源的城市。城市建筑形式比较多元，且主要为外来建筑，非洲本土建筑大部分是分散布局在建筑中并且呈现出明显的隔离现象。除了CBD中的各项设施，一般还有专门的设施提供给各种不同种族。例如在非洲东部地区的许多城市，常常会发现三种典型的商业设施：现代专业化的欧洲商铺、印度商铺、非洲集市（并且这三种设施大多在空间布局上互不干扰）。与本土文化起源的城市不同，城市中的农业经济比重很低，城市的专业化功能特征明显。早期的城市主要功能是商业、交通与行政，并且大多一直保留至今。此外，现代制造业也成为当代这些城市的主要功能，并有集中的产业园区。在人口方面，外来文化起源的城市具有明显的多样性（多种族）。与本土文化起源的城市相比，欧洲人占据了更大的比重，此外还包括少量的印度人、巴基斯坦人、叙利亚人、黎巴嫩人等。这些城市人口增长率相对较高，人口结构也相对年轻，各地性别结构也参差不齐。

总体来看，非洲地区本土文化起源的城市已经相对较少，主要集中布局在非洲北部地区部分城市、非洲西南部几内亚湾地区（加纳的库马西等）以及埃塞俄比亚、马达加斯加和博茨瓦纳等。而其余地区，城市的发展与建设大多受到外来文化的冲击。非洲东部地区的城市大多受到阿拉伯文化的冲击，如肯尼亚的蒙巴萨、坦桑尼亚的桑给巴尔等。此外，印度文化也对非洲东部地区的城市产生较大的影响，如马达加斯加的塔那那利佛与菲亚纳兰楚阿等。在非洲西部地区，大部分城市受到欧洲文化的冲击，包括塞内加尔的达喀尔、马里的巴马科、尼日尔的尼亚美、多哥的洛美、贝宁的科托努、尼日利亚的拉各斯与卡拉巴尔等。而在非洲南部地区、非洲东部地区以及非洲中部地区，除了乌干达的坎帕拉，已经很难找到一个完全的本土文化起源的城市。

注释

① 数据官方网站：http://data.worldbank.org.cn/data-catalog/africa-development-indicators.

② 在《非洲发展指标》中，西撒哈拉的数据缺失。

③ 西撒哈拉没有关于城市化率的统计数据，故将其划分到无数据一类。

④ 指肯尼亚西部 1904—1959 年欧洲人居住的地区。

⑤ 南苏丹与西撒哈拉的数据缺失。

⑥ 布隆迪、厄立特里亚、吉布提、科摩罗、塞舌尔、毛里求斯等 6 个国家由于 2010 年数据缺失，采用 2009 年数据。

⑦ 赤道几内亚、刚果民主共和国、圣多美和普林西比、中非共和国等 4 个国家由于 2010 年数据缺失，采用 2009 年数据。

⑧ 佛得角、冈比亚、几内亚比绍、毛里塔尼亚等 4 个国家由于 2010 年数据缺失，采用 2009 年数据。

⑨ 博茨瓦纳、莱索托、纳米比亚、斯威士兰等 4 个国家由于 2010 年数据缺失，采用 2009 年数据。

⑩ 指人口超过 100 万的城市。

参考文献

[1] Birch E L, Wachter S M. Global Urbanization[M]. Philadelphia: University of Pennsylvania Press, 2011.

[2] George J. Africa as it urbanizes: An overview of current research[J]. Urban Affairs Quarterly, 1967, 2(3): 66-80.

[3] Myers G A. African Cities: Alternative Visions of Urban Theory and Practice[M]. London: Zed Books Limited, 2011.

[4] 甄峰, 尹俊. 非洲地理研究综述 [J]. 西亚非洲, 2011(5): 31-35.

[5] 张同铸. 非洲经济社会发展战略问题研究 [M]. 北京: 人民出版社, 1992.

[6] 张忠祥. 非洲城市化: 中非合作的新机遇 [J]. 亚非纵横, 2011 (5): 42-47.

[7] 张增玲, 甄峰, 刘慧. 20 世纪 90 年代以来非洲城市化的特点与动因 [J]. 热带地理, 2007, 27(5): 455-460.

[8] Jones J D R. The effects of urbanization in South and Central Africa[J]. African Affairs, 1953(206): 37-44.

[9] Simms R P. Urbanization in West Africa: A Review of Current Literature[M]. Evanston: Northwestern University Press, 1965.

[10] Simon D. Colonial cities, postcolonial Africa and the world economy: A reinterpretation[J]. International Journal of Urban and Regional Research, 1989, 13(1): 68-91.

[11] McNulty M L. Urban structure and development: The urban system of Ghana[J]. The Journal of Developing Areas, 1969, 3(2): 159-176.

[12] Annez P, Buckley R, Kalarickal J. African urbanization as flight? Some policy implications of geography[J]. Springer Netherlands, 2010, 21(3): 221-234.

[13] Lorimer F, Karp M. Population in Africa[M]//Elizabeth C. Migration in Africa: Trends and Possibilities. Boston: Boston University Press, 1960: 60-67.

[14] Hatton T J, Williamson J G. Demographic and economic pressure on emigration out of Africa[J]. The Scandinavian Journal of Economics, 2003, 105(3): 465-486.

[15] Brückner M. Economic growth, size of the agricultural sector, and urbanization in Africa[J]. Journal of Urban Economics, 2012, 71(1): 26-36.

[16] Barrios S, Bertinelli L, Strobl E. Climatic change and rural-urban migration: The case of Sub—Saharan Africa[J]. Journal of Urban Economics, 2006, 60(3): 357-371.

[17] Lee—Smith D. Cities feeding people: An update on urban agriculture in equatorial Africa[J]. Environment and Urbanization, 2010, 22(2): 483-499.

[18] Marchiori L, Maystadt J F, Schumacher I. The impact of weather anomalies on migration in Sub—Saharan Africa[J]. Journal of Environmental Economics and Management, 2012, 63(3): 355-374.

[19] Omumbo J A, Guerra C A, Hay S I, et al. The influence of urbanisation on measures of plasmodium falciparum infection prevalence in East Africa[J]. Acta tropica, 2005, 93(1): 11-21.

[20] Baker S J K. The population geography of East Africa[J]. The East African Geographical Review, 1963(1): 1-6.

[21] Brookfield H C. Population distribution in Mauritius[J]. The Journal of Tropical

Geography, 1959(8): 1−22.

[22] Hay S I, Guerra C A, Tatem A J, et al. Tropical infectious diseases: Urbanization, malaria transmission and disease burden in Africa[J]. Nature Reviews Microbiology, 2005, 3(1): 81−90.

[23] Joseph S L. Tackling informality: Why HIV/AIDS needs to be a critical component of urban development policies[J]. Springer Netherlands, 2010, 21(2): 85−105.

[24] Keiser J, Utzinger J, De Castro M C, et al. Urbanization in Sub—Saharan Africa and implication for malaria control[J]. The American journal of tropical medicine and hygiene, 2004, 71(2): 118−127.

[25] Abuhamoud M A, Rahmat R, Ismail A. Transportation and its concerns in Africa: A review[J]. The Social Sciences, 2011, 6(1): 51−63.

[26] Boateng E A. Some geographical aspects of the 1960 population census of Ghana[J]. Bulletin of the Ghana Geographical Association,1960(2): 2−8.

[27] Buchanan K M, Pugh J C. Land and People in Nigeria[R]. London: University of London, 1955.

[28] Gleave M B, White H P. The West African Middle Belt: Environment fact or geographer's friction[J] Geographical Review,1969(1): 123−139.

[29] 姜忠尽 . 第二届"走非洲，求发展"论坛论文集 [M]. 南京：南京大学出版社，2011: 179−184.

[30] Hance W A. Population, Migration, and Urbanization in Africa[M]. New York: Columbia University Press, 1970: 122−123.

[31] Sabbagh M E. Some geographical characteristics of a plural society: Apartheid in South Africa[J]. Geographical Review, 1968,58(1): 1−28.

[32] Olu J. Urban hierarchy in a developing country[J]. Economic Geography, 1967(4): 347−367.

[33] Hamdan G. Capitals of the New Africa[J]. Economic Geography, 1964(3): 239−253.

[34] Holzner L, Dommisse E J, Mueller J E. Toward a theory of cultural—Genetic city classification[J]. Annals of the Association of American Geographers, 1967,57(2): 367−381.

4 非洲城市化发展的影响因素与动力机制

本章首先从自然环境、人口、社会文化、经济、历史与政策、民族冲突和战争等方面进行了分析，剖析气候环境和自然灾害、人口增长、经济发展、历史和民族冲突等因素对非洲城市化发展的影响。在此基础上，从内在动力和外部动力两个层面分析非洲国家城市化发展的动力机制，这有助于明确非洲城市化发展趋势和方向，为城市化建设战略提供决策依据。

4.1 非洲城市化发展的影响因素

非洲城市化发展的影响要素可以归结为自然环境因素（自然条件、矿产资源、基础设施格局等）、人口和社会因素（人口结构、种族部落、文化习俗）、经济因素（三次产业发展）、历史和政策因素（城市化政策、政治稳定性）、民族冲突和战争因素（殖民主义与殖民地建设）、卫生健康因素（艾滋病等）、国际移民等方面。

4.1.1 自然环境因素

气候条件、河流水系等自然环境和港口交通等要素不仅影响社会经济、人口集聚、城市布局等，而且对城市化发展过程具有决定性的影响。非洲处于热带地区，人口集聚和城市化发展对地理环境条件的依赖性更强，尤其是水热资源、自然环境、港口分布及开发利用等条件的影响尤为明显。

（1）水热资源条件

温度、降水以及河流水系等水热条件，是城市化发展的重要基础支撑要素。水热资源条件往往决定气候、自然生态和环境状况，并影响着地域资源开发、文化习俗、居民生活方式、工农业生产和人类活动空间选择，从而决定着人口、自然环境、社会经济、土地利用等要素组成的复杂人地关系系统结构。因此，水热条件在很大程度上影响人口集聚的区域分布，以及城市化发展的速度和空间格局。非洲总体以干燥、暖热气候区为主，占全洲的面积大约在1/3。干燥暖热的气候条件导致非洲大部分区域缺水，常年干旱，并伴随着荒漠化、旱灾等自然环境问题，严重制约工农业生产、矿产资源开发和城市建设，这给非洲地区的城市建设和城市人口规模扩大带来极大的限制作用。例如，非洲历史上多次发生的干旱灾害，严重影响农业生产，并带来饥荒、贫困人口增加等问题，对于农村人口进城以及城市化发展质量提升产生极大的消极影响。

河流水系分布格局也是城市发展的重要影响条件。河流不仅可以为城市提供生产生活用水，也可以作为重要的交通要道，尤其是海河交汇的河口处，以及两条或多条河流交汇的区域，往往成为水陆交通的转运点。受非洲常年干旱缺水的气候条件影响，河流水系的分布对城市布局和城市化发展的作用尤为明显，尼罗河、刚果河、尼日尔河、赞比西河等流域地区是非洲重要的城市集聚地区（表4-1）。其中，尼罗河流域内人口约占整个非洲人口的1/4，具有肯尼亚和乌干达境内的维多利亚湖周边、埃塞俄比亚高原的蓝尼罗河周边以及埃及尼罗河流域等三大人口和城市密集区[1]，尼罗河所流经的地区

是非洲人口密度最高、城市发展较快的地区。刚果河流经的地区 2012 年估计总人口为
1.05 亿人，城镇人口达到 4 370 万人。刚果河的航运功能，促进了非洲内陆地区的经济
发展。丰富的渔业、水力发电资源，促进了河流沿线城市的发展，如金沙萨、布拉柴维
尔等大城市。同样，尼日尔河、赞比西河等河流的水资源综合开发利用，较好地发挥了
农业灌溉、水力发电、航运等功能，带动了沿岸国家和地区的农业生产、经济和技术发
展，为沿岸地区人口集聚和城镇建设提供水资源保障。赞比西河沿岸的自然景观、动植
物资源还带动了沿岸城市旅游业的发展，从而加速了沿岸地区的城镇建设，如津巴布韦
的卡里巴、赞比亚的希亚圭加 (Siavonga) 和希纳宗格韦 (Sinazongwe) 的湖岸港湾城镇[2]。
由此可见，大型河流流域是非洲人口集聚的重要区域，一方面河流为沿河地区人口增长
提供水资源，沿河地势平坦的平原以及河口三角洲是人口密度较高的区域；另一方面，
流域的水资源，带动渔业、农业灌溉、航运、旅游开发、内河港口建设以及沿河地区矿
产资源开发等发展，从而促进了流域地区城市的发展。

表 4-1   非洲主要流域流经的国家及集聚的城市

流域名称	流经国家	流域主要集聚的城市
尼罗河流域	埃及、苏丹、乌干达、布隆迪、卢旺达、坦桑尼亚、刚果民主共和国	开罗、喀士穆、科斯提、卢克索、阿斯由特等
刚果河流域	赞比亚、刚果民主共和国、刚果共和国、安哥拉	金沙萨、布拉柴维尔、马塔迪、博马、姆班达卡、巴桑库苏、基桑加尼等
尼日尔河流域	几内亚、马里、尼日尔、尼日利亚	巴马科、通布图、尼亚美、洛科贾、奥尼查等
赞比西河流域	安哥拉、纳米比亚、博茨瓦纳、津巴布韦、赞比亚、莫桑比克	卢萨卡、哈拉雷、太特、利文斯通等

（2）自然灾害

非洲一些地区遭受长期的自然灾害，大量人口流向城市寻求援助，成为推动城市
人口增加的一个重要自然因素。非洲旱灾引发蝗虫灾害，导致农牧业生产减产，并引
起土地退化、沙漠化现象，加上政治社会动荡等因素，使得大规模人口遭受饥荒之苦，
这些人口向城市迁移以寻求官方援助。而大规模迁移到城市的人口，由于缺乏有效的
行政管理和充足的援助，产生大量的城市贫困人口，并带来一系列经济、社会、环境、
卫生、教育等问题。如 1968—1973 年，在西非的萨赫勒地带发生严重旱灾，乍得湖水
位急剧下降，农牧业生产受到严重损失，人畜大量死亡，大约 20 万人丧生[3]。非洲长
期受旱灾影响最严重的地方为非洲之角地区，加之战争影响，使其成为世界上饥荒最
严重的地区，大量的人口流离失所，长途跋涉至城镇或首都，寻找食物和援助，平均
每天都有 1 000 名索马里人逃到首都摩加迪沙寻求救助[4]。因此，自然灾害影响了城市
化发展的经济基础、人口流动方式、城市服务等各个方面。

（3）港口和基础设施

港口（包括海港与河港）与基础设施配置状况也是非洲城市化发展的重要影响因素。
特别是作为国际航运枢纽的海港城市，港口促进了地区的商业贸易、交通运输等功能，
并有利于区域城市的基础设施和经济社会发展的一体化，推动区域整体的城市化水平
提升。同时这些城市相对较高的国际化发展水平，也使之成为吸引国际投资的重要地
区，进一步促进了城市要素的集聚。刚果河和尼日尔河等河流沿岸的城市，利用河港

的运输优势，支撑河流沿线城市之间、城乡之间农产品、矿产资源、能源等物资转运，在推动内河港口城市经济繁荣的同时，加强了内河港口城市和腹地之间的互动，进一步支撑了港口城市的发展。

此外，非洲水利灌溉设施（河流、水渠、大坝）等的建设为农业发展与城市提供了较稳定的水资源，逐步减弱了非洲国家受到降水波动的影响，为城市化发展提供了稳定的农业生产和水资源保障。

4.1.2 人口和社会文化

人口（包括人口结构、人口素质、从业状况等）和社会文化（社会结构、文化习俗）因素是影响城市化发展的内在促动要素。非洲大部分国家长期处于贫困落后的状态，人口变化比经济发展对城市化影响更加明显，主要表现为城市人口的自然增长和城乡移民所带来的机械增长。人口的快速增长和空间迁移是非洲城市化发展最主要的社会因素。同时，非洲传统的部落生活方式和社会文化，对于人口集聚以及城市发展产生不同程度的影响。

非洲人口的快速增长导致城市人口迅速膨胀。首先，非洲女性结婚较早，生育率高。非洲女性大多在15~20岁年龄段结婚，这意味着非洲女性有较长的生育期，生育年龄的年轻化导致人口的急剧增长[5-6]。其次，非洲社会经济相对落后，传统的生育观和价值观影响生育情况。非洲总人口从1980年4.84亿增长到2000年的8.24亿人，20年间增长3.4亿；同期，非洲城市人口由1980年的1.24亿（城市化水平27.6%）增长到2000年的2.91亿（35.3%），城市化水平仅提升7.7个百分点（图4-1）。进入新世纪，非洲人口仍然保持了较高的增长速度，总人口从2001年至2012年增长2.6亿人，年均增长率约为2.5%，城市人口从2001年的3.01亿增长到2012年4.38亿，年均增长率约为3.45%。由此可见，非洲人口较高的自然增长带来城市规模扩大和人口城市化。

农村人口向城市流动，是非洲城市人口增加和城市化水平提高的另外一个重要因素。总体上，非洲从农村迁移到城市的人口约占城市人口的60%，有的城市甚至高达75%[7]。一方面，非洲农村地区基础设施落后，社会服务设施严重不足，加上干旱以及其他自然灾害等原因，迫使大量的贫困人口流向城市寻求生存的机会；另一方面，城市可以提供相对较好的教育、医疗资源，这也吸引部分农村人口向城市迁移。

同时，非洲部落文化、传统文化、海港文化等也对城市化发展产生影响作用。基于部落组织起来的非洲社会，对城市发展产生重要影响，早期原始部落的生活方式直接影响到了城市的起源。例如，以游牧、狩猎为主的部落，由于经常迁移，往往缺乏持续性，在空间上往往难以形成相对稳定的聚落组织。而以农业种植以及手工制造为主的部落，则往往形成较为稳定的聚落组织，并成为早期城市的起源。这些城市中的部分成为后来城市化进一步发展的基础。同时，基于血缘关系而形成的非洲部落的社会联系网络，在一定程度上也影响了人口迁移和城市化发展。传统文化也是影响非洲城市化发展格局的重要因素，这点在非洲北部地区体现得尤为明显。例如，埃及虽然是非洲北部地区社会经济发展最发达的国家且濒临地中海，但是受农耕文化传统的影响，城市化率却相对较低，城市化进程特别缓慢。而摩洛哥、阿尔及利亚、突尼斯几个濒临地中海的国家，受重商文化的影响，港口城市商业贸易快速发展，推动了城市化进程的快速发展。

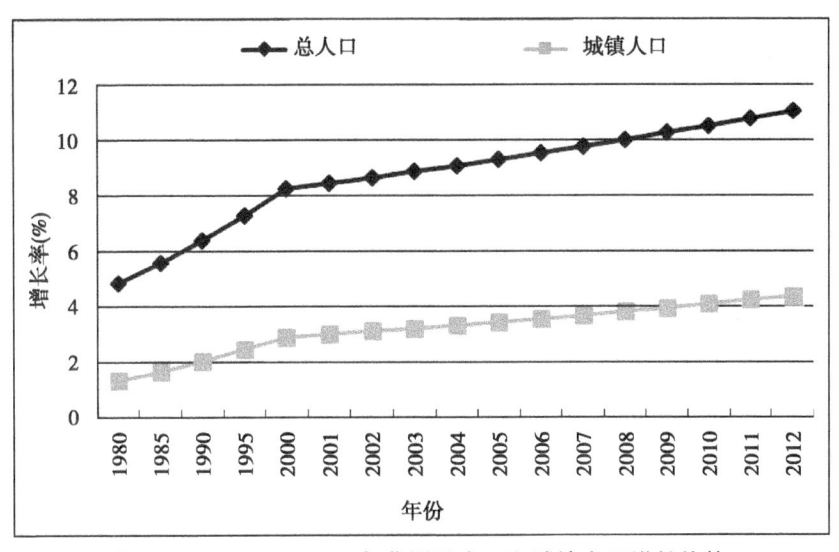

图 4-1　1980—2012 年非洲总人口和城镇人口增长趋势

4.1.3　经济因素

　　Harris 和 Todaro(1970 年) 关于城乡人口迁移的经典分析认为，农村人口之所以会不断向城市迁移，主要是由于城市地区拥有优越的经济条件，农村人口流动到城市后，能获得较多就业机会和相对较高的收入水平，因而城市就具有了相对较强的吸引力。虽然研究表明非洲的城市化与经济发展不同步，快速的城市化并没有带来相应的经济增长[8]。但是，经济发展状况确实影响到城市化进程，并且由于经济发展与地区环境的相关性，导致明显的城市化发展地域差异。

　　首先是农业的发展。农业作为非洲大部分国家的重要经济部门，一方面农业产出为人口规模扩大提供了粮食支撑；另一方面，农业产出，特别是经济作物以及相关产品的运输与贸易也是许多城市的重要功能。农业发展效率提高为城市化的发展提供了"推力"，促进了城市化的进程。与此同时，非洲的农业生产极易受到自然灾害、农产品价格波动、土地贫瘠，以及农业产业化、产品市场化程度等因素影响，农业生产的不确定性容易导致乡村贫困，影响城市化发展的乡村经济基础。

　　非洲农业科技水平较低，农业基础设施落后，因而农业发展缓慢，农业生产对经济发展的贡献较低。从 1965—2011 年非洲农业增加值和 GDP 的变化趋势来看，农业增加值相对 GDP 的增长速度明显较低（图 4-2）。同时，非洲农业生产率与人口增加不协调，影响城市的粮食安全、社会稳定等。从表 4-2 可以看出，非洲农业生产增长率大大低于人口增长率，而政府又缺乏相应的提升农业生产率的措施，这势必导致农业生产的衰退，农村人口的生活水平下降，甚至会出现农村人口"过剩"的现象。乡村人口快速增长带来的剩余人口，与低下的农业生产效率不匹配，必然导致人口的外流和城市人口的集聚。

表 4-2　非洲国家人口增长率与农业生产增长率比较

年份	1965—1973	1973—1980	1980—1984	1984—1990	1990—1998
人口年均增长率（％）	2.8	2.9	3.0	2.9	3.0
农业生产年均增长率（％）	2.2	2.2	1.1	1.3	1.6

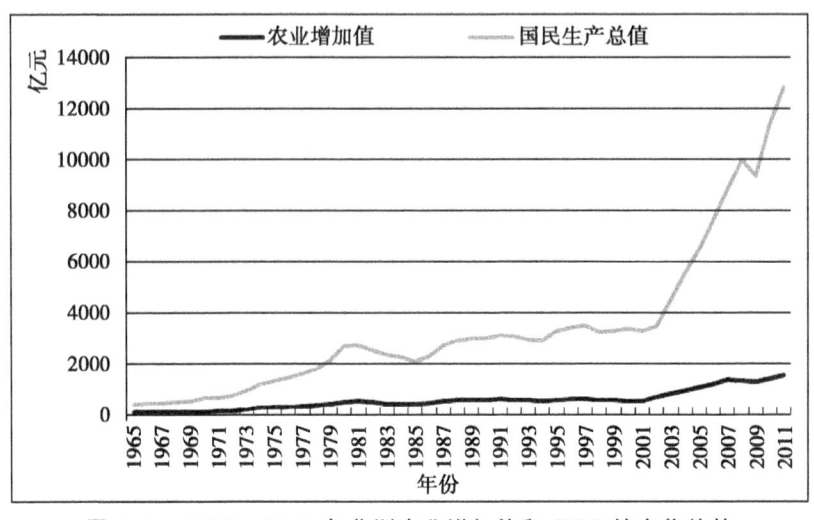

图4-2　1965—2011年非洲农业增加值和GDP的变化趋势

　　其次，制造业与服务业的发展已经成为促进非洲城市快速发展的重要因素。而非洲的制造业与服务业发展布局往往又是与港口、道路等交通设施布局，以及矿产资源的布局息息相关。一方面，城市工业和服务业的发展，可以提供较多就业机会，提高居民收入水平。例如，塞拉利昂6个主要城市提供了大量的社会就业机会[9]。同时，城市居民的收入水平明显高于乡村地区。根据世界银行统计数据显示，非洲城镇劳动力数量为3.71亿人，城乡之间较大的收入差距和就业机会差异，使得城市比乡村更加具有吸引力，成为部分乡村人口向城市迁移的原因。另一方面，制造业发展提升了城市经济实力，也增强了城市的人口吸引能力。20个世纪90年代以来，非洲国家在民族工业的基础上，开始推动制造业发展，不断提高产品的附加值，很多国家开始建立出口加工产业园区。一些国家初步形成了以制造业为支柱的产业结构，如南非的钢铁工业、博茨瓦纳的钻石加工业、肯尼亚的花卉加工业等。南非、肯尼亚、赞比亚、埃及、毛里求斯、尼日利亚等20多个非洲国家在境内兴建出口加工园区，发展制造业推动了城市经济增长和基础设施建设，有力地带动了城市化发展。以南非东开普省的库哈工业开发区为例，自2003年正式建成以来，吸引了大量外国投资，并为附近地区提供了4 000多个就业机会。制造业和服务业的发展，可以更直接地推动非洲城市发展和城市化进程[10]。

　　第三，非洲各个国家和地区产业结构的优化调整，对城市化发展也具有一定的促进作用。随着工业化进程的推进，二三产在国民经济中的比重得到较快提升，工业化对城市化发展的带动作用持续增强。例如，刚果共和国、安哥拉、毛里塔尼亚等国家呈现"二、三、一"的产业结构，工业发展对城市化的带动作用较为明显；而利比里亚、塞拉利昂、埃塞俄比亚、布隆迪等以农业为主的国家，整体的城市化发展水平相对较低（图4-3）。

4.1.4　历史与政策因素

　　非洲的古代文明以及近代的西方殖民历史，对于非洲城市的起源、发展和壮大等产生深远的影响，尤其是西方殖民对于非洲港口城市发展、城市基础设施建设和商业体系完善等产生重大作用。同时，非洲国民经济发展、对外开放等政策也对城市化发展产生不同程度的影响。

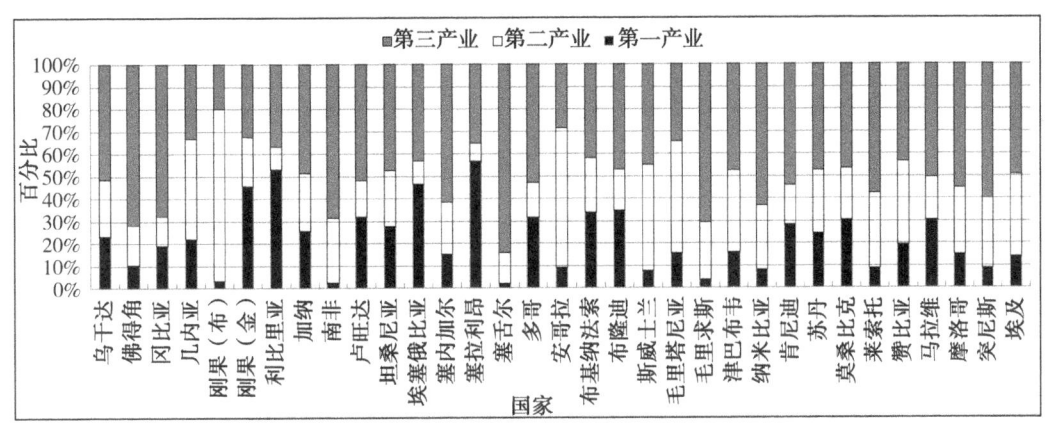

图 4-3　非洲部分国家三次产业结构（2011 年）

（1）历史因素

非洲大陆是人类文化最早的起源地之一，具有悠久的历史文明，特别是尼罗河流域的埃及，是世界四大文明古国之一。王国的稳定统治与古代文明，保证了这些地区早期的持续发展，并发展出一批城镇，而这些城镇又成为日后城市化发展的主要地区。在地中海沿岸、南大西洋沿岸、东部非洲印度洋沿岸以及尼罗河流域、热带稀疏草原地带，由于相对较高的自然环境条件和水运交通条件，农业、手工业和商业得到了一定程度的发展，并形成一定数量的城镇。这些早期发展的城镇，成为非洲城市规模扩大和城市化发展的重要基础。据有关史料记载，15 世纪非洲 2 万人以上的城镇达 40 余座，城镇人口达 150 万 ~ 200 万[11]。

同时，非洲是一个有着长期殖民历史的大陆，早期殖民地的建设对非洲城市化发展格局产生了较大的影响。19 世纪末 20 世纪初，西方资本主义发展到帝国主义阶段，他们纷纷侵入非洲大陆，并在非洲建立了殖民地。为开辟广阔的原料产地和销售市场，殖民者修建了铁路，大肆开采矿产资源，开辟种植园，并新建了一批城镇，非洲许多国家的首都如达喀尔、雅温得、金沙萨、达累斯萨拉姆、内罗毕、哈拉雷等就是在这一时期形成的[5]。1920—1950 年，非洲城镇人口快速增加，由 1 000 万增加至 3 100 万。殖民者在修建铁路、建设港口、开拓贸易的过程中形成了一些工矿、商业、交通中心城市和区域。赞比亚—刚果民主共和国铜带矿山城镇群的形式就是这一时期的典型案例。这些殖民地城市较早地走上了现代化的道路，不仅吸引了较多的殖民者定居，也集聚了大量的劳动力，成为非洲早期的主要城市。非洲独立战争后，这些城市由于良好的发展基础而成为各国社会经济发展的重要基地，也是城市化快速发展的主要地区。此外，这些城市当前大多仍然保留着与早期宗主国的社会经济交往，国际化程度较高，外资与技术的引入进一步推动了城市发展。

（2）政策因素

政策因素对引导城市化增长速度和发展路径具有明显的作用，非洲国家的促进经济增长、应对城市贫困、控制人口等政策的实施，对城市发展产生较大的影响。非洲国家取得政治独立以后，有着十分强烈的独立发展经济的愿望，大多数国家提出偏重于工业和城市地区发展的政策计划，极大地促进了民族经济、商业贸易的发展，城市也成为政府投资的重点地区。尽管非洲各国的发展基础、工业化发展模式和途径不同，但基本上都确立了以经济增长和城市建设为核心的发展政策，通过物质资本的积累和投资带动经济发展。这种以工业化为导向的发展战略,通过国家层面的政策制定和干预,带动城市地区资本、投资、产业的快速增长,工业经济的发展促进了城市基础设施的投资建设,围绕工业发展的相关服务业的配套和发展,并提供了大量的非农就业机会,对于城市人口集聚和城市化发展有很强的促进作用。

城市化政策成为影响非洲城市化发展格局的又一个因素。在非洲东部地区,部分国家出台相关政策来控制人口密度和城市人口规模。而在非洲南部地区,种族相关的政策管治,和对非洲原始居民迁入城市以及就业人口携带家眷迁入城市的限制,延缓了城市人口的增长以及城市化进程。同时,针对城市内部环境恶化、疾病蔓延、乡村贫困等问题,部分国家出台了改善城市环境、改造贫民窟、控制疾病、改善教育、发展农业等政策,对于提高非洲人口素质、增强城市吸引力以及促进城市化发展具有积极的作用。

4.1.5 民族冲突和战争因素

政治的稳定性是影响城市化发展的重要因素。在世界和平发展的主旋律下,非洲却仍然是当今世界政局严重动荡不安的地区。国家间的频繁战争以及国家内部的战争、兵变破坏了城市的基础设施以及生产能力,而大量的战争难民更是加剧了城市的贫困,这也直接影响到城市化进程(如苏丹、索马里等国家)[12]。同时,非洲大部分国家的集权传统,导致资源、人口常常被权力所吸引,从而促进首都地区的城市化进程。美国哈佛大学学者 Glaeser 在其著作《城市的胜利》中提出,一个国家的政府越是集权,它的首都就会越大。独裁政治统治下的最大城市几乎无一例外的是它的首都[13]。

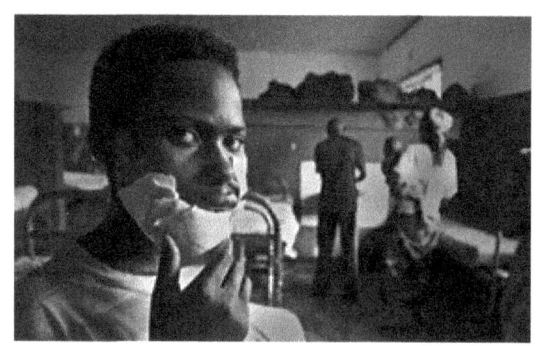

图 4-4　刚果战乱给民众带来的人员伤亡和难民

非洲频频发生动乱和冲突,其根源在于民族矛盾。据不完全统计,自 20 世纪 60 年代以来,非洲先后经历了几十场战争与冲突,造成数以百万计的人口丧生,以及不可估量的经济损失。从冲突和战争类型来看,有边界战争,如埃厄战争;有内战,如苏丹内战、刚果内战、索马里内战等[14-15]。非洲冲突和战争的爆发,不仅会降低农业收入,也会使农村人口为了寻求一种安全感而大量涌向城市(图 4-4)。

因为在很多情况下,国内战争、武力冲突以及大规模暴行的发生地都会远离权力中心,而且在城市地区,难民还有机会获得一些援助和救济。另外,城市中允许种族多样化的现象存在,为受迫害的种族提供更安全的居住环境,如塞拉利昂的第三集居区就是一个难民营,所以会有很多原来居住在农村的居民为了躲避种族迫害,而不断涌入城市。冲突和战争在带来城市人口机械增长的同时,也带来城市贫困、难民营、棚户区、疾病等严重的城市社会问题,从而影响非洲城市化发展进程。

4.1.6 其他原因

卫生健康和国际移民等因素也对非洲城市化发展产生影响。卫生健康等对非洲人口的生存环境、城市化发展质量产生影响,国际移民则对城市发展过程中的人才、技术支撑产生影响作用。

（1）卫生健康因素

受落后医疗设施水平、较低健康意识、湿热或干热气候环境影响，非洲成为全球范围内艾滋病以及疟疾等热带疾病发病率最高的地区。其中，艾滋病主要分布在非洲南部地区、非洲中部地区与非洲东部地区的南部；除了非洲北部地区与非洲南部地区，疟疾等热带疾病几乎涵盖了非洲整个大陆[16]。低效的疾病控制，除了对人力资源产生破坏，导致生产力下降，从而影响到社会经济的发展，也影响到城市人口的集聚。同时，对疾病的恐惧影响到国外投资与对外联系，影响了国际化进程，从而阻碍了社会经济与城市的发展，影响城市化发展的速度和质量。

（2）国际移民因素

非洲不均衡的城乡差异、城市间差异、国家间差异，导致了大量的移民。非洲的移民主要是国际移民，表现为由经济落后的内陆国家向经济相对领先的沿海国家移民。这进一步拉开了沿海国家与内陆国家城市化发展水平的差异，形成沿海地区集聚许多城市与城镇集聚区的城市化发展格局，为沿海地区的城市化发展提供较强的推动力。

4.2　非洲城市化发展的动力机制

城市化发展的动力机制可以分为内部动力和外部动力。非洲自身的政治稳定与经济改革、石油矿产资源开发与工业经济成长、国家一体化与行政管理创新是推动城市化发展主要的内部动力。外部动力包括全球化与对非贸易的加强、外商投资、非政府组织与国际援助等。在非洲城市化加速发展阶段，如何利用自身条件优化要素组合，通过经济改革、管理体制创新等内在动力的挖掘，来吸引和集聚外商投资、国际援助及技术、人才、信息等外部动力要素，实现内外发展要素的互动整合，全面提升非洲城市化发展水平。

4.2.1　内部动力

非洲城市化发展的内部动力可以总结为政治稳定、经济改革、资源开发利用、工业经济发展、区域一体化、政府管理创新等方面。

（1）政治稳定与经济改革

稳定的政治环境和宏观经济改革，为非洲工业化、城市化发展提供了稳定的、良好的国内环境，加速了非洲部分国家工业化水平的快速提升，从而推动了非洲国家城市化的发展。

20 世纪 70 年代中期以来，大部分非洲国家出现经济滑坡，经济形势严重恶化，部分国家的政府腐败、社会矛盾加剧等带来民怨和政治不稳定，东欧和苏联剧变，以及西方国家对非洲国家多党民主制改革的外交追求等，为非洲国家政治体制改革营造了国内外环境。因此，80 年代非洲部分国家开始了政治制度改革，但由于政党之间权利争夺、矛盾冲突等原因，这一时期的政党制度变革对非洲经济社会发展的影响总体上以消极影响为主，并阻碍了这一时期非洲工业化、城市化发展。90 年代中期以后，非洲国家政治制度改革的经验逐步趋于成熟，具有"民主性"、"非洲性"的多党制在非洲扎根成长，为非洲经济社会的稳定发展提供良好的政治环境，成为推动 90 年代末期以后城市化发展的重要制度和行政体制保障[17]。同时，90 年代以来部分非洲国家开始实施良政，重视政府领导能力的建立，提高行政能力，加强民主执政，进行民间社团的授权，促进和平和稳定发展等，在很大程度上营造了非洲国家良好的经济社会发展环境[18]，促进了非洲与世界其他国家之间的经贸往来，较好地推动了非洲的工业化和城市化发展。

在稳定的政治环境基础上，非洲国家不断建立健全法制体系，实行多党议会制，坚持民族和睦共处，推行为经济建设服务的全方位对外开放政策，营造国内和平与稳定的政治局面，为城市化发展提供良好的经济社会基础。1995—2005年，非洲经济年均增长3.19%，是1985—1994年平均增长速度的两倍多；全非洲人均国民收入也从1998年的697美元增至2004年的803美元[19]。稳定的政治体制，有助于促进非洲国家进行经济结构调整，推动市场经济发展和国际市场拓展，尤其是多党制下政权的更替提高了执政党发展经济、改善民生的积极性，并在执政过程中注重交通、信息、水利等基础设施建设，提高国民的教育、医疗、卫生、公共服务水平，这也成为推动城市化发展的重要因素。同时，稳定的政治环境较好地促进了非洲国家的经济合作和一体化发展，尤其是加速了非洲各国的经济自由化发展，这对于促进整个非洲地区的资源、市场、产业、基础设施整合利用发挥着重要作用，提升了非洲地区整体的工业化和城市化发展。

非洲国家各项经济改革措施的实施，对于提升城市经济实力、推动基础设施建设等具有积极的作用，并成为推动城市化发展的重要内部动力。历史上西方国家对非洲的长期殖民统治，导致了非洲经济对外部市场尤其是宗主国市场的严重依赖。近年来，越来越多的非洲国家推进经济改革，转变殖民地经济结构，摆脱经济发展对外部的依赖。非洲国家先后制定了《蒙罗维亚宣言》《拉各斯行动计划》以及《非洲发展新伙伴计划》[20]。这些文件标志着非洲经济改革的不断深化，尤其是2001年通过的《非洲发展新伙伴计划》，在全面分析非洲经济发展的有利条件和不利因素基础上，从战略层面提出非洲经济发展的指导思想，提出"可持续发展"的长期规划。确定以消除贫困和实现可持续发展为目标，以基础设施建设、人力资源开发、农业生产、环境保护和科技发展为重点发展领域的长期战略，重视与国际社会建立新型伙伴关系，争取西方国家向非洲提供更多资金和援助。

同时，根据自身的实际经济发展状况，部分国家制定了符合本国国情的经济政策。例如，毛里求斯自然资源十分匮乏，它根据产业发展的实际情况，重点突出出口加工区发展、旅游业开发和传统糖业发展；博茨瓦纳独立时，没有自己的货币，没有工矿业，因此致力于大力发展养牛业，牛的人均拥有量占世界第三位，并积极开采矿产资源[21]。这些经济改革措施，对于提升非洲的全球化发展水平、带动本土资源开发、促进可持续发展等方面有着积极的意义，加速了资本、技术、劳动等生产要素的流动和增长，直接推动了城市化发展和城市建设，在非洲城市经济结构调整、提升大城市国际化程度、解决城市社会问题和促进城乡可持续发展方面起着积极作用。

（2）资源开发与工业经济成长

非洲石油矿产资源丰富，几乎蕴藏有世界上全部重要的100多种矿产资源，具有矿种多、品种齐全、储量大等优势[22]。石油矿产资源的开采、加工与贸易，增强了城市经济增长与城市化发展的造血功能，丰富的矿产资源（特别是石油、金矿、铜矿）更是许多非洲大城市、城镇集聚区发展的重要动力。依托矿产资源的开采利用，发展资源型加工业，形成围绕采矿及相关联产业的经济体系，可以直接推动国民经济增长，为城市基础设施建设、居民生活水平提高创造条件，推动城市化发展。同时，石油矿产资源的开发利用，可以带动大规模的社会就业和人口集聚，往往成为资源型城市形成的重要基础。

石油、矿产资源的开发利用，对非洲部分城市的出现和发展具有重要作用。殖民主义时期，殖民国家在非洲对矿产资源开发据点的建设，兴建和促进了一批城市发展，如南非约翰内斯堡的金矿开发和茨瓦内的铁矿、金刚石开发，赞比亚基特韦的铜矿开发等。约翰内斯堡 1928 年建市，其周边绵延 240 km 的金矿带开采，带动了弗里尼京、贝诺尼、杰密斯顿等城镇和矿区的发展，使得约翰内斯堡发展成为世界最大的金矿开采、黄金提炼和加工中心，奠定了整个南非的工业经济基础。在非洲国家独立之后，一些国家围绕矿产、石油开发发展了矿业城市，如加蓬的让蒂尔是在石油开采和提炼带动下发展起来的城市，尼日尔的阿尔利特是 20 个世纪 70 年代因铀矿开发而诞生的新兴城市。

矿产资源开发利用和贸易在推动城市出现和发展的同时，也促进了城市集聚区的快速发展。例如，非洲西部几内亚湾与非洲北部地中海沿岸城市集聚区的发展过程得益于丰富的石油资源，南部非洲兰德区域的城市集聚区的发展得益于维特沃特斯兰德（Witwaterscrand）山脉丰富的金矿资源，赞比亚与刚果民主共和国的沙巴区许多城市的发展得益于丰富的铜矿资源，它们吸引了大量的劳动力与投资，促进了这些区域内部不同城市之间产业分工体系的形成和经济联系功能的加强，促进了区域的一体化发展过程，这有助于推动区域整体的城市化发展。

在矿产资源加工贸易的基础上，部分城市积极利用外商投资，培育和促进机械加工、冶金等工业门类发展。如南非的茨瓦内和金伯利、赞比亚的基特韦和恩多拉、刚果民主共和国的卢本巴希等城市，逐步形成了钢铁、机械装备、金属加工等为主导的工业经济，为矿业城市及周边城镇建设提供了经济基础，同时吸引了大量的矿工向本地城市迁移，极大地推动了城市化发展。

非洲国家在 20 世纪 60 年代从殖民统治下独立之后，为摆脱殖民时期形成的依附性经济对自身的限制，先后开始了工业经济发展的历程。各国根据各自的发展状况，依托石油、矿产资源优势，采用"进口替代"、"出口加工"等不同工业发展模式。工业经济发展成为非洲国家独立之后，促进经济增长的主要动力，并带动了城市基础设施建设和就业岗位的增加，吸引了大批农村地区的人口向城市地区集聚。联合国统计资料显示，全非洲 1950—1980 年城镇人口增长 3 倍，所占总人口比重由 14.5% 增长到 29.7%[11]。从撒哈拉以南非洲地区工业化和城镇化水平的耦合关系来看（图 4-5），1960—1980 年非洲工业化和城镇化率均保持一定的增长速度，两者年均增长 0.5 个百分点，呈现出工业经济增长促进城市化发展的阶段特征。

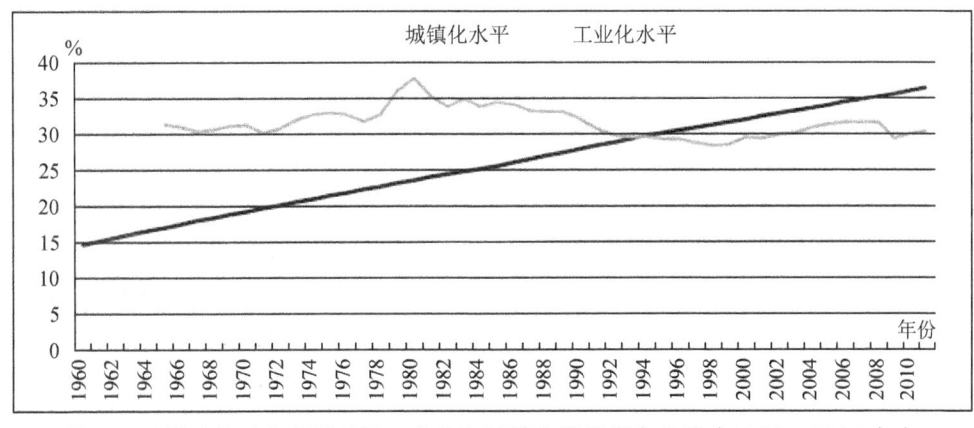

图 4-5　撒哈拉以南非洲地区工业化和城镇化发展耦合关系（1960—2011 年）

在经历了 1980—2000 年工业经济徘徊发展和停滞不前的阶段之后，进入新世纪，在全球化、信息化和国际贸易深入发展影响下，非洲逐渐与全球生产体系建立联系，并在非洲内部区域合作政策的影响下，推动加工制造产业发展，进行产业园区建设、港口开发等，这对于城市规模扩大、城市生产功能培育和服务功能拓展具有重大作用。2011 年撒哈拉以南非洲地区的工业增加值占三次产业结构的比重为 30.3%，尽管总体上仍处于工业化初级发展阶段，且以资源型和劳动密集型工业为主，但随着非洲不断融入世界生产网络，尤其是在国际资本、生产技术大量进入非洲，以及石油矿产资源开发利用水平的不断提升，将对非洲工业经济成长产生巨大影响。可以预见非洲将迎来工业经济的快速发展时期，工业化发展水平将得到较快提升，并成为非洲城市化发展的重要内在动力。

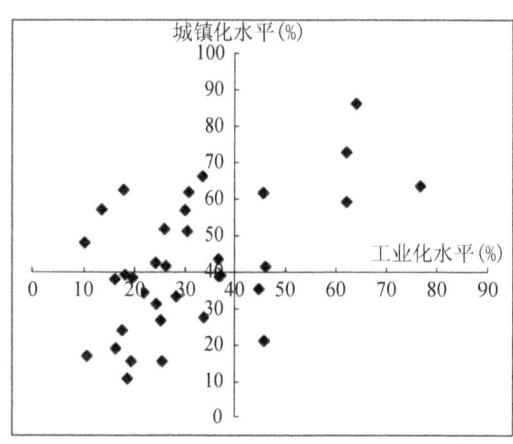

图 4-6　2011 年非洲各国家工业化和城镇化关系

比较 2011 年非洲各个国家的工业化和城市化水平组合关系（图 4-6），可以看出，刚果共和国、加蓬、安哥拉、毛里塔尼亚、阿尔及利亚、博茨瓦纳等国家的工业化和城市化均呈现较高的发展水平，这些国家工业经济成长有力地促进了城市化水平的提升；而乌干达、刚果民主共和国、冈比亚、利比里亚等大部分非洲国家的工业化水平严重滞后于城市化水平，工业经济成长较为缓慢，工业化对城市化发展的促进作用不强。对于这些国家，要充分考虑如何利用农业资源、矿产资源等基础和优势，培育国家工业经济体系，促进工业经济的快速成长，来加强基础设施投资、减少社会贫困、提升城市环境质量，从而推动城市化的健康可持续发展。

（3）国家一体化与行政管理创新

国家一体化和行政管理的创新，对于城市经济增长、基础设施建设和公共事务管理水平提升等具有促进作用，也有助于推动工业化发展，解决各项城市问题，是非洲国家城市化发展重要的内部动力之一。

区域和国家一体化发展，有助于促进地区内成员国经济的发展和地区整体利益的增长。20 世纪 60 年代以来，非洲的一体化组织得到了较快发展，并对非洲的政治、经济发展产生重要影响，尤其是经济一体化发展过程有力地促进了非洲国家工业化和城市化发展。1963 年，31 个独立的非洲国家领导人在首脑会议通过了《非洲统一组织宪章》成立非统组织，加强了非洲国家间经济领域的经贸合作。随后区域性的经济合作团体和一体化组织相继建立起来。比如，布隆迪、中非、喀麦隆、刚果民主共和国等国家成立的区域性咖啡商贸组织；喀麦隆、乍得、尼日尔等国家围绕自然资源开发与农业发展成立的乍得湖盆地委员会等。这些区域性的组织促进了地域资源开发、农业规模化生产，成为非洲大规模农业和乡村工业发展的基础。80 年代以后非洲经济一体化进程进一步深化，以《拉各斯行动计划》和《关于建立非洲经济共同体的最后文件》等合作文件的签署为标志，非洲中部、东部、南部和北部的地区一体化组织相继建立，加强了在粮食、农业、工业、人力、能源、交通运输和通信等方面的一体化，并通过项目合作，协调财政、关税、货币和贸易政策，逐步实现非洲大陆的经济一体化发展[23]，这有利于非洲国家利用更加广阔的市场和资源，来促进本地的资源开发、产业发展和城市建设，推动城市化发展。

在一体化发展过程中，非洲一系列的次级区域组织出现，制订和落实了经济共同体、关税同盟、自由贸易区的发展规划。如东非共同体、南部非洲发展共同体、中部非洲经济与货币共同体等区域组织已陆续达成自由贸易区协议，非洲自由贸易区的诞生，使得区内食品、纺织品、农副产品的交流正逐步扩大。同时，区域组织的市场开发，促进了组织内部贸易、投资和旅游的发展，区域一体化发展有助于提升区域内部的城市化发展水平。在西非地区，西非经济货币联盟通过建立关税同盟来实行对外统一关税；西非国家经济共同体成员国已免除初级产品和传统手工艺品的关税，并开始颁发西共体统一护照，便利了商品和人员的流动。在中非地区，中部非洲经济与货币共同体在6个成员国中颁发统一护照、成立中非地区航空公司；南部非洲发展共同体、东南非共同市场等争取将发展项目纳入"非洲发展新伙伴计划"（The New Partnership for Africa's Development，NEPAD）框架下并获得其资助，并积极开展非洲国家之间的合作，包括利用资源优势和经济互补性，在工业、交通等领域共同实施项目[24]。非洲次级区域的一体化发展，极大地促进了区域内部的贸易、市场、技术共享和生产要素流通，提高了工业产品的附加值，促进区域组织内部国家的港口贸易区、工矿开发区、出口加工产业区等经济区的发展，而这些经济区的发展吸引了大量的劳动力和城市人口集聚，成为城市化发展的重要吸引要素。

在经济全球化、信息化发展过程中，现代化潮流强烈冲击非洲传统的生产生活方式，加速了非洲国家的社会文明进程，使政府管理城市、解决城市问题的能力不断提升。大量的资本、技术、人才等要素流入非洲，使得非洲政府运行更加高效，极大地提升了资源利用水平，探索出新的经济发展方式，政府应对城市贫困、疾病、环境治理、基础设施建设等问题的能力大大提高。以安哥拉为例，大量引进外商投资，探索新的国际经贸合作模式，城市管理水平持续提升，在首都罗安达开发建设产业园区、大学园区，推进旧城改造和拆迁安置，不断完善城市基础设施和公共服务设施配套，促进罗安达快速经济发展和人口集聚；在库内内省规划建立特别经济开发区以解决库内内省的饥饿和贫困问题，提升地区的工业化和城市化水平。同时，安哥拉还积极引进农业技术并建设农业示范园，通过政府管理引导农业现代化，实现农民增收，为乡村城镇化发展创造条件。由此可见，在现代化的影响下，非洲政府管理城市的能力不断提升，极大地促进了城市建设和经济发展的有序推进，成为城市化发展重要的内部动力。

非洲国家创新行政管理模式，不断优化国家治理体系，从而对大中小城市和城镇发展布局产生不同程度的影响。国家一体化有利于制定和实施统一协调的经济社会发展政策，引导国家内部的人口、资源、产业经济的合理配置，以强化城市集聚区在国家体系中引领城市化发展的作用，不断加强中心城市和腹地之间的功能空间联系。以分散化为主要特征的行政管理模式创新，强化了次级行政管理政府发展中、小城市的自由性和积极性，在一定程度上成为推动非洲城市化发展的内在动力。以尼日利亚为例，在内战结束后为了解决长期的经济危机，以及中央政府的债务压力问题，使用分权和合作等措施来作为行政管理和城市可持续发展的整体方向，1967年将原先的4个区分解为12个州，1976年又新增7个州，到1995年州的数量增加到36个，分散化管理促进了州政府所在地城市中心的发展，同时积极实施的农村开发计划，利用中小城镇加强了农村—城市联系，推动农村基础设施开发，为次级城市中心发展提供基础[25]。

4.2.2　外部动力

非洲城市化发展的外部动力主要包括全球化发展、国际贸易、外商投资、非政府组织以及国际援助等方面。

1）全球化与对非贸易的加强

以贸易自由化、金融国际化和生产一体化为主要表现的经济全球化是推动地区社会经济发展的重要力量，对于发展中国家的经济发展尤为重要。由信息化与高新技术发展引起的国际分工的深刻变化，现代通信网络与国际航空、航运的迅猛发展，加速了资本、货物、人才、技术、信息、服务等在全球范围内的流动，有力地推动了经济全球化的进程[26]。经济全球化发展，有助于推动发达国家的资本、技术、产业等要素向发展中国家转移，并利用发展中国家自身廉价劳动力、巨大的市场潜力和丰富的资源优势，积极承接产业转移，这有利于推动发展中国家的工业化和城市化发展。

非洲城市化的快速发展几乎与经济全球化的深入发展保持同步。在殖民主义时期，殖民国家根据利益需要，在南部非洲和内陆的一些城市建立起殖民据点，沿海基础较好的城市则发展成贸易、政治和军事据点，由于殖民地经济等各方面因素，城市发展一直较为缓慢，城市化水平低于同期世界水平[3]。自20世纪60年代以来，尤其是冷战结束后，经济全球化得到了深入发展，这对非洲的全球贸易、社会经济发展和城市建设等产生巨大的推动作用。然而对于非洲国家来说，经济全球化的影响具有双面性。一方面，经济全球化拉动了非洲的外商投资，大量的外商投资流入，为非洲基础设施建设、矿产资源开发、农业资源利用等提供资金保障，提升了非洲内部地区以及非洲同其他区域的经济贸易水平，促进了非洲城市发展和城市化建设。另一方面，经济全球化对非洲城市发展也带来一定的负面影响。在全球经济发展和贸易当中，经济发展相对滞后的发展中国家和地区往往被动参与全球劳动市场分工，因此在世界贸易分工中处于弱势地位，主要表现为大量廉价的矿产资源、农产品等初级产品的出口和高附加值的工业产品的进口。同时，非洲分散的农业生产缺乏资金和技术，基本靠天吃饭，无法同发达国家的农场主竞争。农村人口激增，农产品的国际价格又很不稳定，导致部分非洲农村趋于凋敝，农村人口纷纷涌向城市寻找机会和出路[14]。但总体上经济全球化发展推动了非洲的经济发展和工业化，并为城市化发展提供全球要素这一外部推动力。

为了进一步说明经济全球化对非洲城市化的影响，分析2011年非洲主要国家经济全球化指数与城市化水平的耦合关系。可以看出非洲国家经济全球化指数与城市化水平之间存在一定的线性关系，即随着国家经济全球化指数的增加，其城市化水平也相应增高（图4-7）。利比亚、突尼斯、南非、安哥拉等城市化水平较高的国家，其经济全球化指数也相应较高；而城市化发展水平较低的莱索托、乌干达、肯尼亚、马里等国家，经济全球化指数则相应较低，这表明经济全球化对城市化发展具有一定的推动作用。

非洲经济全球化的发展，带动了商品贸易的快速增长，为城市参与市场分工、专业化生产等提供重要动力。非洲同世界其他国家和地区商品贸易的快速增长，表明非洲经济的分工合作更加密切，这在一定程度促进了非洲产业经济发展，进而拉动城市化的快速增长。非洲同世界其他国家的贸易总额（包括进口和出口）由1996年的2 510亿美元增长到2011年的1.15万亿美元，其中出口和进口贸易总额分别为5 820亿和5 690亿美元[27]。尽管如此，非洲的进出口贸易占全球贸易的份额仍相对较低。1970—1979年，非洲出口和进口额占全球的比例分别为4.9%和4.3%，远远低于世界其他地区，甚至在1980—1999年呈现下降的发展趋势（表4-3）。同时，非洲商品贸易也表现出一定的内部区域差异性。总体上北非、西非和南非的进出口贸易总量较高，这些地区的城市化水平也较高，这说明非洲各地区经济全球化发展程度的差异对各地的城市化发展产生不同程度的影响。

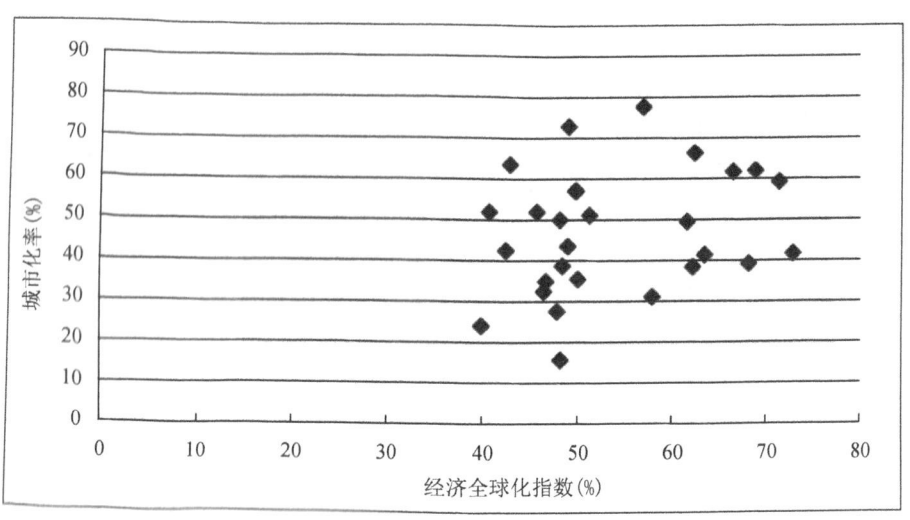

图 4-7　非洲部分国家经济全球化指数和城市化率耦合关系

表 4-3　非洲各地区商品贸易占全球份额

地区	出口（占全球出口总量的比例）（%）				进口（占全球进口总量的比例）（%）			
年份	1970—1979	1980—1989	1990—1999	2000—2010	1970—1979	1980—1989	1990—1999	2000—2010
非洲	4.9	4.1	2.4	2.8	4.3	4.0	2.4	2.5
东非	0.6	0.3	0.2	0.2	0.7	0.4	0.3	0.3
中非	0.4	0.4	0.3	0.4	0.3	0.3	0.1	0.2
北非	1.7	1.5	0.8	1.0	1.5	1.6	0.9	0.9
南非	1.0	1.0	0.7	0.6	0.8	0.9	0.7	0.6
西非	1.3	0.9	0.5	0.6	1.1	0.8	0.4	0.4

　　经济全球化和对非贸易发展，直接推动了非洲沿海的海港城市和部分内河港口城市的经济发展和城市建设。如莫桑比克马普托港是莫桑比克首都和最大港口，埃及亚历山大港是全国第二大城市，蒙罗维亚港是利比里亚首都和最大港口，开普敦是南非的立法首都、第二大城市和重要港口，国际贸易的快速增长带动了港口基础设施建设和港口经济发展，进而促进了城市经济、文化、旅游、政治等功能的不断完善。国际贸易的发展也推动了这些城市全球化发展水平的提高。

　　中国与非洲国家也顺应形势变化，在中非合作论坛框架内不断深化中非新型战略伙伴关系，大力推动经贸合作。目前中国已成为非洲最大贸易伙伴国，非洲成为中国重要的进口来源地，中非贸易在非洲经济全球化和世界对非贸易格局中占据越来越重要的地位，并对非洲城市发展的推动作用增强。2000 年以来，中国与非洲的经济贸易保持了较快的增长速度，并且中国对非洲的贸易逐渐由顺差转变为逆差。2012 年，中国与非洲贸易总额达到 1 984.9 亿美元，同比增长 19.3%。其中，中国对非洲出口额 853.19 亿美元，增长 16.7%；自非洲进口额 1 131.71 亿美元，增长 21.4%（图 4-8）。中非贸易总额、中国对非洲出口总额，以及自非洲进口总额均创历史新高。中非贸易规模扩大的同时，贸易结构也逐步优化，双方产品的比较优势得到进一步发挥。20 世纪 80—90 年代，中国对非洲出口商品以轻工、食品、化工、土畜产等为主。2000 年以来，机械设备、汽车、电子产品等出口显著增长，商品质量和技术含量大幅提高。目前，机电产品占中国对非出口的比例已超过 50%。在非洲对中国出口方面，棉花、磷酸盐等初级产品曾经是主要商品。近年来，非洲的钢材、铜材、化肥、电子产品等工业制成品陆续进入中国市场[28]。中国和非洲同处于工业化、城市化进程中，市场需求旺盛，中非贸易的不断发展、中国经济持续快速的发展为非洲资源产品提供了稳定的出口市场，促进了非洲产业经济的发展，为非洲城市化发展提供了资本、产业、社会就业等支撑。中国的机械设备、通信、电子等产品及技术向非洲出口规模的扩大，对于提升非洲工业化发展水平、促进城镇基础设施建设和信息化建设等发挥着重要作用，这有利于非洲工业化、城市化发展质量的提升。

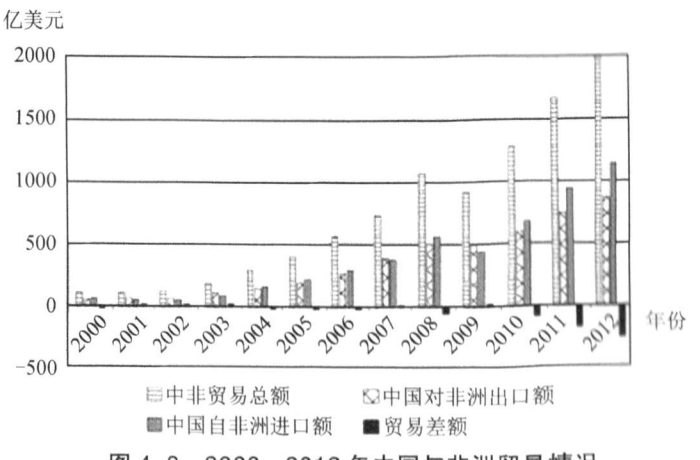

图 4-8　2000—2012 年中国与非洲贸易情况

2）外商投资的影响

外商直接投资（FDI）和先进技术、管理经验进入非洲，影响、带动了非洲国家的传统产业改造和经济制度改革，从而有效改善和提高了非洲国家的生产力水平与资源开发利用水平，进而加快了城市化的发展。外商直接投资为非洲经济发展提供资本，推动了港口、机场、铁路、电力、通信等基础设施建设以及产业园区发展，对于增加城市就业机会、提高经济效率、改善城市环境、增强城市经济活力等有着积极意义，有助于非洲城市的生产力水平提高和城市功能完善。而先进技术和管理经验提高了非洲资源开发利用和社会服务水平。从非洲整体的外商投资规模变化来看，1980—2012 年非洲外商直接投资存量总体上呈现扩大的趋势，其中，1980—1994 年，非洲外商直接投资存量的增长速度较为缓慢，1995 年以后则进入快速增长时期，而这一时期非洲的城市化进程也进入加速发展时期（图4-9）。外商投资规模的增长，推动城市规模扩大、功能提升和人口集聚发展，成为非洲城市化发展直接的外部驱动力。

由于非洲各个国家在地理位置、经济基础、基础设施条件、投资环境等方面的差异，不同国家和地区对外资吸引能力存在较大差异，因而外商投资对城市化促进作用的大小也存在较大差异。从非洲内部不同区域外商直接投资存量情况来看，北非是外商直接投资规模最大、增长最快的地区，其外商直接投资存量由 1980 年的 112.93 亿美元增长到 2012 年的 2 271.86 亿美元，总量扩大了 20 倍；南部非洲和西北地区外商直接投资存量增长也相对较快；而中非和东非地区外商直接投资存量的规模相对较小，增长较为缓慢。北非、西非和南非地区外商直接投资的快速发展，极大地带动了地中海、几内亚湾及西南部非洲沿海地区的港口、产业发展，推动了这些地区的城镇建设和人口集聚

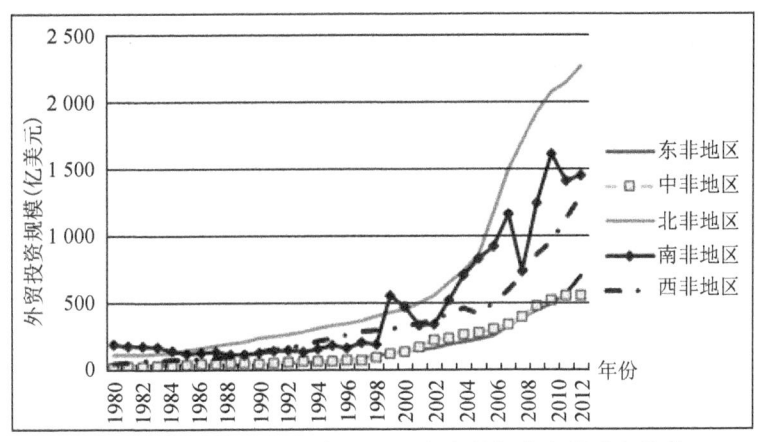

图 4-9 1980—2012 年非洲外商直接投资存量增长趋势

直接投资的拉动下这些地区也成为城市化发展速度较快的地区。

同时，非洲各个国家的政治经济环境稳定性也对外商直接投资产生影响，进而对城市化发展产生不同程度的作用 [29]。从 2012 年各个国家外商直接投资情况来看，尼日利亚和安哥拉吸引的外商直接投资规模最高，分别达到 70.29 亿和 68.98 亿美元，其次为莫桑比克、南非、刚果共和国、加纳、摩洛哥、埃及、刚果民主共和国、苏丹等沿海国家，外商投资规模超过 20 亿美元，而布隆迪、几内亚比绍、科摩罗、布基纳法索、中非共和国、佛得角、厄立特里亚、冈比亚等国家外商直接投资规模最小，不到 1 亿美元（图 4-10）。通过对比外商直接投资规模和城市化发展水平的关系，可以发现吸引外商投资规模较高的尼日利亚、安哥拉等国家的城市化水平也较高，例如外商直接投资规模最大的尼日利亚，2012 年城市人口增长率达到 4.02%，城市化率达到 50.23%。这说明大规模的外商直接投资已成为推动非洲国家城市化发展的重要动力，尤其是外商直接投资集聚在沿海的国家和地区，对这些地区的城市建设和城市化发展产生极强的推动作用。

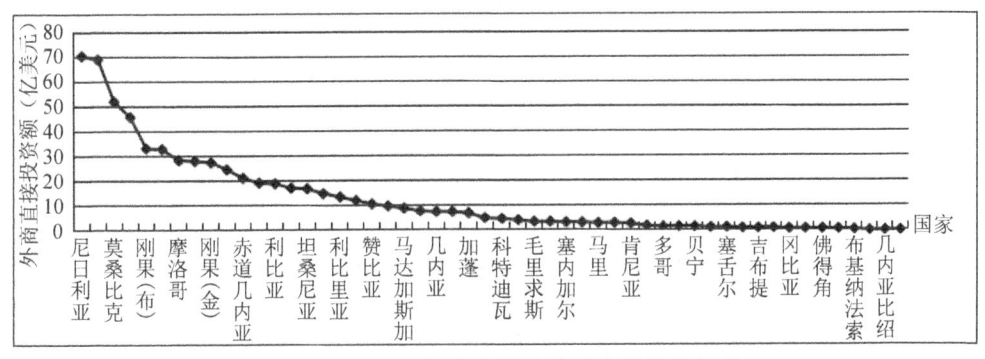

图 4-10 2012 年非洲国家外商直接投资规模

非洲的外商直接投资大部分来源于发达国家和地区，2011 年约占到所有外商投资的 76.2%，其中法国、美国、英国对非洲经济投资存量金额最高，分别占到 17.9%、17.5% 和 14.6%。而中国对非洲投资存量金额仅占 4.0%（表 4-4）。这表明当前非洲城市化发展中的外商投资、技术和管理经验主要来源于西方发达国家。

表 4-4 世界 20 个国家对非经济投资存量金额构成（2011 年）

排名	国家 / 地区	对非投资比例（%）	排名	国家 / 地区	对非投资比例（%）
	发达国家地区	76.2	10	新加坡	3.0
	发展中国家地区	23.2	11	挪威	2.9
	欧洲东南地区和独联体	0.6	12	日本	2.5
1	法国	17.9	13	比利时	2.3
2	美国	17.5	14	香港	2.0
3	英国	14.6	15	加拿大	1.5
4	马来西亚	6.0	16	葡萄牙	1.5
5	南非	5.7	17	瑞典	1.2
6	中国	4.0	18	荷兰	0.9
7	德国	4.0	19	印度	0.8
8	瑞士	3.9	20	丹麦	0.6
9	意大利	3.2		其他	3.8

随着中国在全球经济地位的提升，中国对非直接投资快速增加，并在推动非洲城市化发展中发挥越来越重要作用。据统计，2009—2012 年中国对非直接投资流量由14.4 亿美元增至 25.2 亿美元，年均增长 20.5%，存量由 93.3 亿美元增至 212.3 亿美元，增长 1.3 倍。中国对非洲投资的国家和地区也不断拓展，2003 年中国对非洲直接投资主要集中在赞比亚、南非、津巴布韦、尼日利亚、马达加斯加、肯尼亚、加蓬等国家，2010 年则拓展到尼日利亚、赞比亚、阿尔及利亚、刚果民主共和国、苏丹、尼日尔、埃塞俄比亚、安哥拉、埃及、坦桑尼亚等国家，并逐渐由沿海国家向整个非洲扩展，对整个非洲大陆的城市发展产生重要影响。

中国在扩大对非投资的同时，结合中国经济开发区发展的独特模式，积极推动建设中非共同主导的经贸合作区，在双方政府支持下进行合作区的基础设施开发、产业基地建设，这成为推动非洲工业化、城市化发展新的模式和动力。目前，中国已经在赞比亚、毛里求斯、尼日利亚、埃及和埃塞俄比亚等非洲国家建设多个经贸合作区。其中，赞比亚—中国经贸合作区是中国在非洲设立的第一个境外经贸合作区，涉及采矿、勘探、有色金属加工、化工、建筑等领域，完成实际投资 6 亿美元，为当地提供就业岗位 6 000 多个 [30]。境外经贸合作区的建设，有助于推动非洲产业园区发展和产业集群的培育，并为当地城镇化发展提供就业机会。中国对非投资过程中十分重视和支持非洲国家改善基础设施条件，通过援助、工程承包、投资合作、扩大融资等方式，帮助非洲国家兴建住宅、公路、桥梁、铁路、机场、港口、通信、电力、给排水、医院等基础设施，对非洲城市建设和推进城市化发展产生积极影响。

中国对非洲投资主要涉及采矿业、金融业、制造业、建筑业、旅游业、农林牧渔业等行业，其中采掘业所占份额最高，达到 30.6%，其次为金融业、建筑业和制造业，分别达到所有投资行业的 19.5%、16.4% 和 15.3%（图 4-11）。制造业是中国对非投资的重点领域，2009—2012 年，中国企业对非制造业直接投资额合计达 13.3 亿美元，2012 年底在非制造业投资存量达 34.3 亿美元。其中，马里、埃塞俄比亚等资源贫瘠国吸引了大量中国投资。中国企业在马里投资糖厂，在埃塞俄比亚建立玻璃、皮革、药用胶囊和汽车生产企业，在乌干达投资纺织和钢管生产项目等，弥补了所在国自然条件、资源禀赋的不足，创造了大量税收和就业，延长了"非洲制造"的产生链。服务业是近年来中非投资合作的新方向，中国企业在金融、商贸、科技服务、电力供应等领域均进

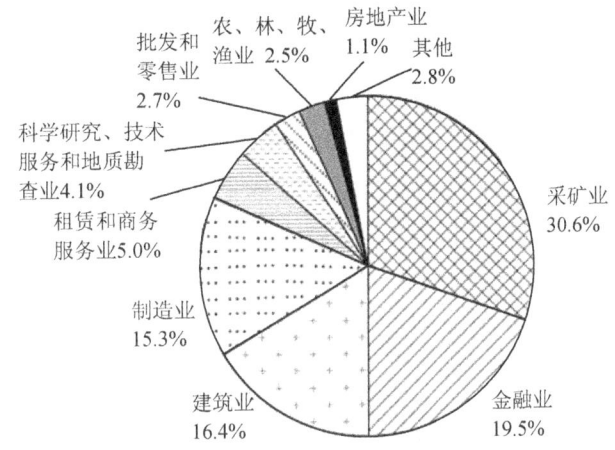

图 4-11　2011 年底中国对非直接投资的行业分布

行了投资。截至 2012 年底，中国对非洲金融业直接投资存量已达 38.7 亿美元，占全部对非投资的 19.5%，一定程度上弥补了当地企业建设发展资金的不足。在商贸领域，中国企业与当地公司合作开发的安哥拉国际商贸城项目已经开工，建成后将成为西南部非洲最大的商贸物流中心、会展中心和投资服务中心。当前，还有众多中国中小投资者在非洲从事农副产品加工、小商品生产等，他们提供的产品和服务与非洲人民生活息息相关，对满足非洲人民生活需求、吸纳当地就业、促进中非经贸往来发挥了积极作用[28]。中国对非洲制造业和服务业投资的扩大，培育了非洲城市发展的经济基础，推动非洲健康城市化发展。

3）非政府组织与国际援助

20 世纪 80 年代以来，非政府组织（Non-Governmental Organization, NGO）在全球得到了快速发展，其影响和作用越来越大。在非洲由于紧急救济、发展和政治的需要，非政府组织在 20 世纪 80 年代开始加速发展，到 90 年代在非洲各国都得到很大发展。非洲非政府组织在救济、发展、环保、卫生、教育、民主、人权，以及和平等领域发挥着不可忽视的作用[31]，尤其是在维护地区和平、提供社会服务和社会救济方面具有很大影响，这对于提升城市发展水平具有积极的作用。

根据联合国统计数据显示，2004 年非洲地区的国际非政府组织已经到达 3500 个，分布于非洲 53 个国家，其中南非、埃及、坦桑尼亚、肯尼亚、乌干达等国的非政府组织发展规模和影响较大。如埃及的"埃及人权组织"、肯尼亚的"非洲倡议计划"、南非"非洲争端创造性解决中心"等。同时，一些国际非政府组织也在非洲得到了较快的发展。非洲大陆以外的一些国际非政府组织积极关注非洲的地区和平、社会发展与人道主义危机，如"国际红十字会"、"医生无国界"、"牛津饥荒救济委员会"（又名"乐施会"）等。许多国际非政府组织不仅在非洲开展业务，还在非洲建立分支机构、办事处或支持非洲会员组织的发展。非洲非政府组织大多产生于人权维护领域，西方国家的非政府组织在非洲设立分支机构并对非洲进行援助，其中美国、瑞典、英国、法国、加拿大等 5 个国家的非政府组织在非洲的分支机构最多，占非洲所有非政府

表 4-5　在非洲设有 NGO 分支机构的前五位国家

国家	美国	瑞典	英国	法国	加拿大	总计
数量（个）	82	34	30	26	23	195
比例（%）	34.2	14.2	12.5	10.8	9.6	81.3

组织的 81.3%（表 4-5）。此外，还有奥地利、比利时等 21 个国家的非政府组织在非洲设立了 240 个分支机构。而中国在非洲运作的非政府组织只有中国民间组织的国际交流促进会。

非政府组织的扶贫和国际援助，对于改善非洲贫困人群的生活水平，推动城市化发展起着积极的作用。其在非洲扶贫领域经历了三个阶段：第一个阶段以直接救济为主，直接针对需要援助的群体进行食品分发、医疗卫生服务和安全保证等援助活动；第二阶段是帮助需要援助的地区进行小规模的自我发展培训等，开始从"输血"转向"造血"；第三阶段则是着力于促进国际、国内和地方制度及政策层面的改善，以求从根本上解决贫困与发展的问题 [32-33]。

从国际社会、非政府组织对非洲的援助方式来看，主要包括以下几个方面：①人道主义援助。主要针对自然灾害和发生战乱、冲突的国家和地区，进行粮食、食品、药品等生活物资的直接援助。例如刚果民主共和国东北部地区、乌干达北部地区、苏丹达尔富尔地区等的冲突导致的难民问题。人道主义援助对于灾害和冲突后的地区政治局势、社会发展秩序稳定等有着积极的作用，有助于恢复城市生产生活。同时，人道主义援助还包括专门针对艾滋病患者、妇女儿童等弱势群体的救助，这有助于更快、更有效地回应影响人口的危急状况。②开发建设援助。开发建设援助主要是针对非洲资源开发、工农业生产以及城市基础设施建设，在技术、资金、设备、劳动力等方面提供的援助。非政府组织通过在非洲落后地区推广农、牧、加工业的新技术，极大提高了非洲农业生产率，自下而上推动城镇化发展。通过技术援助，培育非洲制衣、制陶等产业。通过水利、农田设施、铁路、机场、港口等基础设施援建，为非洲城市发展提供设施保障。③发展援助。为非洲社会发展和环境保护等提供援助，尤其是对非洲偏远地区的教育援助，提高了非洲人口的受教育程度。协助非洲政府、民众进行环境治理、消除荒漠化等，促进非洲的可持续发展。欧美国家和中国对非援助的政策存在较大的差异，并且在不同时期援助的内容存在较大差异。

（1）欧美国家对非援助

根据欧美国家对非援助的政策变化，可以分为冷战期间、冷战后至"9·11"事件期间和"9·11"事件后三个阶段。每个阶段欧美国家对非援助的政策，对非洲国家的政治、民主、经济、社会、文化产生不同的影响 [34]，进而对非洲城市化发展产生影响。

① 冷战期间欧美对非援助。在冷战期间，虽然大部分非洲国家实现了独立，但其发展仍然受到欧盟及其成员国、美国的影响。欧洲经济共同体通过签订《欧洲经济共同体——非洲、加勒比和太平洋地区（国家）洛美协定》，对非洲进行经济、贸易的发展援助。例如《雅温得协定》中提出，欧洲经济共同体对非洲联系国的产品进口免税，非洲联系国应在 4 年内对产自成员国的货物的进口取消定额限制并逐渐取消关税，共同体给予联系国财政援助等。这一阶段，美国对非援助包括发展援助、经济支持基金、食品换和平计划，以及通过对主要国际金融组织的认捐提供援助。一般情况下，美国对非援助主要包括双边援助和多边援助两种方式。双边援助主要借助各种非政府机构、民间机构以及非政府组织开展，因此被叫做"国家间援助"或"直接援助"。多边援助则是把资金转交给国际金融部门以及联合国机构，通过上述部门整体调配把援助送到非洲，因此通常被称为"间接援助" [35]。冷战期间欧美国家对非援助以发展援助为主，这在一定程度上促进了非洲对外贸易，增加了非洲国家的可支配财政收入，促进了非洲农产品生

产和矿产资源开发，为矿区开发、城镇基础设施建设提供资金保障。

②冷战后至"9·11"事件期间。冷战结束后，西方国家纷纷调整对非援助政策，试图抢占非洲的资源和市场并扩大对非洲的政治影响。美国把援助同民主化、人权、良知联系在一起，不断强调政治民主化，经济自由化，保证人权等等，同时试图借助投资、贸易等不同援助途径，抢占非洲市场，使非洲国家政治经济逐渐被美国掌控。另外，美国还借助文化及教育的影响，推动非洲民众接受美式价值观和生活消费方式，其政治取向相当明显[35]。总体上来讲，这一阶段欧美国家对非援助的领域不断拓展，涉及人道主义、基础设施建设、经济结构调整、社会治理等领域（表4-6）[36]，尤其是经济援助推动了非洲的经济和科技实力稳步增长，促进了非洲的工业化和城市化发展进程。但同时在一定程度上造成非洲民族工业从属于美国经济，导致了非洲经济体系的脆弱性。

③新世纪欧美国家对非洲援助的新动向。进入新世纪，为配合联合国对非洲的减贫计划，欧美国家加强对非洲国家可持续发展相关领域的援助，如非洲的和平与安全、国际贸易、生态保护、艾滋病传染等领域。2002年，美国政府颁布了《美国国家安全战略》，指明了其在发展援助方面，重点推动贫困国家的经济水平提高，援助贸易以及投资，加强对健康、教育和农业机构的支持力度[35]，并实施房屋建设、卫生、教育、财务管理培训、农产品质量提高等多个项目[37]，对于提升非洲城市化发展质量有着积极作用。欧洲则将援助范围从经济、贸易领域延伸到社会文化等领域，并强调在医疗保障、公共卫生、保护妇女儿童等方面的援助；同时，欧洲国家加大对非洲的交通、通信、电力等基础设施的援助。总体上，欧美国家对非洲援助突出了对安全、教育、卫生、社会、军事、基础设施等多个领域的关注，这对于营造安全健康的发展环境、促进城市可持续发展具有重要作用。

（2）以中国为代表的发展中国家对非援助

中国对非援助是中非关系的重要组成部分之一，中国对非洲的援助开始于1956年，每个时期都和中国与非洲国家面临的历史任务相关。大部分学者将中国对非洲援助划分为三个阶段：1950—1978年、1978—1995年、1995年以后[38]。

①1950—1978年：中国对非援助的起始阶段。该阶段中国把非洲在内的第三世界国家当作反对帝国主义、殖民主义的基本力量，对非援助成为打破外交僵局的重要内容。中国克服当时国内的经济落后，对非洲提供了大量的无偿援助、无息贷款等[39]。20世纪50—60年代，中国通过政治、经济、军事、技术上的援助，支持非洲国家人民反对殖民主义的斗争，包括支持埃及收回苏伊士运河主权、支持阿尔及利亚的民族解放运动，1957—1958年通过间接方式向阿尔及利亚提供56万人民币赠款。根据非洲国家具体需求，援建了一些解决基本生活需要的农业和工业项目，如马里的农业技术援助，帮助马里建设糖厂、茶叶加工厂；为坦桑尼亚援建纺织厂等。这些援助促进了非洲部分国家乡村的工业化发展。同时，中国不断扩大在非洲援助的国家和地区，到70年代末中国对非援助国家增加到39个，在1977年一年中，中国就向非洲派遣了包括农业技术人员、通信技术专家和医务工作者等在内2万多名中国技术人员进行援助建设[40]，尤其是加强对非洲基础设施的援助建设，如在索马里援建摩加迪沙体育场、坦赞铁路、开罗会议中心等。总体上，这一阶段中国对非援助以支持埃及、阿尔及利亚、安哥拉、莫桑比克、津巴布韦等国家的民族独立事业为主，并进行资金、技术援助，来帮助农场、工厂及重大基础设施建设，这些援助为实现非洲国家独立自主发展道路和城市化起步发展奠定了一定基础。

表 4-6　20世纪90年代欧盟对非洲等国家援助的主要领域（承诺额：百万埃居）

年份 类型	1986—1995		1998	1999
	援助承诺额合计	占援助总额比例（%）		
1. 计划性援助	6 049	25.4	873	492
结构调整	2 499	—	—	—
2. 粮食援助	2 212	9.3	138	277
3. 人道主义援助	1 374	5.8	179	240
恢复重建	338	1.4	—	—
其他	1 037	4.4	—	—
4. 与政府组织联合援助	289	1.2	65	47
5. 自然资源生产部门	1 653	7.0	—	—
农业	1 387	5.8	137	180
林业	145	0.6	—	—
渔业	120	0.5	—	—
6. 其他生产部门	2 221	9.3	95	107
工业、矿业和建筑业	1 894	8.0	—	—
贸易	210	0.9	—	—
旅游业	114	0.5	—	—
7. 经济基础设施和服务	4 047	17.0	847	832
运输和通讯	2 586	10.9	—	—
能源	1 357	5.7	—	—
银行、金融和工商服务	104	0.4	—	—
8. 社会基础设施和服务	1 750	7.4	321	388
教育	459	1.9	—	—
保健和人口	474	2.0	—	—
供水	620	2.6	—	—
其他	197	0.8	—	—
9. 政府治理和公民社会	170	0.7	86	279
10. 跨行业	2 558	10.8	62	180
环保	171	0.7	—	—
农村发展	1 633	6.9	—	—
其他	752	3.2	—	—
11. 其余类型	1 451	6.1	180	298
12. 总计	23 774	100.0	2 983	3 320

②　1978—1995年：中国对非援助的改革阶段。这一阶段，在中国改革开放和以经

济建设为中心方针政策引导下，中国对非援助的管理体制不断进行改革，由政治援助逐渐转向经济主导的援助，援助的主体走向多元化，由政府援助转向政府、企业、银行等多主体参与对非援助。不断强化中国和非洲经济合作，在援建项目中采用多种不同的生产经营方式，在塞拉利昂、马里、贝宁和赞比亚等国家的援建项目中进行合作管理。如：中国在非洲援建的马里塞古纺织厂；在卢旺达援建的水泥厂，采取中国代管经营的方式，代管经营后，中方增强了管理企业的责任感，卢方人员增强了经营意识，学习了企业的经营管理经验，使水泥厂的经济效益明显提高[41]。在援助过程中采用多种互利合作形式，包括劳务合作、承包工程、技术合作和合资合营等。70年代中期至80年代初，中国企业在非洲承包了住房、厂房、办公楼、桥梁、公路、土坝等建设项目，以及输变电工程、电站、化肥厂、糖厂、小型钢厂、机械厂等工程成套设备。通过劳务合作，中方公司选派大量的技术性劳务人员到非洲，并通过国外合营企业、技术合作的形式，对非洲国家进行设备、材料、技术和专业技术人员的援助，结合非洲国家丰富的自然资源和人力资源，促进非洲国家大型基础设施建设、工业发展和商品生产。同时，中国以派出志愿者的方式，向几内亚、摩洛哥、吉布提、加蓬和塞内加尔等国家传授种养殖、乡村发展、工厂建设的技术和经验。截至1987年底，中国共计向46个非洲国家提供了经济技术援助[39]。这一时期的援建，对于非洲城市基础设施建设、经济发展模式、工业企业发展、农业产业化经营等发挥了重要作用。

③ 1995年至今：中国对非洲援助的全面发展创新阶段。20世纪90年代以来，中非关系进入快速发展时期，中国政府从战略高度上重视中非关系，推动对非援助方式的改革，进一步加强与非洲国家合作。在"中非合作论坛"框架下，形成中非合作和中国对非援助的长效机制，加强中国与非洲国家的全方位、立体式合作，中国对非贸易和投资额规模持续扩大[42]。在援助结构上，扩大政府贴息优惠贷款的规模，提高无偿援助的比例；在援助项目选择上，重点承担受援国需要的中小型生产项目；在援助方式上，推动援助项目合资合作；在援助资金上，将政府援助资金与银行贷款结合起来，并适当将有关企业的资金吸纳到援助项目执行中[39]。为帮助非洲国家增强自主发展能力，中国在"南南合作"框架下，对非进行全面合作并提供援助，截至2010年6月，中国为非洲国家培训了各类人员3万多人次，培训内容涵盖经济、公共行政管理、农牧渔业、医疗卫生、科技、环保等20多个领域[30]。

从中国对非援助过程来看，中国对非援助由改革开放前的政治援助转向改革开放后的经济援助和全面发展援助，由直接经济援助逐步转向"造血"功能援助，对非援助的领域由基础设施、农业项目、工厂等拓展到教育、科技、工业、贸易、文化、培训、医疗卫生、环境保护等各个领域。中国为非洲国家援建了一大批低造价住房、打井供水、污水处理、广播电视和通信设施等公共福利项目，对提高当地人民生活和城市化发展水平发挥了积极作用。中国的援助为非洲改善社会经济发展条件、提高自主发展能力、增加就业和收入、消除贫困产生了积极作用，给受援国人民带来了实实在在的利益[43]。中国在对非援助过程中，坚持和平发展的世界观、平等相待的国家关系观、互利共赢的合作观以及共同发展的目标观，逐步形成"发展引导型援助"模式[44]，为非洲城市化发展提供基础设施保障，培育结构合理的产业体系，引导非洲全球化发展，改善非洲居民生活条件等，极大地促进了非洲城市化和可持续发展。随着中非合作论坛的推进，中国技术人员在非洲城市规划、建设等方面提供新的帮助，这也有助于从技术引导方面提升非洲城市化发展水平。

参考文献

[1] 佚名. 水信息网 [EB/OL].(2014-07-21).http://www.hwcc.gov.cn/pub2011/hwcc/wwgj/xwzx/201211/t20121 113_351952.htm.

[2] 佚名. 赞比西河 [EB/OL]. (2015-02-14).http://baike.baidu.com/view/47943.htm.

[3] 张建业. 非洲城市化研究（1960 年至今）[D]. 上海：上海师范大学,2008.

[4] 佚名. 非洲之角 [EB/OL]. (2015-08-17).http://baike.baidu.com/view/173526.htm.

[5] 姜忠尽, 王婵婵, 朱丽娜. 非洲城市化特征与驱动力因素浅析 [J]. 西亚非洲,2007(1):21-26.

[6] 张善余, 彭际作. 世纪之交的非洲人口形势 [J]. 西亚非洲,2005(3):16-24.

[7] Alhadji C D, 丁金宏, Mariam C. 当代非洲城市化的动因与困境 [J]. 世界地理研究,2008,17(2):47-55.

[8] 张增玲, 甄峰, 刘慧. 20 世纪 90 年代以来非洲城市化的特点与动因 [J]. 热带地理, 2007, 27(5): 455-460.

[9] Ominde S H.Population Growth and Economic Development in Africa[M]. London: Heinem an,1981.

[10] 驻南非经商参处. 新兴工业开发区将成为南非经济增长引擎 [EB/OL].(2014-03-14). http://www.mofcom.gov.cn/aarticle/i/jyjl/k/201011/20101107237099.html.

[11] 张同铸. 非洲经济社会发展战略问题研究 [M]. 北京：人民出版社,1992.

[12] Green E. The political demography of conflict in modern Africa[J]. Civil Wars,2012, 14(4): 477-498.

[13] Glaeser E. Triumph of the City：How Our Greatest Invention Makes US Richer, Smarter, Greener, Healthier, and Happier[M]. USA:Penguin Press, 2011.

[14] 张忠祥. 非洲城市化：中非合作的新机遇 [J]. 亚非纵横,2011(5):42-60.

[15] 赵磊. 非洲族群冲突的最新进展及冲突管理 [J]. 当代世界与社会主义,2011(3):78-82.

[16] Joseph S L. Tackling informality: Why HIV/AIDS needs to be a critical component of urban development policies[J]. Urban Forum, 2010, 21(2): 85-105.

[17] 姚桂梅. 非洲国家多党民主之经济影响评析 [J]. 西亚非洲,2007(10):56-60.

[18] 夏吉生. 良政与非洲民主和发展 [J]. 亚非纵横,2005(4):60-65.

[19] World Bank. African Development Indicators 2006: From the World Bank Africa Database[M]. Washington D C: World Bank Publications,2006.

[20] 严启发. 非洲经济进入最快最好发展时期 [N]. 中国经济时报,2006-11-06.

[21] 刘月明. 多党民主对非洲稳定和发展的影响 [J]. 现代国际关系,1994(7):21-24.

[22] Thomas R Y, Philip M M, Omayra B L, et al. The Mineral Industries of Africa[M]. U.S. Geological Survey Mineral Yearbook,2005.

[23] 伊万卡. 非洲经济一体化问题研究 [D]. 长春：吉林大学,2010.

[24] 汪薇. 非洲大陆区域合作的特点与影响 [N]. 中国经济时报,2007-11-12.

[25] Geoffrey I N. 尼日利亚分散化的城市化和农村发展：促进中小城镇发展 [C]. 吴斐琼, 译. 北京：提高城乡联系与协调经济发展国际会议论文集,2005.

[26] 胡序威. 经济全球化与中国城市化 [J]. 城市规划学刊,2007(4):53-55.

[27] United Nations. Economic development in Africa report 2013[M]. USA:United Nations Publication, 2013.

[28] 中华人民共和国国务院新闻办公室. 中国与非洲的经贸合作白皮书（2013）[EB/OL]. (2013-08-29). http://www.gov.cn/jrzg/2013-08/29/content_2476529.htm.

[29] 胡颖文, 徐建刚, 蔡银寅. 非洲外商直接投资的时空分异研究 [J]. 热带地理, 2007,27(1):60-65.

[30] 中华人民共和国国务院新闻办公室. 中国与非洲的经贸合作白皮书（2010）[EB/OL]. (2013-08-29).http://www.gov.cn/jrzg/2013-08/29/content_2476529.htm.

[31] 胡志方. 非洲非政府组织研究综述 [J]. 西亚非洲 ,2006(1):71-75.

[32] Korten.Three Generations of Voluntary Development Action[EB/OL]. [2016-05-23]. http://en.wikipedia.org/wiki/Non-government_organization.

[33] 李湘云, 王涛. 论国际非政府组织在非洲的扶贫模式及成效[J]. 思想战线,2011(5):147-148.

[34] Addison T, Mavrotas G, Mcgillivray M. Aid to Africa: An unfinished agenda[J]. Journal of International Development, 2005 (12): 989-1001.

[35] 沈慰祖. 冷战后美国对非援助政策的演变 [D]. 北京 : 外交学院 ,2011.

[36] European Commission.External Aid Programmers Financial Trends (1989-2002)[Z].2003.

[37] Fantu C. Aid and trade policies: Shifting the debate[M]// Donald R, Edmond J K. Africa-US Relations: Strategic Encounter. London: Lynne Rienner Publishers, 2005: 231-234.

[38] 李安山. 论中国对非洲政策的调适与转变 [J]. 西亚非洲 ,2006(8):11-20.

[39] 王玉红. 合作发展 : 中国对非洲援助研究 [D] 长春 : 吉林大学 ,2012.

[40] Warren W, Thomas H. Henriksen: Soviet and Chinese aid to African Nations[M]. New York:Praeger,1980:119.

[41] 吴兆契. 中国和非洲经济合作的理论与实践 [M]. 北京 : 经济科学出版社 ,1993:154-155.

[42] 佚名. 中非贸易额去年创历史新高 [EB/OL].(2009-01-19). http://www.cs.com.cn/xwzx/03/200901/t20090119 _1726756.htm.

[43] 佚名. 扩大中非合作, 提高援助成效 [EB/OL].(2009-02-09). http://paper.people.com.cn/rmrb/html/2009-02/09/nw.D110000renmrb_20090209_3-03.htm.

[44] 张海冰. 发展引导型援助 : 中国对非洲援助模式探讨 [J]. 世界经济研究 ,2012(12):78-86.

5 非洲国家城市化支撑体系与发展方向

城市化的健康持续发展需要很多方面的支撑，本章主要通过对交通运输与能源电力等基础设施以及生态环境、人力资源、社会服务与城市管治等在城市化发展中起基础支持作用的硬件与软件要素在非洲的发展历程、现状与存在问题、发展趋势的分析，揭示这些要素对非洲城市化总体格局、各区域城市化态势以及正在经历快速城市化地区的具体影响，从而为非洲城市化战略提供支撑。

交通运输与能源电力是城市化最基本的两大设施保障体系。对非洲交通运输要素的分析分别从公路、铁路这两类陆上交通，发展起步较晚的航空运输体系以及对非洲的经济与贸易至关重要的港口与航运体系这 4 个方面重点展开，另外对其处在发展起步中的城市轨道交通也做简要的分析。在对能源电力要素的分析中，首先是将其视为非洲本土工业化与产业发展的重要基础设施；其次，考虑非洲能源贸易带来的外汇收入、本土建设投资、人才和技术等要素对城市化的支持作用。良好的生态环境是城市发展的绿色基底。非洲多沙漠、干旱缺水的自然条件使得城市集中建设区域极为有限，而在有限的河谷等地带中人口集聚的规模又受到资源环境承载力的制约。因而，维持城市发展与生态环境的平衡对非洲的健康城市化发展尤为重要。人力资源、社会服务与城市管治则是非洲快速城市化地区不可忽视的软环境基础，本章分别从非洲人力资源概况与培养情况、医疗卫生、基础教育、就业与劳动保障、城市住房、城市贫困治理等多方面分析非洲城市化的社会条件。

5.1 快捷的交通运输体系

本节在简要介绍非洲各类交通基础设施建设现状的基础上，分析其在区域间、城市间和城乡间建设的均衡性及其对城市网络化或核心—边缘化发展的影响。非洲独立以来，交通运输事业虽有发展，但布局不合理，基本上沿袭了殖民时代的模式：沿海国家交通较发达，交通运输多半还是为了连接港口与矿区及其他原料产地。内陆国家交通运输很不发达，甚至依靠牲畜和人力作为交通工具，严重影响非洲内部城市网络和体系的形成。进入 21 世纪以来，非洲国家纷纷寻求经济上的崛起。因而，各国对基础设施的需求也与日俱增，加快了非洲大陆公路、铁路、港口航运等交通基础设施项目的建设进程，为城市化的推进提供了基础和保障。

5.1.1 交通运输现状

（1）公路

公路作为最基础的交通基础设施，对非洲城市化进程中人流、物流的便捷流动，人口向城镇的集聚起着十分重要的作用。与其他的交通方式相比，非洲的公路运输已经占据着绝对的优势。但与其他大陆相比，非洲公路系统很不发达，公路运输网络还比较稀疏，公路密度较大的国家仅有摩洛哥、突尼斯、肯尼亚、南非等（图 5–1）。截至 2013 年末，非洲平均每 100 km² 国土面积公路里程仅为 4.4 km，而亚洲在 2006 年就已达到平均每 100 km² 拥有 18 km 公路的发展水平（表 5-1）。此外，非洲现有的公路大部分是普通公路和土路，高速公路仅占公路总里程的 1.6%，全天候公路也仅占公路总里程的 1/3，道路建设质量较差，对城市化发展的支撑力明显不足。

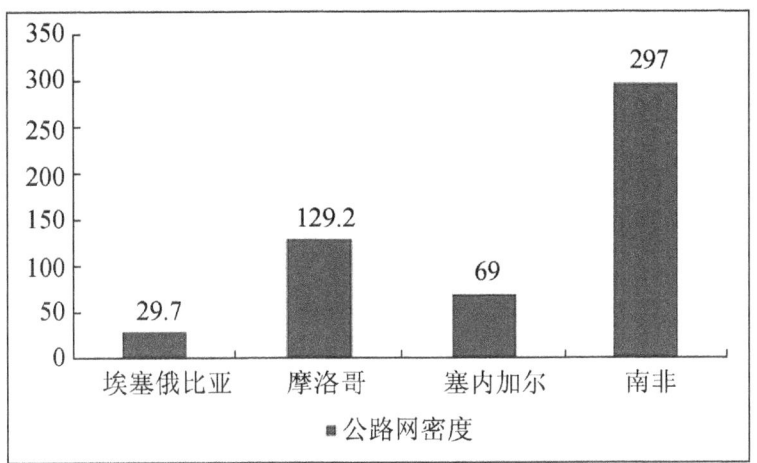

图 5-1　非洲代表性国家公路网密度（单位：km/km²）

表 5-1　非洲各地区公路基本情况

地区	柏油公路长度 (km)	高速公路长度 (km)	高速公路占比 (%)
北部非洲	331 753	2 920	8.8
西部非洲	78 318	7	0
南部非洲	201 081	7 785	3.9
东部非洲	50 686	75	0.1
中部非洲	5 852	0	0
总计	667 690	10 787	1.6

由于认识到交通设施在区域发展和城市化进程中所承担的重要角色，近十多年来，经济发展较快的非洲国家如南非、尼日利亚、肯尼亚等已将交通基础设施尤其是公路的建设摆在了十分重要的位置，兴建了一批高等级公路。2003 年，联合国非洲经济委员会、非洲开发银行、非洲联盟会同区域性国际组织共同制定了穿越非洲的公路网规划，目标是通过发展非洲公路基础设施和加强以公路为基础的贸易走廊建设与管理，促进非洲贸易和减轻贫困。跨区域公路的建设正逐渐弥补非洲大陆陆路运输的不足。目前，非洲规划建设、正在兴建或已竣工的跨地区公路共有 9 条（表 5-2），公路总里程 56 683 km[1]，其中部分线路是利用原路翻修和扩建。由这 9 条高速公路组成及连接的支线公路初步形成了非洲的公路系统。

表 5-2　非洲跨地区公路一览表

序号	公路名称	全长（km）	途经国家
1	纵贯撒哈拉公路	4 765	起自阿尔及利亚的阿尔及尔，穿越撒哈拉沙漠后在阿尔及利亚的塔曼拉萨特分成两支线，一条向西直通马里的巴马科(此支分出连接至尼亚美的短支线)；另一条向南通过尼日利亚的阿加德兹到尼日利亚首都拉各斯
2	横跨非洲公路	4 200	把肯尼亚的蒙巴萨与尼日利亚的拉各斯连接起来，中经乌干达、刚果（金）等
3	横跨撒哈拉公路	4 640	起自塞内加尔的达喀尔，穿越马里、布基纳法索、尼日尔、尼日利亚和喀麦隆，终点是乍得的恩贾梅纳

序号	公路名称	全长（km）	途经国家
4	西非沿海公路	4800	这条公路从毛里塔尼亚的努瓦克肖特到尼日利亚的拉各斯，穿越塞内加尔、冈比亚、几内亚比绍、几内亚、塞拉利昂、利比里亚、科特迪瓦、加纳、多哥、贝宁
5	东非公路	9000	这条公路把埃及的开罗同博茨瓦纳的哈博罗内连接起来，中经苏丹、埃塞俄比亚、肯尼亚、坦桑尼亚、赞比亚、津巴布韦
6	的黎波里—开普敦公路	—	—
7	开罗—开普敦公路	—	—
8	恩贾梅纳—吉布提公路	—	—
9	贝拉—洛比托公路	—	—

可以说，在非洲各国和国际社会的共同努力下，非洲的公路网框架已初步建成。这极大地促进了非洲大陆各城市间的经济联系以及各类要素向城市的集聚，进而刺激了非洲城市化的发展。非洲公路网最终将把非洲各港口、大城市与贸易中心连接起来，将非洲的农业与制造中心同潜在的国内市场连接起来，提供向欧亚出口的直接通道，与欧亚大陆相连将使非洲各国摆脱地理上的隔绝。在竞争日益激烈的国际出口市场环境下，独立的非洲必须强化交通线建设以促进地区合作，利用仅有的资金、技术及原料资源，进行合作投资，促进地区合作和国际交流。随着非洲公路网的建设，非洲的经济发展和城市化建设将呈现更为广阔的前景。

应当看到，目前作为非洲各国陆上交通主要载体的内部公路网络的建设在空间上极不均衡（图5-2）。北非地区仅沿海、与欧洲大陆邻近的国家和地区公路网较密集，如突尼斯等。而国土面积较大的阿尔及利亚、利比亚和尼日尔等国家公路网密度十分稀疏。与之对比较为明显的是南非，以约翰内斯堡为核心，全国已经形成了辐射状的公路体系。即便在其西南部地区，公路网密度也远远高于北非。这种仍然明显带有殖民时期"单中心"发展烙印的公路系统，使非洲各国的大、中、小城市之间形成公路网络体系的难度大增。

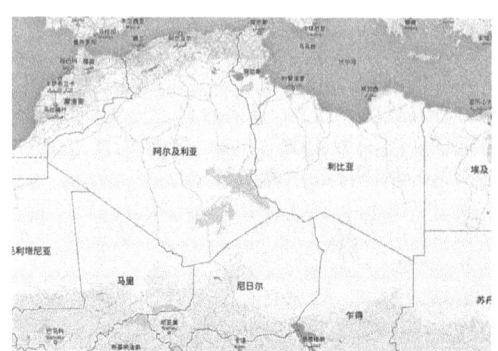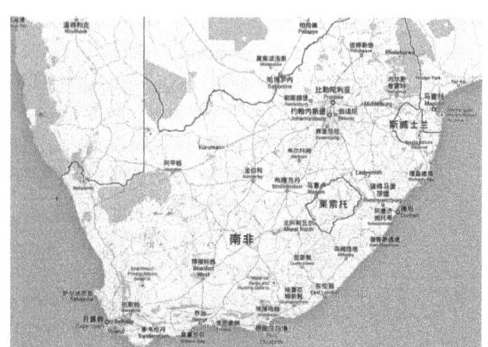

图5-2 非洲不同地区公路网密度比较

（2）铁路

非洲铁路发展起步晚，发展速度缓慢，区内铁路密度极不均衡，既有像南非这样的铁路网发达的国家，也有像尼日尔这样的铁路空白的国家。目前，非洲尚未形成完整的铁路运输体系，对其内部形成完整的城市网络和体系有较大的影响。如图5-3所示，非洲内部现有铁路里程87 079 km，南部非洲和北非是铁路里程最长的两个区域，中部非洲铁路里程最短，区域铁路运输发展不均衡性显著。

从国家层面来看，铁路运输最为发达的是南非，其长度已经占全洲铁路总长的1/4，尼日利亚、刚果民主共和国、莫桑比克等国的铁路线也相对较多。而布隆迪、中非共和国、赤道几内亚、

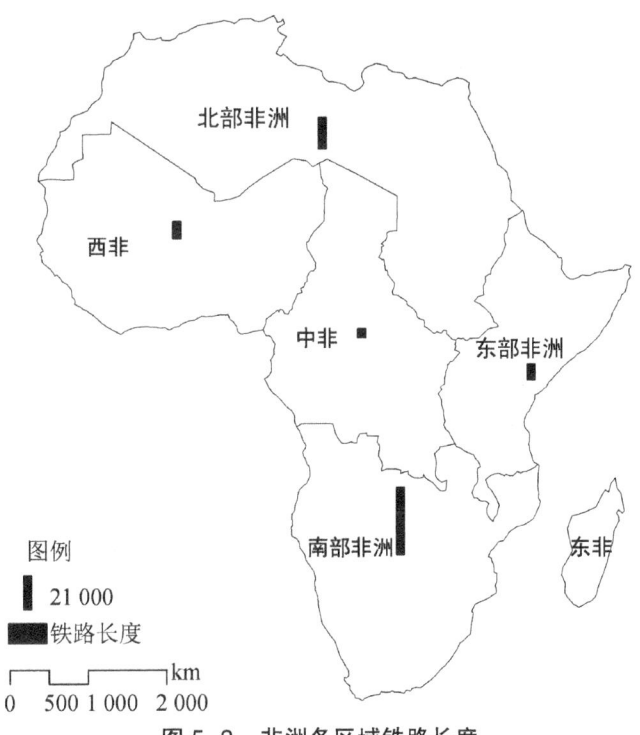

图例

■ 21 000
■ 铁路长度

　　　　　　　km
0　500 1 000　2 000

图5-3　非洲各区域铁路长度

冈比亚、几内亚比绍、卢旺达、索马里、乍得等国尚无铁路。利比亚、尼日尔等国土面积较大的国家也只有公路而无铁路，给发展和扩大陆路交通运输能力带来了极大的局限性[2]。非洲现有的区域性铁路及覆盖国家如表5-3。

表5-3　非洲现有跨区域铁路一览表

序号	铁路走向	覆盖国家
1	北部非洲—中部非洲—南部非洲	利比亚至尼日尔、乍得、中非共和国、刚果共和国、安哥拉、纳米比亚和南非
2	西部非洲—中部非洲	塞内加尔至马里、布基纳法索、尼日尔、尼日利亚和乍得；科特迪瓦至加纳；多哥至贝宁、尼日利亚及喀麦隆
3	东北非	苏丹至埃塞俄比亚、肯尼亚、坦桑尼亚、乌干达
4	东北非—西部非洲	苏丹至乍得、尼日利亚
5	东部非洲—中部非洲—南部非洲	坦桑尼亚至卢旺达、刚果共和国、乌干达；达累斯萨拉姆至基戈马、布隆迪
6	中部非洲—东部非洲	苏丹至中非共和国、喀麦隆
7	北部非洲	摩洛哥至阿尔及利亚、突尼斯、利比亚、埃及、毛里塔尼亚
8	东部非洲—南部非洲	坦桑尼亚至赞比亚、津巴布韦、莫桑比克、南非共和国
9	中部非洲	喀麦隆至加蓬、刚果民主共和国
10	北部非洲—西部非洲	塞内加尔至毛里塔尼亚、摩洛哥

在运输功能上，非洲的铁路目前主要用于货运，矿产品在货运中占首位。一些矿石出口国建有通往港口的铁路专线。对城市化进程中的重要因素——人的流通起关键作用的铁路客运体系在非洲更加落后。在快速轨道运输建设方面，非洲起步更晚。非

洲大陆目前唯一的高速铁路——豪登铁路，在 2010 年足球世界杯开幕前的 6 月 8 日正式投入运营。但是，投入运营的仅仅是从坦博国际机场至约翰内斯堡市杉藤区的一段，对城市发展带动能力十分微弱。

（3）航空

非洲航空交通起步较晚，且空运尚未作为非洲的主要交通运输手段，在世界航空运输业中仅占 5%，但发展速度较快。如图 5-4 所示，非洲现有机场 862 个，其中国际机场 70 余个。从机场数量的区域分布来看，仍然是经济发展较快的南部非洲和北部非洲占有绝对的优势，中部非洲的机场建设最为薄弱。从非洲国家层面来看，几乎所有国家都建立了自己的机场和航空公司，有不少机场已成为现代化的大型国际航空枢纽，有各种民航机 320 余架。在最近一次世界经济危机以后，约翰内斯堡和内罗毕等非洲大陆传统门户机场均获得了很多新的服务份额，规模较小的市场也正在吸引货机运营，汉莎货运公司开始开设法兰克福—开罗之间的货机航班，补充客机机腹货运运力不足的问题。如图 5-5 所示，非洲较大的航空公司有 7 家，主要分布在非洲大陆的北非、南非和马达加斯加等岛屿上。这些国家和地区中的大部分都存在陆上交通不便的问题。航空运输作为陆上交通的一种补充，稍稍缓解了这一情况，在非洲各国对内、对外的交通运输体系中都能起到一定的作用。

目前，航空运输量较大的非洲国家有南非、埃及、摩洛哥、尼日利亚、突尼斯、肯尼亚、阿尔及利亚等。这些国家的航空运输都是近几十年发展起来的，且拥有一批先进的机种和现代化的导航设备。非洲以宗主国为中心的国际航空网络是非常畸形的。其与欧洲之间的航线占了非洲航空运输的大部分，与北美、中东和亚洲之间仅有少量直飞航班，与澳洲、南美则几乎没有直接的航空联系。非洲国家经营的航空线路还主要集中在国内，其航线主要是南北和东西航线。其中南北航线比较重要。

总体来看，非洲的航空客运量在逐年攀升，为非洲的旅游业发展、人力资源流动提供基础。目前，非洲国家的机场每年接纳 1.25 亿乘客，尤其是南非和埃及机场。预计 20 年内，非洲国家机场的客流量将翻 3 倍达到 3.77 亿人。2008 年非洲客运量排名前八的机场流量均达到了 400 万人次以上（表 5-4）。

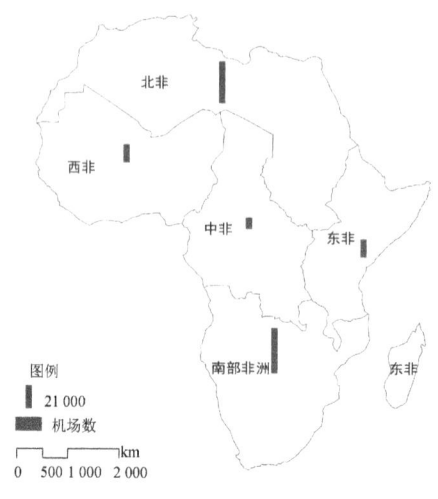

图 5-4　非洲各区域机场数量

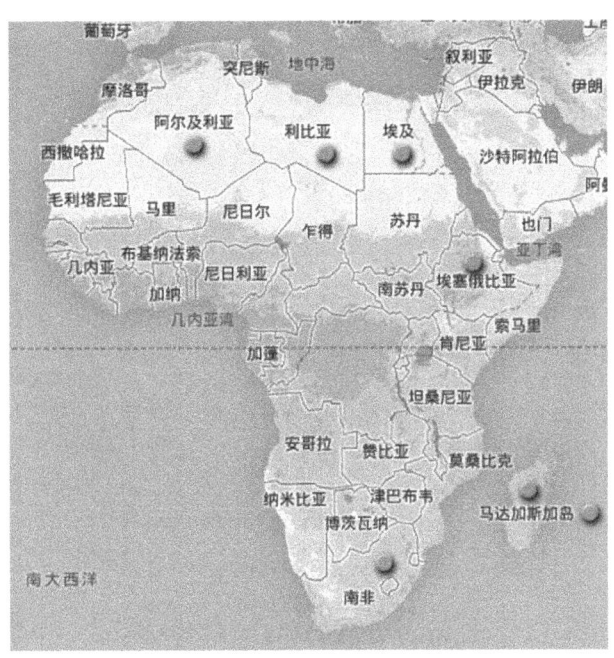

图 5-5　非洲主要航空公司分布

表 5-4　非洲客流量前八位机场排名

排名	机场名称	客流量（万人次）
1	奥利弗·雷金纳德·坦博国际机场（南非）	1 850
2	开罗国际机场（埃及）	1 436
3	开普敦国际机场（南非）	842
4	穆罕默德五世国际机场（摩洛哥）	620
5	穆尔塔拉·穆罕默德国际机场（尼日利亚）	510
6	迦太基国际机场（突尼斯）	500
7	乔莫·肯雅塔国际机场（肯尼亚）	492
8	胡阿里·布迈丁机场（阿尔及利亚）	420

（4）水运

非洲四面临海，海运是非洲交通运输的主要手段之一，在非洲国际贸易中海运占95%。非洲海岸较为平直，海岸线全长 30 500 km，但平均每 1 000 km² 面积只有海岸线 1 km，远低于欧洲、北美洲和亚洲，天然良港较为缺乏，各大河流河口中只有刚果河形成深水三角港。非洲现有大小港口 130 多个，其中国际港约 50 个（图 5-6）。非洲独立后，许多国家成立了国家海运公司。

如图 5-7 所示，非洲各区域主要的海（河、湖）港分布相对均衡，其中中非由于陆上交通较为落后，对航道运输的依赖较强，航道总长度位居各区域第一。然而，目前非洲的港口还十分拥挤，设备陈旧，现代化港口尤其鲜见，因而港口吞吐量有限。这使得非洲海运在世界海运中比重极小，其商船吨位不到世界商船总吨位的 1%，且其97.5% 的海运由外国商船经营。非洲海运比较发达的国家主要有利比里亚、南非和阿尔及利亚。随着矿产品和石油开采的发展，非洲出现了一批运输矿石和石油的专用港。

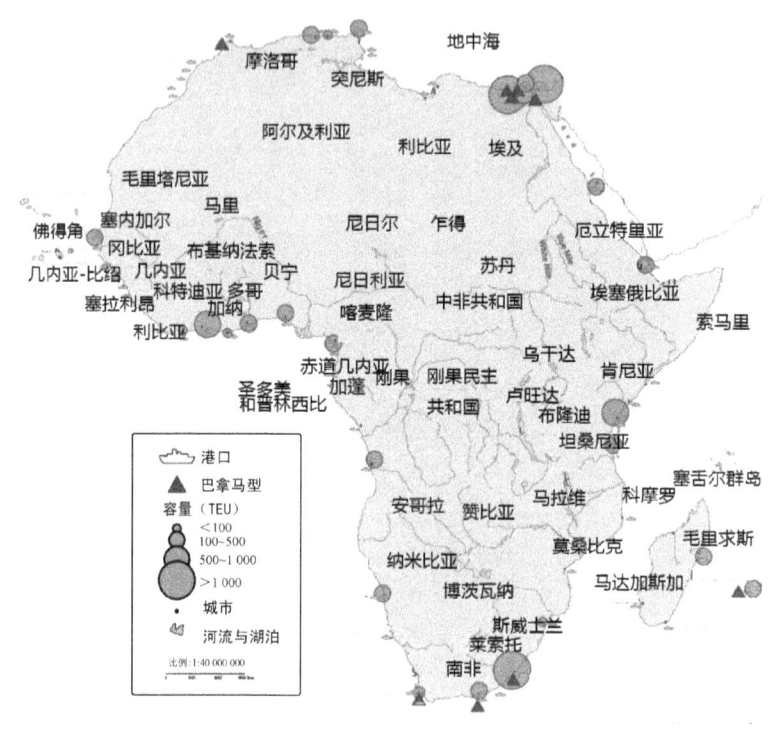

图 5-6　非洲主要海港分布图

一些国家的港口还为其他内陆国家进出口贸易服务。如西非塞内加尔的达喀尔和喀麦隆的杜阿拉港就成了内陆国家马里、布基纳法索、乍得及中非共和国的中转贸易港。素有"东非门户"之称的蒙巴萨港则为乌干达、卢旺达、苏丹等国服务。这种对港口航运的依赖一方面体现了非洲沿海港口对内陆国贸易的支撑作用，另一方面也表明铁路、航空等交通运输方式的落后，已远不能满足非洲经济与城市发展的需求。

非洲港口最为密集的地区为西北沿海的摩洛哥、突尼斯、利比亚和阿尔及利亚。这些国家的沿海地区具备与欧洲、美洲大陆通航的先天条件，因而港口较为密集（表 5-5）。内陆国家的运输市场非常不发达，其能否参与国际海运贸易往往取决于与邻国

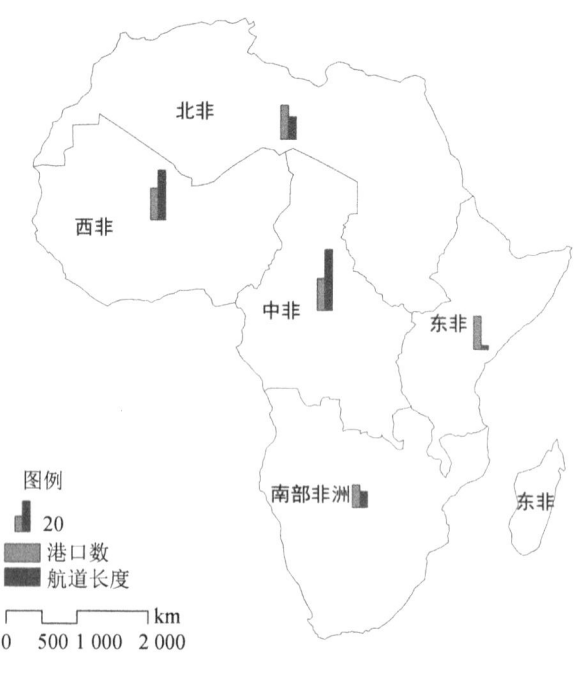

图 5-7　非洲各区域港口数及航道长度分布

的友好关系。非洲大多数内陆国家是发展中国家，它们的经济结构相似，资源有限，这些国家之间的贸易量非常小，用于过境运输的基础设施条件也非常落后，不能为邻国提供方便的运输条件。非洲大陆共有 15 个内陆国家，分别是博茨瓦纳、布基纳法索、

布隆迪、乍得、中非共和国、
埃塞俄比亚、莱索托、马拉
维、马里、尼日尔、卢旺达、
斯威士兰、乌干达、赞比亚
和津巴布韦。由于缺少交通
基础设施，其运输成本是亚
洲国家的两倍。

表 5-5 非洲西北部各国港口分布

国家	港口名称
摩洛哥	卡萨布兰卡港、丹吉尔—地中海港、默罕默迪耶港
突尼斯	拉迪斯港、昂菲达港
利比亚	—
阿尔及利亚	阿尔及尔港、贝贾亚港、斯基克达港

非洲的港口成本是全世界最高的。造成高运输成本的原因有：①集装箱贸易的不平衡性，抵达非洲港口的集装箱卸货后，70%以上是以空箱的形式运出；②港口拥堵，非洲港口缺乏完善的基础设施，导致船舶在港周转时间较长；③港口与内陆腹地国家之间的交通运输连接性差；④缺乏枢纽型大港，没有形成规模经济。

（5）城市轨道交通

城市轨道交通作为世界范围内新兴的快速交通工具，在未来非洲的城市群、城市带建设中的重要作用不可忽视。在城市内部和城际的交通建设方面，非洲各国经过多年的探索和努力，取得了很大的进展。在城市内部的轨道交通建设方面，非洲一些高密度人口城市的中心逐渐形成了以轻轨和地铁等大容量交通为主的城市轨道交通系统。自 1985 年轻轨 1 号线开始投入运营服务以来，突尼斯建成了由 6 条运营线路组成的轻轨系统，合计总长 52.9 km。1987 年，埃及开罗地铁通车，这是非洲的第一条地铁（图 5-8）。目前开罗地铁系统已开通运营的线路有三条，合计总长 98 km。为了满足到 2022 年时大开罗地区的交通需要，埃及政府规划再建地铁三条线 [3]。

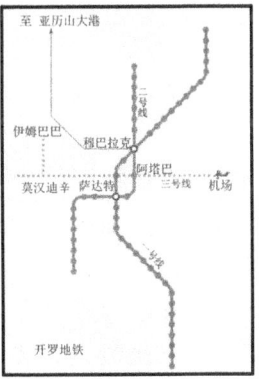

图 5-8 埃及开罗地铁

5.1.2 交通运输发展方向和对策建议

（1）发展方向

非洲的交通运输要足以支撑其快速城市化进程，未来必须形成布局合理、设施先进、运输高效、使用便捷的城市区域交通运输网络体系。

①形成高效便捷、支撑规模经济的港口航运体系。目前，非洲城市与经济发展尚处于起步阶段，贸易逆差大，进出口货运量不平衡，导致抵达非洲港口的集装箱大量以空箱运出。因而，非洲港口航运为城市经济发展需做出的第一大调整就是使港口吞吐量相对均衡，提高出港货运效率。对现有的航运大港而言，在提高港口使用效率的同时，进一步完善基础设施，形成内陆陆上交通与港口交通运输的无缝衔接，进一步

发展枢纽型大港，以形成规模经济，同时服务于更广阔的腹地范围，为区域整体发展提供更强的支撑。

②优化不同规模与服务能级的航空港布局，为内陆城市竞争力提升提供支撑，改变国际贸易几乎全部依靠海港的格局。从国际航空港发展来看，航空港在城市中的角色地位远不止于交通运输基础设施，它已经成为由综合交通系统、复杂产业集群所构成的典型城市化区域甚至是航空城，并极大地带动机场所在区域的发展，成为区域发展的引擎。非洲目前的航空港普遍存在功能相对单一、航空产业发展不足、空港城建设滞后的问题，同时缺乏具有龙头带动作用的国际航空大港。通过航空港与城市更多的互动发展、部分航空港规模与服务能级的显著提升，将助推非洲整体尤其是内陆地区的城市化进程。

③构建完善的城市区域陆上交通体系。加强城市内部道路交通设施建设，完善不同等级的道路交通网络。加强城市中心商业区与半城市化地区、郊区的交通联系，提升城市中心、外围地区和郊区之间的功能联系和空间互动，从而提升中心商业区对整个城市的服务功能。引导非洲大城市快速公共交通体系建设，有条件的城市建设地铁、高速环线等设施，有助于解决中心城市的交通问题。加强内陆中心城市与周边小城市、城镇的交通联系，优化内陆地区内部的铁路、高速公路网络布局，使中心城市发展对周边城镇和乡村地区的带动作用得以发挥。

（2）对策建议

完善港口航运基础设施建设，加强港口与内陆腹地国家之间的交通衔接。由于港口基础设施建设滞后，非洲许多港口存在进港拥堵问题。这导致船舶在港周转时间明显拉长，货运成本增加。提升港口使用效率的突破口之一就在于完善港口设施建设，提高港口的吞吐能力，为港口进出货船提供更加便捷的服务。此外，对非洲港口尚未形成规模经济的问题，应进一步强化港口航运与内陆陆上交通的联系，优化枢纽港综合设施建设。通过港口枢纽的硬件环境建设，为港口经济发展创造更加优越的条件。优化航空港布局，内陆地区着力建成多个功能完备、与城市协同发展的国际航空港。空港基础设施、公共服务、产业体系发展应有机结合，引进产城融合理念，合理规划功能区，以吸引具有国际竞争力的品牌和企业，建立空港开放门户。加强各机场货运枢纽建设，以综合交通中心等载体的建设实现客运无缝换乘，使各航空港腹地范围进一步扩大，提高空港使用效率，避免重复建设。拓展优化航线网络，以连通国际枢纽机场为重点，开辟航线，打造轴辐式航线网络，构建联系全球的空中通道。引进先进经营理念、管理方式和信息技术，缩短客货进出港时间，提高客货运中转效率，提升空港整体服务水平。

加快发展多式联运是非洲交通运输体系层次提升的关键。加快非洲大陆陆空联运体系建设，形成航空、公路、铁路高效衔接、互动发展的联运格局。推动建设一批布局合理、功能完备、集疏便捷的综合性场站和设施，提高转运综合服务能力；加强空陆联运设施建设，推动空港与铁路枢纽站的衔接建设，大力推动空铁联运。在城市内部则重点改善非正规区域的交通条件，通过交通条件改善来引导非正规区域的服务设施完善、环境改善和社区改造。

5.2 稳定的能源电力供给体系

5.2.1 能源电力体系建设现状

（1）能源与电力供需状况

非洲的能源与电力在供给和消费之间仍然存在较大的矛盾。一方面，非洲石油产出量和出口量庞大；另一方面，非洲本土的能源和电力供应不能满足城市建设、生产和人们日常生活的需要。2011年非洲石油出口716.6万桶/日，出口量占产量的比重高达62.1%。据BP能源统计，2010年非洲天然气产量2 090亿 m^3，较2009年仅增加了4.9%，占世界总产量的6.5%；然而2010年非洲天然气消费量却只有1 050亿 m^3，较2009年仅增加了6.1%，占世界总消费量的3.3%，消费量相当于其产量的一半。国际能源机构资料表明，截至2012年底，非洲人口占全世界的15%，而能源消费仅占全球能源产出的3%。目前，非洲仍有5.87亿人无法使用通过国家电网供应的电力，其中包括次撒哈拉非洲将近3/4的人口。但同时，非洲能源的供应与消费量也在飞速上涨。一方面，在过去5年，非洲地区新发现64处潜在的以油田和气田为主的能源供应地，油气资源供应继续保持稳定增长。另一方面，受基础设施、外来投资以及反腐等因素改善的驱动，非洲人均能源消费的增速达到了4.1%，高于世界上任何其他地区。

从分布上看，能源与电力的供应在非洲不同国家和城市之间存在不均衡的现象。非洲油气生产与供应的集中化格局目前仍然未有重大改变。非洲70%以上的油气资源和产量集中在北非和西非，阿尔及利亚、埃及、尼日利亚和利比亚四国在非洲油气资源生产与供应中的传统地位仍然牢不可破。2011年，这四国石油、天然气探明储量分别占非洲油气探明总量的76.1%和91.7%，石油、天然气产量分别占非洲总产量的59.7%和90.4%。这造成了非洲能源供应区域的极不均衡，一些经济发展水平与城市化率相对较高的国家在生产中仍受到能源与电力供应的限制。不过，近年来非洲新能源版图有向西、向东和向中部扩大的趋势。从勘探结果来看，非洲的"能源俱乐部"新成员正在以下地区出现：一是西非地区，包括安哥拉深海区（盐下田）、加纳深海新边疆区、毛里塔尼亚深海新区、黄金海岸深海区和加蓬深海盐下田。二是东非，包括莫桑比克深海新区、坦桑尼亚深海新区、肯尼亚陆上和深海新区。三是中部非洲陆上新区，包括乌干达、尼日尔、苏丹、南苏丹以及乍得等国家[4]。这一方面为这些国家摆脱能源贫困创造了条件，进而为其未来的经济发展和城市化进程提供助推力；另一方面，在资源开发和生产所推动的城市蓬勃发展过程中，如何平衡资源收入分配，增加社会和居民收入，在高速城市化的同时提高城市治理水平，减少城市贫民窟等问题的出现，也是这些新的能源国家需应对的挑战。此外，非洲的城乡电力供应也极不均衡，仅有不到1/6的非洲农村人口能够使用国家电网供应的电力。

非洲的电力行业与世界同期发展水平相比较为落后，严重制约了非洲的城市化发展。21世纪初，世界各国平均通电率已达到72.8%，其中城市为91.2%；而非洲国家的平均通电率仅34.3%，城市也仅有63.1%（图5-9）。非洲北部和撒哈拉沙漠以南地区的电力接入情况存在着巨大的差别。撒哈拉沙漠以南非洲地区至今还高度依赖于传统的燃料，商业能源的消费量极低。在2001年，南非的发电量大约是非洲总发电量的45.8%（465.6kW·h）。埃及是第二个发电大国，发电量约占18%（82.7kW·h）。

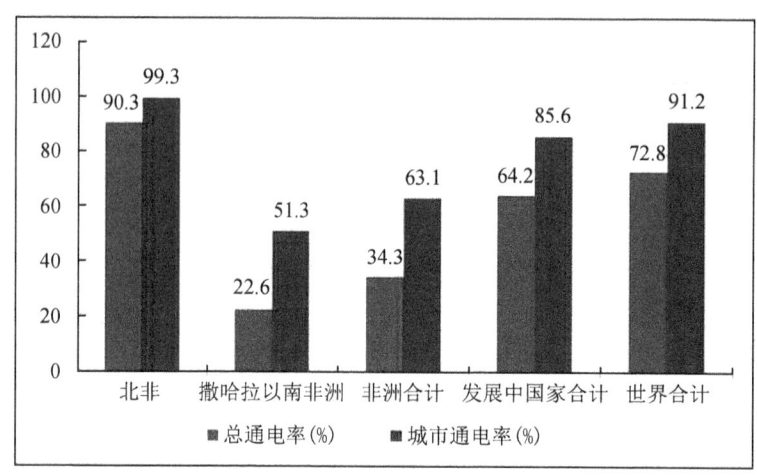

图 5-9　世界及非洲各地区通电率

受通电率和发电量的限制，非洲的人均用电量在空间上也极不均衡。南非用电量接近非洲总电量的一半（46%），埃及、利比亚和阿尔及利亚占 1/3 左右（表5-6）。

非洲电力供应的资源来源也不尽合理，火电约占 4/5，水电

表 5-6　非洲国家用电量及相关指标统计

地区	人口（百万）	人均现代能源消费（kgOE）	人均用电（kW·h）
北非地区	135.5	721	1 025
撒哈拉沙漠以南地区（南非除外）	719.0	355	431.3
南非	45.6	2 636	3 643.1

仅占 1/5，大量的可开发水力资源因电力基础设施的不足被闲置。其中，中非、东非主要依靠水力发电，西非的水力发电也占一半以上，而北非和南部非洲则以火力发电为主（图 5-10）。在许多非洲国家，如安哥拉、布隆迪、喀麦隆、刚果、埃塞俄比亚、莫桑比克、那米比亚、卢旺达和乌干达，水电已经是主要的电力来源。从非洲电力的空间开发前景来看，存在大量可开发的水力资源，尤其是在目前电力短缺严重的撒哈拉沙漠以南国家。从肯尼亚到赞比亚的周围地区及大西洋海岸线几内亚到安哥拉的区域拥有非洲总水电资源的 60% 左右，但已被利用的只占其总量的 17.6%。

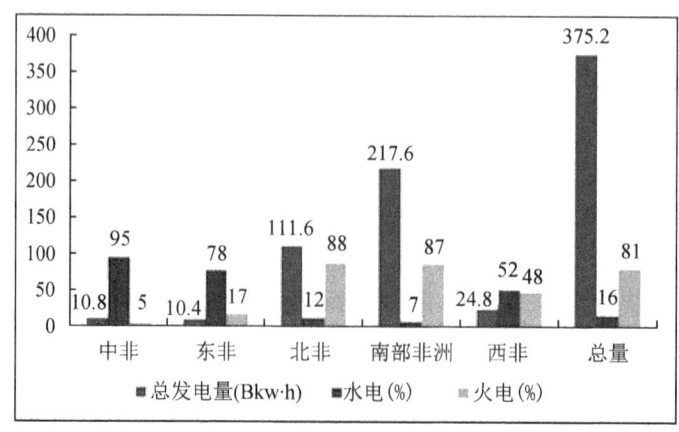

图 5-10　非洲各地区电力来源

（2）能源贸易对城市化的支撑

能源贸易所带来的效益成为非洲城市化发展的重要经济支撑，伴随能源贸易而来的外来投资、人才和技术也在一定程度上促进了非洲的城市建设与社会发展。

石油资源作为非洲最为重要的能源资源，虽然其利用具有悠久的历史，但采用现代技术进行开采则从20世纪初才开始。1909—1955年的46年间，非洲不仅开发的油田数量少，而且产量很低，最多的年份也不超过300万吨，在世界原油产量中的比重微不足道(<0.5%)。1956年，随着各国相继发现油田，非洲的原油开采出现了一个崭新的局面。尤其是60年代，有了突飞猛进的发展，出口也随之增加[5]。1970—2010年，非洲石油产量呈稳步上升趋势，从1970年的不到3亿吨增长到2010年的4.78亿吨，增长了63.03%，年均增长率1.58%（图5-11）。非洲石油出口一直占产量相当大的比重，因此出口也基本随着产量同步增长。到2010年，非洲出口石油37 211万吨，占其产量的77.8%。

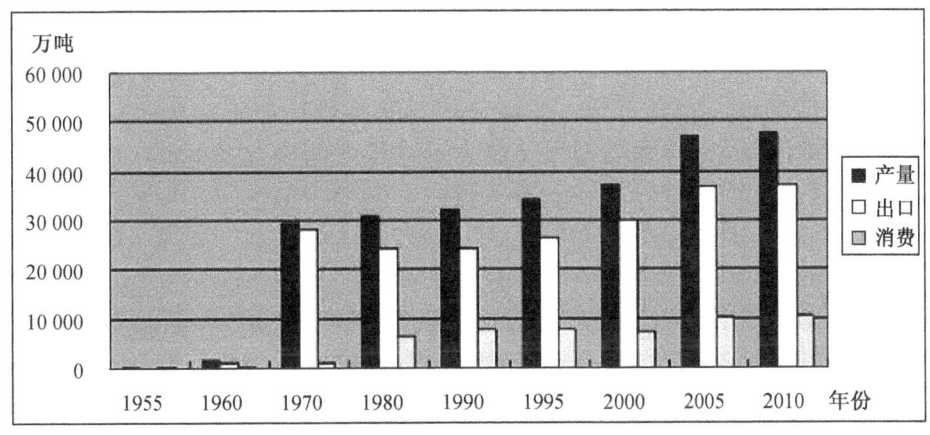

图5-11　1955—2010年非洲石油生产、消费与出口量

非洲各国工业水平普遍滞后，经济基础薄弱，这使得石油出口成为支撑其产业、城市与社会等各方面发展的重要资金来源。自20世纪60年代以来，非洲石油出口高速发展，从1950年的基本空白，增加到1970年的历史最高峰（占世界石油出口量的24.16%），到1975年有所回落。从1975—1990年的15年间，非洲石油在世界市场上的占有率在15%上下波动，近10年非洲石油的份额略微下降，基本稳定在14%。非洲的石油出口国家众多，规模等级多样，所产石油的75%供出口。安哥拉、尼日利亚、利比亚、阿尔及利亚等产油国的出口分别占其总产量的95%、86%、77%和60%，在世界石油市场中占有重要的地位。一方面，传统的石油主产国利比亚、尼日利亚和阿尔及利亚等供给能力较强、潜力巨大[6]。根据BP统计数据显示（表5-7），近20年来北非石油出口一直在2 600~3 000千桶/日波动，较为稳定。另一方面，近年来，西非在石油出口中的地位日益显著。这主要是由于北非各产油国工业基础普遍较好，自身消耗较大，而西非国家工业相对滞后，石油消费较少。同时，北非产油历史悠久，新发现油田较少，产量趋于稳定，而西非发现石油历史较短，新油田不断被发现。近年来西方各大石油公司在西非几内亚湾地区投巨资勘探石油，2001年非洲新发现的80亿桶石油有70亿桶是在几内亚湾，西非如尼日利亚、安哥拉等国的石油产量正快速增长。在1990—2010年的20年间，西非的石油出口量增加了2倍多。对于非洲这些产油国而言，由石油出口带来的大量外汇无疑为其工业化、城市化进程提供了重要的财力支撑。

表 5-7　非洲主要产油国石油外汇及收入占出口总值比重

国家	1990 年（百万美元）	2000 年（百万美元）	2008 年（百万美元）	2009 年（百万美元）	2010 年（百万美元）	2005 年（%）	2010 年（%）
阿尔及利亚	10 623	21 610	77 822	44 443	56 087	98.4	98.3
尼日利亚	13 191	20 876	75 065	45 125	70 969	94.3	86.5
利比亚	10 608	—	56 790	33 404	42 358	96.9	89.4
安哥拉	3 655	7 105	63 126	39 373	52 893	96.7	98.9
苏丹	—	1 088	8 935	7 152	10 039	77.6	87.7

进入 21 世纪以来，世界各国普遍认识到"石油是经济命脉，谁控制石油谁就能获得经济发展的主导权"，对非洲的外国投资也集中在各产油国的能源行业 [7]。非洲因为长期的粮食短缺和政局混乱，亟须快速积累发展资金，因而极易接受世界各国的"石油政策"，从而失去了石油资源的开发与供给主导权。2006 年以来，非洲与中东对美国的石油供给已各自占到了 22%。但就实际规模而言，非洲石油向美国的输出量要比中东还多出 8 000 桶，达到 223 万桶，使非洲成为美国最大石油进口地。而美国为了保证本国的能源供应，以反恐为借口，实行政治布局、军事护航、经济拉拢三管齐下的战略，大肆掠夺非洲石油资源。欧洲则通过建立所谓的"新型欧非战略伙伴关系"，试图将非洲的石油资源牢牢控制在手中。日本作为一个能源资源严重依赖进口的国家，也试图扩大对非洲的能源进口，仅 1993—2003 年，日本就倡导召开了三次"非洲发展国际会议"，并将对非政策由最初的经济援助上升到政治战略高度，加紧对非洲石油的控制。可见，非洲石油经济的发展道路并不是可持续性的，石油开采对城市化过程中的基础设施建设与社会发展支撑的作用不强。

作为对石油这种单一能源贸易的补充，非洲天然气开采业也发展很快，产量快速增长 [5]（表 5-8）。非洲天然气开采始于 20 世纪 50 年代，60 年代中期阿尔及利亚开始出口天然气，揭开了非洲出口天然气的序幕。70 年代以后，在世界石油价格日益上涨的形势下，洁净、低廉的天然气能源得到了重视。1975 年以后，非洲天然气产量直线上升，年均增长率达 48.68%（图 5-12）。强劲的产量增长带来了快速的出口增加，非洲的天然气出口量逐年递增。

2010 年底，非洲已探明天然气储量 520.1 万亿 m³，占世界已探明天然气储量的 7.9%，总量并不十分丰富，主要分布在北非、西非等地区，且大部分液化后出口到西欧的西班牙、意大利等国家和地区（表 5-9）。

表 5-8　非洲天然气历年总产量和出口量变化

年份	总产量（亿 m³）	出口量（亿 m³）	出口 / 产量（%）
1965	19.77	8.38	42.39
1970	33.92	15.55	45.84
1975	115.87	69.3	59.81
1980	245.3	115.4	47.04
1985	506.3	229.4	45.31
1990	669	330	49.33
1995	833	385	46.22
2000	1 303	719	55.18
2005	1 743	913	52.38
2010	2 090	1 040	49.76
2011	2 027	1 039	51.26

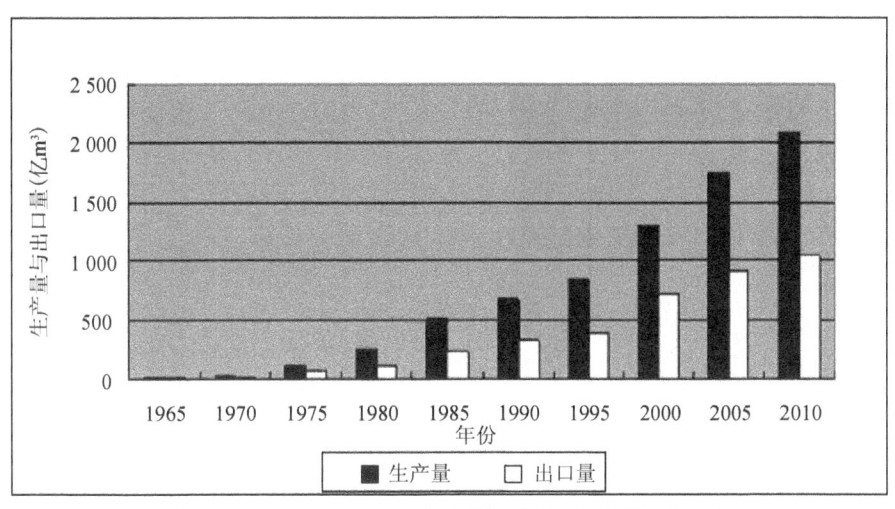

图 5-12 1965—2010 年非洲天然气生产量与出口量

表 5-9 2010 年非洲主要天然气生产国天然气贸易（单位：10 亿 m³）

地区	阿尔及利亚	埃及	利比亚	尼日利亚
北美洲	0	2.23	0	3.41
中南美洲	0.17	0.55	0	0.89
欧洲及欧亚大陆	53.79	4.71	9.75	16.09
非洲	1.75	0	0	0.12
中东	0	5.79	0	0.08
亚太地区	0.08	1.89	0	3.61
管道天然气	36.48	5.46	9.41	0.12
液化天然气	19.31	9.71	0.34	23.9
出口总计	55.79	15.17	9.75	24.02

5.2.2 发展方向和对策建议

（1）发展方向

为保证城市化发展的可持续性，形成科学、合理、规模适度的国内能源开发、利用和国际能源贸易体系，将是非洲未来能源发展的总体方向。

非洲推广新能源和替代能源，不仅能够部分改善其能源不足的问题，还能够在当前国际能源价格剧烈变化的形势下，保护经济发展稳定性。因此，不少非洲国家都积极开发生物能源以增加财政收入，支持农业发展，并减少对化石燃料的依赖。目前，尼日利亚、马里、南非、肯尼亚、莫桑比克、塞内加尔、刚果民主共和国、马拉维、赞比亚、加纳和津巴布韦等国已相继筹备生物能源项目。

塞内加尔是非洲生物能源开发最积极的倡导国之一，并为此建立了一个专门致力于生物能源和可再生能源发展的政府机构[8]。塞内加尔还计划在东部坦巴昆达地区种植 115 hm² 可提炼生物柴油的麻疯树，然后向其他地区大面积推广[9]。南非政府宣布把发展生物能源作为发展可再生能源的主攻方向。2006 年，南非开始建设非洲首家生物乙醇工厂，并计划未来建设 7 家类似的乙醇工厂。撒哈拉以南非洲地区最大的石油生产国尼日利亚也已经意识到发展新能源的必要性。2005 年，巴西石油公司和尼日利亚国家石油公司就乙醇供应事宜达成协议，巴西石油公司将出资约2亿美元，在尼日利亚建设一家生物乙醇提炼厂，以满足尼日利亚对乙醇的需求。尼日利亚计划在巴西的技术支持下建设15家生物乙醇工厂，并在2010年前开始使用乙醇燃料汽车。刚果民主共和国已建立一个特别委员会，研究生产生物能源的可能性。赞比亚农民种植了20多万 hm^2 可以提炼生物柴油的农作物。此外，斯威士兰、加纳和津巴布韦等非洲国家正在进行利用麻疯树或甘蔗生产生物柴油的尝试。莫桑比克也已于2007年启动了非洲最大的乙醇生产项目[10]。虽然目前非洲的新能源发展仍处在起步阶段，生物能源的生产能力也在很大程度上受到非洲粮食生产与安全保障的限制，但是它无疑给能源短缺的非洲提供了另一个途径。在全球能源供应普遍紧张的情况下，包括许多传统产油国在内的越来越多的非洲国家正在积极投入新能源的生产与应用实践中，以期为城市、经济、社会的长期发展奠定良好基础。

（2）对策建议

针对未来城市化进程中非洲能源与电力供给发展的主体方向，提出优化电力设施布局，形成多样化的电力供应体系，强化能源科技创新，吸引可再生能源开发投资等对策建议。

世界能源加速向低碳化转型，但化石能源仍将长期占据主体地位。世界能源需求长期持续增长，但需求格局不断变迁，目前已由发达国家完全主导转变至发达国家和发展中国家共同主导，未来需求重心还将进一步向包括非洲诸国在内的发展中国家转移。在这种背景下，非洲地区的电力设施布局亟须优化。推广小型分布式发电站，以填补电力缺口已显得十分必要。在条件允许地区大力发展可再生能源发电站，包括水电、风电、光伏和地热能，以满足快速城市化的电力需求，同时也能发挥各地区的特殊发电潜能。从这一角度而言，非洲大陆的未来将是高度依赖可再生能源的。而基于低廉的发电价格和创新的投融资渠道，可再生能源也会拥有良好的市场前景。可再生能源发电不仅适合当地消费者的经济承受能力，还可以刺激对相关技术的投资。

以国家、政府为主体，加快能源科技创新步伐，采取积极有效措施，鼓励可再生能源领域的投资。目前，约有20个非洲国家制定了正式的可再生能源政策，还有的制定了可再生能源发电量的长远目标。此外，国家应当向投资可再生能源的企业提供财政补贴，以帮助这些企业解决启动项目初期可能面临的资金问题。此外，非洲各国政府还应进一步明晰相应政策，以推动可再生能源的开发。譬如，在非洲发展新伙伴计划（NEPAD）框架内的基础设施短期行动方案内，就包含了几个大型水电站作为优先建设的项目；西非国家经济共同体（ECOWAS）携手东非共同体（EAC）也制定了一系列相关政策和发展战略，特别强调可再生能源对地区社会经济发展的重要性。

5.3 生态环境

5.3.1 生态环境现状

（1）生态环境形势

非洲独立以来，随着人口的迅速膨胀，对自然资源掠夺式使用的后果已体现得愈加明显。总体而言，非洲大陆生态资源破坏严重，环境恶化速度越来越快，给城市化带来了环境保护与治理方面的严峻考验。

非洲不同地区城市的生态环境本底与保育差异较大。在非洲经济相对发达的国家或地区，如南非与肯尼亚，其城市道路绿化与自然山体绿化率相对较高，对城市的总体发展起到了很好的支撑作用。沿着河滨、溪谷、山脊、风景区道路等边缘建设了人工廊道，内设可供行人和骑车者使用的景观休憩线路、线性绿色开敞空间。绿道建设充分利用沿线的自然生态及人文资源，通过游径建设、景观提升、服务配套设施的完善以及与公共交通网的结合，为市民及旅行者提供安全、便捷、舒适、优美、生态的休闲环境，为城乡居民提供"慢生活"、"绿色交通"等健康生态的生活方式。

（2）生态环境压力

非洲人口的高速增长和总数的迅速膨胀，使得人们对于各类自然资源的需求势必大幅上升。土地长期超负荷产出、毁林开荒和过度放牧行为，使得非洲的生态环境遭到了十分严重的破坏。整个非洲大陆的各个角落都或多或少涌现出一些生态环境问题，集中表现为土地退化、荒漠化扩大、森林减少及其对生物多样性的损害以及湿地消退等。

土壤侵蚀与土地荒漠化。非洲大陆上65%的土地是旱地，其中1/3是极干旱地区，其余2/3是干旱、半干旱和半干湿地区 [111]。非洲传统的农业生产方式是轮垦制，即农民在一块土地上种植数年（2~4年），一旦土壤的肥力下降，就实行休耕，待其肥力恢复。人口高速增长对农业生产产生了巨大压力，迫使农民缩短休耕期。随着人口压力增加，土地休耕期越来越短，土壤肥力未得到很好的恢复。这使土壤有机成分减少，土壤储水能力降低，土壤结构遭到破坏，板结情况更加普遍。土壤侵蚀最严重的地方每年每平方公里的侵蚀量在200吨以上。荒漠化最严重的地区是苏丹的萨赫勒地区。据联合国环境规划署调查，撒哈拉沙漠每年向南扩展150万hm²，平均每小时产生170 hm²沙漠。以毛里塔尼亚为例，20世纪60年代，该国沙漠和半沙漠面积占国土面积的2/3，而现如今沙漠和半沙漠已经占到其国土面积的98%。

森林面积减少及生物多样性锐减。为了扩大农耕面积，毁林开荒是十分常见的现象。如今，非洲森林正以每年500万hm²的规模消失。20世纪初，非洲热带雨林资源还极其丰富，是仅次于拉丁美洲的世界第二大热带雨林区，森林覆盖率达60%以上，而现在已不到10%。据联合国粮农组织估计，非洲森林面积从1980年的650万km²下降到1990年的600万km²。其中最为宝贵的热带雨林损失更为严重，现存面积仅为历史纪录的30%左右。1950—1983年，非洲24%的雨林消失。1983年以来，仍以每年1%的速度继续消失。损失森林覆盖80%以上的国家有布基纳法索、布隆迪、乍得、埃塞俄比亚、冈比亚、加纳、几内亚比绍、利比里亚、毛里塔尼亚、尼日尔、卢旺达、塞内加尔和塞拉利昂。损失森林覆盖达50%~80%的国家有贝宁、博茨瓦纳、喀麦隆、中非共和国、科特迪瓦、赤道几内亚、几内亚、肯尼亚、莱索托、马达加斯加、马拉维、莫桑比克、尼日利亚、索马里、苏丹、斯威斯兰、多哥、乌干达、刚果民主共和国和津巴布韦。毁林严重破坏了非洲大陆的生态平衡。这意味着丰富独特的生物多样性受到严重威胁。许多大型哺乳动物数量减少，候鸟和水体动物灭绝，药用和芳香类植物消失。尽管非洲已设立了727个陆地保护区，但仍未缓解对生物多样性的严重冲击。

湿地破坏，面积消减。由于大江大湖区域能够向居民提供生活所必需的水资源，因此聚集了非洲较多的人口。然而，在过去的四十多年中，这些地区的人口大幅增加，直接导致了对农业用地和建设用地的大量需求。在这种情形下，势必会通过围填湿地来扩大土地面积，导致近年来湿地湖沼面积急剧下降。以非洲最大的淡水湖乍得湖为例，乍得湖流域盆地位于非洲大陆中北部、撒哈拉沙漠南缘，流域跨乍得西部、尼日尔东南部、尼日利亚东北部和中非北部,占非洲总面积的8%。其周边是重要的农业生产基地,也是非洲人口的聚居地。在过去的几十年中,乍得湖正以惊人的速度不断萎缩。1960年代乍得湖的湖面面积约为 26 000 km², 而到 2004 年却仅剩 304 km²。

虽然非洲的环境问题已经十分突出,但非洲的工业化还处在初级阶段,尚未形成大规模的污染与公害。在非洲城市化步入加速阶段的今天,如何在快速工业化的同时,不以牺牲资源、环境与生态利益为代价,另辟一条不同于资本主义国家的工业化路径,将是其面临的重大难题。

5.3.2 生态环境对非洲发展的影响

（1）人口发展面临沉重压力

土地退化给非洲社会与人口发展带来了沉重的压力。土壤侵蚀致使土地的生产力下降,导致土壤营养元素流失,并直接导致了非洲粮食增产极度困难。由于近年来非洲人口的高速增长,其人均粮食消费量一直持续下降,粮食安全岌岌可危。在 20 世纪非洲的许多国家和地区,如阿尔及利亚、埃塞尔比亚、肯尼亚、加纳、莱索托、摩洛哥、尼日利亚、南非、斯威士兰、突尼斯和乌干达都出现了土地生产力下降的情况。1989年,由于土壤侵蚀造成的农业产量下降 2%~40% 不等,整个非洲由此造成的农业产量下降接近 10%。马里北部土壤损失约达 1 吨 /（hm²·年）, 马里南部甚至达到 31 吨 /（hm²·年）, 土地大范围的退化导致了马里农业每年减产 2%~10%[12]。现如今,土地生产力下降在非洲已经是普遍的现象。长期处于粮食匮乏当中的人口,不但其身体素质难以提高,更加难以产生精神层面的创造力。

粮食生产能力的不足使非洲越来越依赖于粮食的进口和援助。1974—1990 年, 撒哈拉以南非洲地区粮食进口已增长了 185%,粮食援助增长了 295%。1995 年,粮食进口占地区粮食需求总量的 17%。到 2010 年止,这个比率估计至少会翻一番,在西非和中非,粮食已占进口总额的 30% 以上。非洲粮食生产的年平均增长率仅为 2%,这一数据远远低于非洲人口的增长率,直接导致了非洲国家的人均粮食消费量越来越低,饥饿人口越来越多。

联合国相关部门统计数据显示,非洲耕地如果继续以目前的速度退化,40 年内其作物产量就会下降一半。如果这一趋势得不到遏制,届时非洲的粮食安全将更加得不到保障,非洲城市与社会的发展目标更将无法实现。

（2）城市化空间极度受限

非洲沙漠面积十分庞大,约占据全洲面积的 1/3, 气候炎热、干燥,河流和湖泊河流季节变化大,适宜城市建设的空间十分有限。过去非洲人口集聚较多的河谷、湖泊等周边地区的生态环境不断遭到人为建设、肆意拓展开发空间等的破坏,人地和谐不断受到挑战,非洲城市的发展空间受到了极大的限制。

在乍得湖流域和尼罗河流域等人口聚集区,城市与城镇带大多只能沿河谷或湖边狭长地带分布,城市建设用地极度紧张。在这种情形下,城市建设、居住生产空间拓展与自然环境之间的矛盾就更加突出,人们不得不通过围湖造地、过度放牧等不可持续的方式获得尽可能多的生存空间。对土地和食物的需求,以及城市和工业的发展需求,都是造成非洲河湖、森林和草原面积不断缩小的重要原因。以乍得湖流域为例,为了解决粮食问题,当地政府大力拓展耕地面积以发展农业。与此同时,工业与城镇发展带来的工业废水和生活污水也越来越多。由于治理技术与资金的缺乏,这些废水直接被排放到湖中，造成了乍得湖生态环境的进一步恶化。

在非洲的其他地区，为了争得仅有的建设和发展空间，类似的城市发展与自然生态环境保护之间的矛盾也十分常见。维多利亚湖出产的渔业资源一直是周边居民最重要的蛋白质来源，并被用以贸易，是当地人民最重要的生计来源之一。由于城市发展的加快，城市污水和生活污水大增，污水未经处理直接排放进维多利亚湖，带来了水体的富营养化污染，也造成了渔业资源的减少。非洲的城市、工业、社会的发展与生态空间的保育存在较为严重的矛盾，这也是非洲城市化需要破解的难题之一。

5.3.3 发展方向和对策建议

（1）发展方向

形成有序可控的生态资源开发利用和生态环境保护体系，以保障非洲城市化发展的资源环境可持续。在非洲的多数城市化地区，由于整体的生产力水平还很低，农牧业生产落后，随着人口的猛增，食品供应越来越短缺。人们只能用单一原始的方法向自然掠夺，人类对土地和环境的压力日益增大。许多地区土地利用不当，缺乏管理和规划。为了耕种和获得木材，人们破坏森林和牧场；为了增加畜牧业收入，牧场载畜量不断增加。由于过度放牧，生态环境严重恶化，而这种粗放式的生态资源开发方式恰恰与非洲未来应走的可持续城市化道路背道而驰。未来非洲在生态资源开发利用方面将经历较长的模式转变期，以形成有序、长远的资源开发利用体系。

沙漠化是非洲最大的生态环境问题，撒哈拉沙漠仍然在不断扩大之中。部分非洲产油国在石油开采时，由于技术、管理等各方面的原因导致原油泄露，污染周边生态环境。由于非洲地区蕴藏着大量的矿产资料，在开采这些矿产资源时也会造成生态环境污染。此外，森林、草地、河口的生态环境问题也渐渐产生。在生态环境保护方面，以发达国家的经验来看，最为重要的是提出一个可量化的生态环境保护及补偿框架，并在此框架下逐步构建因地制宜的生态环境保护体系。

（2）对策建议

加快建立清洁高效的能源供应和使用体系，改变内陆城市大量依靠煤炭和石油的能源利用结构。积极发展太阳能、风能、天然气等多种能源使用方式，并推动使用清洁能源的交通工具、节能设施的使用，提高能源利用效率。在新建的大型公共建筑、高档居民小区及商业街等地推广太阳能并安装节能设施。

加强内陆城市的资源保障体系和综合防灾能力建设。城市政府可通过引进先进运营模式，有效借助外部资金，改善城市供水条件。目前大多数非洲城市的饮用水不符合卫生标准，可通过引进资金，为城市和郊区的贫困人口提供合格的饮用水。提高内陆城市保护政治社会安全能力，加强城市社会管理，重点提升城市公共安全、社会就业和风险防范能力。提高内陆城市的地震、灾害天气等自然灾害监测、预报和应对能力，加强救灾物资储备、减灾队伍和民防工程等建设。尼罗河等大河流域地区还需提高城市水安全防御能力，加强城市防洪、排水系统建设。

在生态环境保护方面，需着重对海岸线森林、湿地、红树林、河口地区和暗礁区进行保护。政府应更加积极地制定政策，激励各地民间社团组织自我保护自然资源。此外，结合新能源科技创新的发展，寻找安全、方便和便宜的替代燃料来取代木材和木炭，以阻止大量森林被砍伐。借鉴发达国家的生态环境保护体系建设经验，建立"环境国民核算框架"，以监督和评估生态系统对国家经济的价值,从总体上增强非洲各国的生态环境系统可控性。

5.4　人力资源

截至 2012 年底,非洲人口总量已达到 11 亿,劳动力总数达到 4 亿人[13]。本节通过分析非洲的现状人口分布、近二十年来非洲劳动力迁移与分布状况,了解非洲城市化的人力资源基础。再透过非洲近年来的职业教育与培训以及高等教育状况,透视非洲的人才培育与储备潜力,进而了解人力资源发展对非洲城市化进程的作用和影响。

5.4.1　人力资源现状

（1）数量与分布

非洲国家独立以来,人口规模和增长速度长期居于世界首位。自 1960 年至今,非洲人口年均增长率始终在 2.3%~3%,远高于亚洲的 1%。21 世纪初,非洲国家每个妇女平均总和生育数仍高达 5.4 个[14],接近世界平均水平的两倍,这无疑会加剧非洲人口规模的膨胀。1960 年,非洲的人口为 2.82 亿,占世界人口的 9.3%;而到了 2005 年,这两组数字分别为 9.06 亿和 14.0%[15]。在这 45 年间,非洲的人口总数增长了 3 倍多。如图 5-13 所示,目前非洲人口在东海岸分布较为集中,而西海岸及北非国家的人口相对较少。总人口超过 5 000 万的国家有刚果民主共和国、南非、埃及、埃塞俄比亚和尼日利亚。

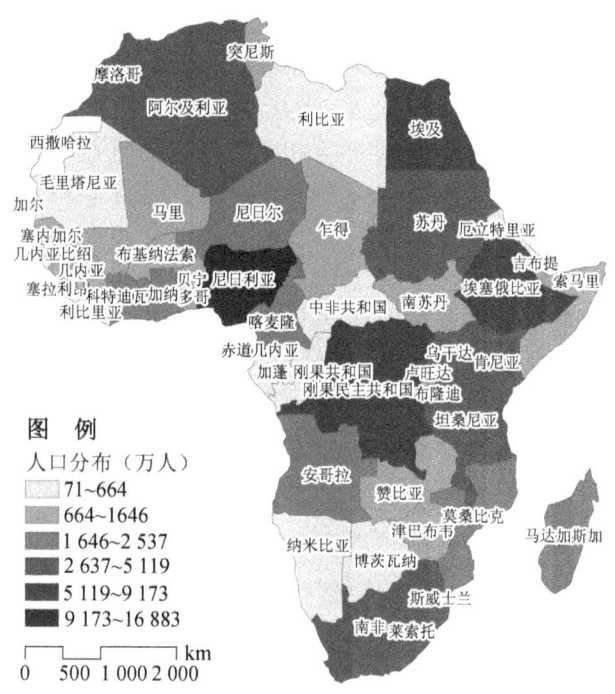

图 5-13　非洲人口分布现状

其中人口最多的为尼日利亚,2013 年总人口已达 1.7 亿。

如图 5-14 所示,1990—2010 年非洲大陆劳动力分布的演变情况显示,非洲劳动力数量的重心近 20 年来经历了非洲南部—非洲大陆离散分布—非洲东海岸的变化历程。非洲各国的平均劳动力数量也由 1990 年的 470 万增至 2010 年的 830 万,20 年间几乎翻了一番。就现状来看,非洲各国的人口年龄结构相对差异不大。因而,各国人口总数和劳动力数量之间存在正向的相关性,人口基数较大的尼日利亚、埃塞俄比亚、南非、坦桑尼亚、刚果民主共和国等国,其人力资源也相对丰富。

（2）人力资源增长及其影响

快速的人口增长为非洲的人力资源奠定了良好的基础。在非洲的十多亿人口中,老年人的比例很低。根据 2011 年的统计,非洲老年人比例绝大多数国家在 7% 以下。青年人成为人口的主体。目前,非洲人口平均年龄为 20 岁,而亚洲和欧洲这一数字分别为 30 岁和 40 岁。相关研究根据目前非洲人口的增长速度推断,其人口年轻化的趋势还将持续。在撒哈拉以南非洲,预计到 2040 年,15~24 岁的年轻人人数每十年将以

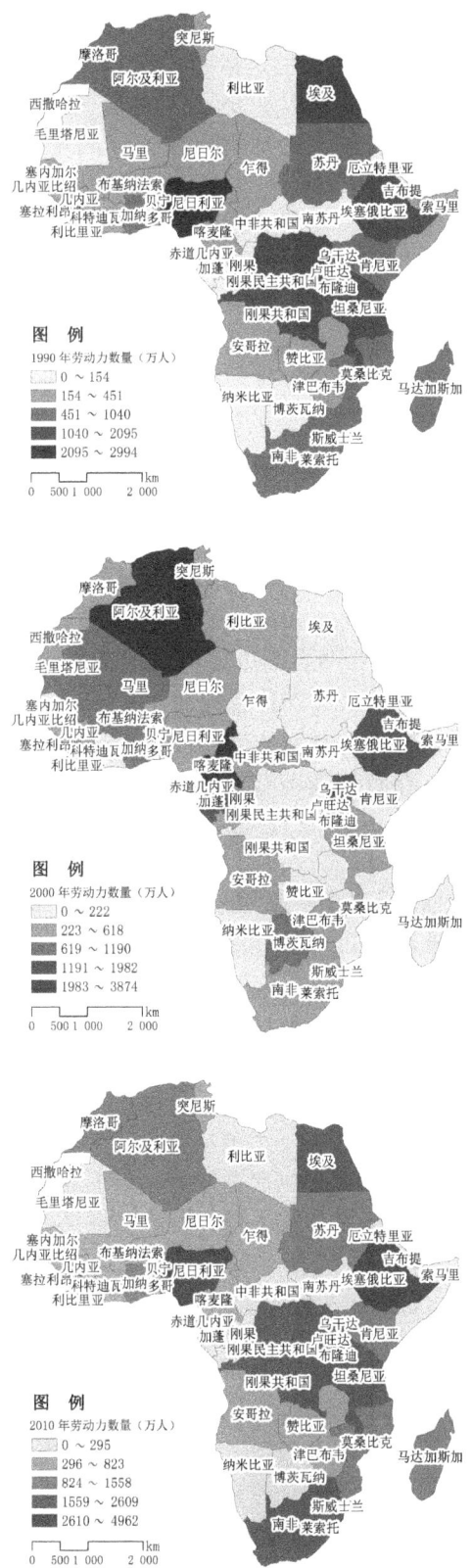

图 5-14　1990—2010 年非洲大陆劳动力分布

15%~20%的速度增加。充足的人力资源可以为非洲各国的经济发展提供充足的劳动力。2010年以来，尽管世界经济形势不佳，但是撒哈拉以南非洲地区GDP增长率仍超过5%，远高于英美地区。非洲已成为继亚洲、拉美之后的第三个全球"增长极"。强劲的经济发展势头，能够促使非洲丰富的人力资源得到充分利用。这也意味着非洲有可能在未来利用"人口红利"获得较长一段时间的发展机遇期。

但是，人口的长期高速增长和发展缓慢的教育、医疗卫生等社会服务之间产生了严重的不匹配，也导致了非洲的人口素质十分低下。非洲人口整体素质的低下又直接决定了城市化与社会经济发展的生产力提供者——劳动力素质长期处于一个很低的水平。至今为止，非洲社会仍然存在着大量身体羸弱、受教育程度低下的劳动力，这对非洲当下的经济发展和城镇化进程带来了巨大的压力。同时，从全世界人口发展的历程中可以认识到[16]，人口与劳动力素质的提高并不能一蹴而就，这也为非洲未来近半个世纪的城市化进程埋下深深的隐患。首先，非洲的人口身体素质低下成为农业发展的重大阻碍。非洲大量的人口因营养不良造成体力不支使农业劳动力投入不足，影响农业的产出，而疾病的困扰更是严重阻碍了生产力的提高和国民经济的发展。据世界银行估计，20世纪90年代，非洲人口因受疾病的影响，平均每人每月损失9个劳动日。而他们的医疗费大约相当于月收入的11%，总计占到国民生产总值的15%[17]。其次，人口的科学文化素质低下，导致非洲长期以来科技创新能力不足，产品结构难以优化。非洲独立以来，依赖于一种或几种初级产品生产和出口的局面趋于强化。1998年，非洲大陆食品、烟草、纺织和鞋类等初级加工品的产出占到其制造业总产出的55%[18]。由于创新和智力要素缺乏，导致制造业长期低水平发展，使得非洲制造业在全世界制造业总产值中的比重几乎为零。

此外，由于非洲的社会经济环境还未得到长足的改善，其本土培育的优质人力资源流失现象也较为严重。据国际移民组织报道，非洲国家每年有2万多高素质人才流向欧美发达国家，"智囊外流"已成为制约非洲经济社会发展的主要因素之一。贫困与战乱、专业特长难以发挥、待遇偏低，以及科研条件欠佳等是造成非洲大量人才移民外流的主要原因。尤其是留学生，相当部分学成后并不归国工作。这种人才流失更加剧了非洲人才市场某些领域尤其是高技术领域人才的短缺。

（3）人力资源培养

区域人力资源的实力不仅取决于劳动力的绝对数量，而且取决于劳动力的质量。提高劳动人口的素质，最直接的方式就是提供职业教育、培训或接受高等教育。高等教育的普及情况与水平决定了劳动人口的整体素养与能力，也是评估非洲人力资源对城市化发展支撑力的重要因素。自19世纪以来，非洲大部分国家和地区先后沦为欧美列强的殖民地。掠夺式的开发和以培养殖民地管理者为主要目标的教育观念使得非洲教育的发展举步维艰。在殖民地政府接管教育之前，非洲人教育的一个特点就是进行工艺和手工训练。这可以被视为非洲早期的职业教育形式。非洲现代意义上的职业技术教育是在殖民地政府统治时期，英属殖民地北罗德西亚（今赞比亚）在1930年已经有了由政府主办和管理的职业学校，其他殖民地政府，包括法属和比属殖民地均强调开展农业教育和职业培训。

"二战"后，大部分非洲国家通过艰苦卓绝的斗争后纷纷走向了独立的道路，大部分新生政权均以减少贫困、发展生产力和提高综合国力为目标，制定了一系列的教育发展政策。在职业教育方面，历经数十年的改革发展，非洲各国的职业教育既有提高，也有徘徊。虽然大部分非洲国家在独立后均高度重视职业教育与培训事业，一些国家也采取了切实可行的发展措施，但限于整体经济社会的发展水平以及国际大环境等因素，非洲的职业教育仍然处于一个水平较低的发展阶段，难以满足经济社会发展的需要。一方面，大部分非洲国家的职业教育与培训规模过小。只有极少数的年轻人能够接受职业教育与培训。另一方面，职业教育与培训的质量不高。由于职业教育的办学资金不足，大部分职业学校缺乏必需的教学用品和学生实习实训设备，许多职业院校很难为学生开设必需的实习实训课程，相当部分的职业学校毕业生动手能力不强，在就业市场上缺乏竞争力，社会收益率较低。

在高等教育方面，目前，非洲大约有 800 所高等教育机构，受各国文化、宗教、社会、政治和经济等因素的影响，非洲高等教育机构虽存在着诸多差异，但却都面临着共同的机遇和挑战，如高等教育的入学率偏低，政府的高等教育投入严重不足，大学与政府、企业、社会机构之间彼此孤立，导致缺乏来自企业的经济支持，大学的基础设施严重不足，师资缺乏，人才流失等。非洲国家经济的整体落后，使得非洲高等教育的整体水平处在世界落后的地位。目前，非洲多数国家的适龄人口中仅有不到 1% 的人有机会接受高等教育[14]，而这一数字在发达国家已经达到了 25%~75%。在 2011—2012 年《泰晤士报高等教育副刊》的世界大学排名中，非洲仅有 4 所大学入选世界 400 强，分别为：南非的开普敦大学（University of Cape Town，103 名）、斯坦陵布什大学（Stellenbosch University，268 名）、金山大学（University of the Witwatersrand，274 名）以及埃及的亚历山大大学（Alexandria University，303 名）[19]。

非洲各国的高等教育与职业教育发展水平差异较大，发展速度与质量主要取决于各国的政策与制度环境。受战乱、经济社会发展水平、国家政策、国际援助政策等因素的影响，非洲国家之间的高等教育与职业教育发展极不平衡。少数国家的高等教育较为发达，而绝大部分国家的高等和职业教育尚处于起步阶段。南非、埃及、苏丹等国的职业教育已经具有相当规模，而赞比亚、埃塞俄比亚、津巴布韦等一些国家相继进行了高等教育或职业教育领域的改革，在人力资源培育方面相对走在非洲的前列。一些本身极为贫困，又受连年战乱影响的非洲国家，如索马里、加纳等的教育处于极不发达状态。其次，城市与农村、工业发达地区与工业欠发达地区、大部族聚居地区与小部族地区之间教育的规模和教学质量也存在明显的差别。另外，接受高等或职业教育的男性和女性学生所占比例也有显著差距，尤其在高等教育领域，男女性的差别更为明显。非洲高等教育与职业教育在多方面表现出的不平衡发展，可能对其城市化进程中的区域协调和社会文明带来不少负面影响。

5.4.2 发展方向与对策建议

（1）发展方向

形成符合非洲国情、质量较高、门类齐全、供应充足的城市人才和劳动力资源培育、储备和供给体系。在全球化背景下，非洲各国已逐渐意识到区域经济一体化是推动经济发展、应对全球化挑战的战略选择。2007 年，非盟会议进一步颁布了专门的职业教育与培训一体化战略——《非洲职业技术教育和培训振兴战略》（TVET），制定了非洲联盟成员国所认同的协作性政策框架，提出了一系列有现实意义的建议，包括过去几十年来非洲职业教育与培训的典型经验和主要教训、今后一段时间内职业教育与培训的总体目标、优先发展的重点领域、保障措施、应遵循的发展原则和具体的发展策略与措施建议等。该战略不仅对非盟成员国制定本国的职业教育与培训的政策和实施措施产生了巨大的影响，同时也强调"每个国家需要对影响国民经济发展的职业技术教育与其他因素之间的联系有着清晰的思路和规划，以便与其他国家在职业教育与培训、就业以及社会经济发展方面的政策与措施开展有效协作"。

在高等教育领域，非洲已建立自己的大学联盟组织。2012 年 9 月，非洲大学联盟已经吸收了来自非洲 46 个国家的 270 个公立和私立的高等教育机构[20]。2003 年，非洲大学联盟出台了第一个战略计划——《战略计划（2003—2010 年）》（以下简称《战略计划 I》）。《战略计划 I》设立了 3 个战略目标：①有效支持非洲高等教育机构发挥其核心功能（教学、科研和社会服务）；②增强非洲高等教育机构在国家、区域和全球政策对话中的话语权；③提升非洲大学联盟项目实施的协调管理能力。根据以上战略目标，该计划分解为 8 个战略项目，并制定了阶段性的发展目标和实施重点。《战略计划 I》旨在加强非洲高等教育机构间的合作，加强非洲高等教育机构与经济部门、企业的合作，促进知识生产、传播和应用等措施的实施，有效地促进非洲高等教育的发展。《战略计划 II》则在 I 的基础上进行了系统的提升，其重点一是加强非洲大学联盟的服务功能，扩大联盟的规模，提高大学联盟协助和服务会员机构的能力；二是建立泛非大学，形成高层次人才的区域性合作机制，同时通过现代信息技术增强非洲高等教育的人才培养能力，建立高等教育机构的资源共享机制，促进非洲高等教育机构现代大学管理体制的建立；三是促进非洲高等教育的国际化进程，加强非洲高等教育机构和国际之间的合作关系，全面提高高等教育机构的社会竞争力和经济发展的适应能力。

通过非洲大学联盟协作战略和职业教育振兴战略的长期实施，非洲的职业教育领域将得到长足的提升，并将为非洲整体的城市化发展提供更加专业化、高端化的人力资源支撑。

（2）对策建议

对于非洲本土大量缺乏的高层次、专业前沿型人才，可进一步借助中国等国家的援助，建立、完善人力资源的国际化培养、培训机制，使更多的本土青年能够获得国际领先的教育、培训资源及机会，开阔视野，接受先进的发展理念教育。近年来，我国有关部门在"非洲人力资源开发基金"的支持下，为非洲国家培训外交、经济管理、农业、卫生、教育、科技、文化和服务等领域的专业人才达数千名，并向非洲国家派遣了专家和教师，协助非洲国家在当地培训农业科技、职业教育、汉语教学、文艺、体育和杂技等方面的人才。此外，非洲国家应着力进行网络和通信基础设施建设，间接推动网络学习型高等教育项目发展，使得借助远程网络教育方式接受高等教育及培训的人口快速增加。

促进各国在非建设、服务的人力资源本土化，拓宽优秀人才来源。对于建筑、信息技术等在非洲尚属发展起步阶段的领域，可充分借助跨国公司派驻人才力量。一方面，通过这些人才的长期派驻和相关待遇倾斜，逐步实现其本土化；另一方面，充分利用其具备的专业技术、智力资源为本土同类人才的培养贡献力量，实现人才引进与培养的多赢。

提高基础教育的地区均衡性。通过教育资源再分配，着力提升非城市化地区的人口基础教育普及率。由于城市化发展的一大要素就是人口的城市化，未来非洲的大量新增城市人口将由目前的非城市化地区迁移而来。非洲总体的人口基础教育普及率提高，将为其未来城市化地区较高的人口素质提供保障。另一方面，着力普及基础教育也有助于未来的新增城市人口融入城市生活，尽量减少因迁移带来的城市贫困。

5.5 公共服务体系

由于非洲人口增长严重超越了国家用于教育投资的承受能力，给教育发展带来沉重的压力，教育经费严重不足，大量学龄人口无法入学，高文盲率凸显。1995 年，非洲成人文盲率高达 50% 以上的国家近一半。同时，人口迅猛增长也给非洲国家的医疗卫生带来了沉重的压力，造成人均医疗费用不足，医疗设施供不应求，严重制约了非洲人口健康水平的改善。

5.5.1 建设现状

1）医疗卫生

自非洲独立以来，随着经济的逐步振兴，非洲的医疗卫生事业也获得了长足的发展。20 世纪 60 年代以前，除南非等少数经济比较发达国家的卫生事业相应比较发达外，绝大多数国家和地区长期处于殖民地社会，人民健康状况相当低下，传染病、寄生虫病和地方病等广泛流行。独立后，各国政府根据本国的国情，制定适于国情的卫生工作方针、政策，从无到有，从小到大，建立医院、诊所，培养医务人员，注重解决广大农村卫生人员严重缺乏的问题。不断增加卫生投入，使得各国的卫生事业都有了不同程度的发展。多数国家正在建立或已经建立了初级医疗卫生保健网络，人民的健康状况得到了初步的改善。

然而，受发展基础薄弱和频发的自然灾害等原因的影响，目前非洲各国卫生事业的发展存在着较多的困难，主要表现为：第一，卫生人力资源缺乏，特别是农村或偏远地区缺医少药现象突出。可提供的医疗服务短缺，特别在农村地区，即使是初步的医疗也严重不足，如赞比亚和马拉维分别有 65% 和 81% 的人口居住在医疗设施和服务有限的农村。第二，管理落后，卫生管理人员较为缺乏。在马拉维，每十万人中只有 2 个医生、59 个护士；赞比亚只有 646 个医生、9 000 个护士，医患比不到世界卫生组织（WHO）推荐数的 1/3。第三，经费困难，税收与财政无法保障医疗卫生系统的正常运转。传染性疾病的增长使已经不堪负担的医疗系统进一步受到不断增大的压力。在马拉维，每年约有 8 万人死于艾滋病，因艾滋病造成的孤儿约 60 万。赞比亚是撒哈拉沙漠以南地区艾滋病最流行国家之一，全国人口中约有 15% 的人携带艾滋病病毒。

（1）医疗卫生发展举措

非洲各国大多采取了积极的措施来缓解不断增加的疾病负担，维护薄弱的医疗系统，改善医疗卫生事业严重落后的状况，以支撑社会的稳定与发展。其举措大致包括如下三方面：

第一，积极培养卫生技术人才，扩大卫生人力来源。例如，卢旺达政府积极发展本国医学教育，建立了第一所医学院和两个护士学校，并与国际机构联系、合作，派留学生出国进修深造；贝宁政府建立了公共卫生学院，每年为中非各国培养大批卫生管理人才和其他专业人才，从而成为中非各国重要的卫生人员培养基地。

第二，大力提高卫生事业管理水平，积极增加卫生财力投入，努力改善卫生条件。卫生财力资源是发展卫生事业的经济基础，卫生事业费用来源主要靠国家财政拨款。近年来，非洲许多国家都对公立卫生机构实行成本补偿政策，即医院除向病人收取一定的费用外，仍可从国家财政获得补助，以此来改善医疗机构的资金保障，促进服务质量的提高。在撒哈拉以南非洲，5 km 以内的妇、幼急诊，初级卫生服务，疟疾和结核病防治都已基本齐备。

第三，拓展慈善救济与捐助渠道。由于非洲经济不发达，财力也十分有限，为增加卫生投入，各国都在努力拓宽卫生经费来源渠道，提倡慈善救济、私人捐款以及取得国际支持等。所获得的捐助资金多被用于宣传、培训、诊断和改善药物治疗等。而来自世界银行、全球基金会、荷兰政府以及其他跨国制药公司捐赠的药物与医疗器械等直接被用于治疗传染病、糖尿病和癌症等疾病。

（2）社会医疗保险的发展

大多数非洲国家自独立以来，曾长期推行俾斯麦式的社会医疗保险。这种医保制度覆盖的大多是正规部门的工作人员，由雇主和雇员共同缴费。但在非洲的工业化与城市化进程中，占人口大多数的非正规经济就业者及其家庭成员才是最缺乏经济安全和健康安全，最需要保险和社会援助支持的群体。为了将医保的覆盖范围扩大到私营业主和非正规部门，以私有制和社区为基础的医疗保险方案开始不断出现。

目前已有超过 600 个以社区为基础的医疗保险方案在 11 个西非国家实施。例如，在科特迪瓦，以社区为基础的医疗保险方案从 1997 年的 9 个发展到 2006 年的 47 个，覆盖 50 多万的受益者。在加纳，以社区为基础的医疗保险计划从 1995 年的 2 个增加到 2004 年的 78 个。在塞内加尔的一些社区建立了"微型保险"的乡村健康保障组织，并以保障组织为单位购买正规保险公司的医疗保险，目的在于既把健康服务和保险服务引入基层，又克服社区人口规模微小难以分散健康风险的缺陷。

经过近 20 多年的发展，非洲的医疗保险制度取得了多项创新性的成就，主要表现在以下三个方面。第一，非正规部门保险项目的发起组织都是有着某些共同利益的社区。承担医疗保险项目不仅有利于成员的健康安全和收入安全，而且有助于加强社区的凝聚力。第二，这些保险项目的设计以基本保险理论为依据，主要针对发病率较低但医疗费用较高的大病风险，对个人投保人来说，它可以规避最严重的疾病或伤害风险。第三，社区以集体投保的方式克服了与正规保险项目相联系的成本障碍。以往保险公司不接纳非正规部门个人客户的一个重要原因就是他们获得收入的时间和金额都不确定，加之投保数额较小，导致公司相对交易成本太高。社区在集体投保之前负责收缴保费，为此得到保险公司划拨的部分管理费。这样，一方面因为降低了保险公司的交易成本，使非正规就业者能够获得正规保险服务；另一方面，由于和保险公司挂钩，强化了各个社区自身的风险分散能力。

2）基础教育

对人口持续高速增长的非洲而言，人口身体素质与接受基础教育的情况是在其工业化与城市化发展进程中最不容忽视的两个问题。长期以来，西方殖民者对非洲居民实行种族歧视政策，绝大部分人被剥夺了接受教育的权利和机会。虽然许多国家已经独立超过 50 年，但目前非洲不同层次人口的入学率还普遍较低，受教育年限较短，普及初等教育的国家极少 [21]，中等教育的发展情况则更不容乐观，许多非洲国家甚至只有不到 10% 的适龄人口有机会接受中等教育。

由表 5-10 可见，自独立至 20 世纪 90 年代，虽然非洲教育事业逐步发展，教育普及程度有所提高，但由于起点较低，大多数非洲国家不同层次人口的入学率仍处于低水平，而且提高缓慢。此外，虽然非洲部分国家和政府增加了对本国基础教育的投入，使基础教育的发展有所进步，但是与世界的平均水平相比，仍然存在着不小的差距。进入 21 世纪以来，非洲基础教育的普及情况仍然不佳。据联合国教科文组织统计，2004 年只有大约 65% 的初等教育学龄儿童进入了小学。基础教育的缺失造成了非洲地区的文盲率长期居高不下，致使非洲的社会文明发展迟缓，难以满足工业化与城市化加速发展的需求。据联合国教科文组织的统计，1997 年世界 15 岁以上的男性人口中有 21% 是文盲，女性人口中有 38% 是文盲。其中，男性人口文盲率超过 70% 的国家都分布在非洲，女性人口文盲率超过 75% 的国家共 9 个，也都分布在亚非两洲。

表 5-10　世界部分地区及非洲部分国家人口基础教育水平（1965—1993 年）

国家或地区	入学人数占各入学年龄组的百分比（%）						成人文盲率（%）	
	小学			中学				
年份	1965	1987	1993	1965	1987	1993	1985	1993
世界	—	—	104	—	—	61	—	—
中等收入地区	78	104	105	22	41	54	—	—
坦桑尼亚	32	66	70	2	4	6	—	32
埃塞俄比亚	11	37	23	2	15	12	38	65
尼日利亚	32	77	94	5	—	30	58	43
中非共和国	56	66	72	2	12	—	60	40
毛里塔尼亚	13	52	64	1	16	15	—	62
塞内加尔	40	60	69	7	15	16	72	67
南非	90	—		15				

　　虽然非洲各国人口的入学率仍然较低，但自 20 世纪 80 年代以来，非洲社会各阶层与不同地域之间教育的公平性正在逐渐增强。在 1960—2010 年，非洲各个国家、地区和收入层次的劳动适龄人口的受教育年限均有所增加，且差距不断缩小（图 5-15）。近 50 年间，非洲各国家和地区不同年龄段人群的平均受教育年限差距已经从 9.7 年下降到了 3.1 年。

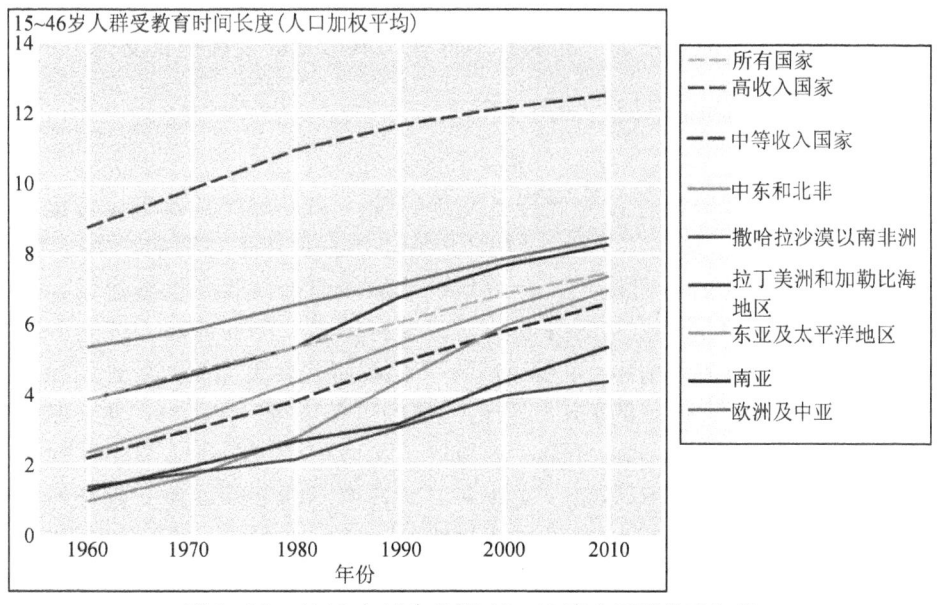

图 5-15　1960 年以来非洲 15~46 岁人口受教育年限

　　3）就业保障

　　随着人口的快速增长，非洲的人口失业问题日益严重。非洲独立以来，1965—1973 年经济的发展尚能在低水平层次上满足就业人口的需求。此后非洲的劳动力增长率一直高于经济增长率，经济发展的速度和规模难以满足庞大的就业人口的需求，失业现象加剧。20 世纪 90 年代，非洲平均每年有 1 000 万的劳动力需要就业，但经济部门只能吸收大约 1/2 的新增劳动力，失业率达 40% 以上 [22]。即使是在非洲最强劲的经济体——南非，本世纪初的人口失业率也在 40% 左右，在第二大经济体阿尔及利亚，失业率接近 30%[23]。2005 年非洲失业率保持在 10%，南部非洲甚至达到了 31.6%。

非洲失业人口的年龄结构正在悄然发生变化，失业人群的"年轻化"已经成为不可阻挡的趋势。相当数量的劳动适龄人口"不得其用"，失业问题日益普遍化。一方面，大量的劳动力人口和生产资料相脱离，导致企业开工不足，社会资源和人力资源得不到充分的利用，严重制约了生产规模的扩大和产业结构的升级；另一方面，经济不景气又进一步造成失业人口的增多，从而难以摆脱失业人口增多和经济发展缓慢的恶性循环。

此外，非洲许多国家正出现越来越多的受教育失业者。许多非洲受教育者的就业意向和各国提供的实际就业机会之间的错位明显加剧。相关研究表明，至 1993 年，肯尼亚和加纳有限的现代工业部门仅容纳了 10% 的劳动适龄人口，而即将从中学和大学毕业的学生数量还在不断增加。但是，从就业机会方面来看，非洲人才市场对高级人才的需求远远没有达到饱和的状态。在法语国家，大学入学人数最多的法律、经济学、语言以及人文学科领域，就业机会反而很少，时常出现几千人竞争 2~3 个职位的状况。而科学、技术领域的毕业生却往往供不应求。这一方面是由于非洲许多国家缺乏足够的培训能力，另一方面则是因为人才流失严重。另外，医学、生物学等学科由于缺乏足够的预算，无法聘用所需的高层次人才，也造成这一领域毕业生就业的不足。

以上的人口就业问题表明，非洲的就业培训与服务还处于初始阶段，在人才供应和社会需求两者间未能建立高效的衔接。这不仅造成了教育与培训资源的实际性浪费，使社会失业率扩大，还使得许多工业和经济发展部门缺乏足够的智力要素支撑。在建立充分适应市场需求的就业服务体系方面，非洲还有很长的路要走。也只有克服这些，非洲社会才能获得长足的进步，从而为其工业化与城市化的发展提供支撑。

5.5.2 发展方向和对策建议

1）发展方向

发展完善的公共服务硬件设施和服务功能，使公共资源配置效率显著提升。通过基本公共服务社会化、市场化等手段，分担政府在基本公共服务方面的投资与管理投入，引入外部资金和市场化的运营模式，有力推进非洲城市公共服务设施建设，提升其公共管理水平。形成可持续的公共服务供给财政支持体系，创新政府、社会分工，使非洲各国政府逐步树立以服务为中心的职能观，强化政府公共服务绩效管理的核心职能。

基本公共服务和社会保障的公平、公正性受到更多重视。在医疗卫生、基础教育、住房保障、就业与基本生活保障方面，各地区、各城市的差距逐步缩小。建立健全的城市就业培训和基础教育保障体系，失业率、文盲率不断下降。建立健全城市就业、医疗等领域的社会保险制度。城市居住环境明显改善，贫民窟逐渐减少，用水、用电等基本生活服务得到保障。

2）对策建议

构建城市社区基本公共服务体系。由于经济发展水平较为落后，政府在城市服务设施投资、管理运营方面严重不足，这导致非洲城市出现过度城市化、城市贫困等问题。非洲中低人口密度的城市，如贝宁的波多诺伏、布基纳法索的瓦加杜古、尼日尔的尼亚美、多哥的洛美等城市，面临着过度城市化的问题，这些城市的人口增长高于当地经济增长，导致大量的社会经济问题，如高失业率、贫民窟扩张、社会极化和犯罪 [24]。借鉴城市化先发地区经验，社区作为城市基层组织，能够最大限度整合社会资源，弥补政府垄断公共服务供给的不足，更好地满足居民对基本公共服务的需求。

着力解决城市化进程中的人口城市化相关问题，减少城市贫困，改善医疗卫生条件。世界银行非洲发展数据报告（2007 年）显示，撒哈拉以南非洲地区初等教育净入学率约为 70%，失学儿童约 3 200 万人，尤其是尼日利亚的失学儿童问题最为严重。在非洲城市功能提升过程中，应重点加强教育、培训等基础设施投入，逐步提高人口教育水平。充分利用政府投资、国际援助等多种途径，加强医疗和环境卫生设施建设，改善卫生状况和基本医疗条件。

因地制宜地构建城市住房保障制度，探索城市住房金融借贷政策，改善居住环境条件。据统计，非洲大陆仅有 3% 的人口有能力承担房债，非洲土地的私有制度，以及住房价格与居民地收入的不匹配导致大量的贫民窟出现，房屋分配体系以及金融信贷系统是非洲实现"居者有其屋"的两大障碍。应逐步完善住房保障和金融体系建设，逐步改善城市居民的居住条件。

5.6 城市管治

5.6.1 城市管治现状

目前，非洲的城市管治模式大致分为四种。一是地方自治，由当地政府独立自治，与区域管治相互独立；二是区域联合管理，由有意愿的地区政府自愿合作进行社会管理；三是采取地方自治与区域联合相结合的模式；最后则是实行统一的区域管治。

由于人口增长，非洲城市面临严重的城市蔓延，对其城市管治带来了严峻的挑战。作为城市发展最快的地区，非洲的城市人口年均增长率达到 4.87%。随着新阶段城市化进程的推进，未来非洲大陆可能有一半的人口成为城市移民。过快的城市化进程带来了包括失业、城市贫困以及非正规经济等各种问题。城市政府应控制贫困与失业规模的扩大，以及提供更好的安全保障与服务。

城市贫困是非洲城市管治需解决的首要问题。在次撒哈拉地区的 45 个国家或地区中，有 71% 的人口生活在日均收入低于 2 美元的贫困线以下，40% 的人口生活在日均收入低于 1 美元的贫困线以下，总贫困人口近 7 亿，且主要为妇女和儿童。由于贫困的普遍存在，这些国家和地区有 47% 的人需要改善卫生设施，43% 的人需要改善水源[25]。大多数贫民区居民需要新的或经过改造的设施及服务，并且迫切需要在住房和交通出行方面得到改善。

由于城市的高失业率和严峻的就业形势，使非正规经济成为非洲城市劳动力生存的主要渠道。在北非，低技能、非正规经济部门的产值占区域国民生产总值的 27%。非正规经济一方面吸纳了大量的就业人口，另一方面也给城市管理带来诸多问题。非正规经济往往规模小，技能含量低，游离于国家监管之外，业务绩效不在政府统计之中，政府很难对在这一领域就业的城市人口进行统一的管控。

非洲城市建筑与房地产业的发展严重滞后于城市移民数量的增长，且这些移民中有相当一部分处于贫困状态，使得非洲城市的贫民窟不断增加。由于对城市住房及其配套设施的投资十分依赖私人资本的力量，住房售价长期居高不下。阿尔及利亚和摩洛哥一套普通住房的市场售价已上升为一个中产阶级家庭年收入的 8~9 倍，埃及和突尼斯为 5 倍。2005 年东非国家生活在贫民窟中的城市人口在 50% 以上，许多撒哈拉以南非洲的贫民窟人口约占城市总人口的 72%。在内罗毕等肯尼亚城市中，贫民窟里过度拥挤，平均 5 人居住一间 3~6 m² 的狭小房间里，安全条件和卫生状况非常糟糕[26]。

5.6.2 城市管治的措施和成效

在过去的近 20 年中，非洲地方治理系统取得了较大的提高。几乎所有的非洲国家都推行了自己的城市管治改革。为了加强机构的有效性和合理性，扩展多元化和社会参与的空间，非洲的城市管治改革主要围绕三个目的展开：权力下放、地方政府改革和部门变革。城市管治的具体措施则主要集中在增加就业、减轻贫困和治理贫民窟三个方面。其中，增加就业被认为是最重要也是最根本的城市治理方法。

在减轻贫困方面，撒哈拉以南非洲地区采取以农业为主的政府干预。他们认为，以农村为主的增长伴随着大部分人口的收入提高，这其中也包括了即将进入城市的人口。因而，努力实现农村劳动力收入增加和促进农村发展，也能大大减轻根植于城市化过程中的新移民贫困问题。南部非洲通过政府补贴，辅助解决城市贫困问题。1995—2005 年，南部非洲各国政府已经向月收入少于 580 美元的低收入家庭提供补贴累计达 290.5 亿美元，并鼓励更多的民众向低收入家庭提供抵押贷款。世界上发达国家的经验表明，用于供水、供电、更好的交通与服务设施的投资，同时也可以满足差不多数量的生活在城市贫民区中的居民的需要。因而，非洲部分国家做了增加投资的尝试。从 20 世纪 80 年代开始，撒哈拉以南地区国家期望通过"结构调整计划"（SAP）来提供更多的正规就业机会，从而缓解高失业状况，但效果未能达到预期：乌干达自 1987 年实行"经济恢复计划"以来，其对增加就业所做的贡献不显著；坦桑尼亚的情形也大致如此。

非政府组织和基层社区组织在非洲城市社会治理中扮演了十分重要的角色。在内罗毕，有 80 多个这类组织为棚户区减少贫困、提供服务和发展实体经济而工作。以非政府组织和社区为主体的民主化推进，使非洲的市民社会得以再现。在非洲，南非是市民社会中机构网络最发达的国家。据估计，南非有不少于 54 000 个非政府组织，并且这些组织相当活跃。它们涉及的领域广泛，从提供技术咨询的服务组织到为低收入社区无偿服务，从环境保护到跨阶级、种族和地方分割的互信建立和冲突解决。它们在南非城市政府层面上发挥了非常重要的作用。这种做法目前已经开始影响整个南部非洲和英语区的非洲国家。

参考文献

[1] Wikipedia Contributors. Trans–African Highway network [EB/OL]. (2007–05–28). https:// en.wikipedia.org/wiki/Trans–African_Highway_network.

[2] Gordon W.The Inter–Relationship of Maritime Network Connectivity,Transport Costs and Maritime Trade[R]. The Online Platform for Taylor& Francis Group Content, 2006.

[3] Anon.Cairo– Metro[EB/OL]. (2010–04–11). http: / /en. wikipedia. org /wiki /Cairo_ Metro.2010.

[4] Ivan Sandrea. The Building Rocks of Africa's New O&G Industry [R].Oxford Energy Forum,2012.

[5] 张同铸 . 非洲石油地理 [M]. 北京 : 科学出版社 ,1991.

[6] 郝丽莎,赵媛.非洲在世界石油供给格局中的地位演变 [J]. 地理研究,2012(3):507-520.

[7] 姜忠尽,殷会良.非洲石油——世界工业强国战略争夺的新宠 [J]. 国际经济合作,2006(11):13-16.

[8] 黄培昭.缓解能源短缺非洲开源与节流并重 [N]. 人民日报,2008-01-09(6).

[9] 陈威华,赵焱.巴西与塞内加尔 16 日签署生物能源合作协议 [EB/OL]. [2007-05-17]. http://news.xinhuanet.com/world/2007-05/17/content_6112454.htm.

[10] 刘颖.非洲国家积极探索开发生物能源 [EB/OL]. [2007-08-07].http://news. x inhuanet. com/newscenter/2007-08/07/content_6490563.htm.

[11] 联合国环境规划署.全球环境展望 [M]. 北京:中国环境科学出版社,1997.

[12] 郑力斐.非洲人口增长与环境退化 [D]. 上海:上海师范大学,2008.

[13] African Development Bank.African Statistical Yearbook[M].Denmark:Scanprint, 2013.

[14] 世界银行.2006 年世界发展报告 [M]. 北京:中国财政金融出版社,2006.

[15] United Nations.World Population Map[R]. New York:United Nations, 2006.

[16] 周云.社会政策与日本人口的发展 [J]. 人口学刊,2008(5):3-8.

[17] United Nations.Economic Development in African [R]. New York:United Nations,2003.

[18] Sanjoya L.Failing to Compete: Technology Development and Technology System in Africa[M]. Cheltenham:Edward Elgar Publishing,2002.

[19] [英] 泰晤士报高等教育副刊.世界大学排名前 400 强 [EB/OL].[2012-09-01]. http://www.idp.cn/temps/2011-2012.

[20] AAU.Full List of Member[EB/OL]. [2012-09-01].http://www.aau. org/ membership/ full members. php.

[21] 联合国教科文组织.联合国教科文组织 50 周年报告 [Z].2007.

[22] 张同铸.非洲社会发展战略问题研究 [M]. 北京:人民出版社,1992.

[23] 世界银行.世界经济展望 [M]. 北京:中国金融出版社,2000.

[24] UN-Habitat. The State of African Cities 2010: Governance, Inequality and Urban Land Markets[Z].2010.

[25] Lee E. Basic-Needs strategies: A frustrated response to development from below[M] // Stohr W, Taylor D R F.Development from Above or Below? A Radical Reappraisal of Spatial Planning in Less Developed Countries. Sussex: John Wiley, 1981:107-122.

[26] United Nations Human Settlements Program.The State of 2008 African Cities—A Framework for Addressing Urban Challenges in Africa[R]. New York: United Nations,2008.

6 非洲城市化发展战略

加快城市化与城市经济增长无疑是联合国"千年发展"目标实现的重要动力。本部分首先从人口就业方式转变、城市经济发展模式转变、城市基础设施和公共服务设施配套、城市环境改善、城市贫困和气候灾害应对等角度分析了非洲可持续城市化发展面临的潜在挑战。接着对非洲城市化发展的趋势进行了判断：全球化和国际贸易分工发展，将进一步推动非洲工业化向纵深方向发展；非洲国家在人口、劳动力和土地方面的"红利"优势，将为非洲城市化的加速发展提供经济、劳动力、土地等要素支撑；非洲大部分国家已经完成民主化改革，政治环境和社会制度趋于完善，政治体制改革为非洲城市化发展创造良好的社会环境。从城市体系结构和区域空间发展来看，大城市和首都仍然是非洲城市人口集聚的核心，而中小城市也将得到迅速发展，区域一体化发展的不断推进，将带动非洲跨地区和国家的城市发展走廊形成。

在对非洲城市化发展面临的潜在挑战和趋势分析基础上，从沿海中心城市建设、内陆中心城市培育和乡村城镇建设三个层面进行非洲城市化建设战略研究。非洲沿海地区港口建设和功能提升，将推动临港产业区发展和沿海经济转型。沿海城市的港城联动和国际功能拓展有助于沿海世界城市建设和实现沿海区域一体化。沿海城市与内陆城市的空间、功能和基础设施联系将不断提高互动发展水平。通过空间组织优化、功能完善和可持续发展能力提升，不断培育非洲内陆的中心城市。通过农业现代化、产业化发展，乡村基础设施建设，以及乡村中心城镇发展来发挥"自下而上"的城镇化推动作用。通过沿海与内陆的互动，大、中、小城市和城镇的相互联系，引导非洲城市化的协调建设。

6.1 城市化发展面临的挑战

当前，非洲城市普遍存在基础设施和公共服务设施建设滞后、经济发展模式粗放、城市贫困、城市环境和卫生状况较差、气候变化导致的灾害和环境破坏等问题，这使得非洲城市化和城市发展面临严峻的挑战。随着非洲城市化进程的加速，大量的农村人口向城市迁移，将进一步加重非洲城市的贫困问题和环境负担，非洲在推进城市化过程中必须面对这些挑战。世界人口报告《释放城市增长的潜力》中指出，城市化发展使城市面临人口迁移管理、促进经济增长、减少贫困和环境负担等问题[1]，这些问题和挑战将严重威胁非洲可持续发展以及城市化质量的提升。总体上，非洲城市化发展所面临的挑战可以概括为以下几个方面：

城市基础设施和公共服务设施建设与运营管理的挑战。大多数非洲城市的市政基础设施和服务设施覆盖程度较低，已有的设施运行效率较低，尤其是供电、供水、通讯和交通运输等基本服务设施匮乏[2]。世界卫生组织的统计数据表明，撒哈拉以南非洲地区大约有 5 200 万人使用未经处理的水资源（如缺乏保护的井水和地表水），仅35% 的城市人口使用管道自来水。非洲城市化发展和城市人口增加对城市设施的建设和管理提出新的要求，一方面对城市交通系统、供水、污水处理、供电、信息网络以及教育、医疗等设施的需求增加，另一方面需要不断提升城市的基础设施和服务设施运营管理水平，这对于经济发展基础薄弱的非洲地区来讲难度较大。

经济结构调整和就业保障的挑战。非洲工业化总体上处于初级生产加工阶段，经济增长主要依赖于资源能源、劳动力的投入，呈现出粗放发展、技术落后、环境污染等问题。非洲经济发展的生产性投资远远低于世界其他地区的城市标准，劳动的社会分工程度较低，产业发展的动力不足、专业水平较低、规模经济不发达等问题并存[3]。同时，大规模的非正规经济和就业形式的存在，严重影响非洲经济的可持续发展。因此，经济结构调整、产业升级发展、解决非正规经济和就业问题、保障乡村转移人口的就业等成为非洲城市化加速发展所面临的重要难题。

应对城市贫困的挑战。城市贫困是当前困扰非洲城市发展的重要问题之一，大量的非洲人口处于绝对贫困状态，缺乏就业和收入保障、住房条件差、医疗不足、教育水平较低等问题突出。城市贫困人口往往集聚在棚户区、贫民窟等非正规聚居区，伴随而来的是社会隔离、社会安全性低、基础设施配套水平低等问题[4]。随着非洲城市化进程的加速，大规模乡村人口向城市地区迁移，城市贫困问题将可能更加突出，应对城市贫困将成为非洲推进城市化发展的最大挑战。

改善人居环境质量的挑战。工业化和城市化发展带来大量的环境问题，非洲城市外围的半城市化地区、工业区和矿产资源开发地区所产生的环境问题尤为突出。半城市化地区往往缺乏有效的环境管理，环境恶化、垃圾处理不当、清洁水源缺乏等问题严重，并面临着巨大的环境负担。比如安哥拉大约3/4的城市人口居住在环境条件较差的半城市化地区，并缺乏具有法律保障的土地所有权和使用权，住房条件、居住环境十分恶劣[5]。矿产资源开采区居民则面临着严重的环境污染问题，尤其是重金属大量排放影响矿工身体健康并严重危害环境。比如赞比亚马安巴煤矿区煤炭燃烧产生的气体排放，导致该地区居民的呼吸道疾病发病率高于其他地区，皮肤、眼睛、鼻子和咽喉疾病发病率也相对较高。同时，煤炭、木炭等为主的传统能源利用方式导致城市大气污染日益严重[6]。

气候变化带来灾害和环境破坏的挑战。气候变化导致的非洲城市地区灾害和环境破坏是另外一个值得关注的环境问题。过去30年非洲的灾害统计数据显示，极端天气事件导致的城市人口伤亡的数量持续上升，非洲城市的脆弱性使得其遭受极端天气灾害的可能性不断增加。肯尼亚第二大城市蒙巴萨岛（城市居民70万人以上）具有长期遭受极端气候灾害影响的历史，几乎每年都会因为洪水灾害遭受严重损失和人员伤亡，据估计海平面上升0.3 m可导致17%的蒙巴萨地区被淹没[7]。极端气候灾害越来越成为城市安全的潜在威胁，城市化发展需要不断考虑和应对洪涝、干旱等自然灾害问题。

6.2 城市化发展面临机遇与发展趋势

20世纪90年代非洲大部分国家陆续完成多党民主制度改革，非洲国家的政治、社会发展逐渐趋于稳定，为资源开发和工业化、城市化发展提供良好的社会环境。非洲国家逐渐探索多元化的农牧业、矿产资源开发经营模式，经济基础得到进一步的巩固。当前，非洲整体城市化水平已经达到40%左右，由城市化发展初期阶段向中期阶段迈进，随着农业生产技术的不断提升和产业化发展，将有大量的农村人口和剩余劳动力向城市转移，城市发展将越来越关注多元化产业体系培育、城市基础设施和公共服务设施建设、城市公共卫生条件改善以及城市贫困等问题。随着全球化的深入发展，非洲国家参与国际贸易和生产分工以及吸引外商投资的能力逐步加强，同时与西方发达国家、中国、印度等国家之间的信息交流、技术合作、文化交流越来越频繁，将进一步加速工业化、城市化发展。

非洲国家在20世纪80—90年代得到了较快的发展。近些年来，总体局势是趋稳，但是仍然存在一些不稳定的政治社会因素。例如，民族、宗教问题始终没有得到很好的解决。近年来西方式的民主选举制度引起社会矛盾，刚果民主共和国、索马里、塞拉利昂、科特迪瓦、布隆迪及多哥等国家局势动荡。同时，恐怖主义、艾滋病等疾病传播、非法武器交易等影响社会安全因素的存在，对非洲经济贸易、国际合作、外商投资等也产生影响。这些因素成为制约非洲城市化发展的不利因素。

总体上，无论是非洲自身发展条件，还是国际化深入发展的外部背景，都有利于推动未来城市化的快速发展。同时，经济结构调整、城市贫困、大规模流动人口管理、城市环境问题、局部政治不稳定等为非洲城市化加速发展带来巨大挑战。对非洲城市化发展的内部条件、国际化发展背景，以及可持续城市化发展的挑战分析，是非洲城市化建设战略研究的重要基础。

6.2.1 城市化发展面临机遇

（1）城市化发展的政治社会环境和制度趋于稳定

非洲国家经过政治体制改革和民族独立后，结束了长期战乱、冲突和动荡的局面，保持了国家的统一存在和主权完整，作为一个全新的政治存在参与到现代世界体系中。稳定的政治社会环境、自主性国家观念逐渐形成并深入人心，政府机构、企业、民间机构、人民等不同主体的关注点逐渐由政治、安全、冲突转向社会经济、文化发展，这成为推动非洲国家现代发展的基础性力量和结构性要素。这种变化有利于促进非洲经济和工业的稳定增长，保障城乡人口的有序流动，推动城市设施建设和功能完善。日益稳定的社会政治环境将成为非洲城市化快速发展的重要保障，将带动非洲国家逐步发展成为世界城市化的主要地区。

非洲国家在社会政治环境稳定的基础上，逐步推动各种制度改革，包括经济体制改革、土地制度改革、财税金融制度改革、文化制度改革等。政治和行政体制改革使一批非洲国家的政治结构与社会行动能力逐渐趋于成熟稳定，政府机构的社会管理能力也逐步得到提高，这为非洲开展国际经济合作、国际贸易提供了良好的制度环境。在经过长期的尝试和应用之后，一些具有非洲自身特点、包容性的现代政治制度逐渐为非洲发展带来巨大的潜力。这种发展潜力与世界其他国家日益加强的经济合作正在由潜在优势转化成非洲城市化发展的现实优势。非洲国家在保持与西方发达国家的经济贸易和市场联系的基础上，逐渐拓展与新兴国家的经济贸易和生产分工，这种发展趋势将有利于非洲更深入地融入全球分工体系，从而加速非洲的全球化、工业化、城市化发展。过去十多年，特别是2008年西方金融危机爆发后，世界经济发展重心加速向南方国家、新兴国家转移，中国、印度、巴西和亚太、南亚、拉美、中东地区的一系列新兴国家在能源、矿产、农业、金融、电信、基础设施建设方面的对非投资日益扩大，对非洲的资源、市场、劳动力、土地的需求也日渐强烈，这明显提升了非洲资源的国际竞争平台，延长和提升了非洲发展要素的价值链[8]。

在各个国家制度改革和完善的同时，非洲国家积极推进区域一体化进程和地区合作组织的发展，非洲经济共同体以及东部、西部、中部、南部非洲等次级区域经济联盟和共同体先后建立起来，同时围绕关税、农牧业、矿产资源、旅游、贸易、交通运输等设立了协会、行业组织，非洲国家区域一体化和地方合作组织的快速发展，有利于整合非洲内部的资源、市场和生产要素配置，有利于推动非洲国家的生产分工和产业发展合作。非洲内部的贸易与投资也在加速拓展。相关研究表明，随着非洲区域一体化进程的加快及跨区域基础设施建设的推进，非洲大陆内部贸易每增长5%，非洲大陆整体GDP就会增长2 000亿美元[9]。非洲一体化发展将进一步推进规模经济、集聚经济的发展，促进非洲经济的快速增长，成为推动未来非洲城市化快速发展的经济基础。

（2）全球化和国际贸易分工，推动非洲工业化向纵深发展

全球贸易和市场分工在一定程度上促进非洲参与全球经济分工，结合非洲当地的矿产、农牧业等资源，将有助于推动非洲工业化的快速发展。尤其是非洲沿海地区的城市，具有港口建设、国际航运和区域交通联系便利等方面的优势，加上人口较为密集、产业发展已具备一定基础等因素，工业化将得到进一步快速发展。沿海地区工业化的快速发展，对于沿海城市经济、贸易、商业、旅游、文化等功能的提升发挥重要作用。

随着全球化深入发展，非洲工业化发展将进入加速推进阶段，非洲将成为世界上一个巨大的新兴市场。非盟提出建设非洲大陆的自由贸易区，这将极大地改变非洲在世界经济体系中的地位和作用。非洲自由贸易区的建设将加速国际资本和投资向非洲集聚，提升非洲工业产品在世界贸易市场的份额。同时，全球化自由贸易发展将推动非洲的航运、物流、保险、金融等生产性服务业以及新型能源、绿色经济的发展。全球要素的集聚和发展，在加速非洲工业化快速发展的同时，也将促进非洲的城市化快速发展，尤其是提升部分国家首都、沿海城市和港口城市的国际职能。

全球化和国际贸易分工发展，将促进非洲地域生产向专业化、多元化方向发展。随着非洲参与全球贸易分工的不断深入，可以利用国际资本、技术、人才大量进入非洲的发展契机，充分结合本地的农牧、矿产资源特色，挖掘港口岸线、流域地区及河口三角洲地区等空间潜力，逐步形成专业化生产优势，形成本地产业集群和基地。专业化分工和生产将提升非洲工业经济的国际竞争力。全球化和国际贸易极大地推动了非洲石油贸易、矿产资源、木材资源的开发。近年来，非洲石油产量稳定增长带动了石油贸易，2009年非洲的石油产量占世界石油总产量的12.0%，非洲对美国、欧盟、中国、印度等国家和地区的石油出口迅速增加，中国与安哥拉、苏丹、刚果共和国、利比亚等国家的石油贸易增长较快[10]。矿产资源的出口贸易在许多非洲国家经济发展占有重要地位，如纳米比亚、赞比亚、刚果民主共和国、博茨瓦纳等国家的矿产资源出口超过全国出口总额的50%。矿产资源的出口贸易对非洲国家的创汇、税收、基础设施建设及地方经济发展也发挥着重要作用。非洲经济结构将得到进一步优化和调整，多元化的经济体系将逐步建立起来，经济发展质量将得到持续的提升，这些将成为非洲城市化快速发展的重要经济保障。

（3）人口和劳动力的巨大潜力将推动城市化快速发展

当前非洲正进入城市化加速发展阶段，根据国际城市化发展的一般规律，进入城市化加速发展阶段，城市规模和城市人口数量将出现快速扩张。目前非洲55个国家共有约10亿人口，城市人口以平均每年3.3%的增长率增长，下一个10年预计非洲新增加的城市人口将超过1.5亿人[11]。世界银行的报告认为，与世界其他国家和地区逐渐

严重的老龄化及不断升高的劳动力成本不同，若非洲大陆政局逐步保持稳定，劳动力素质不断提高，则未来经济发展的劳动力优势将十分明显。未来20年内，非洲大量劳动力的存在将吸引国际产业转移，形成潜在的世界"制造中心"[12]。非洲在人口和劳动力方面的巨大潜力，将推动城市化的快速发展。按照非洲目前的人口增长速度，到2030年，全球新增加的30岁以下的年轻人口中的60%将集中在非洲大陆；到2040年，非洲的劳动力将接近11亿，超过中国、印度这两个世界大国[13]。

非洲国家的人口和劳动力红利很大，乡村人口和剩余劳动力向城市迁移将直接推动非洲城市化发展。当前非洲约有6亿乡村人口，随着农业生产技术提升和产业化发展，将释放越来越多的农村剩余劳动力，这些人口逐步向城市转移并从事工业和服务业，成为推动非洲城市化发展的主要动力。非洲农业的区域分工协作、专业化生产和价值链整合，将提升农业的转型发展和全球竞争力。农业生产效率的不断提高，可以释放巨大的农村剩余劳动人口。同时，随着人口整体教育水平和职业技能的提高，将为城市化快速发展提供大量高素质劳动力。非洲产业发展水平提高和人口素质的整体改善，将推动劳动生产率的持续提高，进一步产生巨大的劳动力红利。

跨区域和国家的人口、劳动力迁移，大大提高了城市人口流动性，有助于跨地区的人才交流、技术合作。从人口跨国家流动的实际情况来看，大多是由于气候和环境压力、地区局势动荡等引起。例如，由于气候和环境压力，东非人口出现向南非和博茨瓦纳移民[14]。非洲跨区域移民与城市化、城市问题等有着密切的联系，国家政府应制定相应的政策来减少对跨区域人口流动的限制，引导城乡之间、区域之间人口的合理流动。

6.2.2　城市化发展趋势

（1）区域一体化带动非洲城市走廊发展

区位优势明显的城市往往容易获得最初的发展动力，具有较高的经济增长速度、较强的劳动力和资本吸引能力，城市发展的范围逐渐突破传统的边界限制，并与地域空间临近的城市产生经济、空间和交通联系，逐渐实现区域城市的一体化发展，有助于推动巨型城市区域、城市走廊的发展[15]。非洲国家通过区域对话合作，共同推进地区经济发展，应对经济挑战，促进跨区域的城市化发展和移民，以及区域经济、管理方式的一体化发展，在一定程度上推动了国家和地区的城市区域形成和发展。由于非洲规模较大的工业城市、港口城市等通常沿着河流（尼罗河等）、海岸线布局，这为城市发展走廊的形成创造了良好的条件，如莫桑比克和南非之间的马普托发展走廊、拉各斯—科托努—洛美走廊（Lagos-Cotonou-Lome Corridor）等[11]。随着非洲共同体以及次级区域发展联盟的深入发展，将进一步提升非洲区域一体化发展水平，在局部地区促进跨国家边界的城市走廊发展，这将是非洲城市化深入发展的重要空间布局基础。

在区域内部，不同城市共同面对外部的挑战和机遇，成为城市发展走廊形成的根本动力。Gordon McGranahan等从城市经济关系的角度分析非洲跨国家的城市合作以及区域城市形成的可能性：①不同非洲国家的城市可能面临相同的经济问题。地方政府的区域合作可以增强城市规划积极作用的发挥，并协调住房、交通和产业等投资。地方政府网络有助于分享外商投资促进经济和基础设施建设的成功经验。具有相同地理环境的城市（例如，沿海或者工矿地区）可以通过环境项目、绿色能源和绿色经济项目来实现技术交换，以改善物质环境和提供社会就业。具有较大规模非正规经济的城市，可以借助企业网络、供应链和公共部门采购项目等进行经验合作，来支撑经济的发展。②一些城市的功能通过贸易、劳动力和资本的流动而联系起来，这些城市间的经济发展具有内在的相互依赖关系。通过跨越行政边界进行区域尺度的协同发展和决策，可以降低区域之间的交通运输阻隔，协调国家法规和产品标准，提升经济整体发展程度。例如，一个城市可能是其他城市的港口，或经济发展的重要原料供应地（如煤炭、能源或水资源）。马普托发展走廊是区域城市功能协调发展的典范，通过铁路、公路将豪登省和马普托港口进行无缝对接，该项目得到国家层面的政策支持，加强了区域内部的交通和要素流动。通过制度和政策设计鼓励私人部门投资项目发展，而地方和区域行政机构自上而下的发展过程不断弱化，地方和区域行政机构通过努力合作形成共同的区域发展议程，包括就业、职业培训和公共设施等[16]。世界银行报告指出，非洲国家的出口商需40天时间穿越边境进入邻国，而拉丁美洲仅需要22天。根据不同城市间物资的缺乏状况进行互补性的产业和供应链发展，可以促进整合的区域生产网络形成。通过知识分享和集群相关产业发展进行城市间合作，更容易实现产业的多样化和可持续发展。对于专业化的生产和服务商来讲，规模经济和发展机会可以带来成本优势，较大规模的市场更容易吸引外部投资和人才。区域一体化发展有助于促进城市走廊发展，提升非洲国家的全球竞争力。③由于城市跨国家边界的空间扩张，不同国家的城市形成相同连续的城市建成区。这些城市之间具有较强的相似性，因为这些城市具有一体化的生态系统和潜在发展成为一体化的经济系统。地方行政主管部门，以及国家层面、国际层面的跨边界发展协议，对于这些城市的发展至关重要。通过良好的劳动力和住房市场，畅通的商品、服务和资本流通，及一体化营销和共享设施来吸引外商投资和游客，可以大大提高劳动生产率。同时，区域层面的基础设施和服务设施共享十分关键，包括教育和培训资源、研究中心、电力和通信设施系统以及交通枢纽等。

非洲区域一体化发展过程中，越来越重视发展走廊对促进经济增长、加强人口集聚、引导城市化发展的重要作用。《非洲发展新伙伴计划》（2007年）中已明确提出金沙萨—布拉柴维尔走廊的合作发展，开发巨大的水电资源潜力。南部非洲发展共同体已经明确提出走廊的范围，包括纳卡拉（连接莫桑比克和马拉维）和纳米贝（连接安哥拉和纳米比亚）。城市发展走廊将成为非洲城市化快速增长的地区[17]。

（2）非洲城市化发展以大城市为主体，城市体系结构趋于合理

根据城市化发展的一般特征，在城市化加速发展阶段，首都、港口等中心城市由于政治、经济、资源、交通方面的优势，往往能得到较大的发展机会，工业化、城市由于发展进程明显高于其他中小城市，城市首位度也不断提高，大城市将成为非洲城市化发展和人口集聚的主体。麦肯锡通过对全球城市化发展趋势分析指出，到2025年全球的600个大城市将对全球GDP的贡献超过60%，并且到2025年全球大城市的人口和GDP增长主要来源于发展中国家，尤其是中国和非洲地区[18]。未来非洲巨型都市和大城市发展，将主要集中在地中海沿岸、西非地区和南部非洲地区，如西非的阿比让、阿克拉，南非的开普敦、马普托，地中海沿岸的阿尔及尔、亚历山大等大城市的人口和产业将进一步集聚（图6-1）。沿海城市在港口建设、产业发展、国际贸易方面拥有良好基础，将进一步推动大城市的发展，大城市与周边区域的分工协调将促进都市区、城市区域的快速发展。同时，非洲内陆地区的首都和中心城市将继续发挥地区带动作用，如开罗、约翰内斯堡等。

随着非洲城市人口的持续不断增加，可以预见在未来的10~20年里，非洲将不得不为越来越多的城市人口提供生活空间和各类服务设施。而发展中小城市是扩展城市化发展空间，缓解大城市的交通、人口、环境压力的重要途径。当前非洲中小城市已经出现迅速崛起的趋势，新增加的城市人口约2/3被50万人以下的中小城

图6-1 2025年世界大城市分布趋势预测

市所吸纳[19]。中小城市的发展主要由政策因素、人口迁移趋向所决定。部分国家和地区通过政策引导，调节城市人口在不同等级城市之间的合理布局，如埃及为了缓解首都开罗的人口压力，在开罗外围地区建设大批卫星城，如十月六日城、萨达特城等。另一方面，随着大城市功能和设施配套的逐渐完善，农村人口向大城市迁移的成本逐渐增高，生活成本相对较低、竞争较小的中小城市对乡村人口则具有明显的吸引力。东非的一些中小城市发展经验表明，中小城市完全可能成为区域内新的发展核心。如肯尼亚的埃尔多雷特和基西、坦桑尼亚的阿鲁沙和姆万扎、乌干达的恩德培、马达加斯加的塔马塔夫和马任加。这些中小城市的发展显示，如果政府能为中小城市发展创造良好环境，加强对公共领域投资（尤其是基础设施方面），那么这些城市有可能吸引更多私人企业进入。这些中小城市在生产、分配、商贸以及生活服务等方面所承担的职能，在地缘上将有利于国内城市发展的平衡，有利于区域内部经济与社会发展平衡[20]。

非洲在城市化加速发展过程中，沿海地区和部分国家的政治、经济中心城市人口进一步集聚和产业加速发展，将在地区城镇空间组织中发挥龙头带动作用，是城市化建设的主体。而大城市周边地区的中小城市发展，有利于形成大、中、小城市合理配置的城市化发展格局。

6.3 非洲城市化发展战略

通过区域大城市同周边区域紧密的交流互动、分工协作，加快大城市功能建设、人口集聚和空间结构优化，在提高大都市区GDP贡献的同时，逐步矫正城市体系结构不合理的问题。通过强化地域空间和邻近城市经济、空间和交通联系，促进贸易、劳动力、资本等城市要素跨越行政边界，实现大尺度的协同互动，推动新型城市的崛起和城市走廊的形成。

6.3.1 经济振兴与沿海中心城市建设

沿海地区由于有港口建设、国际贸易方面的地缘优势，往往成为最先发展的区域。一方面，利用沿海港口贸易的优势，积极开展国际贸易和市场合作，带动本地生产加工、物流、金融等产业发展，往往发展成为国际化程度最高和经济最发达的地区。另一方面，港口开发、临海产业发展吸引了大量的人口集聚，使得沿海地区在完善港口、产业功能的基础上，城市建设空间得到迅速扩展，并在港城融合发展过程中提升城市功能。沿海地区是非洲人口和城市分布最为密集的区域，应充分利用、挖掘沿海港口的潜力，

促进经济的全面振兴发展，协调好港口、临海产业区、城区以及腹地城市之间的关系，提升沿海城市的国际功能，推动沿海区域的一体化，加强沿海城市与内陆城市的互动联系，将其建设成为非洲大陆城市化发展的国际前沿阵地。

（1）港口发展和沿海经济建设

① 增强港口产业集群实力，提升沿海区域城市化水平

经济全球化进程的不断加速，以及非洲参与国际贸易分工的程度不断深入，对非洲港口布局、结构、功能等都产生了一定的影响，港口建设促进了非洲产业结构的不断优化调整，带动了沿海地区经济的快速增长。非洲区域经济一体化发展，加快了城市区域、城市走廊的建设，沿海的港口、城市与内陆的城市交通联系、功能互动更加密切，港口在非洲区域经济一体化发展中起到龙头带动的重要作用。因此，在非洲城市化建设过程中，应充分考虑港口建设对城市和地区发展的重要作用，尤其是通过沿海港口建设来促进沿海经济发展，提升沿海中心城市的建设水平。

非洲主要的港口分布在南非和西非地区，包括科托努（贝宁）、蒙巴萨港（肯尼亚）、突尼斯港（突尼斯）、特马（加纳）、坦噶（坦桑尼亚）、塞得港（埃及）、伊丽莎白港（南非）等港口，其中科托努、突尼斯港、特马、塞得港、伊丽莎白港、拉各斯、德班等港口为基本港。大部分海港设有自由贸易区、转口区、出口贸易区等（表6-1）。非洲港口总体上处于初级发展阶段，需要进一步扩大港口对外开放程度，在港口基础设施建设的基础上，结合全球产业转移和非洲本地的资源优势，积极建设保税物流区、自由贸易区、保税出口加工区等，建设高附加值的港口产业集群。从港口的进出口货物来看，非洲港口以农产品（花生、玉米、剑麻、可可、咖啡等）、矿石（钻石、黄金、铁矿）等初级产品出口为主，进口的主要货物包括机械设备、汽车、纺织品、粮食、药品、建材等。

表 6-1 非洲主要港口及性质

港口名称	港口性质	港口名称	港口性质
科托努（贝宁）	基本港，自由贸易区	洛美（多哥）	海湾港，设有自由贸易区
蒙巴萨港（肯尼亚）	海港、基本港，肯尼亚最大港口	利伯维尔（加蓬）	河口海港，锰矿输出港
突尼斯港（突尼斯）	峡湾湖口港、基本港	拉各斯（尼日利亚）	海湾河口港、基本港
特马（加纳）	海湾港、基本港	弗里敦（西非）	河口海港
坦噶（坦桑尼亚）	峡湾港，设有转口区	东伦敦（南非）	河口海港
塔马塔夫（马达加斯加）	海港，马达加斯加最大的港口	德班（南非）	海湾港、基本港，南非最大的集装箱港
苏丹港（苏丹）	海港，是苏丹唯一的对外贸易港口	杜阿拉（喀麦隆）	海湾河口港，西非海运中心之一
塞得港（埃及）	河口海港，设有自由工业区、基本港	吉布提（吉布提）	湾颈港、自由港，东非最大的现代化港口之一
路易港（毛里求斯）	海港、自由港，毛里求斯首都和最大的海港	达累斯萨拉姆（坦桑尼亚）	海湾港、设有转口区、基本港
伊丽莎白港（南非）	海湾港、基本港；南非主要港口之一	达喀尔（塞内加尔）	海湾港，设有自由贸易区、基本港

港口名称	港口性质	港口名称	港口性质
黑角（刚果共和国）	海湾港	卡萨布兰卡（摩洛哥）	海港、基本港
马普托（莫桑比克）	海湾河口港，设有转口区，是莫桑比克的最大海港	开普敦（南非）	湾颈港、基本港，南非的金融和工商业中心
罗安达（安哥拉）	海湾港，是安哥拉最大海港，也是西非的主要港口之一	亚历山大（埃及）	河口港，设有自由工业区
贝拉（莫桑比克）	海峡河口港，设有转口区	阿比让（科特迪瓦）	海湾湖口港，设有转口区、基本港

非洲的集装箱港口建设刚刚起步，2012年非洲港口集装箱吞吐量占全球的比例约为4%，南非是非洲最主要的集装箱集散中心，随着中国、中东等国家和地区运营商在非洲港口投资，非洲集装箱港口发展具有良好的前景，其中德班港、塞得港是全球前二十最具发展潜力的集装箱港口[21]。非洲散货码头以铁矿石、煤炭等出口为主，其中理查德湾港是世界最大的煤炭出口港，随着非洲原材料出口规模的不断扩大，散货码头的吞吐量将不断增加。

根据港口发展需求，明确港口建设重要方向。随着非洲国家GDP的持续快速增长，将迎来贸易的高速发展，物流和港口需求也不断上升。非洲港口建设的巨大需求吸引了大量的国际投资。2012年，尼日利亚莱基深水港进入建设阶段，成为西非地区最大的深水港之一。马士基公司计划在尼日利亚拉各斯和利比里亚的蒙罗维亚港投资建设新的集装箱码头，达飞公司计划在科特迪瓦阿比让港建造第二个集装箱港口[21]。同时，全球矿石价格的不断上涨，带来非洲矿产资源开采的热潮，这为非洲，尤其是矿产资源丰富的南非、西非地区带来港口基础设施建设新的机遇，散货码头、公共码头的需求将不断扩大。

加强港口基础设施建设。在现有集装箱码头基础上，因地制宜地进行改扩建工程，开辟新的集装箱航线，逐步提升非洲集装箱业务能力。在传统大港建设的基础上，加强中小港口建设，尤其是突出国际航运港口的喂给港建设，提升国际港的功能和规模。进行信息化港口建设，提高装卸、物流、运输的信息化程度和全过程管理，建设集装箱多式联运信息共享平台，通过无线探测技术等保障进出港货物安全，推进新一代集装箱应用，提高港口运行的效率，高效集约的利用港口资源，提升港口的经营和管理水平。加强港口与铁路、公路、内河航运的联动发展，在进行海港基础设施建设的同时，加强港口集疏运体系建设，进行海铁联运、海港和内河港联运，扩大港口的腹地和服务范围。通过港口建设来促进非洲的区域经济一体化发展，尤其是依托港口及联运体系加强城市区域、城市走廊的货物流动和功能联系，为城市走廊发展和人口集聚提供服务。

② 依托临港产业区建设，促进沿海经济转型，加快港城现代化融合

临港产业是依托港口的货物中转功能，由港口航运、临港工业及其配套产业等组成。临港产业区建设是港城互动的重要空间载体，通过港口和城市在不同发展阶段的互动和融合发展，促进临港产业的高级化发展。国内外学者对临港产业体系进行了大量系统的研究，总体上将临港产业分为临港关联产业、临港依存产业和临港衍生产业三种类型，其中临港关联产业是与港口直接相关的产业部门，如港口装卸、海运、集疏运、仓储物流等；临港依存产业包括造船、贸易、钢铁、石化等高度依赖港口运输的产业；

临港衍生产业指在港口周边一定范围，与临港关联产业、临港依存产业密切相关的产业，包括金融、保险、房地产、饮食、商业等[22]。临港衍生产业发展对于提高临港产业的附加值，促进港城融合，吸纳就业人口方面具有重要的作用。目前非洲临港产业以临港关联产业和临港依存产业为主，包括集装箱、散货运输等港口物流产业，炼油、船舶修造、化工等加工制造产业，而临港衍生产业发展相对较为薄弱。

港口功能演变和功能提升，使临港产业发展重点也表现出一定的阶段性特征，从世界发达国家和地区临港产业发展历程来看，大致经历了三个重要的发展阶段：重化工产业主导发展阶段、增值物流产业延伸阶段和现代服务业综合发展阶段。重化工产业主导发展阶段以原材料、半成品的物流贸易为主，钢铁、化工、煤炭等是临港地区的主导产业；增值物流产业延伸阶段主要通过增值物流服务，来延伸临港加工产业的附加值，拓展加工组装、离岸生产等功能；临港产业的深入发展，对现代服务业的需求会不断增加，主要包括金融、信息、保险、商务、咨询等生产性服务业，突出知识经济、高科技、信息技术对港口经济的带动作用，并且与港口贸易有着十分密切的关系。当前非洲临港产业发展仍处于石油、农牧产品、矿产资源等原料及初级产品加工阶段。

推进现代化临港经济区建设。非洲临港产业区建设过程中，应重点围绕港口物流、港口贸易的功能提升，促进临港制造业的升级发展，积极引进国外先进的企业和生产线，延长重工业产业链，提高钢铁、石油、化工、煤炭等产业附加值。扩大蒙巴萨港、伊丽莎白港、德班、洛美、拉各斯等主要港口的贸易市场规模，建设服务于非洲沿海地区及内陆腹地的综合型贸易中心，在沿海地区的中小港口建设专业化的贸易市场，并协调好中小港口贸易与大型综合港口的关系。推进现代化的临港经济区建设，提升北非、西非、南部非洲等地区自由贸易区的建设标准，扩大其在国际贸易中的影响力。依托罗安达、亚历山大等港口贸易区的基础，推进临港保税物流区、保税加工区、离岸加工区建设。积极发展临港金融、商务服务、信息服务、休闲旅游等现代服务业功能，引导临港产业区向现代化功能转变。

依托港口建设促进沿海经济转型。依托港口建设和港口贸易，推进沿海地区和城市的物资集散中心、生产基地和产业园区建设，为沿海地区港口和城市建设提供经济基础，如塔马塔夫（Tamatave）是马达加斯加的最大港口，也是国内农副产品的集散中心，可以在塔马塔夫市发展棉花、咖啡、花生等农副产品深加工产业，增加农副产品的附加值；坦噶港是坦桑尼亚的第二大港，以输出剑麻为主，可以发展剑麻深加工产业，由原材料出口逐步转向剑麻半成品、工艺品出口。优化沿海地区产业结构，加强港口贸易、临港加工和港口城市经济的联系和互动发展，例如特马（Tema）是西非最大的人造海港，已逐渐发展成为加纳首都阿克拉（Accra）的新兴工业区，建设了大型炼油厂、炼钢厂及电解铝厂，以及汽车修配、水泥、卷烟、纺织及食品等工业，而阿克拉则以政治、商业、文化、旅游、贸易等功能为主，特马和阿克拉在经济和产业功能上的协调发展，使得阿克拉都市区发展成为西非地区具有影响力的城市地区。非洲沿海大部分城市依托港口而建设，港口是沿海城市经济活动的重要组成部分，应当充分利用港口提升城市国际化发展的窗口作用，围绕港口经济和城市经济融合发展，建设具有国际影响力的港口贸易、物流中心和服务沿海国家和地区的政治、文化、商业、交通中心，如罗安达是安哥拉最大海港，也是安哥拉的首都，应逐步建成为西非重要的国际贸易中心，安哥拉的政治、经济、文化中心以及全国的工业中心。同时，沿海经济转型发展过程中，需加强休闲、旅游产业发展，如利用亚历山大、蒙巴萨、拉各斯、开普敦等城市的旅游业发展优势，提升这些海滨城市的国际旅游休闲功能，为居民提供更多的就业机会，引导农村富余劳动力向沿海城市迁移，并通过旅游休闲产业发展提升沿海经济的国际影响力。

（2）沿海城市国际功能培育和世界城市建设

随着全球化的不断深入，跨国公司的研发与设计、生产、流通等部门可以到全球去寻找最佳发展区位，但是有些城市是跨国公司总部（区域中心或次中心）最愿意选址的，处于连接世界经济发展的"枢纽"地位，即世界城市（world cities）或全球城市（global cities）。它们是世界政治、经济、文化、科技创新等发展的"大脑"，对于全世界经济联系、文化传播、科技发布与运用的推广具有重大作用，"世界城市"是跨国的、无边界的，有些更是世界范围内的[23-24]。"世界城市"往往是全球的"管理和控制中心"，如伦敦、巴黎、纽约、东京、北京等城市，是"世界城市"体系中最具影响力的城市。随着全球分工网络的发展，"世界城市"也成为全球性的生产性服务业中心，并且与世界其他国家的城市节点有着密切的联系。沿海城市在国家航运、国家生产联系中具有发展优势，同时是"世界城市"发展和集聚的主要地域，可通过沿海城市参与国际分工，利用国际市场和资源，促进本地专业化生产和经济文化发展，为人口集聚和城市化发展质量提升提供外部发展动力。非洲沿海地区的中心城市正在融入国际贸易和生产分工发展，但其在国际城市网络中的地位和作用仍然较低。

在非洲沿海中心城市建设中，需要进一步突出其国际功能的建设和培育。非洲沿海地区是整个大陆人口集聚程度最高的地区，同时具有大量的港口城市，这些城市在港口建设、临港产业发展方面已经具有一定基础，将成为非洲参与全球分工、世界城市建设的重要空间。重点依托非洲沿海地区发展基础较好港口城市，如开普敦、伊丽莎白、马普托、达累斯萨拉姆、亚历山大、阿尔及尔、达喀尔、阿比让、阿拉克、拉各斯、罗安达等中心（图6-2），提升这些城市的港口建设水平，在加强港口基础设施建设的同时，加强港口自由贸易、出口加工、

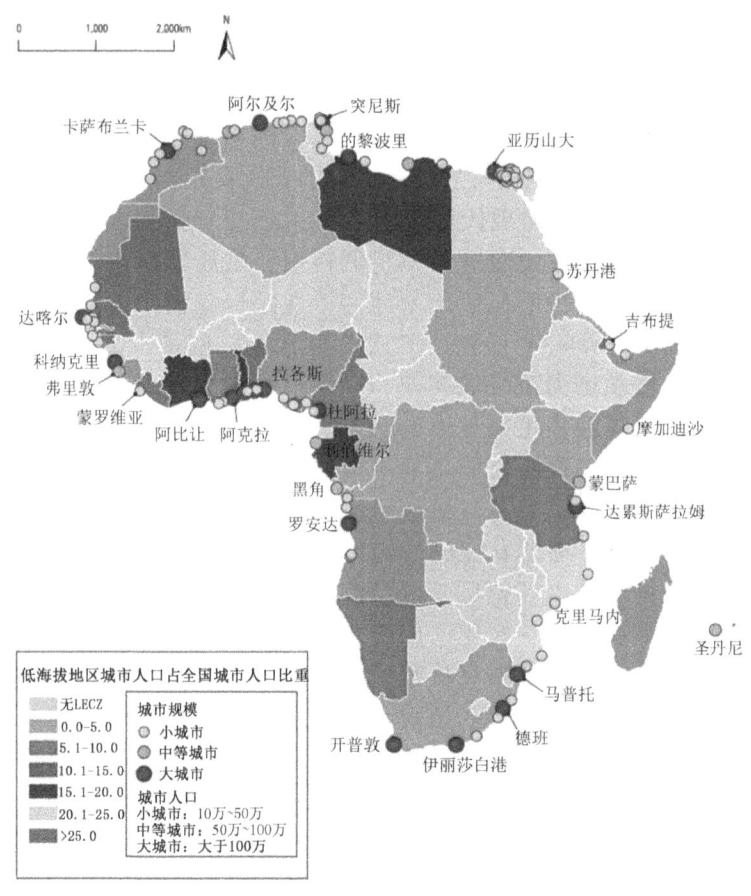

图6-2　非洲沿海城市分布和人口空间集聚状况

保税物流等功能建设，扩大港口国际贸易规模和质量，提升临港产业的加工制造水平。利用国际产业转移的趋势，挖掘非洲沿海城市产业发展潜力，在非洲沿海地区建设新兴的世界制造业中心，逐步培育非洲沿海中心城市的国际港口贸易、生产功能，为非洲"世界城市"建设创造经济条件。

逐步培育全球化的管理和服务功能。"世界城市"是全球一体化过程中形成的全球资本、人流等汇集的中心，非洲沿海城市国际功能的培育应重点促进国际管理和服务功能的发展，如政治、贸易、交流、金融、文化、旅游、技术、信息等功能的建设。达累斯萨拉姆、拉各斯、达喀尔、开普敦等城市在政治、商业、贸易、经济、旅游等方面已经具有较好的发展基础，应进一步提升这些城市在国际政治交流、经济贸易中的地位和作用，围绕国际组织、商业金融机构、物流贸易等加强建设，吸引国际机构总部及其分支机构在这些城市集聚，加强非洲生产性服务业企业与世界其他城市企业网络相互联系，吸引银行、会计、法律咨询等领域的国际知名企业的分公司。

（3）港城联动和沿海区域一体化发展

港口和临港产业区、城市之间的联动发展，对沿海城市功能完善和影响力提升具有十分重要的作用。尤其是港口功能变迁对港城关系发展起着关键作用。学者根据港口功能发展演变，将港城关系演化划分为四个阶段：港城发展初期的港城共生阶段、港城空间集聚阶段、港口外迁与城市裂变阶段、全球性港口城市发展阶段[25]。港城联动发展过程中，港口、临港产业区和城市的功能多元化、复杂化，沿海城市的功能空间组织、沿海港口和城市的空间联系方式也产生变化，并且在临近地域空间不断扩展。一方面，使得沿海地区各功能区分工更加细化，有利于专业化生产和经济发展水平提升，为沿海地区人口加速集聚提供经济依托；另一方面，在港城互动和专业化分工的基础上，港口、港口城市的功能空间向内陆地区拓展，港城的空间影响不断扩大，从而有利于在更加广泛的空间进行社会分工，促进了沿海地区的空间一体化。

从非洲海港、城市的功能特征来看，大部分处于港城空间集聚阶段和港口外迁与城市裂变阶段。以阿克拉为例，起初港口和城市共生发展，随着港城空间集聚和功能提升，原有的港口发展空间难以满足功能拓展的需求，逐渐在阿克拉都市区外围特马（Tema）建设外港，并形成阿克松博—特马动力工业区，而阿克拉中心城区则演变为政治、经济、文化、旅游中心，港口、城市和临港产业区的功能在空间上分离，并具有明确的空间分工，这种分工促进了阿克拉都市区建设。当前阿克拉都市区的延伸区域正在增长，人口集聚沿东西向轴线延伸超过 200 km，从南向北延伸将近 150 km。在未来几年的发展中，阿克拉都市区很可能与库马西（Kumasi）城市群连接起来[17]，其空间影响进一步扩大。在未来非洲沿海地区港城发展过程中，应重点引导港口、城市和临港产业区的空间裂变，加强现有港城集聚区域向沿海中小城市和内陆发展方向延伸，在更大区域尺度上促进人口、商品、信息、技术等流动，发挥港城对区域功能提升的带动作用。同时，引导沿海港城的核心发展区域的功能升级和优化，增强其在国际贸易、生产分工中的地位，融入世界城市网络发展。

沿海城市和区域的一体化建设，可以促使人口、经济活动、基础设施的地理空间集聚，通过城市之间的生产分工、功能联系、要素流动等，形成不断累积的集聚经济和规模经济。区域内部不同城市之间形成的人口、商品、金融和通信的自由流动，是区域发展、整合和贸易最大化的前提条件。通过区域内部不同城市之间的联系来提升区域一体化发展水平和区域内部不同空间的专业化分工水平，实现非洲沿海区域的经济繁荣，打造城市化经济发展最发达的地区。非洲沿海区域的一体化建设，有助于提升非洲经济发展、贸易的世界影响力，增强非洲与世界其他国家和地区的科技、信息、文化、政治交流和互动，也有利于扩大其他国家对非投资、对非援助规模，不断提升非洲全球化发展水平，而全球化发展是城市化发展质量提升的重要外部力量。同时，沿海区域一体化建设，经济、贸易的快速发展，将提供更多的就业机会，为沿海地区人口的集聚提供社会保障。

　　非洲沿海区域一体化建设，应重点加强城市区域建设，拓展次级区域城市集聚区、城市群、城市发展走廊、都市区等区域城市组织形式。城市区域的出现主要包括两方面因素：一是存在空间上相对临近的两个或两个以上都市区，并且由铁路、公路或航道所联系；二是半城市化地区和城市之间的乡村逐渐与城市融为一体发展。西非、东非、中非和南非等地区的城市区域得到一定程度发展，尤其是围绕联系沿海城市之间、沿海城市和内陆城市的交通走廊建设，逐步发展形成了城市集聚区、城市走廊等一体化发展的地理空间。西非最大的城市区域位于尼日利亚南部，从翁多州（Ondo）到伊罗林（Illorin），延伸超过 160 km，形成一个从 Omuo 到 Oyo 的东西向超过 200km 的发展轴线。这是西非城市人口集聚最为密集的地区，从一个城市到另外一个城市的距离基本上不超过 10 km。在中非，罗安达—恩贾梅纳（Luanda—N'Djamena）走廊逐步发展成为新兴的巨型城市走廊，连接了金沙萨、

图 6-3　罗安达—恩贾梅纳发展走廊

班吉、威热等城市（图 6-3），加强了跨国城市的人口、货物、服务和金融流动，以应对全球化和快速增长的人口，以及流动性增加和地域发展不平衡等问题。

　　在撒哈拉以南非洲，所有区域的城市和地区贸易不断积累，城市人口快速增长和城市化带动城市走廊的发展。城市走廊通过公路、铁路、河流、海岸线联系两个或两

个以上核心城市，人口、商品和服务通过城市或乡村转运点流动。走廊中每个城市节点的功能取决于相应的人口、空间和信息的可达性，以及功能专业化程度和当地独特的优势，尤其是经济方面的优势。连续的城市或建设空间和形态连接是区分城市走廊的重要标志。通过走廊的网络机制发挥，提升走廊中不同发展水平的城市联系[17]。在未来城市化发展中，应通过城市走廊中不同城市的功能协调、交通基础设施建设、空间要素流动、管理水平提高来推动沿海的区域一体化发展，为人口集聚提供发展空间、就业机会和经济基础。

通过城市之间的功能协调来提升城市区域的发展效率。引导城市区域内部不同城市的功能协调，培育不同城市的工业、贸易、旅游、交通、文化优势，通过人口和经济活动在不同地理空间集聚和优化配置，提高城市区域的整体发展效率。例如西非城市区域的出现本身就是城市功能专业化分工发展的结果。通过铁路站、港口和航空港等主要交通基础设施来联系不同类型的城市，并加强城市之间的贸易、商品、人口、信息流动，同时与周边城市进行功能协调。以塞内加尔为例，Diamniadio是重要的经济和物流中心，在其附近建设国际空港区来缩短供给和需求市场之间的时空距离，Diamniadio北侧的考克拉是重要的农副产品集散地和新兴工业中心。一些国家的发展走廊与邻近国家的城市联系形成跨国家的城市走廊，如马拉迪—卡齐纳—卡诺（Maradi—Katsina—Kano）走廊连接尼日尔和尼日利亚的城市，卡齐纳成为尼日尔南部地区和尼日利亚北部地区重要的转运节点。布基纳法索和科特迪瓦之间的博博迪乌拉索—可若赫（Bobo—Dioulasso—Korogho）跨国家走廊，以邦福拉（Banfora）和贝雷加杜古（Beregadougou）作为走廊的重要节点城市，其中邦福拉以农产品贸易和加工为主，贝雷加杜古则以商业服务、人口居住功能为主[17]。

加强不同空间的城市功能建设，针对沿海城市的中心区、半城市化地区和乡村地区等不同地域单元，突出不同的功能建设重点。从非洲大部分沿海城市的功能空间特征来看，中央商务区及周边空间以政治、经济和商业等高级功能集聚为主，而半城市化地区和邻近的农村地区主要为不断增长的城市人口提供住房和居住空间，或者为因土地价格上涨导致的由城市中心区向郊区搬迁人口提供居住空间。未来应加强沿海中心城市整体功能的提升，优化城市中心区、半城市化地区和郊区的空间配置，尤其是居住、就业功能的空间平衡。例如，近几年塞内加尔首都达喀尔所进行的城市中心行政和商业中心建设，正是在原来的居住区空间上。城市中心区域的建设，使得部分城市居民向半边缘地区迁移和集聚，然而城市区域的发展由于城市边缘地区和城市中心之间缺乏便捷的交通联系而受到影响。应加强城市中心区的商业、办公、居住服务、休闲活动等功能；在城市半边缘地区重点进行贫民窟改造和环境整治，培育次级商业中心，建设休闲、文化、体育等设施，逐步解决半边缘地区的半城市化发展问题；城郊地区因地制宜发展设施农业、农业产业化项目，为城市地区人口集聚提供充足的粮食保障。

通过交通基础设施建设进一步加强沿海城市空间联系。区域城市的优化配置和一体化发展，需要高效的城市联系和要素流动作为保障，公路、铁路、港口等基础设施建设是区域一体化发展的重要支撑。东非坎帕拉是维多利亚湖沿岸最大的城市，是联系乌干达首都和位于印度洋上肯尼亚蒙巴萨港的铁路的终点，这使得坎帕拉成为区域性的物流中心城市，并通过内河航运联系布隆迪、卢旺达、刚果民主共和国东部地区和苏丹南部地区。40 km 长的高速公路的建设促进了这一带状城市走廊的发展，连接恩德培国际空港、其他的区域物流节点、首都和整个区域。加纳阿克拉良好的交通条件对于促进都市区一体化发展、提升城市区域功能发挥了积极的作用，阿克拉通过众多私人部门投资改善城市公共交通[17]，形成了较为健全的都市区交通体系，从城市中心区到边缘地区，有良好的交通联系支撑人口的流动和生产组织。尼日利亚的商业中心、具有众多卫星城的拉各斯，同样具有完善和高效的交通体系，一方面对于拉各斯的城市要素集聚产生重大影响，为商业、服务、居住、旅游等功能集聚提供了良好条件；另一方面加强了拉各斯与其卫星镇的空间联系，以及拉各斯与北非沿海其他城市间的空间联系和功能互动。沿海地区的公路、铁路建设，是沿海城市发展走廊形成的重要依托，例如沿公路和铁路发展的布瓦凯—阿比让（Bouaké—Abidjan）走廊，沿布基纳法索主要高速连接阿比让和布基纳法索首都瓦加杜古—博博迪乌拉索（Ouagadougou—Bobo Dioulasso）的发展走廊（图 6-4）。在推进西非沿海区域城市一体化发展过程中，需要进一步加强交通基础设施建设，并提升不同交通方式之间的联运水平。通过沿海港口的疏港公路、疏港铁路建设，来扩大港口贸易、港口物流的腹地。加强跨国家、跨地区的交通管理，通过交通政策和技术的发展来减小距离对空间联系的阻隔。

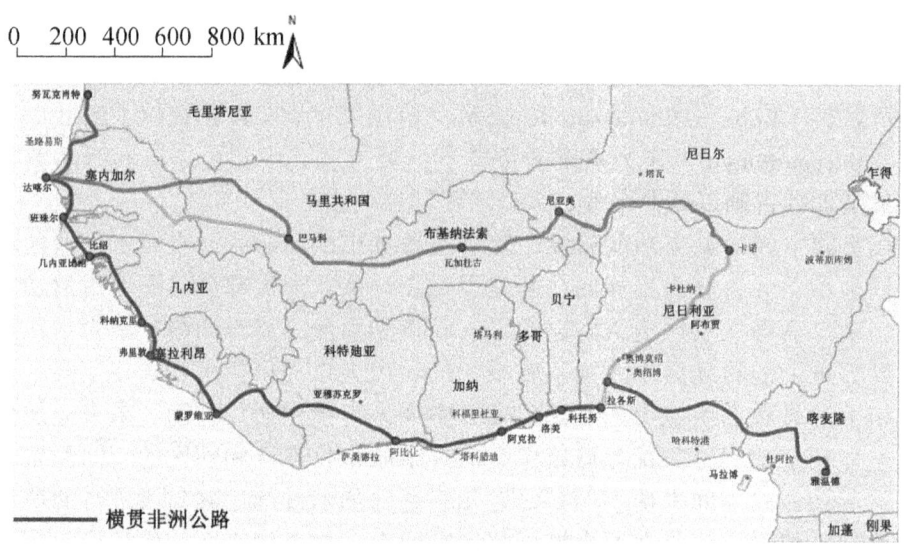

图 6-4　西非沿海地区的骨架交通网络

提升沿海城市区域的管理水平。沿海地区城市走廊等巨型城市区域空间的出现，如果管理不当，容易导致空间发展不平衡，尤其是走廊上城市和城镇的合理功能配置和分工，空间和功能的空间匹配。因此，需要加强沿海区域的规划协调，并对经济、商业、贸易、居住、基础设施建设等进行管理优化。如坎帕拉—恩德培（Kampala—Entebbe）走廊人口的快速扩张，导致规划、交通、住房、基础设施和社会挑战，这需要形成坎帕拉、瓦基索区和恩德培的公共权力机构进行整体的、区域范围的决策机制，共同商议走廊的交通网络、废弃物管理、基础设施和轻工业发展、商业和居住功能等。坎帕拉和恩德培持续的人口和经济增长以及它们之间区域的快速发展会带来更大的经济效益和生产力，需要当地政府间通过良好的合作，进行区域尺度的空间、经济和社会发展的计划制订、协调发展和规划实施[17]，来提升走廊整体的可持续发展能力。

（4）沿海城市与内陆城市互动建设

① 加强沿海城市与内陆城市空间联系

依托沿海城市的港口物流、国际贸易发展基础，加强沿海港口、城市与内陆城市的空间联系，通过沿海城市与内陆城市之间的公路、铁路、内河航道等交通基础设施建设，促进沿海港口城市对内陆城市的带动发展。一方面，提高沿海港口、城市的基础设施建设和功能提升，依托沿海基础设施网络建设，促进港口开发和临港产业区建设，通过沿海港城联动发展来打造沿海与内陆空间联系的龙头区域，如埃及沿海地区围绕亚历山大港口，不断加强沿海城市产业服务功能集聚，建设现代服务体系，形成埃及地中海沿海区域和内陆城市互动发展的重要节点。并沿着尼罗河向南建设多条高速公路，加强沿海港口城市和内陆城市的空间联系，成为埃及重要的发展走廊和人口、经济集聚区，也是埃及最重要的城市化发展区域。

加强沿海城市和内陆城市的空间一体化建设。加强地方政府之间的合作交流，引导人口、商品、农牧产品、信息、技术、资本的自由流动，并加强沿海城市、内陆城市与乡村地区的要素流动和互动，为乡村人口向城市地区迁移提供制度保障。加强沿海城市和内陆城市之间的城市走廊建设，如正在形成的埃及沿尼罗河城市发展走廊、塞内加尔的达喀尔—图巴发展走廊、科特迪瓦的阿比让—布瓦凯（Bouaké—Abidjan）发展走廊、南非的马普托（Maputo）—豪登（Gauteng）发展走廊等，通过沿海港口城市和内陆中心城市之间的空间联系和功能协调发展，形成带状城市集聚走廊，也带动了走廊上中小城市的功能完善和特色建设，使这些带状城市走廊成为非洲城市人口集聚和城市化发展的重点区域。

通过沿海城市和内陆城市的多级联系和互动，建设网络化的城市区域。在沿海城市和内陆中心城市之间的发展廊道建设基础上，逐步加强沿海港口、城市向内陆的多条通道建设，逐步形成沿海向内陆联系和拓展的网络基础设施，并加强内陆中心城市与周边城市和地域空间的联系。在沿海城市和内陆城市多通道联系、功能互动的基础上，形成网络化的城市集聚区，承载更多的城市化人口和经济活动。例如埃及在沿尼罗河城市发展廊道的基础上，加强沿地中海和红海的其他港口城市建设，并加强沿海城市与内陆城市的多节点联系，沿海城市和内陆城市多极互动的格局正在形成（图6-5），而这一网络化的城市区域和绿色农业网络建设将成为可持续城市化发展的有力保障。

② 提升沿海城市和内陆城市的功能互动

功能的错位协调和互动发展是沿海城市和内陆城市互动建设的重要内容。沿海城市和内陆城市在区位条件上存在差别，其功能发展方向和特色存在较大差异，在功能发展上具有很强的互补性，沿海城市和内陆城市的功能协调互动发展，有助于更大区域尺度的规模经济效应发挥。通过沿海城市和内陆城市的专业化生产和分工，实现区域经济运行效率的最大化。在非洲，大部分沿海中心城市以港口、贸易、经济和交通功能为主，而内陆城市则以农牧业生产、集贸等功能为主，非洲北部三角洲地区和大开罗城市走廊发展，逐渐形成了沿海港口与内陆城市互动发展的空间格局，并通过城市发展走廊来连接（图6-6）。在塞内加尔西部地区，沿着达喀尔—图巴发展走廊城市的功能分工最为明显。200 km的达喀尔—图巴走廊，具有将连接两大中心城市的铁路沿线城镇和城市串联起来，并且一体化发展的功能（图6-7）。走廊上城市的功能分工对城市发展模式产生一定影响，尤其是对港口城市达喀尔发展地位的影响。达喀尔和图巴的功能错位，促进了内陆城市图巴人口的大量扩张。在过去的20年

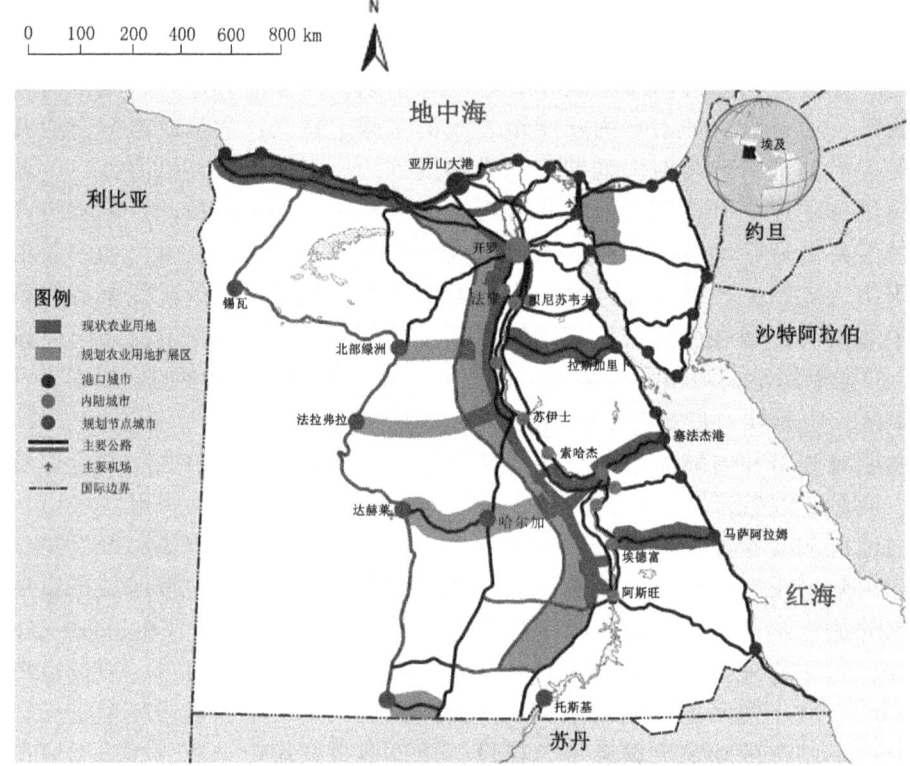

图 6-5　尼罗河流域城市网络分布图

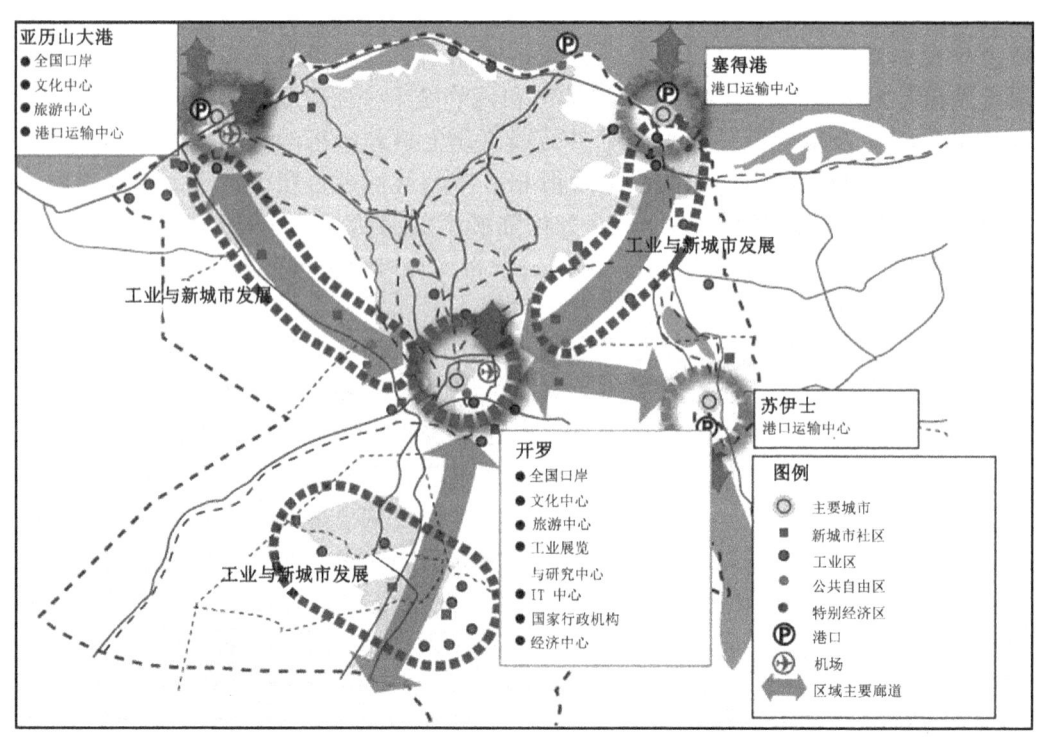

图 6-6　北部三角洲城市区与大开罗城市走廊示意

里，图巴的人口以每年 15% 的增长率快速增长。从 1980 年到现在，它的人口增长了 7 倍，并超过 100 万人。这导致城市空间蔓延，从 1976 年 5.75 km² 增长到现在的 135 km²。尽管没有发展制造业，但经济也得到相应的增长。图巴的繁荣是建立在消费、零售网点和服务等需求的远距离供给，主要是来自欧洲和北美的大量金融和商品经过达喀尔向图巴流动，带动了图巴消费、零售业和服务的发展，成为人口快速扩张的主要原因。与此同时，沿达喀尔—图巴城市走廊的中等城市得到不同程度的功能提升，其中，捷斯（Thiès）是走廊上最大的城市，拥有 20 多万人口，在走廊上发挥重要的中转功能。在发展走廊上的乡村聚落，开展每周的市场交易，有助于走廊的商品流通，并扩大走廊的纵向联系。走廊上的集聚节点促进了走廊的功能集聚和发展，例如图巴—陶尔附近的乡村市场，以渔业著称的卡雅尔（Kayar）镇是重要的商品交易节点。正是达喀尔—图巴发展走廊上不同等级城市、城镇和乡村地区的功能协调和经济一体化发展，促进了城市和城镇中心的人口集聚，以及走廊沿线乡村地区的集贸市场发展，从而促进了走廊整体的城市化水平提升。

在非洲城市化发展过程中，应充分利用沿海港口城市的对外贸易、物资中转功能，建设为非洲内陆城市联系国际市场的节点和窗口。在沿海城市和内陆城市互动发展过程中，提升内陆城市的功能和经济发展水平，内陆城市重点围绕工矿加工、农牧产品集散、商业服务、综合居住、内陆交通节点等功能，结合各个城市的发展特色，不断提升内陆各个层级城市和城镇的建设水平。

③ 衔接沿海城市和内陆城市之间的基础设施

基础设施建设是沿海城市和内陆城市互动发

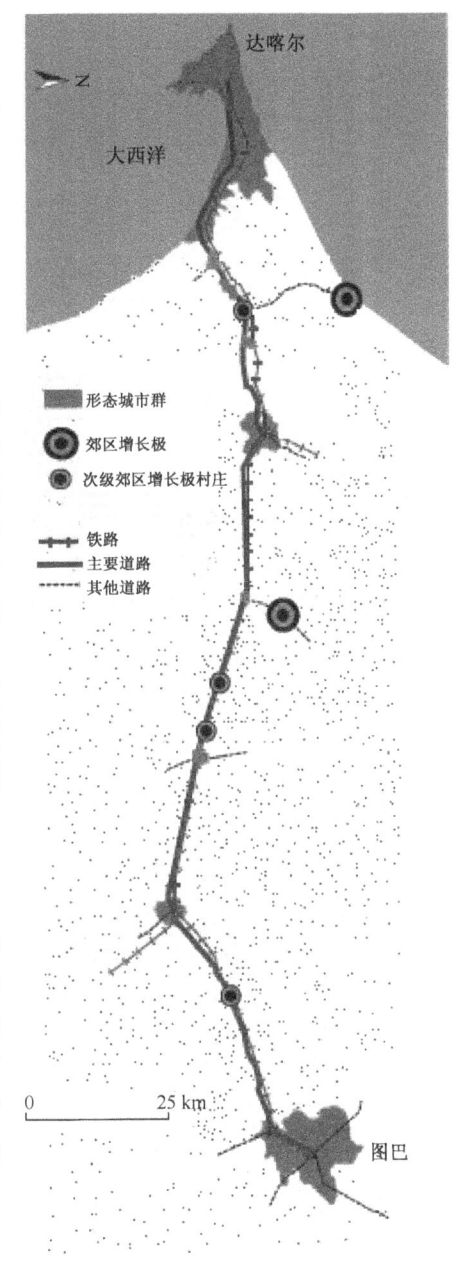

图 6-7　达喀尔—图巴城市发展走廊

展的重要支撑，尤其是公路、铁路、内河航道等交通基础设施，如布瓦凯—阿比让（Bouaké-Abidjan）走廊正是沿公路和铁路发展起来。拓展沿海城市和内陆城市之间的联系通道建设，在公路、铁路、水路、航空等基础设施廊道建设的同时，加强沿海城市和内陆城市的生态、农业等绿色廊道建设，为非洲城市化发展和走廊人口集聚营造良好的城乡生态环境。根据实际发展需要，进行沿海城市和内陆城市之间的石油管道、电力、燃气等廊道建设，作为沿海城市和内陆城市联系的基础设施支撑。如马普托走廊正是在南非和莫桑比克交通部合作制订的物流发展计划所带动下，不断扩大走廊的基础设施投资，沿着走廊改造核心的基础设施，进行重建威特班克—马普托公路，恢复和管理马普托港口，恢复和升级莫桑比克南部的铁路网络，发展从南非到莫桑比克南部的电力设施，产业园区基础设施建设，充分发挥基础设施建设对马普托走廊的带动作用（图6-8）。

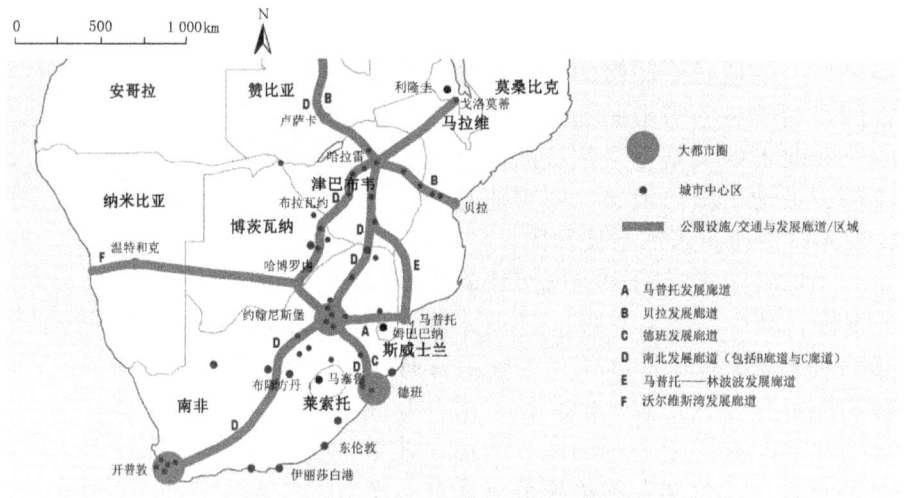

图6-8 非洲南部地区的跨国家联系网络

6.3.2 人口集聚与内陆中心城市培育

非洲内陆城市的功能培育和提升，为内陆地区的乡村人口迁移和集聚提供设施服务，以及充足的就业机会和良好的居住生活环境。在未来的城市化发展过程中，应加强内陆城市的功能建设，完善各类基础设施和公共服务服务设施，加强内陆的城市区域和都市区建设，扩大内陆大城市对城市化空间组织的带动作用，并不断提升内陆城市的土地利用效率和可持续发展能力，从而加强内陆的人口集聚和健康城市化发展。

（1）完善城市功能与提升人口集聚能力

非洲内陆城市功能提升，通过城市主要功能的培育和完善，提高城市的综合发展水平。逐步完善城市交通运输体系，形成高效流动、功能区之间联系便捷和城乡互动的道路交通支撑系统。推进城市公共服务设施建设，逐步提高城市的综合服务能力。加强非洲内陆城市资源保障能力建设，构建清洁能源使用、电力供应、清洁水源供给等资源保障体系。增强城市的防灾减灾能力。通过非洲内陆城市全方位的功能改善和提升，提高城镇居民的生活水平，增强对乡村人口的吸引能力。

提升城市综合开发水平。提升非洲内陆大、中城市的中心城区功能，重点围绕中央商务区、历史文化风貌区、综合交通枢纽等功能区建设，推进旧城重点区域和地块的改造，逐步建设安全、环境良好的居住社区，以及满足不同阶层需求的城市商业设施，提升内陆城市中心区的环境质量。在半城市化地区重点推进贫民窟改造，完善交通、环境、卫生、教育、医疗等设施，推进半城市化地域空间向城市化地区转变。加强内陆大城市的卫星城建设，围绕郊区居住、产业园区、商贸物流等功能，建设与市中心一体化发展的功能区。开罗2050战略规划中提出，促进首都城市功能和改善居住条件来提升国际竞争力，重点建立世界级的金融服务中心，保护伊斯兰历史区（Islamic）、科普特（Coptic）和乞迪夫（Khedivial）等区域的历史文化。引导人口向城市新的边缘城市地区集聚，如十月六日城和赫勒万省（Helwan Governorate），以降低城市中心区人口密度，适应新的增长需求。改造非正规区域的基础设施和服务设施，重新安置居住在危险地区的居民，在大都市外围地区重新布局污染性的工业，并发展面向出口型的新兴服务企业发展，包括健康类和高新技术类企业。改善城市的区域可达性，增加地铁线路到 15 条，建设 14 条新的高速公路连接城市内环和外环路。

通过非洲内陆城市的综合开发水平提高，城市公共服务设施、交通基础设施、资源保障体系和综合防灾体系建设，促进城市功能的全面提升，将内陆中心城市建设成为服务于地区人口集聚发展的政治、经济、文化、综合服务中心，引导人口逐步向中心城市集聚。同时，加强中小城市和城镇的基本公共服务设施配套完善，并注重特色功能的培育和建设，提升不同发展水平的城市和城镇对人口的吸引力。

（2）优化内陆中心城市空间组织

非洲内陆中心城市空间组织优化，应结合大城市的地域空间分布特征，确定不同的空间组织和发展形式，在大城市密集发展的地区，重点推进城市区域建设，通过地域空间临近的大城市空间联系、功能互动和一体化建设，形成分工明确、联系紧密的城市区域，并逐渐提升城市区域对城市化发展的核心带动功能和国际影响力；其他的大城市重点通过功能完善、城乡一体化建设，形成具有一定地域影响力的都市发展区。重点围绕内陆国家的首都和经济基础较好的中心城市来打造城市区域和都市区。

① 内陆城市区域空间组织

城市区域是由一个或多个大城市及其周边城镇、村庄和农村地区密切联系所形成的城市化地域空间组织形态。在城市区域，经济和其他活动的范围超越大都市范围，向多个周边的小城市延伸，在更大地域尺度上形成的经济、基础设施与其他城市地区一体化发展的城市结构。同时，城市空间向乡村腹地拓展，人口集聚区的物质空间和经济空间不断延伸。都市区域的空间组织有利于一体化的城市化发展地区形成，并与乡村腹地保持密切的要素联系。这种城市空间组织形式，有利于提升中心城市的功能，在与周边小城市、城镇的互动发展过程中，发挥中心城市作为地域经济、居住生活、服务供给和空间组织的核心带动作用；中心城市周边的地域通过与中心城市的交通联系、专业化分工形成具有特定功能的空间单元。在非洲内陆地区，城市区域空间特征最为明显的为豪登城市区域和金萨沙—布拉扎维巨型城市区域，但其空间组织和功能一体化建设方面仍存在一定问题，需要进一步整合城市区域空间发展，引导人口合理集聚。

引导城市区域的功能提升和专业化分工发展。豪登城市区域将豪登省不同城市联系起来所形成，由约翰内斯堡向周边大约 100 km 半径范围的城市群组成，具有多个大城市，包括国家首都茨瓦内、省会约翰内斯堡以及艾古莱尼、莫盖尔市等。这些城市之间通过通勤、物质空间整合和服务共享来联系，经济结构以商业、金融、服务业为主导。豪登省占南非国土面积的 1.4%，人口的 19.7%，小汽车拥有量的 37%，以及全国 GDP 的 38%。豪登城市区域大约有 1 000 万人口，吸引豪登省内外的人口迁移和集聚，这也带来大量的非正规移民，导致豪登城市区域出现大量社会问题，失学儿童问题、犯罪问题等。非正规移民缺乏社会认同感是犯罪和暴力问题形成的主要原因，社会不公平、高失业率和其他原因等更加剧了社会犯罪问题[19]。应通过加强社会公共项目和政策来加强安全建设，从社区和政府尺度的社会公平营造、加强管理、创造就业机会等努力来降低犯罪比例。豪登城市区域最大的经济部门是金融、商业服务和制造业，但就业人口最多的部门是贸易和社会服务部门，规模最大和增长最快的经济部门并不是吸纳就业人口最多的部门，应通过多种途径来提升城市区域的就业水平，重点加强城市的生产分工，提供多元化的就业机会，其中约翰内斯堡以金融服务为主，艾古莱尼制造业较为发达，次瓦内以政治及相关服务为主。根据不同城市之间的功能差异，引导城市社会公共部门发展和特色产业发展壮大。同时，应重点加强豪登城市区域的银行金融业、信息通信产业进一步发展，引导技术、资本和制度等知识密集型经济的地域集聚，通过高端服务业发展来创造更多的社会就业机会，并不断

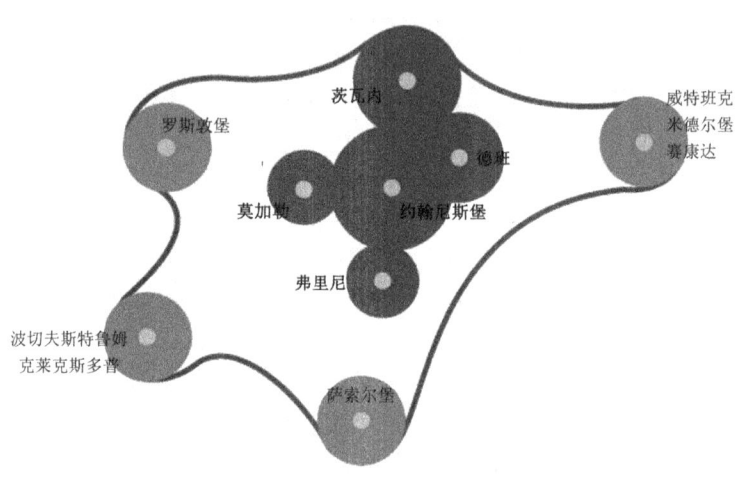

图 6-9　豪登城市区域的空间示意图

提升豪登城市区域在世界城市网络中的地位（图 6-9）。

　　城市区域的空间整合和协调发展。豪登城市区域是一个跨行政边界的城市系统，应加强不同地域的行政、权力和利益整合，并逐步加强跨国家的城市空间联系，突出城市区域对周边莫桑比克、津巴布韦、博茨瓦纳、赞比亚等国家的经济、金融和服务影响。豪登省政府在整合、协调各个地方发展权利和规划的同时，可以考虑建立城市区域统一的城市化发展监测和评估机制，对城市土地利用、人口迁移、安全、社会就业等进行动态管理，提升城市化发展质量。由于豪登城市区域服务设施空间分布不均衡，造成发展的空间不平等问题日益突出，应制定相应措施持续改善非正规人口聚集区的供水、卫生设施和能源供应。尽管豪登城市区域建设了 BRT 等快速交通系统，尤其是加强了约翰内斯堡与其他城市之间的快速联系，但仍然缺乏大规模公共交通，铁路网络和主要增长区域之间缺乏联系，不同交通方式缺乏整合，交通和其他规划之间的整合不够，战略规划、土地利用规划、经济和其他部门规划仍然各自为政。应建立城市区域的规划协调机构，协调不同部门规划的关系，并通过规划引导空间资源公平配置。

　　金萨沙—布拉柴维尔巨型城市区域（Kinshasa-Brazzaville）是非洲内陆地区另外一个影响较大的城市区域。金萨沙和布拉柴维尔被刚果河隔离，是地理空间上最邻近的两个国家首都。2010 年总人口超过 1 000 万，金沙萨—布拉柴维尔人口集聚区是世界上人口最多的跨边界的都市区域。近年来，金萨沙和布拉柴维尔通过多种途径开展合作，跨边界的联系对居民生活产生巨大的影响。估计每年有 300 万人在跨河的渡轮、岛屿周围和港口从事非正式市场贸易。年轻人从布拉柴维尔到金萨沙，追求良好的教育、丰富的活动设施。国家和地方广播电台、电视频道服务双方的边界。金沙萨和布拉柴维尔在供应食物、衣服、药品和制成品等方面存在相互依赖，经济和文化联系对这两座城市产生巨大影响，如果边境关闭，两个城市的一些企业将会关闭[17]。金萨沙—布拉柴维尔巨型城市区域是刚果河流域重要的人口集聚和城市化发展地区，其发展对于西非内陆的资源空间整合、要素集聚、加强国际联系等起着十分重要的作用。

　　不断提升城市区域的一体化发展水平。金萨沙—布拉柴维尔巨型城市区域应更加关注两个国家的经济、工业、社会、健康和政治活动，为刚果河两岸的居民提供充分的就业机会。持续改善跨河两岸政治、经济和空间合作，促进人口、劳动力、商品、服务和文化的跨边界交流，将金萨沙—布拉柴维尔城市集聚区建设为非洲政治、经济

上最重要的城市区域。两个城市通过建立各种协调发展和管理机制，促进一体化的城市管理、基础设施建设、流域环境治理。加强两个城市人口和空间的增长管理，促进城市化发展的协同演进。完善和升级基础设施网络，有条件的区域实现两个城市之间的一体化基础设施建设，包括电力、供水、污水处理等。推进城市道路网络改造，加强两岸城市之间的桥梁、快速通道建设，促进两个城市的人流、物流和信息流等，逐步解决车辆增多所造成的交通拥堵和交通事故问题。加强能源供应和废物管理，并重点加强刚果河的流域管理，控制生活垃圾、建筑垃圾和废水排入河流[17]，建设刚果河两岸景观优美、功能品质高端的城市风光带。同时，加强金萨沙—布拉柴维尔巨型城市区域沿基础设施走廊的外围空间联系，通过基础设施通道联系沿线的小城市、城镇等新兴的经济节点，尤其是加强金萨沙—布拉柴维尔巨型城市区域与刚果河盆地的功能互动，提升刚果河流域城市化发展水平。

② 都市区空间扩展和布局优化

全球化和信息化的快速发展，推动了生产要素在区域乃至全球尺度上加速流动，促进了城市化进程、城市空间形态和区域城镇体系变化[26]。都市区是最常见的城市功能地域概念，通常由一个大的人口核心以及与这个核心具有高度的社会经济一体化倾向的邻接城市的组合。非洲内陆地区在本地城市化发展过程中，肯尼亚首都内罗毕、乌干达首都坎帕拉、赞比亚首都卢萨卡、刚果民主共和国卢本巴希、乍得恩贾梅纳等城市逐步向都市区演变。都市区建设有助于发挥大城市对非洲内陆地区城市化发展的带动作用，通过都市区来整合内陆区域发展，可以在更加广阔的范围进行城镇体系组织、优化城市空间结构、进行基础设施网络建设和人口集聚发展。

区域城镇体系优化建设。非洲内陆大城市往往是首位度最高的城市，是非洲国家城市人口集聚的重要空间，但大城市对周边地区的中小城市和城镇的辐射带动作用不强，区域内部的城镇体系结构有待进一步加强。非洲内陆地区城市化建设，应重点加强中心城市与周边小城市、城镇之间的交通、基础设施网络、生态和空间联系，发挥大城市对内陆地区城市化发展的带动作用。都市区空间组织是中心城市和外围地区城镇在空间上相互作用的结果，也是中心城市的空间影响逐步扩大的过程。如在内罗毕城市周边地区和区域性基础设施沿线通过整体的区域规划，使得城市经济活动和功能向外围地区扩展，内罗毕中心城市和外围地区城镇体系逐步建立起来，形成更大区域尺度的内罗毕都市区空间。一方面内罗毕中心城市沿着交通等通道向郊区扩张，形成中心城区向郊区拓展的城市发展走廊，发挥内罗毕的首都经济、空间和基础设施的区域协同效应，使得都市区的空间影响大大超过目前的城市边界。在距离城市中心 100 km 以外的地区建设起新的人口集聚区，并在郊区形成新的城市功能区。另一方面，内罗毕外围地区的城市、城镇主动对接中心城市发展，通过基础设施建设、空间联系和功能互补发展，逐渐与内罗毕中心城市形成一体化发展的地域空间。在更广泛的区域和国家来分散经济活动和城市人口，是内罗毕都市区唯一可靠的可持续前进的策略，并使东非首都城市作为一个整体发展（图 6-10）[17]。非洲内陆地区围绕都市区建设逐步优化城镇体系结构，打破极高首位度所造成的对周边地域城市化建设的机会剥夺，进而引导内陆地区中心城市、中小城市和城镇的协调发展。

加强内陆都市区的功能联动建设。都市区的功能提升可以为城市化发展和人口集聚提供更充足的就业机会、居住空间和服务设施。随着都市区人口的不断扩张，应加强城市商业服务设施建设，积极推进棚户区改造，促进郊区半城市化地域空间功能完

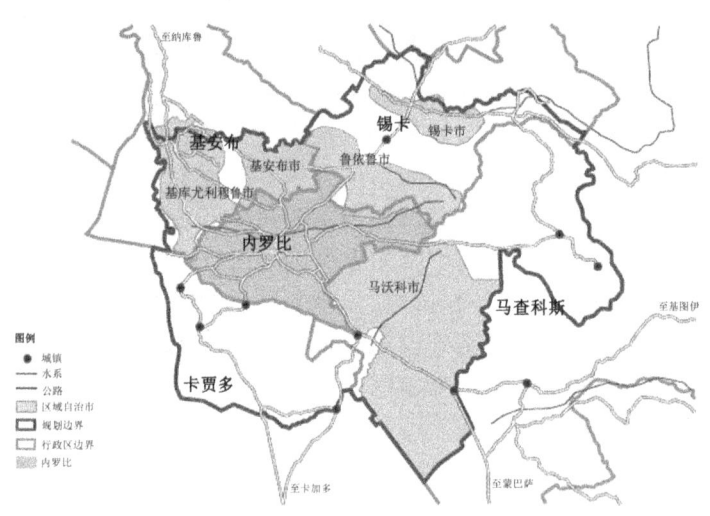

图 6-10　内罗毕大都市区地域空间组织

善，增强非洲内陆都市地区的人口吸引力。与此同时，加强都市区不同空间的功能互动联系，尤其是强化中心商业区、居住区、产业区和郊区组团之间的交通等基础设施网络建设，引导都市区功能的空间整合和协调建设。以卢萨卡为例，逐步形成明显的城市功能地域分异，在中心城市形成了商业、行政、居住、休闲等功能，

并且是农产品的重要集散地和纺织、水泥、橡胶、化工以及食品加工等工业生产基地；周围地区则是赞比亚的玉米、棉花、烟草等农作物的主要产区和大型牧场，周围地区的农牧业生产功能与中心城市的物流集散、商业服务等功能互补，促进了卢萨卡都市地区的中心城市与外围地区功能联系。同时，卢萨卡中心城市功能地域分异也较为明显，纵贯南北的开罗路为主要商业中心，集聚了大量的银行、商店、旅馆、办公大楼等。行政办公、居住区主要集中在城东地区，而工厂多集中在铁路、公路沿线，沿大东公路两侧，有著名的齐夸夸露天剧场、赞比亚大学、穆隆古什大厦、国民议会大厦等公共服务设施。非洲内陆的都市区应加强不同层面的功能建设，围绕大城市的中心城区建设商业、金融、办公、居住、休闲、教育等功能，在都市区外围地区加强工业园区、农牧业生产基地、物资集散中心建设，协同不同空间功能组织和优化布局，吸引乡村地区人口向都市区集聚。

加强都市区空间支撑体系建设。都市区范围内的城镇空间组织、功能互动联系均离不开交通、信息、生态等要素的支撑，因此要加强空间支撑体系建设。交通基础设施建设使得卢萨卡成为区域性的中心城市，成为赞比亚的交通枢纽，位于通向坦桑尼亚的大北公路和通向马拉维的大东公路的交会点，铁路南经马兰巴通津巴布韦，北通铜矿带，并经卡皮里姆波希接通坦赞铁路。基础设施体系建设对于非洲内陆中心城市的空间拓展和功能联系发挥十分重要的作用，然而非洲内陆城市的基础设施建设水平和利用效率仍然很低。目前，内罗毕安全自来水供给的城市人口不足61%；职住空间分离也是城市最严重的问题，工作地大多集中在内罗毕的城市中心和东南地区，而居住空间主要分布在郊区，这不仅导致交通拥堵，也意味着非正规经济的从业人口需花费相当一部分收入在交通上[27]。都市区的空间支撑体系建设，一方面需要加强内部空间和外围地区之间的道路交通、供水、电力、能源、通信等基础设施建设，为都市区空间联系和功能集聚提供基本保障，另一方面应不断提升基础设施管理水平，提高资源利用效率，为更多的城市人口提供生产生活服务。

（3）城市土地和空间管控与合理利用

20世纪60年代以来，非洲国家相继独立，并在重建国家体系过程中，进行了土地改革和土地政策制定。主要的土地改革措施分为土地分权管理改革、产权明晰化改革及土

地市场改革。在非洲的土地改革进程中，许多国家，如肯尼亚、乌干达、纳米比亚、马达加斯加、尼日尔、卢旺达等，相继采取了分权化管理的政策措施。分权化管理指将土地的分配、管理及决策权从中央政府转移给地区或当地执行，同时亦可包含其他行为主体，如非政府组织、民主社会组织、用户联盟、村委会、传统机构及私人机构。除了分权化管理，诸多非洲国家还对产权进行了明晰化改革，主要包含土地私有制、土地国有制、对于传统土地产权的认可，此外在土地登记和管理制度上做出更加清晰和法制化的安排[28]。20世纪90年代，许多非洲国家通过了新的土地法案，经历了一段时期的自由化、市场化的土地分配项目。市场化的改革在土地产权上主要包括租赁和租约两种形式[29]。土地制度改革，在一定程度上促进了内陆城市土地利用和空间开发，有利于城市土地的开发建设，尤其是对于基础设施和公共服务设施建设、商业中心建设等提供土地保障。

非洲内陆城市存在大量的非正规用地，因此在快速城市化发展过程中需要逐步加强对非正规用地的管理引导。苏丹内陆大喀土穆地区城市化发展已经超出了城市土地控制边界，导致混乱的土地开发，大量的非正规就业者在城市规划区外围地区集聚。非正式用地和城市建设区向郊区蔓延，使得北非居住在非正式聚落的城市人口比例从突尼斯的20%到开罗区域的60%。调查显示，60%的马普托居民从非正式市场中获得房屋产权[30]。非正式土地和住房的存在，对内陆城市带来环境、安全和交通等问题。一方面居民的土地所有权和使用权可能随时被剥夺，另一方面非正式用地往往是城市低收入居民和家庭集聚的区域，这容易导致城市贫困人口的空间集聚和贫民窟的出现，进而产生大量的半城市化地区。因此，非洲城市非正式的用地方式在一定程度上是半城市化问题产生的根源。因此，应加强对内陆城市的非正规用地和空间的管理引导，提高非正规用地的城市建设质量。

结合非洲土地资源利用的市场化改革，建立科学合理、发展有序的土地市场交易体系，逐步建立起以政府为主体、多元市场并存的城市土地配置结构。通过规划引导内陆城市的土地、空间、生态、产业等协调发展，提高空间开发建设水平。非洲内陆地区城市建设往往受到水、生态环境等承载力的限制，在城市化建设过程中应结合城市的承载力状况确定城市发展规模和增长边界，尽量引导城市空间拓展和新建设城镇向荒漠集中，减少空间扩张占用农业用地的面积。例如，埃及在城市化过程中消耗了大量稀缺的农业用地，尤其是在尼罗河三角洲地区，开罗大部分城市开发是在农业生产用地上的非法建设。自1982年以来，埃及通过制定国家政策来引导城市空间增长向荒漠地集中，在尼罗河河谷现有城市基础上发展河谷走廊城市带，引导城市集约利用，而新的城镇建设则布局在荒漠地上，避免城市化发展对农业用地的侵蚀[17]。在城市化快速发展的同时，应通过合理的城市空间增长控制政策，限制内陆大城市的无限蔓延，采用紧凑型的城市发展模式，引导城市空间形态向集约和集聚型发展。

非洲非正式超限发展的城市，往往人口总量快速增长，经济严重依赖非正式行业，贫困现象普遍存在，环境和公共卫生等基本问题突出[31]。在推进非洲城市化建设过程中，需要将更多的关注投向如何解决非正式用地等半城市化地区的发展问题。通过资金投入、政策引导来增强这些地区的公共服务能力，加强非正式用地空间和城市商业中心之间的交通联系，通过产业发展来改变就业方式。政府应当制定系统的政策措施，加强非正式人口集聚区的管理，全方位的引导非正式用地空间从蔓延向功能提升发展转型。

（4）提升内陆城市可持续发展能力

非洲城市经济、社会和资源环境等方面的问题，严重影响了城市可持续发展能力的提升，尤其是内陆地区城市可持续发展能力更低。城市可持续发展能力和城市化发展质量提升有着十分密切的关系，通过经济、社会和生态环境的可持续发展能力建设，为非洲内陆地区城市化提供良好的经济基础和资金保障，营造和谐、公平公正的发展环境，引导资源能源节约和宜人的城市生态环境建设，为城市居民创造良好的生活环境。

① 经济可持续发展能力

内陆国家和城市由于长期受殖民统治影响，以及自然环境、区位条件和发展环境限制，大部分内陆城市经济结构较单一。因此，内陆城市受经济周期波动影响更明显，经济脆弱性较大。如1974年国际铜市场暴跌造成赞比亚经济长期疲软。单一的经济结构导致非洲内陆城市工业化发展进程缓慢，影响经济增长速度和城市资本积累，难以支撑城市化建设的经济需求。通过相应的政策，引导内陆城市经济由农业生产、矿产资源开采等向资源加工型产业转变，不断延伸加工制造产业链，提高产品的附加价值。引导资本市场向内陆城市基础设施和公共服务部门倾斜，提升城市商业、物流、商务、金融等现代服务业发展能力。逐渐培育多元的经济体系，不断优化产业结构，实现工业和服务业协调发展。

人口迁移除了人为因素、自然灾害引起的被动迁移外，大部分人口迁移是出于经济因素的考虑，追求工作、居住和社会安全。良好的居住环境、基础设施和公共服务设施等是人口向城市集聚的根本原因。如非洲内陆城市内罗毕，1948和1963年人口为分别为10万和27.5万，而到2000年人口迅速增长到300万，占整个肯尼亚城市人口的35%。内罗毕城市人口的快速增长主要由城乡移民所产生，移民人口占城市人口的74%。内罗毕的非正规经济提供大约75%的城市就业，尽管内罗毕政府对贫民窟进行多年的治理，城市贫民窟人口已经少于50%，但内罗毕贫民窟的集中程度仍为整个非洲大陆最高。城市居民就业方式转变将成为改变非洲城市贫困，从根本上解决贫民窟问题的途径。通过内陆城市产业结构的优化升级，为城市居民提供多元化的就业机会，并为不同年龄阶段的人群提供就业，以此来提升居民整体的收入水平，逐步建立起经济增长、产业发展、社会就业和资本积累的良性互动关系。

② 社会可持续发展能力

非洲内陆部分城市人口的快速膨胀，大大超过了城市本身的发展速度和承受能力，使城市在居住、就业、食品供应、交通运输和环境管理等方面面临长期的难题。内陆城市薄弱的经济基础，落后的交通基础设施和服务设施，存在大量非正规就业人口等，是影响非洲城市可持续发展的重要社会问题，也是在推进非洲城市化建设中需重点关注的问题[32]。

加强城市基础设施和公共服务设施建设。尤其是着力改善内陆交通运输业落后的面貌，通过交通基础设施建设来加强内陆城市的空间联系，提升要素的流通水平。通过合理的交通基础设施建设投资，实现公路、铁路、航空、水运等多种交通运输方式协调发展。同时，加强通讯、供电、供水等基础设施建设，尤其是加强贫民窟区域的基本设施供给和配套建设。

引导社会公平发展，缩小内陆城市化发展和城市建设的空间差异。传统的城市发展政策越来越不能解决复杂多变的城市空间变化、调控和现实需求。尤其是当城市内部的商品、人口、通讯、资金和城市空间组织向跨地区转变，城市管治和政策必须适应这种新的变化，来提高对城市空间调控的效率。因此，内陆国家和地区需要制定更加灵活的、协调的城市空间管理模式，以应对城市内部的空间管理、城市区域管理以及跨国界的城市管理，协调内陆的中心城市和小城市的空间关系。根据联合国发展数据显示，在肯尼亚，富人收入是穷人的 56 倍，国家 10% 的富人控制 42% 的财富，而 10% 的穷人占国家财富不到 1%[33]。贫民窟的隔离、贫困和空间极化与低水平的城市管理有着密切关系，中央和地方政府的公共部门财政支出应提供均等的空间发展机会，促进城市化发展的社会公平。

提升城市政府的治理能力。结合内陆城市化发展的自身特点，制定切合实际的城市治理政策，逐渐形成稳定、科学的城市发展决策机制，提高政府运行效率。改革城市土地、融资、经济、环境等政策，通过制度建设来引导城市建设、投资决策、社会服务向更加科学、人性化方向发展。

③ 生态环境可持续发展能力

城市化建设必须满足生态环境可持续发展的需求，尤其是新的城市发展政策必须适应全球环境和气候变化的影响，并协调城市生态环境建设的要求。根据美国航空航天局发布的全球 PM 2.5 分布状况，北非内陆撒哈拉沙漠地区是全球污染最为严重的地区。这主要由两个方面引起，一是撒哈拉沙漠本身的自然环境所决定，二是由于该区域的过度开发和不合理建设带来的环境恶化。全球气候变化和极端天气出现，对非洲内陆地区的生态环境可持续发展带来严重威胁，如全球气温变化导致乞力马扎罗山冰帽的消减，这为东非半干旱地区城市淡水供给带来潜在的风险。针对全球环境和气候变化可能带来的生态环境问题，应加强内陆地区的生态环境建设，合理确定城镇建设范围和区域，严格控制城市建设、矿产资源开发、产业园区发展对农业用地、森林和河流水系的破坏。加强城市人口、资源、经济的承载力分析，优化调整生产力布局，提高城市应对气候变化的能力。加强城市卫生事业建设，提升城市居民应对极端气候的能力。

推进非洲内陆生态绿色城市建设。非洲内陆城市人口集聚和经济发展，将出现城市人口加速增长、工业化进程不断加速、城市空间快速扩张等现象，同时也对城市地区的生态环境带来巨大的压力。引导内陆城市的人口、生态环境、经济、社会等要素协调发展，成为实现可持续发展的关键基础，而生态绿色城市建设正是引导城市化发展过程中的要素协调、城市功能提升的有效途径。生态绿色城市建设，应从能源利用、城市结构优化、循环发展、生产生活方式调整等方面进行努力。进行能源利用的技术创新，开发应用多种类型的新能源，积极推广新能源技术，加强建筑节能及相关措施的应用。对城市空间结构布局进行规划和优化调整，按照生态城市建设理念进行全新的城市空间规划和社区规划，从生态友好的角度进行城市的空间结构和生产力布局优化调整，并加强循环经济、绿色产业发展。进行城市废弃物和水资源的处理和循环利用，积极引进世界先进技术，提高非洲城市废弃物和水资源的处理能力，提高城市水资源节约和循环利用水平。从政策上建立生态社会发展理念，促进居民生活模式转变，通过法律、政策和管理体制保障，提高城市社会、经济、科技、生态环境的协调发展，通过教育和宣传来引导居民的生态观念。如肯尼亚对未来城市发展制定了"2030 远景规划"，以应对气候变化，促进生态城市建设，积极推广清洁能源技术，在内罗毕等城市发展公共交通系统和新能源汽车，同时在首都附近开发卫星城，以缓解中心城区的人口负荷。肯尼亚城市规划过程中通过政府、银行、地产投资者、地方团体等一起参与，共同致力于改善城市生态环境，优化土地供应和管理，确保人人居有其所[34]。约翰内斯堡通过城市中心的公园、草地和郊区森林建设，改善城市生态环境，结合南非世界杯进一步提高城市的生态环境。通过快速交通系统引导城市绿色出行，改善城市的环境质量（图 6-11）。

图 6-11　约翰内斯堡生态城市建设

6.3.3　农业现代化与乡村城镇建设

农业现代化与乡村城镇建设之间存在必然的联系，两者互为基础、互为前提、相互制约[35]。相对大中城市而言，乡村城镇化发展和城镇建设成本较低，成为吸纳农村剩余劳动力转移、提高农业劳动生产率的有效途径。城镇化发展为农业现代化发展提供农业技术支撑和资金保障，提高农民素质，并且是推动乡镇企业发展和农业产业化的重要依托，为农业产业化发展提供市场、流通、信息等服务。同时，农业现代化也对乡村城镇化产生重要作用，农业生产向现代化的发展过程，意味着其为非农产业提供农业剩余的水平不断提高，带来的农业剩余产品是城镇化发展的重要基础。农业现代化和产业化生产经营，促进农业产业结构调整，加强了工农之间、城镇和农村之间的互动和要素流通，并且有利于实现城镇的人口、产业、基础设施和公共服务等要素集聚，从而推动了乡村城镇化建设。因此，应当从农业现代化和乡村城镇建设两者的互动关系入手，寻求促进非洲健康城镇化发展的有效途径。

（1）农业产业化和现代化建设

农业生产率提高是推动乡村经济社会发展的重要方式。相关研究已表明农业生产率提高对非洲减贫具有重要作用。农业生产效率提高直接提高农场收入和就业人数，间接对乡村发展、GDP 增长、粮食价格产生影响，从而对非洲贫困人口减少产生影响。农业劳动效率的提高，可以将大量的农村剩余劳动力从土地中释放出来，有利于缓解乡村地区贫困和推动非农就业人口增加[36]。农业生产率对减少贫困率具有很高的弹性，尤其是

表 6-2　农业产出增加对减少贫困的弹性系数

地区	贫困人数（百万）	贫困人数比例(%)	农业产出对减贫的弹性系数
非洲	291	46	0.72
东亚	278	15	0.48
南亚	522	40	0.48
拉丁美洲	78	16	0.10

在农业初级发展阶段。Thirtle 等通过不同国家和地区的比较研究，估计农业产出每增加 1%，

在非洲可减少 0.72% 的贫困人口（表 6-2）[37]。农业生产效率的提高，不仅对减轻非洲贫困有着重要影响，同时对促进"自下而上"的乡村城镇化发展提供经济和劳动力保障。农业现代化是提高农业生产率的有效途径，非洲国家和地区可通过农业技术的推广、农业水利设施建设、农业产业化经营等现代农业生产方式推动生产效率提高，进而推动非洲的乡村城镇化建设。

农业技术推广和政策法规完善。非洲农业科技机构在设备、技术人员和服务推广方面都很薄弱，在推进农业现代化发展过程中，应通过多途径促进农业技术提升，充分利用国外农业的技术援助，培育非洲本地的农业技术服务组织、企业和从业人员，重点在作物育种、农业灾害预防、抗旱抗病虫害、农产品储存等领域进行努力。并加强非洲现代化农业研究工作，根据非洲农产品需求结构调整农业生产力结构和布局，不断提升农业技术水平，促进非洲一体化的贸易，并针对科技、投融资、财政体系、政策法规及农业产业化经营模式进行深入分析，通过农业管理部门、私人投资企业、农户等参与来推进农业综合规划。

加强农业灌溉来提高农业生产效率。非洲的灌溉面积仅占可耕地的 7%，农业灌溉水平远远落后于世界其他国家和地区，非洲应该因地制宜，建设与传统灌溉方法相结合的小型水利工程，并吸收当地社区和农民参加设计和管理[38]，并逐步引入先进的农业灌溉技术和理念，提高非洲农业灌溉效率。通过国外技术援助、本地技术人员培育等方式，提高非洲农业劳动力素质，为农业生产经营和现代农业管理提供劳动力保障。

引导农业产业化集聚发展区建设，提升现代农业经营管理水平。充分利用中国及西方发达国家对非洲农业援助，建设农业产业化集聚发展区。充分利用国外的政府发展援助、企业投资援助、民间资本援助等形式，促进非洲农业基础设施投入和生产基地建设，建设农业生产示范园、农业技术示范中心、农牧生产基地和农牧产品深加工基地等项目，鼓励企业投资非洲农业生产，通过兴办农场和农业综合开发，建立农产品加工基地和营销网络[39]。逐步提升非洲现代农业的经营管理水平，借鉴国际现代农业管理经验，运用"行业组织 + 公司 + 农户"、"公司 + 农户 + 基地"等多种形式来经营管理非洲农业，通过农业生产经营管理体制和农业市场的不断完善，吸引外资企业投入农业产业化项目，并积极拓展农产品销售渠道。立足非洲农业生产经营，建立不同类型的行业组织，提高农业技术和服务水平，加强农产品市场管理和监督，协调外资企业和非洲农民生产的关系，使得农业产业化发展真正能够提高农民的收入，并为乡村城镇建设提供劳动力、资金支持。

（2）强化乡村基础设施和信息化建设

改善非洲农村交通设施条件。农村基础设施建设是农业生产和乡村城镇发展的基本保障。非洲的基础设施数量、质量、成本和使用效率均落后于世界其他地区。以道路为例，非洲已铺筑道路仅占其全部 180 万 km 道路的 16%，在农村中更为稀少[38]。道路欠缺和不畅，导致运输成本上升，影响农产品在国际市场的竞争力和贸易量。一些非洲国家乡村交通费用高于世界上任何其他地区。据艾利斯 (Ellis) 和海恩 (Hine) 等学者调查后得出结论：津巴布韦乡村平均每 300 人有 1 辆机动车，而斯里兰卡乡民每60 人约有 1 辆机动车。在津巴布韦乡村公路上行驶车辆的交通费用要比亚洲国家平均水平高 215 倍[40]。鉴于乡村农民的可达性和流动性依赖于公路的连接，国际社会对于撒哈拉以南非洲农村落后的交通设施状况颇为关注，国际援助的重点之一即改善这一地区的交通状况。20 世纪 40 年代以来，世界银行在全球共投资 620 多亿美元，用于1 000 多项交通项目，主要用于改进机动化交通的投资占世行总支出的 13%~16%，其受惠国当然包括撒哈拉以南非洲国家。传统的乡村交通规划方案关注于发展机动化交通，尼克拉斯·西贝尔（Niklas Sieber）建议非洲国家应采用大力发展非机动化交通，这种模式对推动乡村发展有重大的作用[41]。通过农村交通基础设施建设，提高农产品的流通能力，以促进农业贸易增长。

着力解决非洲乡村能源利用问题。对于撒哈拉以南非洲地区的大部分乡村用户来讲，生物燃料仍然是可供选择的最主要的能源原料。生物燃料使用中引进的高新技术可以保证稀有生物资源被有效地使用，并且降低其在使用过程中对妇女和儿童产生的负面影响。太阳能、风能、水能，以及其他洁净能源（如煤油、液化石油气）还没有引起决策者的足够重视，这些能源尚需进一步开发利用。撒哈拉以南非洲是世界上电气化程度最低的区域，乡村电气化水平保持在5%以下。由于该区域乡村居民居住较分散，所以在大部分非洲乡村地区建立电气网络化所需成本较高。这种居住分散的状况在东非和南部非洲地区要比西非地区更甚。在分散居住模式下，电网的铺设和传输布局成本非常昂贵，但这为分散能源技术的使用提供了理想的市场，它更适合撒哈拉以南非洲乡村人口分散的特点。结合非洲农民生活和生产的实际需求，加强对分散能源技术和设备的投入，提高非洲能源供应效率。

乡村信息技术发展。技术进步以及信息和通信技术（ICT）的广泛应用，对于城乡空间联系、居民活动产生不同程度的影响。对于非洲地区如何通过ICT应用的普及，来更好地将乡村资源、农副产品与市场、城市联系起来，提高农民的收入，改善农业生产技术，从而实现农业现代化发展。非洲整体的信息和通讯业发展较为落后，如在电话线方面，与中低收入国家每千人拥有69条电话主线相比，撒哈拉以南非洲每千人只有不到20条电话主线。然而，从20世纪90年代中期以来，非洲国家对通信业实行私有化政策，从而大大加快了通讯网络的建设。值得注意的是，撒哈拉以南非洲的许多国家固定线路网络接入价格比世界上低收入国家的平均水平高得多。因此，这一地区移动通信业发展速度突飞猛进，普及率高，移动电话用户数量甚至高于固定电话用户[42]。信息技术应用具有明显向城市倾斜发展的特征，为了达到技术普及的目的，制定政策时应加大对农村和边缘地区的倾斜，适度增加信息基础设施和服务的配置。通过信息服务开发农村市场，避免乡村地区地理和人口的低密度对无线网络成本的负面影响。在乡村教育中融入信息技术，增强人们对信息技术知识的接收能力，尤其是青少年人群，提高信息技术和智能化应用的程度；在健康医疗方面，及时将医药信息通过互联网传输到需要的地方，有效改善人们的生活质量；借助无线技术与互联网或其他应用软件结合，迅速扩大服务范围，确保向贫穷、孤立、边缘化的社区提供基本通信服务，缩小数字鸿沟。在信息技术影响下，变革农业生产方式，改变农村产业结构，使农民从传统的出口农作物和食物原料生产向多元化经济活动转化。培训使用计算机和相关的通讯设备，更多的接触知识、市场信息和服务，了解食品生产的趋势、需求、过程、市场价格，并且懂得将信息反馈给农业研究人员，再选择更加合适的技术，提高自身劳动生产率。重构农村经济对提高生活水平和创造就业机会吸收大量无技能劳动力来说是非常重要的[43]。

（3）提升乡村地区中心城镇规划与建设水平

加强城镇基础设施和服务设施建设，提高城镇人口集聚能力。小城镇和乡村聚落人口占城镇人口比重较大，并且是城镇体系当中与农村地区直接联系的空间单元，其基础设施建设和公共服务设施完善，对于吸引农村人口就地转移、服务农业经济发展

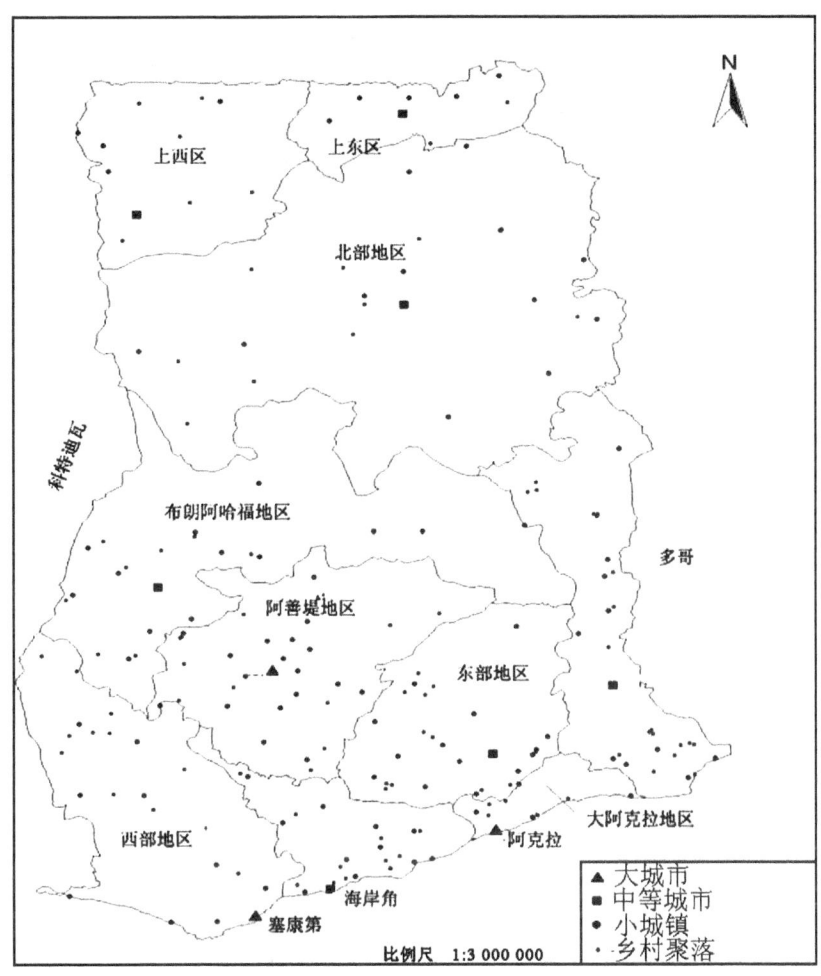

图 6-12 加纳城镇体系分布图

起着重要作用。加纳的城镇体系分为四个等级，包括大城市（人口 25 万以上）、中等城市（5 万~25 万人）、小城镇（0.5 万~5 万人）和乡村聚落。从加纳城镇体系空间分布来看，以小城镇和乡村聚落为主（图 6-12）。从 1970 年至 2000 年，加纳小城镇数量从 114 个增加到 336 个。尽管加纳小城镇数量不断增加，但小城镇占城镇人口比例变化较小，并从 1970 年的 49% 下降到 2000 年的 46%[44]。这在一定程度上说明非洲城市首位度不断提高，人口、经济等要素向中心城市集聚的趋势明显。从优化城镇空间布局，合理进行资源配置的角度，通过政策引导非洲城镇和乡村聚落发展，尤其是加强城镇的交通、能源、给水、通信等基础设施建设，培育城镇中心商业、集贸市场、宜居生活、加工产业等功能，从而为城镇人口集聚提供宜人的生活环境、良好的服务设施、充足的就业机会等。

调整城镇产业经济结构，为农村剩余劳动力转移提供就业。非洲绝大部分城镇长期处于自发的发展状态，围绕乡村地区农牧产品交易、矿产资源开采以及农场建设等逐步形成的城镇，产业结构相对单一，其经济发展受当地的农牧业生产、矿产资源开发影响较大。单一的经济结构决定了城镇在发展投资、维持社会就业、吸引农村剩余劳动力转移等方面的不稳定性。在 20 世纪 80 年代至 90 年代初，南非以矿产资源开发为主要经济支撑的城镇，由于矿产资源的枯竭和采矿技术改进，大量从事采矿的工人失业。1982—1992 年，Chamber 金矿从外地移民来的工人从 41.8 万减少到 32.4 万人，

Chamber 煤矿从外地移民来的工人数量从 6.5 万锐减到 3 万人 [45]。针对非洲城镇经济结构特点，充分利用本地的资源优势，突出城镇经济的发展特色，逐步培育城镇在交通、商贸、工矿、旅游、综合服务等方面的功能，一方面通过城镇服务经济发展，为乡村农牧业生产经营和产业化发展提供商业、贸易流通、信息等方面的服务，另一方面协调城镇和临近城市的经济发展，对接城市的产业功能，从地区经济一体化的角度，进行城市和城镇的产业分工协调，利用城市的资本、技术、集聚经济、劳动力等要素优势来促进城镇经济发展。

发挥中心城镇对乡村和城市的联系作用。中心城镇在乡村和城市之间起着重要的联系作用，其设施完善和功能提升，有利于整合城市和乡村资源、市场和生产要素的一体化发展。Jan Hinderink 和 Milan Titus 指出，非洲城镇的生产和服务功能整体上较为薄弱，主要是由于非洲农业剩余较少和农产品供给的不稳定性所引起，同时作为城镇体系中处于最低层次的状态决定了其基础设施和公共服务设施投资严重不足。非洲城镇落后的发展水平，使得其对乡村地区发展难以发挥积极的作用，无法在自给自足的乡村经济和市场导向的城市资本经济之间架起沟通的桥梁 [46]。在非洲城镇中心功能建设的基础上，需要拓展城镇和乡村地区、城市之间的联系渠道，首要任务是加强道路交通、能源供应、水资源、信息等基础设施网络建设，通过基础设施网络沟通城市和乡村发展。发挥城镇在联系城市和乡村经济互动、商品流通、劳动力转移、教育培训、技术服务等方面的作用。

参考文献

[1] United Nations Population Fund. State of the World Population 2007: Unleashing the potential of Urban Growth [R]. New York: United Nations Population Fund, 2007.

[2] World Bank. World Development Report 2009: Reshaping Economic Geography[M]. Washington D C: TheWorld Bank and Oxford University Press, 2008.

[3] Bryceson D, Potts D. African Urban Economies: Viability, Vitality or Vitiation[M]. Basingstoke:Palgrave, 2006.

[4] UN–Habitat. Water and Sanitation for the World's Cities [M]. London: Earthscan, 2003.

[5] Allan C. Housing microfinance in post–conflict Angola: Overcoming socioeconomic exclusion through land tenure and access to credit [J]. Environment and Urbanization, 2007,19(2):361 – 90.

[6] Hosier R H. Charcoal production and environmental degradation:Environmental history, selective harvesting, and post–harvest management [J]. Energy Policy,1993, 21(5):491 – 509.

[7] Awuor C B, Victor A O, Andrew A.Climate change and coastal cities: The case of Mombasa, Kenya [J]. Environment and Urbanization, 2008, 20(1):231 – 42.

[8] 刘鸿武 . 非洲地区发展报告 2011[M]. 北京 : 中国社会科学出版社 ,2012.

[9] 刘鸿武 . 非洲发展大势与中国的战略选择 [J]. 国际问题研究 ,2013(2):72–87.

[10] 叶护平 , 高练 , 卢武强 . 非洲石油生产与贸易的地理特征 [J]. 世界地理研究 ,2007(3):16–22.

[11] McGranahan G, Mitlin D, Satterthwaite D, et al. Africa's Urban Transition and the Role of Regional Collaboration [C].Human Settlements Working Paper Series Theme: Urban Change–5,2009.

[12] Dinh H T. Could Africa be World's Next Manufacturing Hub[EB/OL]. (2012-06-15). http://edition.cnn.com/2012/06/15/opinion/africa-manufacturing-hub/index.html.

[13] United Nations. Economic Development in Africa Report 2013 [R]. New York: United Nations Publication Fund, 2013.

[14] Cross C, Omoluabi E, Oucho J, et al. Synthesis and conclusions: What are Africa's issues in migration[M]// Cross C, Gelderblom D, Roux N, et al. Views on Migration in Sub-Saharan Africa: Proceedings of an African Migration Alliance Workshop. Cape Town:HSRC Press,2006.

[15] Adrian G A, Ward P M. Globalization, regional development, and mega-city expansion in Latin America:Analyzing Mexico City's peri-urban hinterland [J]. Cities,2003,20(1):3-21.

[16] Soderbaum F. Institutional Aspects of the Maputo Development Corridor [C]. DPRU Working Paper 9675, University of Cape Town, 2001.

[17] UN-Habitat. The State of African Cities 2010: Governance, Inequality and Urban Land Markets [R]. Nairobi:UN-Habitat, 2010.

[18] McKinsey Global Institute. Urban World Mapping Economic Power of Cities [Z].2011.

[19] United Nations.The State of 2008 African Cities—A Framework for Addressing Urban Challenges in Africa [R].Nairobi:United Nations Human Settlements Programme,2008.

[20] 李晶,车效梅,贾宏敏.非洲城市化探析 [J].现代城市研究,2012(2):96-104.

[21] 上海国际航运研究中心.2012 年全球港口发展报告 [R].上海,2013.

[22] 杨飞飞.港口城市发展阶段及临港产业选择问题研究——以防城港为例 [D].南宁:广西大学,2010.

[23] Hall P. The World Cities [M].London: Heinemann, 1966.

[24] 杨永春,冷炳荣,谭一洺,等.世界城市网络研究理论与方法及其对城市体系研究的启示 [J].地理研究,2011,30(6):1009-1020.

[25] 郭建科,韩增林.中国海港城市"港—城空间系统"演化理论与实证 [J].地理科学,2013,33(11):1285-1292.

[26] 宁越敏.中国都市区和大城市群的界定——兼论大城市群在区域经济发展中的作用 [J].地理科学,2011,31(3):257-263.

[27] Cisse D A.非洲城市化挑战:大城市的发展和管理 [D].上海:华东师范大学,2008.

[28] African Union, Economic Commission for Africa. Land policy in Africa: A Framework to Strengthen Land Rights, Enhance Productivity and Secure Livelihoods [Z]. 2009.

[29] 黄贤金,等.非洲农村土地制度与粮食生产安全 [EB/OL].[2016-04-28]. http://www.fmprc.gov.cn/zflt/chn/xsjl/xzhd_1/1/t1031513.htm.

[30] 黄立志.磨合中建构:探索中非城市建设合作新模式 [EB/OL].[2016-04-28]. http://caspu.pku.edu.cn/pages/document.aspx?id=680b0ea5-5d4c-489a-a99f-d9cf04056130.

[31] 佚名.精明增长助力城市发展 [EB/OL].[2012-03-29]. http://www.chinajsb.cn/bz/content/2012 -03/29/content_54700.htm.

[32] 谈世中.反思与发展:非洲经济调整与可持续性 [M].北京:社会科学文献出版社,1998.

[33] UNDP. The Millennium Development Goals Report[Z].2014.

[34] 佚名.科学规划城市,非洲努力解开城市化与气候变化"纠结" [EB/OL].[2016-03-27]. http://www.twwtn.com/Bignews/?ID=198621.

[35] 吴文倩 . 农村城镇化与农业现代化关系探析 [J]. 商业时代 , 2007(17): 4–6.

[36] Rosegrant M W, Hazell P B. Transforming the Rural Asian Economy: The Unfinished Revolution [M]. Hong Kong: Oxford University Press, 2000.

[37] Thirtle C, Lin L, Piesse J. The impact of research led agriculture productivity growth on poverty reduction in Africa, Asia and Latin America [J]. World Development, 2003, 31(12): 1959–75.

[38] 夏吉生 . 从"非洲农业发展综合规划"看当前非洲农业方针 [J]. 亚非纵横 , 2004(4):62–67.

[39] 王晨燕 . 对非洲农业援助新形式的探索 [J]. 国际经济合作 , 2008(4): 35–38.

[40] Porter G. Living in a walking world: Rural mobility and social equity issues in Sub-Saharan Africa [J].World Development, 2002, 30(2): 285 –300.

[41] 甄峰 , 郑俊 , 魏宗财 , 等 . 非洲乡村发展研究新进展 [J]. 西亚非洲 ,2006(7):73–76.

[42] Pigato M.Information and Communication Technology, Poverty, and Development in Sub-Saharan Africa and South Asia [C].Africa Region Working Paper Series, Number 20, 2001:1–27.

[43] 翟青 , 甄峰 , 童雅娟 . 非洲信息通信技术应用的地理格局差异研究及对策 [J]. 世界地理研究 , 2011(3):119–128.

[44] Owusu G. Small towns in Ghana: Justifications for their promotion under Ghana's decentralization program [J]. African Studies Quarterly, 2005,8(2):48–69.

[45] Murray C. Structural unemployment, small towns and agrarian change in South Africa [J]. African Affairs, 1995,94:5–22.

[46] Hinderink J, Titus M. Small towns and regional development:Major findings and policy implications from comparative research [J]. Urban Studies, 2002, 39(3): 379–391.

7 从非洲城乡考察看中国经验对非借鉴

城市化不仅仅是城市及乡村地域的发展变化过程，也是人类社会从贫困走向富裕，从传统走向现代且广泛涉及经济、社会、人口等复杂内容的过程。在过去的十多年里，非洲国家的经济、社会发展经历了巨大的变化，越来越强调市场力和开放。尽管如此，大部分的非洲人口仍然生活在乡村，尤其是在撒哈拉以南的非洲。因此，对于非洲国家来讲，城市化问题更需要与乡村发展关联起来去思考。同时，全球化的加速，也使得非洲的国家经济与城乡发展和世界经济紧密相连。

中国和非洲国家同属于发展中国家，都处于社会经济转型发展阶段。中国是世界上经济发展最快的国家，为非洲的发展做出了重大贡献，已经成为对非洲投资规模最大的发展中国家。在非洲地区的工业化与城市化过程中，中国因素正在发挥着日益重要的作用，推动了非洲地区城市与区域的发展。中国正在积极推进与非洲国家在金融、电信、旅游、航运、服务贸易等领域的合作，这将进一步推进非洲国家工业化与城市化进程。从非洲国家国情出发，认真研究、借鉴中国城市化发展的有益经验，帮助、提高和促进非洲国家城市化与乡村建设健康、快速发展，既是一项国际义务，也是全球化时代，世界各国相互支持、和平发展的共同需求。

7.1 非洲四国城市与乡村发展考察纪实

2011年8月初至9月上旬，在外交部第一届"中非联合研究交流计划"项目支持下，南京大学赴非考察小组相继考察了南非、刚果民主共和国、刚果共和国、马里、加蓬等国。考察小组主要选择各国农业部、农村发展部、高等院校、中非农业合作项目及部分城市、小城镇和农村地区、联合国粮食组织等，开展对接交流和实地考察。在考察过程中，因各国国情不同，考察重点和对接对象各有侧重。同时，考察小组尽量利用一切可行的机会对社会不同阶层特别是下层社会进行了广泛的接触。这里仅以南非、刚果民主共和国、刚果共和国、马里四国为例，就城乡发展考察实际情况进行总结与介绍。

7.1.1 南非城市与乡村考察

南非位于非洲大陆的最南端，因各色人种集聚于此而有"彩虹之国"的美誉。陆地面积为121.9万 km^2，跟中国的新疆大小差不多。南非是非洲第一大经济体，南非人口只占南部非洲的8%，GDP却占整个非洲的25%。相比其他非洲国家，南非经济社会发展相对稳定，国民生活水平也在非洲处于最高水平。2013年，南非全国人口5 000多万，人均GDP 6 627美元，接近于中国水平。南非有三个首都，分别是行政首都比勒陀利亚，司法首都布隆方丹和立法首都开普敦。除了这些城市，还有一些重要的城市，包括重要的港口及旅游城市——伊丽莎白港，重要港口及印度人聚居地——德班，最大的野生动物保护公园——克鲁格国家公园，著名的度假胜地——太阳城，以及盛产钻石的城市——金伯利。而其他的区域发展则相对落后，存在着非常严重的发展不均衡。

这种区域发展的不均衡是长期存在的，它与西方的殖民主义及 1940 年代实行的种族隔离政策直接相关。这一历史问题到现在都还是影响着南非的社会经济发展和空间特征。长久以来，在种族隔离制度下，黑人是不能进城的。到了 20 世纪 80 年代，南非白人政府对黑人实行有序"流动劳工"制，即允许黑人在城市打工，但不许黑人在城市内安家，且规定黑人劳工必须随时携带证件，否则就会被遣返回农村。尽管现在不少黑人也进城居住，但仍然是白人占绝对优势。虽然黑人所从事的工作大多是技术含量低、薪酬低，但却为南非工业化发展做出了巨大的贡献。黑人移居城市工作使得贫民窟、脏乱差、治安问题等城市问题出现。1990 年，南非结束了种族隔离制度，走向了民族和解的新南非时代。

飞机降落在南非最大的经济中心城市——约翰内斯堡，它是一个有着全球影响的金融中心。它位于南非东北部，面积约 269 km²，是一个因黄金开采而发展起来的城市，也被称为"黄金之城"，附近方圆 240 km 有 60 多处金矿。市区由铁路分为南北两部分，南为重工业区，分布着大型矿山机械、钻石切割、化学、医药、纺织、电机、汽车装配、橡胶等工业；北为市中心区，分布有主要商业区、白人居住区和高等学校。由于黑人在这个城市大量集聚，超过了半数的城市人口，使得这座充满经济活力的城市也落下了"最乱和最危险的城市"的负面印象，反映在城市规划与建设上，种族隔离与阶层差异造成的空间分异，形成了现代化的城市金融业中心、被铁栅栏"保护"的白人区和脏乱差的贫民区共存的现象。南非最大的黑人城镇索韦托位于约翰内斯堡西南约 20 km 处，人口 100 多万，初为黑人矿工的合法聚居地，如今已形成黑人城市。

从约翰内斯堡国际机场出来，很快就上了北去的高速公路。南非高速公路网络在非洲国家是最发达的，20 世纪 50—60 年代就已经初具规模，80 年代的高速公路里程曾经一度仅次于美国、德国，居世界第三位。这些高速公路网络将主要的城镇、牧场、旅游景点紧密地联系起来。南非降雨量小，是一个相对干旱的国家。由于正处于冬天，草地都是枯黄的，但由于日照充足，可感受到春天的气息正在萌动。沿途并没有感觉到特殊的非洲地域风情，两边都是并不起眼的现代建筑，以及低密度住宅群 (图 7-1)。

图 7-1　约翰内斯堡高速公路沿线低密度住宅

（1）比勒陀利亚

从约翰内斯堡国际机场到比勒陀利亚也就是 30 多分钟的高速车程，城镇已经呈现连绵的态势。比勒陀利亚建立于 1855 年，是南非的行政首都，总统府及其行政部门都在这里，也集聚着各国驻南非的大使馆。比勒陀利亚是南非黑色冶金工业中心和交通枢纽，主要有钢铁、机械、化工、纺织、肥料、纸张、食品等工业以及金刚石、铂、金、铬、煤等采矿业。城市人口 220 万，以白人居多，面积 3 200 km²。它也是南非最大的文化、教育和科研中心，这里有比勒陀利亚大学、南非大学（全球十大函授大学之一）、工学院、师范学院等多所高等学校及科研机构，还有博物馆、美术馆、歌剧院、纪念馆和纪念碑、塑像等，文化历史遗迹众多。

比勒陀利亚位处约翰内斯堡北方 56 km 的内陆高原上（图 7-2），海拔 1 378 m，空气清新气候宜人，市容市貌整洁漂亮，虽然没有见到百花盛开的美景，但还是能够感受出"花园城市"名符其实。除了知名度很大的国家动物园、郊野公园等大型绿化设施，市内还有包括联邦大厦梯形花园在内的 100 多座城市公园，面积达 1 700 hm²以上（图 7-3）。城市四面环山，从棋盘式路网格局来看，这显然是一个经过精心规划与建设的城市。从城市面貌来看，比勒陀利亚完全是一座欧化的城市。而且，城市中的历史记忆，包括先民纪念馆以及诸多历史街道，在承载历史文化的同时，也记载着欧洲野蛮殖民南非以及种族隔离的惨痛经历。其实不仅仅是在这里，南非大多数城市都具有明显的欧洲风格，要寻找原始的非洲文化痕迹，需要到更偏远的乡村。

南非共和国总统府、外交部及司法部等政府单位，都集中在联邦大厦（Union Building）中，它位于城市中心东北部的高地上。总统府南面的街上有很多地摊，摆着木雕等工艺品，黑人摊主们都会讲简单的中国话，如"便宜"、"优惠"。大厦南面的广场绿树成荫，绵延直下山坡，是市民休闲的好地方（图 7-4）。

城市商业中心（综合体）是社区居民购物休闲的重要去处，大部分的生活服务在

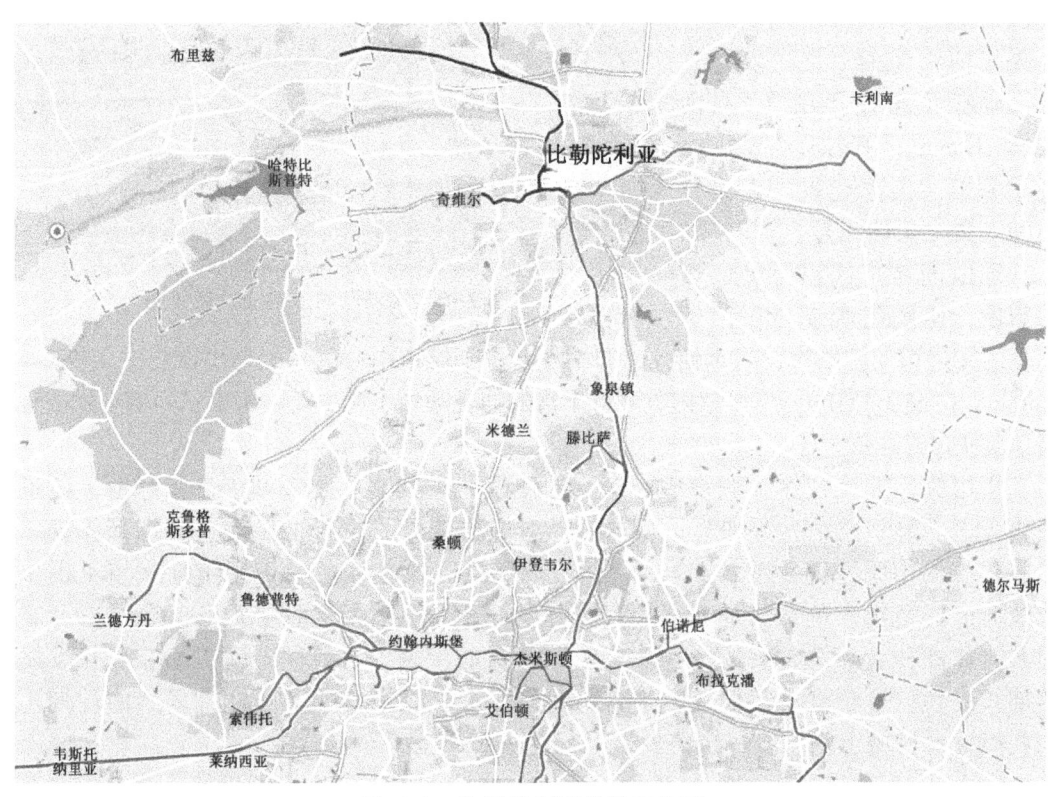

图 7-2　比勒陀利亚的地理位置

图7-3　茨瓦内城市公园

图7-4　南非总统府

这里都可以找到。其中有一类服务业在城市中非常发达，就是头发护理业。这是由于黑人的头发天然短而卷曲，使得假发比较普遍。很多的华商就从事着假发销售的生意。

比勒陀利亚的城市建设留下了明显的殖民历史的痕迹。这里首先要提到的是荷兰人建的先民博物馆及广场（图7-5）。它建于1937年，位于城市南郊的小山上，是为了纪念以荷兰、德国白人后裔为主的阿非利卡人与当地土著居民祖鲁人之间的战争而建设的。当时的领袖是比勒陀利乌斯，城市名称由此而得。黑人当家做主后，城市及其街道名受到了越来越多的质疑和要求更名的呼声，因此改名为茨瓦内，这是白人入侵之前本地区的非洲部落酋长的名字。在先民博物馆的对面山坡上，黑人政府于2007年建设了自由公园(Freedom Park)，充分体现了和谐、国家建设、人民自由和人文主义的元素。

受欧洲城市注重历史文化的影响，比勒陀利亚也保留了

图7-5　比勒陀利亚的先民博物馆

不少的文化馆、博物馆、艺术馆等，图7-6是位于城市中心的自然历史博物馆（Transvaal Museum of Natural History）。馆内收藏有丰富的哺乳动物、爬虫类、昆虫、两栖动物的化石及地质文物等。

中国驻南非大使馆在城市中心东部的使馆区，其北部紧邻城市公园绿地，这里环境优美、安静、整洁，是典型的中式建筑，非常亲切，内部的装潢、装饰都体现、洋溢着浓郁的中国味道（图7-7）。使馆经商处的一个参赞给我们系统地介绍了很多南非及非洲的情况，包括南部非洲的资源开发、产业发展及乡村土地等问题，以及文化因素对非洲社会经济发展的影响。在使馆人员的带领下，我们拜访了南非乡村发展部的部长助理。这位女士很健谈，亲自给我们全面介绍了南非关于非洲发展的计划，并和我们就乡村城市化、乡村经济发展等问题进行了互动。

建立于1908年的比勒陀利亚大学，是南非最大的面向黑人学生的公立大学，并在

图 7-6　比勒陀利亚自然历史博物馆　　图 7-7　具有浓郁中国传统元素的中国驻南非大使馆

南非不同城市拥有 7 个校园（图 7-8）。这里有很多的白人和黑人学生，大学文化和城市社区融合得很紧密。在中国大使馆的帮助下，我们拜访了比勒陀利亚大学农业经济系的 Kristen 教授。他去过中国多次，对中国的发展，包括城市化与乡村都很感兴趣。他给我们讲了不少南非乡村发展的内容。我们了解到，南非有 4 万多白人农场主，他们雇佣了 60 万黑人农民，90% 的南非食品来源于这些农场。一般来讲，黑人农民每个月收入 1 500 兰特。废除种族隔离制度以来，尽管黑人当家做主了，但是南非贫富悬殊的现状并没有多大改善。大量涌入城市的黑人由于没有充足的就业岗位及合适的技能，导致城市中的贫民窟越来越多。另一方面，乡村地区经济发展缓慢，乡村基础设施、基本公共服务仍然很差。此次交流使我们对非洲及南非的城市与乡村发展有了更深的认识，相比较于欧洲几百年来对非洲的关注，国内对非洲城市与乡村发展的研究才刚刚起步。

图 7-8　比勒陀利亚大学校园入口

　　在种族隔离时期，南非城市的空间格局是在"二元土地制度"支撑下形成的，即白人土地私有，黑人土地集体所有。当 1936 年南非土地关系最终定型时，占总人口 78% 的黑人只有南非 13% 的土地，而不到 18% 的白人（含白人统治的"国家"）却拥有全国土地的 87%。这种土地制度造成了白人在城市中心，黑人集聚在城市外围及乡村的格局，也就是所谓的"有序城市化"。废除种族隔离制度之后，黑人可以进入城市中心工作，原有的"有序城市化"由于黑人大量涌入城市中心，形成贫民窟而显得无序化。同时，在城市中心的外围地区，也形成了一些贫民窟。近些年来，比勒陀利亚市政当局对这些贫民窟进行了一些改造，也就是政府规划的集中居住区（图7-9），虽然条件差，却有水、电等的供应，保障了基本生活条件。更多的还有在主要交通干线两边自发形成的贫民窟，这些贫民窟实际上占据了一些白人农场主的土地（图7-10）。

随着白人开始向郊区转移，出现了富人区。就比勒陀利亚来讲，在城市中心向外，沿着主要的交通干线，出现了大量新建的低密度住宅区，在城市东西南北四个方向都是如此，形成了明显的"富人环"。这些位于城郊的高档住宅，大都是独栋建筑，但风格不是很统一，看上去环境总体不错，生活配套服务完善（图7-11、图7-12）。在这里居住的人群基本上是城市中产阶层，包括白人和黑人。

图7-9　政府统一规划和改造的安置项目

图7-10　郊外自发形成的贫民窟

图7-11　郊外的金融服务中心

图7-12　城市郊区的低密度住宅

沿着高速公路继续向外，随着环境品质的提高，会形成市场定位更高的门禁社区。我们考察的位于比勒陀利亚东郊、距离市中心约20 km的银湖（Silver Lake）居住区，是以私家别墅领地为主的著名高端住区（图7-13）。这片居住社区市场定位高、规模更大、环境品质优越，有着高尔夫会所以及三星级酒店。

这里的居住人群以演员、跨国公司高管等社会精英为主，南非著名的"刀锋战士"就安家在这封闭式高档住宅区（图7-14）。这个社区交通出行主要依赖私人小汽车。

在这个居住社区附近有一个名为Farm Inn的三星级酒店（图7-15）。这是一家很独特的农场酒店，酒店旁边就是一个拥有狮子、猎豹等的野生动物保护区。

图 7-13 银湖地区高端住宅区

图 7-14 银湖门禁社区

在距离比勒陀利亚市中心以东约 60 km，豪登省布隆赫斯市郊区的一个佛教寺庙是由台湾捐建的，是当前非洲最大的佛教寺庙，寺庙建造宏伟，有点故宫的感觉（图7-16）。这座寺庙对促进中国文化的传播及中非交流有着非常重要的意义。在寺庙周围已经形成了住宅的相对集聚。

图 7-15 Farm Inn 农场酒店

图 7-16 南华寺

（2）开普敦

开普敦市是南非第二大城市，南非立法首都，西开普省省会。面临大西洋桌湾（Table Bay）背靠桌山，是世界著名旅游城市。开普敦经济实力雄厚，制造业基础好，贸易、餐饮、金融和商业服务业发展迅速，是西开普省和南非主要的经济增长中心城市。除了繁忙的国际航空港，还有桌湾港（Table Bay）和萨丹纳港（Saldanha）等重要货物港口。开普敦都市区面积 2 487 km²，人口约 327 万（2002 年），人口中 48% 为有色人，31.7% 为黑人，18.8% 为白人。开普敦始建于 1652 年，城市建设历史悠久，是欧洲殖民者在南部非洲的第一个据点，是荷、英殖民者向非洲内地扩张的基地，因此也被称为"母亲城"。现在的开普敦市是于 2000 年 12 月由原小开普敦市和其他五个小城市合并而成，即开普敦（Cape Town）、泰格堡（Tygerberg）、乌斯腾堡（Oostenberg）、海德堡（Helderberg）、布拉博堡（Blaauwberg）和南半岛（South Peninsula）。城市空间分异明显，南郊（Southern Suburbs）为富裕阶层居住区，北郊（Northern Suburbs）为中产阶级居住区，米歇尔平原（Michelle's Plain）为有色人聚居区，黑人城镇则主要分布在机场沿线两侧。

开普敦国际机场是南非的第二大机场，是世界旅客到南非的主要渠道之一。它位于城市中心东部地区，距离市中心大概 20 km。从约翰内斯堡到开普敦的飞机很多，繁忙时每隔半小时一班，就像空中巴士，这反映了两个城市间紧密的联系。从机场出来，首先映入眼帘的是沿着机场布局的一些物流企业。接着就是大片建在高地上的贫民窟，绵延数里（图7-17），其中有一些贫民窟经过政府改造，环境相对要好得多。

　　尽管跟约翰内斯堡、比勒陀利亚等城市一样，开普敦也存在着不少贫民窟，但这似乎并没有影响到这个城市在全球的良好声誉。开普敦名列世界最美丽的都市之一，其气候宜人，加之美丽的自然景观及码头，集欧洲和非洲人文、自然景观特色于一身，被誉为南非最受欢迎的旅游城市。2010年，开普敦曾入选非洲唯一全球最宜居城市之一。虽然考察时间是南非的冬季，但其气候却是非常宜人（图7-18）。在机场高速可以感受到沿途美丽的风景和整洁的环境。

图7-17　开普敦国际机场高速公路旁的贫民窟

图7-18　开普敦宜人的环境

　　开普敦的气候是典型的地中海式气候，特别适合葡萄的生长。南非作为世界葡萄酒产地，占世界5%的葡萄酒出口量，其中90%是产自开普敦周边地区。葡萄种植和酿酒业是开普敦的一个重要产业。它和旅游业相互协调，一起支撑着开普敦的世界影响力。斯泰伦博斯（Stellenbosch）位于机场以东，距离市中心也就40分钟的车程。这是一个荷兰移民建立的小镇，保留了较为完整的荷兰建筑风格。全镇共有130多家葡萄酒庄，其中不乏优质葡萄酒厂家，被称为南非的波尔多，是南非高品质葡萄酒的主要出产地之一。我们参观了美丽安静的Neethingshof酒庄，这是小镇最古老的酒庄之一（图7-19）。酒庄在一个安静的山坳处，极目远眺能看见雄伟的山脉及山下寂静村庄，蓝天、白云、碧水、青山和怡人的城市，显得那么的和谐。酒庄并不大，只有

图7-19　斯泰伦博斯的Neethingshof酒庄

图7-20　从桌山远眺开普敦老城

3栋建筑。包括饭店和历史陈列馆、产品展示和游客体验区，但慕名而来的游客很多。

开普敦的城市文化与城市规划建设，具有明显的欧洲风格，高层建筑并不多，以欧式洋房和公寓为主。著名的桌山（Table mountain）是远眺城市的一个重要制高点（图7-20）。桌湾港，优美的弧形海岸线，最早的开普敦就在这里出现。城市在这里繁荣、衰落再改造，它见证了这座城市港口文化与城市发展之间的历史关系与空间变迁。

开普敦城市建设尺度宜人，生活气息十足。如今，原先的码头区已改造为新的城市滨水区（图7-21）。游艇码头、餐饮游乐、商业中心，这个古老的城市中心又焕发了新的青春活力，吸引着越来越多的世界游客前来（图7-22）。

图7-21 维多利亚湾区改造

图7-22 开普敦城市中心

开普敦大学位于美丽迷人的桌山脚下，是南非最古老的大学，成立于1829年，也是非洲大陆的学术研究中心之一（图7-23）。

随着开普敦城市自身产业结构的调整与升级，城市中心产业形态发生了相应变化。完善的高速公路网络将城市不同组团有机联系起来，也促使白人等中高收入阶层移居郊外环境更为舒适的地区（图7-24），而原先的居住空间变为办公、酒店及商业等都市服务业。这造成了上下班高峰时期的钟摆式交通流，但这个城市的交通并不拥堵。

开普敦城市及乡村绿化的非常好。这里的人住的相当舒适，一栋栋小别墅都非

图7-23 开普敦大学校园

常别致（图7-25）。院子很大，环境也很优美，房子前后都有花园，而且大多有游泳池。

好望角是外国游客去开普敦必然访问的景点之一。从开普敦出来，经由东部沿海公路，就可到达好望角景区。沿途经过了不少漂亮安静的小镇，如著名的西蒙小镇（图2-26），也有政府规划的低收入群体的住房（图2-27），但大多是自然的生态用地。这里也有方便的公共交通，从开普敦到好望角的铁路将沿途的主要城镇有机地串联起来。

图 7-24　城市郊区远处山脚下的高档住宅区　　　　图 7-25　开普敦城郊的私家别墅

图 7-26　东部滨海公路和西蒙小镇

图 7-27　东部滨海公路边的高级住宅区

7.1.2　刚果民主共和国城市与乡村考察

刚果民主共和国是位于非洲中部的一个国家，简称民主刚果、刚果民主共和国。该国首都为金沙萨，陆地面积约 234.5 万 km²，人口超过 7 100 万，是非洲第二大和世界第十一大的国家，也是法语人口最多的国家。刚果民主共和国自然资源丰富，素有"世界原料仓库"、"中非宝石"和"地质奇迹"之称。全国蕴藏多种有色金属、稀有金属和非金属矿，其中铜、钴、锌、锰、锡、钽、锗、钨、镉、镍、铬等金属和工业钻石储量很可观。刚果民主共和国有着悠久的历史文化，丰富多彩的民间文艺，精美绝伦的铜雕、栩栩如生的木雕和别具一格的面具等，堪称世界艺术宝库中的珍品。

在 20 世纪 80 年代，刚果民主共和国的经济发展在非洲处于较好的发展水平。但到了 20 世纪 90 年代后，政局动荡及两次内战与冲突，造成经济状况持续恶化。2000 年之后，国家经济增长才开始逐渐恢复。该国面临的一个主要挑战是数年国内外冲突破坏的基础设施的恢复。如今，刚果民主共和国是联合国公布的世界最不发达国家之一。农业、采矿业占经济主导地位，加工工业不发达。尽管国土面积较大，但刚果民主共和国农业落后，粮食不能自给。在金沙萨和当地中国人交流时得知，这里的黑人一般一天只吃一顿饭，难以想象他们是怎么熬过来的。刚果在古代曾经是一个伟大的王朝，在西方殖民者的统治下也曾经繁荣过，用他们当地人的话讲"我们也曾经一天吃过两顿饭"。刚果民主共和国未来能否取得有效的发展，关键还在于国家稳定、民族和解与经济政策。

（1）金沙萨

金沙萨是刚果民主共和国首都和最大河港，也是中部非洲的最大城市。金沙萨位于国境西南部，刚果河（扎伊尔河）下游东岸，周围被群山环绕（图 7-28）。西距大西洋 515 km，与刚果共和国首都布拉柴维尔隔河相望，与下游马塔迪港共扼刚果盆地出海门户。该市属热带雨林气候，终年高温多雨。年平均气温 26 ℃，年平均降水量 1 500 mm 多，郊区遍布热带雨林。金沙萨 1966 年前称利奥波德维尔，是由比利时于 1881 年在此设立的殖民据点发展而成。1923 年，比属刚果首府从西部的博马迁至金沙萨，促进了城市的迅速发展。1960 年，扎伊尔（刚果民主共和国旧称）独立，定都于金沙萨。

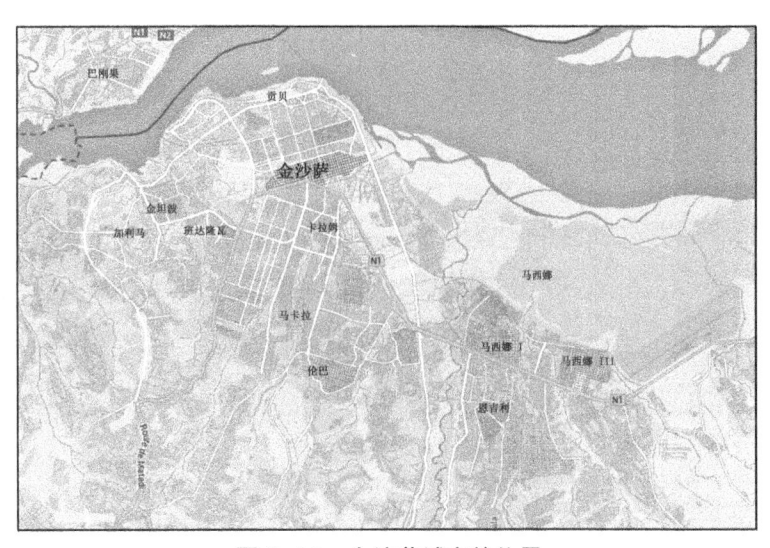

图 7-28　金沙萨城市的位置

如今，金沙萨是个拥有 300 多万人口的现代化都城，是全国政治、经济、交通和文化中心。全国工业实力集中于此，主要有粮食加工、纺织、水泥等，以及榨油、木材、烟草、化工、炼油、机械修配等工业企业。恩吉利国际机场位于城市东南部，距离城市中心大约 20 km，由卢蒙巴大道将机场与城市中心联系起来。

金沙萨是非洲城市中无一可与之相比的百万人口城市，主要是因为其发展历史相对较短。1940 年人口仅为 5.5 万人，而到了 1984 年就增加到约 260 万人。该城市的出生率远远高于国内其他地区，城市中的就业空间是间歇性的。由于刚果人更喜欢生活在城市里而不像其他撒哈拉以南非洲国家喜欢返回自己的家乡，因而明显缺乏社会关系兴旺的城市传统。金沙萨是一个只集聚富人、具掠夺性的中心[1]。金沙萨城市功能分区特征明显。中西部卡利纳为行政和高级住宅区，总统府和使馆区位于此，六月三十日大街横贯东西，政府机关、银行、旅馆和高级商店集中于此，有宽阔的林荫大道和高层建筑群，城市环境和风貌较好；城市东南部和西端为工业区；东部为商业区；北部马莱博湖沿岸为港口区，拥有机械化装卸设备、大型仓库和贮油库。普通居住区主要在南部老城区，多矮小棚户。恩吉利河和扎伊尔河上游的金波科为金沙萨的卫星城。东南的恩吉占大市区人口的 20%，东北 34 km 里的金波科恩塞莱正建为外港。

中国驻刚果民主共和国大使馆在靠近刚果河的贡贝区的 Avlateurs 大道，这里是外国使馆区。不像南非的使馆区那么安静，这里显得要喧闹得很多。中国使馆占地并不大，也没有大的院落。门口和街道上很多等待签证的黑人在排队。据使馆工作人员介绍，现在每年有 10 000 人左右的黑人签证去中国，主要是去广州、义乌等城市进货。这充分说明了中国国际影响力的提升。

由于长期的政治和经济危机，金沙萨在城市管理、公共交通、公共安全方面的问题显得非常严峻（图 7-29、图 7-30）。当我们从飞机下来，到了入境检查处，就感觉非常混乱，总共 7 个通道，2 个是国内的。缺乏秩序感，有点像春运时国内的火车站的场景，让人不由地担心起来。出了机场，感觉也不是很好。西方的干预、部族间的残杀、长期的战争和冲突使得这个城市和国家变得满目疮痍，公共建筑、城市道路等基础设施严重损坏。市区里的建筑并不起眼，但是从街道格局和两边的建筑还是可以感受到 20 世纪 80 年代的繁荣。

图 7-29　金沙萨的城市街道

图 7-30　城市中铁路边的临时地摊

205 m 高的民族英雄卢蒙巴纪念碑矗立在卢蒙巴大道交叉口，象征着刚果民族独立，也见证着这座城市的兴衰。城区的交通管理混乱，驾驶员开车的风格很彪悍，行人横穿马路则非常悠闲，持枪的警察在维护着秩序。随着汽车前行，我们看到的更多的是"乡村化"的非洲大都市。混乱的人群、满地的垃圾、破败的街道，承载着大量的非正规经济。由于天气很热，马路两边，不少的黑人拿着矿泉水、香烟、面包等在兜售给驾驶员。道路两边的自由市场，蔬菜、水果、面包暴露在尘土和阳光中，卫生状况令人担忧。

刚果民主共和国历史文化悠久，自然资源丰富，要了解这些得去看当地的工艺品市场。这是一个位于城市中心的市场，其实就是一个空地，搭建的棚子大概有四排，长度不到 100 m，由于金沙萨正处于旱季，裸露的地面上满是扬起的灰尘。估计有不少中国客人光顾，黑人摊主老远就很热情地喊着"你好"，"便宜"，"这个"等字眼。这里主要是当地的一些地产品，包括原始粗犷、造型神态各异的"黑"木雕，色彩诱人、值得收藏但加工粗糙的孔雀石石雕、项链、手镯，以及反映非洲黑人尤其是妇女们家庭劳作生活的铜版画以及铜雕，已经被中国大陆禁止贩售的象牙制品——手镯、戒指、梳子，还有制作粗糙但真材实料的鳄鱼皮包、蟒蛇皮包等。

由于资金缺乏、管理不善及腐败等多方面原因，刚果民主共和国政府在城市公共事业领域能力明显不足，包括道路设施、邮政电信、电力、给排水、公共医疗等方面。中国是刚果民主共和国的第一个合作伙伴，对刚果民主共和国的经济社会重建、基础设施建设做出了巨大的贡献，承担了国家及主要城市的道路等基础设施及重要公共建筑的建设（图7-31），如金沙萨卢蒙巴大街、人民宫、体育馆等（图7-32、图7-33）。街头可以看见正在施工的中国工程车辆（图7-34）。这些工程的建设，不仅仅推动了金沙萨及刚果民主共和国的现代化建设，方便了城市居民的生产与生活，也为当地提供了大量的就业岗位。据介绍，2009年实施的卢蒙巴大街的改建工程就为金沙萨提供了超过500人的就业岗位。

图7-31　中国交通建设集团有限公司承建的卢蒙巴大街现代化改造工程

图7-32　中国援建的议会大楼

图7-33　中国援建的金沙萨体育馆

图7-34　金沙萨街头的中国工程车辆

在金沙萨的大街上，无论是安静地坐着或者是走着的人们，都有一种莫名其妙的"躁动"洋溢在空气之中，稍有风吹草动，就会出现危险的"集聚"。去调研时刚果民主共和国即将大选，时刻感受到这座城市的"躁动与不安分"。中国援建的金沙萨体育馆，已经成为民众及各派抗议活动的主要聚集场所。我们到达这里统一着装的现任总统的支持者们刚刚集会结束，正从体育馆往周边散去。

中国企业参与刚果民主共和国发展的领域不仅仅有基础设施的建设、矿产资源的开发，还有商业领域合作及农业资源的开发。在城市街道上我们看见了中国产的长城汽车，也看见了六月三十日大街上的巨幅长城汽车广告。但总体来讲，在商业服务业及制造业发展方面，中国与刚果民主共和国的合作才刚刚开始。

在中国驻刚果民主共和国大使馆的帮助下，我们拜访了中兴能源刚果民主共和国公司的驻地。该公司成立于2007年，中兴通讯股份有限公司是其主要股东。近年来，中兴能源致力于海外大规模农业综合开发，在非洲刚果民主共和国和苏丹等地开展多项大型综合农业项目，在中非交流中起到了积极的推动作用和示范作用。公司的住处是在邻近的 Bellevue（美景）居住区，这是刚果民主共和国比较少的高级住宅区之一，租户大多是外国人，如中国人、韩国人、黎巴嫩人、巴基斯坦人、法国人等，包括企业和联合国的官员，或者本地高收入的黑人。门口不仅仅有保安，还有警察。了解后才知道，常年的战乱给刚果民主共和国的社会经济发展造成了巨大的破坏，一些国民经济部门处于瘫痪状况。为了生存，国家对警察兼职也是许可的。小区里有游泳池、健身房、网球场，还有桑拿房，设施很全，且对于小区的居民都是免费的。这个小区的房间只租不售，老板是黎巴嫩人，一套房间一个月要 5 000 美金，一年是 6 万美金。小区的保安一个月工资为 300 美金，管理人员也有 200 美金，这在刚果民主共和国已经算是较高收入了，要高于一般政府公务员的工资。

在空闲的时间里，我们与公司雇佣的当地小保姆 22 岁的黑人女孩 Holga 进行了交流与访谈。她是出生在金沙萨的当地居民，和外婆、母亲、姨娘等 8 人在一起生活，有 1 个哥哥在金沙萨大学学习室内装潢专业。爸爸曾经是个小商贩，生活还可以，但由于车祸，爸爸死得早，她初中时就辍学了。全家住在自建平房里，有 3 个房间。外婆和男孩子住在客厅里，女孩子住房间，她和妈妈住一个房间。家里有电视、电冰箱，没有空调，有电脑但不能上网，还得到网吧里面去。家里有一个单独的小厨房，通自来水，做饭要用柴火，得到市场上买。有一个公用的小卫生间，但没有淋浴，一般用桶浇水洗。如今，全家 8 个人，仅靠 4 个人工作养活。Holga 每个月给哥哥 30 美元的生活费，10 美元给妈妈。剩下来的家用，买日常生活用品，自己一分钱也没有留。她说，她们家庭的生活水平在金沙萨是属于中等。每天主要吃木薯、米、面粉、豆类，肉类吃得很少，只有有钱了才买。

（2）乡村发展及 Beta 村庄考察

刚果民主共和国国土资源丰富，有 8 000 万 hm² 多可耕地，现只利用了 10%，开发潜力巨大。人口密度分布不均，土地开发和利用程度较低，农业虽是主导但并不发达。为了进一步了解该国乡村发展情况，我们拜访了中国驻刚果民主共和国大使馆，了解刚果民主共和国农业与农村发展以及中非农业合作等问题。中兴能源公司也帮助我们联系了刚果民主共和国农业和乡村发展部，以及金沙萨大学农学院

图 7-35　刚果民主共和国金沙萨大学校门

（图 7-35），拜访了 Mampuya Luvuangu 博士和部秘书长 Abel 博士，系统了解了刚果民主共和国农业与乡村发展、粮食安全和土地资源开发、传统文化与乡村现代化等问题。金沙萨大学是刚果民主共和国的最高学府，位于城市中心东北的半山坡上。大学农学院主要培养农学方面的学生，包括农业种植、养殖业、农产品加工、水土保持、野生动植物保护等方向，还有商业化、市场营销等问题。学校有 400 hm² 多的土地用来种植与养殖教学实习。

虽然刚果民主共和国是一个自然资源非常丰富的国家，农业生产的自然条件也不错，但是乡村地区的现代农业难以发展起来，农产品的加工能力较低。水路交通与陆路交通问题，使得广大的乡村地区被隔离于主要公路之外，影响着乡村地区的发展。传统农业的发展还受到农具和技术的限制，缺乏对乡村居民的农业技术培训。比如，该国的河流、湖泊等水网密布，但是渔业却不发达，居民喜欢吃的鱼还得要从国外进口，足可见利用自然资源的能力还很低下。目前的农业仍然是季节性农业，基本上靠天吃饭。政府也致力于解决这些问题，采取了一些措施促使农业向全年性的农业开发过度。

粮食安全一直是刚果民主共和国政府最关心的问题。其每年粮食产量大概是 1 900 万吨，远远不能满足 2 400 万吨的需求，全国有 45% 的人口营养不良。因此，大量的粮食，如小麦、大米、糖等都需要进口，猪肉、牛奶、鸡蛋等也需要进口，以满足人们对食品的需求。这在大城市来讲相对容易，因为港口等基础设施条件好，但对于偏远的乡村地区就很难享受到进口的食品。由于刚果民主共和国的极端贫困以及粮食紧缺问题，联合国粮农组织做了很大努力去帮助解决粮食问题，战争结束后，也采取了一些紧急救援的措施，情况得到了较大的缓解。刚果民主共和国法律法规明确了土地和地下资源是国家所有，但是在实际操作中却面临着诸多困难。由于部落酋长和大的家族对国家政治经济发展有着重要影响，因此，在一些乡村土地开发方面，国家要和该地部族进行协商，以解决土地开发问题。这对国家农业资源的开发，也会产生一些负面的影响。

刚果民主共和国全国 70% 的人口居住在农村，而且大部分是绝对贫穷的农村，并不存在所谓的乡村城市化现象。相反，由于战争导致大量乡村人口涌入城市，在城市里存在着不少"乡村化"的现象。乡村人口素质较低，文盲率比较高，特别是年轻的女性。乡村基础设施水平很差，没有稳定的可饮用水，电力供应不能保障，医疗设施也非常差，这些影响乡村居民生活的同时，也影响着乡村经济的发展。在东北部的原始森林地区的原始部落，约有 60 万人口还处于整个社会的边缘，怎样在传统观念和乡村发展之间求得平衡以支持这些地区的发展，成为国家乡村发展政策要考虑的问题。刚果民主共和国政府已经着手开始考虑国家农业与乡村地区的发展规划。

刚果民主共和国文化具有多样性，每个民族文化对于社会都产生一定影响，宗教也是如此。那么，传统文化在乡村社会向现代社会转型中发挥着怎样的地位和作用？这可以从酋长制度与部落文化、宗教影响等方面去分析。以血缘为纽带的部落是传统黑非洲社会生活的基石，这种社会结构特点使黑非洲的传统文化具有典型的与部落生活特点相关的独立性和封闭性，它是当今黑非洲社会部落主义、地区主义肆虐，国家动荡不已的重要文化原因 [2]。虽然在今天的黑非洲，酋长已逐步丧失其原有的政治地位和权力，但仍然是非洲人心目中德高望重的智者或长者，特别是在黑人传统文化保存较好的乡村地区。他们被认为是"联系物质世界与精神世界的超人，在仪礼乃至社会和文化中具有极其重要的地位" [3]。刚果民主共和国有 240 个部族，每个部族都有各自的传统文化。乡村基本单位是以血缘为纽带的氏族（家庭），几个家庭联合组成村社。在集体生活中，每个成员都是村社的有效组成部分，有集体劳动的思想，知道自己的义务和责任。尽管在共和国时代，刚果民主共和国乡村社会的组织结构和生活模式有了较大改变，但直到今天，仍很大程度上保留了基本的家庭生活体制和文化习俗。

由于欧洲殖民主义侵略，非洲传统宗教已经被殖民者扼杀。现在的宗教主要来自于东方和西方，如伊斯兰教、天主教、基督教、佛教等。由于宗教生活在社会生活中具有非常重要的地位，宗教的礼仪和习俗在刚果民主共和国社会中，特别是在乡村社会中得到大家的尊重和重视。这种对宗教礼仪、社会习俗的继承和尊重增强了部落的凝聚力，使得传统文化的根基更加牢固。这从继承和保护文化传统的角度来看有很多好处，但是，从社会现代化的角度看，传统观念的加深，不利于人们接受思想和生活方式。刚果民主共和国存在相当多的宗教组织（协会），这些带有宗教性质或者宗教倾向的组织在一定的领域工作，通过社会救助、资金援助等方式为社会发展做出了积极贡献。

刚果民主共和国农业与农村发展部秘书长 Abel 博士亲自带领我们考察了位于金沙

图 7-36　Beta 村外公路边的乡村集市

萨城市东南部 100 km 之外的 Beta 村（图7-36）。汽车向南行驶，出城之后见到的不再是凌乱的城市街道和躁动的人群，而是开敞的自然草地，还有高大的乔木。Beta村位于中国中钢集团帮助修建的干线公路的南侧，并不是印象中与主要公路隔离的村庄，但还是保留着不少原始的景观。沿途经过了中兴能源刚果民主共和国公司建设的中非农业试验田，以及一些乡村居民点，还可以看见公路边的蔬菜摊点。Beta村是这里较大的一个部落，我们在这里见到了 40 多岁精干的伽利马部落长。

伽利马告诉我们，他们的村庄共有 1.5 万人，主要以栽培木薯为生。当然，他们的食物也是以木薯为主，一天两顿饭都是如此。木薯起源于南美的巴西，哥伦布发现美洲之后才传入非洲。如今已经成为非洲人民的主要食物，尤其是在乡村地区，木薯是最重要的食物来源。木薯十分耐旱耐瘠，基本不用浇水或施肥，在山坡或平地都可种植，不需要田间管理，每公顷产量可达 10~40 吨。木薯的食用方法多，非洲人将木薯加工成颗粒、粉状或者块状，可以蒸、炸、煮、烤。农民农作时使用的是非常简单的农具，如锄头和砍刀。Beta 村的房屋很简单，村民居住在泥巴墙、秸秆顶的房子里，没有窗户也无通风设施，没有家具，只有一个简单的地铺，人和家畜混居在一起。

由于地势较高，饮水是村庄面临的大问题。虽然政府为村庄提供了储水罐，但由于水源短缺，还是解决不了问题（图 7-37）。村民必须得去 3 km 外低洼处的一口水井打水，那里是本村及周边村庄居民的饮用水源地（图 7-38）。同样，由于缺水，这里的村民们洗澡很困难。有的去附近的低洼沼泽地洗，顺便得到饮用水，这会被感染一些疾病，如霍乱等。因此，部落长伽利马表达了希望政府加强水利设施建设的愿望。

图 7-37　Beta 村的储水罐

图 7-38　Beta 村及周边村庄的饮用水井

在这里中刚农业合作刚刚开始，中国公司在刚果民主共和国的农业开发遇到了许多意想不到的困难，比如土地出让价格问题、产权问题以及与当地居民协调的问题等等，低效率的政府造成办事流程冗长拖沓，时间和灰色成本高昂。此外，刚果民主共和国到目前为止还没有出台真正意义上的投资鼓励政策等等。而国内也在支持刚果民主共和国农业合作方面存在一些体制机制缺失，政策体系不完善、不配套，提供信息服务不到位等问题。这些问题如不能得到解决，单靠专家的奉献精神，项目难于长期为继。

7.1.3　刚果共和国城市与乡村考察

刚果共和国也被称为刚果（布），位于非洲中西部，赤道横贯其中部，西南部分国土濒临南大西洋。刚果共和国国土面积 34.2 万 km²，是撒哈拉以南地区重要的能源储量国，石油、天然气资源丰富。已探明可采石油储量约 19 亿桶，天然气储量约 1 000 亿 m³。刚果共和国森林资源丰富，面积 2 200 万 hm²，约占全国面积的 60%，非洲大陆森林面积的 10%，可开采木材多达 300 余种，主要出口品种有铁木、刺果美等 40 余种。

刚果共和国国家经济增长高度依赖于石油工业。1957 年开发了第一个陆上油田，20 世纪 80 年代初开始在海上进行大规模开采石油，一度进入非洲中等收入国家行列。但 1997 年的内战和血腥屠杀导致国家经济几近崩溃，在 1999 年之后，伴随着国际石油价格上升，国家的稳定促使经济形势逐渐好转。2013 年，刚果共和国石油产量约为 1.01 亿桶，石油收入达 2.556 万亿非郎（约 51 亿美元），是撒哈拉以南非洲第三大产油国。石油产值约占刚国内生产总值的 65%，石油占出口总收入的 92.67%。目前，开采的石油主要来自海上油田，占已开采油田的 80%。该国石油开采完全依赖外国公司，技术和设备均从西方国家引进，几乎所有产出的石油都用于出口。目前，法国道达尔控制刚果共和国 60% 的产量，意大利埃尼公司占到产量的 30%，剩下的 10% 由刚果共和国国家石油公司和其他外国公司占据。石油开采是刚果共和国支柱产业，占国家政府总收入和出口利润的 90%。

近些年来，矿产资源开发也逐渐成为经济发展的重要引擎，主要是钾盐、铁矿等，参与矿产开发的中资公司的数量也越来越多。刚果共和国独立后，曾建立了 200 多家工业企业，工业产值一度占国内生产总值 30%。因企业经营不善和战争破坏，原有的生产型项目已基本不存在。现生产型企业基本是外国独资或控股。有食品、纺织、皮革、化工等工业，产值约占国内生产总值的 6%。如今，伴随着国家经济的持续复苏，水泥制品、农产品加工发展较快。第三产业以商业和服务业为主，在国民经济中占有较重要地位，2010 年产值占国内生产总值的 33.3%。商业大部分控制在以法资为主的刚果—奎卢·尼阿里贸易公司、刚—法西非贸易公司和桑加·乌班吉贸易公司的手中，零售业主要由马里人和黎巴嫩人经营，小型商业服务由西非商人（以塞内加尔、马里人为主）控制。近些年来，由于刚果共和国经济稳定，中刚之间贸易加强，中国商人逐渐增多，大多经营日用百货等小商品。

刚果共和国的农业发展处于自给自足阶段，农村还处于非常原始的状态。木薯为主要粮食作物，经济作物有咖啡、可可豆、糖和番茄。但现有农业开发面积仅占其可开发面积的 2%。农牧业落后，农业产值仅占国内生产总值的 6.3%。粮食、肉类、蔬菜等均不能自给，90% 以上依赖进口。农村人口约 100 万。农业生产以个体生产为主，个体农民耕种的土地占已耕面积的 68%，国营和外资合营农场占 28%，私营农场占

2.45%。主要粮食作物有木薯、玉米、稻谷、土豆、花生、香蕉等，经济作物有甘蔗、可可、咖啡、油棕、烟草等，畜产品有牛、羊、猪、鸡等。

刚果共和国城市化水平较高，达到 60%，人口集中在首都布拉柴维尔等几个重要城市里。刚果共和国的主要城市包括：首都（直辖市）布拉柴维尔，是全国政治和文化中心，是中非地区重要的交通枢纽之一，有国际航班直接通往中非地区大部分国家首都、东非的埃塞俄比亚和法国巴黎。黑角是刚果共和国的经济首都和最大的沿海港口城市，位于西南部的奎卢省，人口 50 万，濒临大西洋。1934—1943 年就修建了人工港，如今已拥有十余个深水码头和石油专用码头，承担着为刚果共和国及乍得、中非共和国、加蓬等国转运进口物资的重要作用。同时，由于其沿海区位以及石油资源的开发，这里建有大型炼油、船舶修造、食品和木材加工等工厂。多利齐（Dolisie）是全国的第三大城市。

（1）布拉柴维尔

布拉柴维尔（Brazzaville），刚果共和国的首都和全国政治、文化中心，也是中部非洲的一座名城。布拉柴维尔位于刚果河（扎伊尔河）下游北岸，隔河与刚果民主共和国首都金沙萨相望（图 7-39）。两国首都相距 5~6 km，仅次于罗马和梵蒂冈之间的距离，也是全世界唯——对隔河相望并能互相看见的首都（图 7-40）。相较于河对岸的刚果民主共和国，刚果共和国经济发达，城市化水平也要高出很多，人口高度集中在首都布拉柴维尔及其他几个大中城市里。布拉柴维尔是全国的交通枢纽中心，马亚国际机场位于市区西部。全国两条主干公路（布拉柴—黑角、布拉柴—韦索）的起点，距刚果第二大城市黑角的距离为 512 km，也是刚果大洋铁路的终点站，设有火车站。由于邻近刚果河，这里也是重要的河港，拥有通往金沙萨和途径因普丰多至班吉的渡船。

图 7-39 隔河相望的布拉柴维尔和金沙萨

图 7-40 从金沙萨坐船看到对面的布拉柴维尔

布拉柴维尔建立于 1880 年，面积 100 km²，2009 年人口 137 万人。资源丰富，有石油、森林和多种矿藏。石油和林业为两大经济支柱。石油剩余可采储量约 2.1 亿吨，主要在海上，内陆油田尚处于勘探阶段。刚果共和国石油资源的开发带动了国家经济的增长，也拉动了城市化发展和城市建设。金沙萨还存在复杂的民族冲突，城市面貌也停留在 20 世纪 80 年代的水平，而相对来讲，布拉柴维尔社会安定，城市建设水平要高，这里四季常青、绿荫如盖，是一座美丽的热带花园城市。市区沿刚果河两岸延伸，著名的布拉柴维尔纪念馆位于刚果河畔，与南非比勒陀利亚的先民纪念馆有相似之处，这里是了解这座城市的窗口，雕塑和史料记载了意大利籍法国军官——布拉柴的侵略过程，以及对建造这座城市所做出的历史贡献（图7-41）。

布拉柴维尔城市人口规模和用地规模要远远小于刚果河左岸的金沙萨。整个城市功能分区明显，布局井然。东部是商业区，西部高地为行政机关所在地，工厂多沿河分布。建筑有市中心的恩古瓦比博物馆建筑群及其对面的最高牺牲广场。城市公共建筑和房屋造型多呈欧洲风格，但又具有开敞、轻巧、简洁、明快的热带建筑特点，市政府、邮电局、圣安娜车站、高等师范学校、医院等都是典型建筑。建有多所专业学校，马里安·恩古瓦比大学是全国唯一一所大学。国际机构主要有世界卫生组织地区总部。城市中心绿化较好，道路宽阔，建有大面积的中心绿地（图7-42），国家机关也大多分布于此。市内主要交通方式为小客车和出租车，但车况参差不齐，普遍较差，除市中心外，不少道路路况相对较差。同时，跟其他大多数黑非洲国家一样，由于乡村人口大量涌入城市，而城市又没有充足的就业岗位，造成了贫民窟在城市边缘区的出现。

图7-41　布拉柴维尔纪念馆里皮埃尔·萨沃尼昂·德·布拉柴的雕塑

图7-42　城市中心的集中绿地

（2）农业示范中心

刚果共和国国家经济复苏较快，但乡村仍处于非常贫困的原始状态。全国领土34.2万 km²，有1 000万 hm²的可种植面积，实际上只有2%的土地面积进行了农业开发。刚果共和国的农业是传统农业，用的都是手工工具，产量很低，而且道路交通很不方便。农作物产品结构单一，粮食的产量不能满足消费需求，需要大量从国外进口，花费很多。乡村发展主要靠农业，但农业生产和经营受制于技术、机械、人才、资金、基础设施等多

图7-43　布拉柴维尔郊区的马路市场

图7-44　Kombe 中刚农业示范中心工作的当地妇女

方面，发展水平很低。同时，跟其他非洲国家一样，刚果共和国家庭、部族的力量很强大，大家庭观念相当浓厚，这影响到城乡关系和乡村地区的发展（图 7-43）。比如，如果一些偏僻的乡村能够出现政府或者企业精英，其家乡也能够得到较好的照顾，从而获得援助以及发展机会。劳动力资源也是影响非洲乡村发展的一个重要因素，一般来讲，青壮年男性劳动力大都进入了城市，乡村地区留下的大都是妇女儿童和老人，刚果共和国乡村地区女性人口比例超过了 63%。从非洲传统文化来讲，男性主要负责体力劳动，而耕种等农活主要由女性完成。

刚果共和国农业部专家告诉我们，全国从 1996 年、1997 年开始提出新的农业政策，在促进农业交易方面采取了一些措施，如土地买卖，鼓励成立混合所有制农业企业，以期释放出农业发展的潜力。全国已制定了乡村发展战略与新农村发展计划，内容涉及农业机械化、新农村发展和乡村人口安置、农业发展基金设置等。农业部主导建立了农业机械设备中心，购买了先进的机械并提供给乡村地区。但是，怎样管理和操作这些设备，在制度建设、人力配备及乡村劳动力技能培养方面还面临着不少的问题。新农村发展与建设方面，重点是在打通对外联系和运输通道、农产品产量及人口重新安置等方面。同时，政府设立了支持农业的发展基金，向农民提供融资。刚果共和国的农业振兴与乡村发展需要大量的资金、技术和熟练的劳动力，因此，与其他国家在农业领域合作，也是政府考虑的重要方面。近年来，马来西亚、巴西、阿根廷、刚果民主共和国、印度、美国和以色列、日本等都积极涉足刚果共和国农业资源开发，在刚果共和国圈地达 60 万 hm^2，其中马来西亚在北部种植 18 万 hm^2 油棕，巴西和刚果金在北部种植 8 万 hm^2 玉米。2012 年，刚果共和国政府向南非农业公司（Societe Congo-Agriculture）提供 8 万 hm^2 农业用地，分别在尼亚里省和布昂扎省，用于玉米种植和饲料加工。

中国与刚果共和国的农业技术合作有着多年的历史，对于刚果共和国乡村地区发展起到了积极的作用。2006 年，中非合作论坛北京峰会上确定的新一轮援非 8 项重要措施之一就是建立中非农业示范中心。至 2012 年，中国在非洲建成了 14 个农业技术示范中心，另有 8 个技术示范中心进入实施阶段；派遣了大量农业专家开展技术合作；为非洲国家培训农业技术人员超过 5 000 名。2012 年 7 月，在中非合作论坛第五届部长级会议上，中国政府承诺援建更多农业技术示范中心，进一步加强技术培训和示范推广，帮助非洲国家提高粮食生产、加工、储运和销售能力。该项目经费前三年由中方提供，每年投资 4 000 万人民币用于基础设施建设，另每年有 500 万人民币的项目运行经费，给当地农民提供无偿培训服务，三年之后要自行发展。

在中国驻刚果共和国大使馆的推荐和帮助下，我们考察了位于首都西南 17 km 的Kombe 农业示范中心。该项目由中国海南热带农业科学院具体负责，主要有蔬菜、木薯、玉米和养殖四块，已建成大棚蔬菜基地，现在种植面积 8 亩。在中国农业部的要求下，热带农学院为非洲地区编制了一套英文、中文、法文版的农业培训材料。在中国政府支持下，中心负责每年免费培训 100 余名当地人，包吃包住，周期 20~30 天，结束后发结业证。不仅如此，中心还雇佣了 20 多个当地黑人，包括保安以及农业工人。这些当地人月薪 150 美元，如果工作效率高，每个月还会有额外的奖励。中国热带农业科学院热带蔬菜研究中心的党选民教授，热心地带我们去参观了中心的试验田，这里栽种了黄瓜、西瓜、芹菜、西红柿、白菜、韭菜等，尤其是水果西红柿、水果黄瓜和水果西瓜，长势喜人（图 7-44）。布拉柴维尔市里有中国超市、印度超市、法国超市，这些蔬菜主要面对的是高端的消费群体。但党教授也告诉了我们他的担忧，包括不稳定的水电供应以及不可预期的销售前景。

7.1.4 马里共和国城市与乡村考察

马里共和国位于西非内陆中部、撒哈拉南部，面积 124 万 km²。2013 年，全国人口为 1 680 万，全国人口增长率为 3.1%，城市化水平为 37%。马里全境主要由塞内加尔河上游盆地、尼日尔河中游和撒哈拉沙漠的一部分组成。东西宽约 1 800 km，南北长约 1 650 km。北部为撒哈拉沙漠，面积约 30 万 km² 多。中部是大平原。西部和西南部富塔贾隆山支脉海拔约 500~800 m。东南部是克美杜古群山。东部是班迪亚拉高原，最高点海拔 1 000 m。东北部是撒哈拉阿哈加尔山脉延伸出来的阿特腊尔—伊福拉斯高原。

马里经济基础薄弱，产业结构单一，农业和采矿业是国民经济的重要支撑。由于独特的自然地理和气候环境，马里农牧业发展条件较好，是重要的出口创汇来源之一，素有"西非粮仓"之称。尼日尔河和塞内加尔河流经境内，可灌溉土地 1 800 万 hm²，约占全国总面积的 15%。但已耕地面积约 350 万 hm²，仅占可耕地面积的 20%，占国土面积的 2%，可见农业开发潜力巨大。在法国殖民统治马里时期，马里就广泛种植棉花和花生，是法国重要的原料供应地。如今，农业主要分布在尼日尔河和塞内加尔河流域以及南方多雨地区，主要种植物有花生、玉米、高粱、棉花、木薯和香蕉等。北方由于干旱，收获不能保证，但由于人口增加所带来的压力，在一些年降雨量达到 200 mm 的地区也有很多农田，主要作物是小麦和绿色饲料。畜牧业主要分布在北方地区，饲养牛、羊、驴、马、骆驼等。近些年来，马里政府十分重视农业发展尤其是粮食生产。2006 年，政府出台了《农业指导方针》，把粮食安全提高到粮食主权的高度，2008 年，政府又推出"水稻种植倡议"，目标是达到粮食自给。尽管如此，由于技术落后、资金缺乏、人才不足等原因，迄今仍基本处于"靠天吃饭"的状态。2011—2012 年，由于农业歉收，曾引发全国性的粮食危机。为解决粮食安全问题，政府于 2012 年制定并通过了"国家粮食安全战略"（SNSA），旨在满足人民基本需要，强调提高粮食产量，实现种粮多样化，提高农民收入，开发加工当地产品。对此，马里粮食专署（CSA）在联合国粮农组织（FAO）帮助下制定了"全国粮食安全大纲"（PNSA），并将农村和弱势人群列为重点帮扶对象。

马里制造业基础非常薄弱，主要包括采矿、能源、电力、纺织、农产品和食品加工等。马里矿产资源丰富，黄金产量居非洲第三，仅次于南非和加纳。但现状产业能级低，处于价值链的低端。这一特征的形成直接原因是原西方宗主国对马里国家经济主权的控制和干涉。虽然独立了 100 多年，但西方国家还是通过跨国公司控制了马里经济发展命脉。如今的经济发展，仍然是依靠输出原材料和农产品，进口西方国家的工业产品，就连基本的生活用品，如纸张等，都得要从西方国家进口。这种依赖性进一步损害了国家经济，造成了区域经济发展的不均衡。近年来，马里政府已经认识到了基础设施建设对国家经济增长和民生改善的重要性，致力于开发交通、通信和能源实现对内、对外的互联互通，特别是道路交通建设，投资力度在西非是最大的。中国政府和企业积极地参与了马里的基础设施建设，推动了城乡社会经济联系和国家经济的成长。同时，医疗队也是中国援助马里的一项重要行动，不仅改善了马里城市与乡村居民医疗环境，也间接地为马里乡村发展做出了较大的贡献。

（1）巴马科

巴马科是马里政治、经济、文化中心，也是全国第一大城市，城市首位度很高。城市位于马里西南部，北倚 480 m 高的库鲁巴山，美丽的尼日尔河从城南穿流而过，地势平坦，海拔 320~340 m（图 7-45）。巴马科老城是在 16 世纪村庄的基础上，经历了法国士兵入驻建立堡垒之后，逐渐发展起来的。1924 年铁路开通之前，巴马科仅有居民 8 000 人左右，铁路开通之后，巴马科作为资源集散地的重要性凸显，促使人口急剧增加，城市规模也不断扩大。如今的巴马科，已是一个人口 210 多万，面积 252 km² 的大城市。巴马科是全国的交通运输枢纽和对外交通运输，中心，有铁路直通塞内加尔首都达喀尔。公路可达几内亚、科特迪瓦等国家。此外，巴马科还有连接全国各地的航线和公路。巴马科—塞努国际航空港位于市郊南部，距离市中心 15 km，有从巴马科至巴黎、达喀尔、阿比让、洛美等10 多条国际航线。在全国乃至整个西非地区，巴马科的文化教育和医疗卫生事业较为发达，高等师范学院、国家艺术学院、工程师学院等 4 所高等院校和热带眼病研究所等数所科研机构都设在这里。

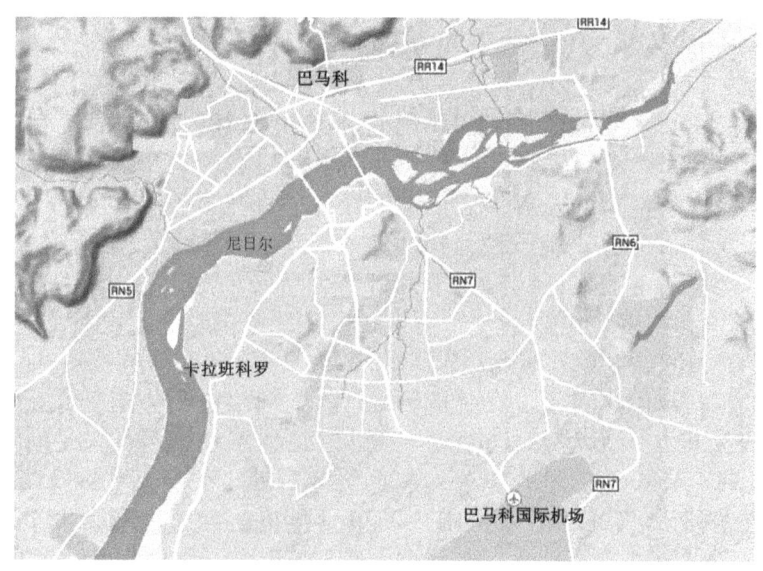

图 7-45　巴马科的位置

巴马科为中央直辖市，市内划为 6 个市级行政区，共 60 个小区。尼日尔河像一条墨绿色的彩带，从西向东穿越狭长的市区并将其分割成南北两部分（图 7-46）。西北丘陵丛中的库鲁巴山，是市区的制高点，可俯瞰全城秀丽风光。库鲁巴山曾是法国总督府所在地，如今，总统府、外交部、计划部、卫生部等国家机关都设在这里。山顶上有不少精巧玲珑的建筑，山上树木茂密，花草芳香。小山脚下有个规模不大却拥有许多奇花异草和珍贵动物的动物园。马里国家博物馆也坐落在附近（图 7-47）。

图 7-46　穿越市区的尼日尔河

图 7-47　马里国家博物馆

三座建于不同时期的大桥横跨尼日尔河将市区北部的老城和南部新区紧密联系起来。最著名的是巴马科大桥。大桥以北的自由广场，以刚果民族英雄卢蒙巴命名，是城市中心所在。附近还有独立大道、国家图书馆、清真寺、友谊宾馆、非洲发展银行，以及前任利比亚领导人卡扎菲援建的政府行政中心等等（图7-48）。市内最高建筑物是塔尖高耸的清真寺、电视发射塔和17层的友谊宾馆，宾馆阿拉伯风格和西非地域特色相互交融。跨越尼日尔河的

图7-48 阿拉伯风格浓郁的行政中心

第二座桥梁建设促进了南部新城的发展，但新城基础设施还是较差，饮用水、照明等的覆盖率低于老城区。第三座桥梁建设在市区东部，连接了开发区，也缓解了城市中心的交通压力。

巴马科市中心的商业区，经营巴黎高档时装的商人同摆地摊叫卖的小贩，现代化商店同非洲传统市场相毗邻。金银首饰店的橱窗内摆满了各种具有非洲或欧洲特色的耳环、项链、手镯，镶有各种颜色钻石的戒指，以及各式各样的银首饰、象牙首饰、象牙烟嘴等。这些店铺不仅经营本国产品，还销售从意大利、法国、比利时、瑞士等国进口的首饰。城里有一所艺术中心，收藏着马里历史上的珍贵文物，同时还展出各种精美的象牙雕、木雕、角雕、鳄鱼皮袋和金银饰品等艺术品。城市中心的本地小商品市场（图7-49），非常热闹，衣服、鞋帽等商品大都来自中国，但环境较差，反映出糟糕的城市市政建设与城市管理水平（图7-50）。这里还有一个传统的手工艺品市场，出售如黑木雕及各种牛皮制品。其他的生活用品集市，如家具及牲畜市场（图7-51），则分布在城市中心的外围地区。

图7-49 城市中心的小商品及艺术品市场

巴马科城的东面还有一片工业区，主要有食品、机械、家具、纺织、卷烟、火柴等工业。由于马里畜牧业较为发达，同时，周边木材资源也很丰富，各种农畜产品在此集散，所以，皮革制品加工、木雕、象牙雕刻及金银器加工等，在西非有很大影响。

由于快速增长的人口、私家车辆及摩托车，导致道路等交通设施严重不足，城市交通问题较为突出。由于就业岗位主要在老城区，大量的摩托车和汽车流，经常导致

图 7-50　街头叫卖的小贩和地摊

图 7-51　巴马科市区街头的家具及牲畜市场

城区的两座大桥及主要道路出现拥堵。城市公共交通落后，中巴车是其主要的公共交通工具，但由于大多是二手车，存在着很多的安全隐患（图 7-52）。巴马科政府于2009 年计划修建两条有轨电车线，一条线从南岸的 Sogoniko 长途汽车站经老桥和人民大街通往市中心，另一条线从 ACI2000 经 Al Quods 大街通往巴马科一区。有轨电车的建成，将会减轻巴马科城市交通的压力，改善汽车尾气带来的污染。

（2）尼日尔河流域综合考察

尼日尔河是非洲次于尼罗河和刚果河的第三大河，西非最大河流，发源于几内亚

图 7-52　巴马科市民的主要出行工具——摩托车和中巴

富塔贾隆山，从马里西南部入境。干流流经几内亚、马里、尼日尔和尼日利亚等国，注入几内亚湾（图7-53）。支流伸展到科特迪瓦、布基纳法索、乍得、喀麦隆等国。尼日尔河全长 4 160 km，流域面积150 万 km²，年入海平均流量 6 300 m³/秒，年径流量 2 000 亿 m³，属中等水量流域。尼日尔河横穿马里的长度为 1 780 km，流经马里西部冲积平原、北部沙漠区，沿途形成宽

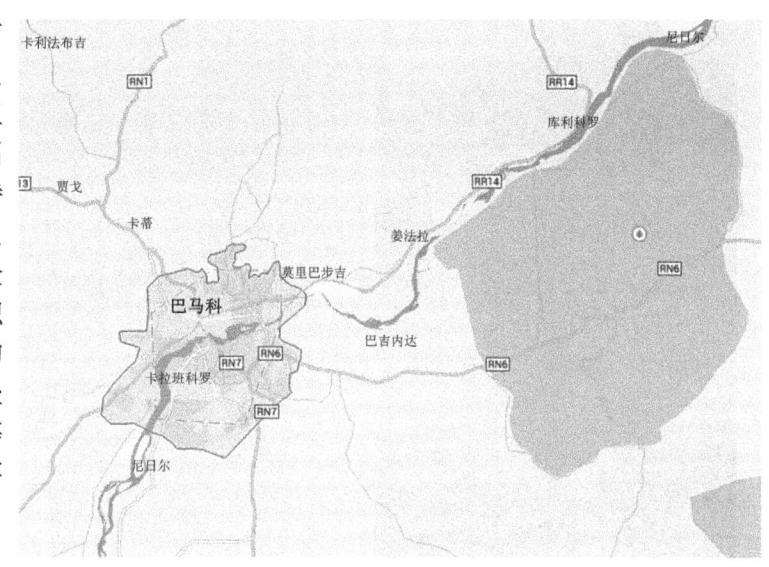

图 7-53　尼日尔河流域地图

阔的平原和湿地，是马里畜牧业、种植业和渔业发展的重要命脉。中游段有许多宽滩及湖沼地带，因此有"内陆三角洲"之称，马西纳以上河段为宽数公里的河漫滩，地势平坦，已开垦大量农田，为马里的粮仓。

　　马里的农业和乡村发展是我们考察的一个重点，包括马里农业发展现状、马里农村社会发展状况及马里传统文化的演替与转型等。驻非农业专家、安徽省农科院胡王研究员利用执行"南南合作"任务建立的联络渠道和工作基础，多方协调、商定考察对象，先后陪同我们拜访了联合国粮食及农业组织（FAO）马里代表处、尼日尔河开发办公厅、Koulikoro 农学院，实地考察了典型灌溉农业区 Selingue 农业开发区、城郊型农庄 Mountougouba 农场，深入采访了渔村、农户和牧民，获得了大量有益的信息和资料。

　　库利科罗区（Région de Koulikoro）是马里西部的一个大区，首都巴马科完全为其所包围。该区北邻毛里塔尼亚，西南与几内亚接壤，人口 151 万人，下辖 7 县 106 区。首府库利科罗，地处尼日尔河西北岸，西南距巴马科 57 km，是马里的重要城市，人口约 1.7 万。城市地处尼日尔河西北岸，依河边岩石丘陵的山坡而建。全城几乎被高大的芒果树林所遮蔽，故有"芒果城"之称。库利科罗是农业大区，主要产业为花生、棉花、稻谷和畜产品等，以及碾米、榨油等初级加工业。这里也是马里西部的水陆运输枢纽，是尼日尔河中游航线起点，以及塞内加尔—马里铁路终点，因此，也是农副产品及加工业制品的区域集散中心。

　　中国"南南农业合作"专家组的一个工作队就长期驻扎在这里，初步建成了库利科罗工作站。由于刚刚起步，工作站的工作条件还是相当艰苦，加之与 FAO 的协调问题，目前的工作开展相当困难。但中方专家组还是发挥特长，分组协作，自筹经费，自置工具，自发与当地村民友好协商取得部分土地使用权，利用自带的蔬菜种子开展适应性试验和高效栽培技术示范推广。在当时就已成功收获 10 多个品种，包括黄瓜、冬瓜、苦瓜、茄子、白菜、油麦菜、萝卜、豇豆、毛豆等。收获的产品，部分自用，丰富了项目组的食物结构，改善了伙食标准，另一部分与当地居民和单位同事分享，增加了交流（图7-54）。更重要的是，众多当地农民，特别是妇女群体，对中国专家们的蔬菜种植技术兴趣浓厚，每当专家们在园地劳作时，总会吸引成群结队的群众前来观摩。在中国专家的精心指导下，几位接受能力较强的妇女已在自家园地种出了鲜美可口的蔬菜。

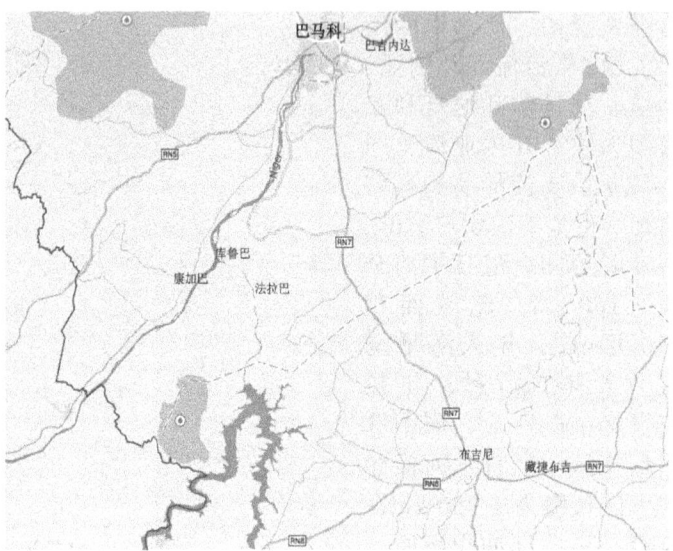

图 7-54　库利科罗中国农业专家驻地　　图 7-55　塞林盖水库及灌区位置

专家们身体力行，实现了技术的有效推广，并且产生了良好的社会效益。

尼日尔河和塞内加尔河流经马里的大部分地区，境内流经长度分别为 1 780 km 和 669 km，两河常年有水，水电资源丰富。目前马里在两河流经之地建有数个水力发电站，包括尼日尔河流域的塞林盖（Selingue）水电站（1982）（图 7-55），塞内加尔河流域的 Manantali 水电站（2002 年）、费鲁水电站（2014 年中国援建）、古伊纳水电站（2014 年中国援建）。这些水电站巨型工程的建设对农田水利、电力供应、防洪航运等都发挥了积极的作用和巨大贡献。

塞林盖水电站位于尼日尔河支流散卡腊尼河上，在首都巴马科以南 150 km 处，1982 年完工。土坝高 23 m，水库库容 21.7 亿 m³，电站装机 4.4 万 kW。工程的主要用途为灌溉、发电、航运和防洪。在马里政府尼日尔河流域办公室的帮助下，我们考察了尼日尔河流域塞林盖地区的农业与农村发展项目，具体包括水稻、牧民、渔业三方面内容。从巴马科城市出来，沿路是散落的小规模村庄以及玉米、高粱等庄稼地，植被覆盖率非常高。巴马科的居民生活方式悠闲，街头随处可见茶馆。即使离开城市到了乡村，也可以在路边看见围坐树边的村民。远离了城市，能看见传统的茅草屋，这种非洲典型民居在撒哈拉以南非洲较为普遍，但也只在乡村地区才能发现。这种建筑形式显然与非洲的气候、地理环境及传统生活方式等因素密切相关的。再往前走，路两边逐渐以林木为主，高大茂密的芒果树成群，远处可以看见静静的尼日尔河，以及废弃的化工厂（图 7-56）。

从巴马科到塞林盖水库有 160 km 多，约三个小时的车程就到了。相对于周边地区而言，塞林盖灌区由于靠近塞林格水库，灌溉条件较好，具备发展水稻种植的条件。当地村庄负责人及水稻承包者给我们讲述了稻田种植的基本情况。了解到这里的亩产相对于国内较低，主要是在水稻选种方面存在不少困难，随行的安徽省农科院的专家为他们讲了中国的水稻种植技术，也实地看了距离 Selingue 大坝 500 m 的主灌渠边的农业合作示范点，秧田面积 400 m²，大田面积 4 100 m²。现场看到，四个品种出苗均匀整齐，秧苗长势旺盛健壮（图 7-57）。尽管如此，由于长期的农业耕种习惯，水稻在这里的种植规模还是非常小。从发展远景来看，中马之间在农业合作方面，利用中国成熟的水稻技术加强合作与交流，不失为一个很好的选择。

图 7-56　尼日尔河及河边废弃的化工厂

图 7-57　塞林盖灌区规划及稻田考察

离开稻田，我们又考察了该地区的主要农田水利灌溉设施，包括沟渠、泵站、河塘等。相对于周边的乡村地区，这里的基本发展条件还是比较好的。在灌溉渠的旁边，分布着一个小村庄，空地上晒着黍米，小孩子们在水渠里游泳嬉戏。在传统的"蘑菇房"民居里，我们对村民进行了访谈，了解到他们对包括水、电等基本公共服务的需求，也谈到了对现代农业技术的较大需求。

接着我们又考察了该地区的畜牧业。畜牧业在马里国民经济中占有重要地位，牧场面积约 3 000 万 hm²，主要牧区分布在萨赫勒草原、北苏冈丹草场、尼日尔河三角洲及河谷地区。牧民占全国人口的 42%，主要畜牧品种有牛、羊、驴、马、骆驼等。奶牛养殖在该地区比较普遍，沿途可以看见村民们放牧的奶牛。当地官员带我们去考察了位于城区的一个奶牛合作社，仅有 2 个房间，一个是用于牛奶的简单加工，另一个用于销售。除了加热、除菌的机器外，这里还可以制作酸奶，满足当地居民的需求，并可以向巴马科提供鲜牛奶。如今，灌区居民家家户户都在养奶牛，但由于资金、技术和人才等原因，规模化养殖比较少。在这一方面，我们国内的奶牛养殖有着很成功的经验，"公司＋农户"的模式可以很好地解决奶牛养殖和奶产品销售的问题。

渔业是马里国民经济的重要部门，尼日尔河和塞内加尔河为马里提供了丰富的渔业资源。主要渔业区分布于尼日尔河三角洲、莫普提、塞古、迪雷一带。马里渔民约 26 万人，占农村人口的 3.6%，尼日尔河三角洲地区约 1/3 以上居民从事捕捞业。当地官员带我们考察了灌区的鱼苗繁殖基地，这里主要繁殖的是非洲鲫鱼等。听基地的工作人员介绍了鱼苗繁殖的技术过程，相对于国内来讲，这里的设备还比较落后，而且他们在育种关键技术领域还存在瓶颈。这也为中国加强与马里的渔业技术合作提供了空间。接着又去看了当地的一个大型水产品市场，主要销售鱼类。码头是中国政府援建的，市场就在水库边，配备有冷库。我们访谈了当地的村长，他们负责市场的管理。这里的鱼主要是供应巴马科市场，由于没有相应的保鲜技术，必须当天就要通过冷冻车运送到巴马科，但现有的车辆还满足不了市场的需求。

7.2 非洲国家城乡发展的区域特征、主要问题及考察感悟

非洲乡村发展问题是国内地理学者尤其是城市地理学者关注的重要问题，这可以从政治、经济、社会、文化、环境等多元视角加以分析[4]。南京大学张同铸教授曾指出："同独立前相比，现在的非洲乡村社会结构已有一些新的特点。就热带非洲而论，其社会体制正由原始型单一结构向现代型复合结构转变，虽然速度十分缓慢，但多种社会成分互相渗透、互相融合已成为发展趋势。"[5]

考察的所见所闻，从多个层面印证了上述论断，即非洲国家独立后，得益于逐步稳定的政治形势和近年来经济的持续增长，经济社会等诸多方面发生了巨大的变化，乡村多元复合型的结构初步形成，城市化带动非洲国家正在朝着好的方向发展。但是，一个不容回避的事实是：大部分非洲人仍然生活在乡村，他们还没有真正摆脱贫困，尤其是在撒哈拉以南的乡村。这种客观存在的社会现实导致非洲国家城市化和乡村发展出现许多地域性特征，并引发一系列社会问题。

7.2.1 非洲城市化与乡村发展的地域性特征

（1）城乡发展差距较大，联系薄弱

非洲的城市化是快速的，而且直到20世纪70年代中期一直遵循城市化的正常进程。

但在1974年以后，其城市化就脱离了世界城市化的正常进程，尽管它的城市化速度仍保持着较高水平，但经济却不断的衰落。这种情况一直延续到现在，最近20多年来，其城市化水平不断提高，但是经济增长缓慢，城市贫困加剧。同时，伴随着城市人口不断集聚的，是乡村发展和生活水平的持续恶化。与农村相比，城市发展拥有较多的资金、技术设备和充足的人力资源，而农业和乡村发展却没有得到应有的重视，资金、科技投入严重不足，大量年轻人从农村进入城市，造成乡村发展滞后，城乡间差距拉大。当然，在非洲，这种由于发展水平造成的二元结构不仅存在于城乡之间，在城市内部也是普遍存在的。

非洲交通设施投资较晚，一般在殖民时期大多数国家经历了第一次公路和铁路建设阶段。这是一个树枝状的系统，是为了将农产品运向沿海的港口[6]。撒哈拉以南非洲的乡村交通状况与亚洲和拉丁美洲相比是非常差的。许多文献显示了非洲低质量的乡村公路网络，这不仅仅归因于较差的设计和建设，更重要的是缺乏正确的维护，大大地增加了车辆的运行成本[7]。乡村交通费用比世界上任何其他区域都要高。Ellis and Hine比较了津巴布韦的乡村，平均300人拥有一辆机动车，而斯里兰卡是他们的5倍多，交通费用比亚洲要高2.5倍多[8]。在加纳，1988年仅仅有28%的铺装公路状况较好，而在尼日利亚，石油资助的公路建设计划效果是明显的，67%的公路得到了铺装[9]。同时，非洲国家的信息化水平也很低，城乡之间信息技术的使用差距更大。在非洲，因特网、

传真机和计算机等新信息通讯技术 (ICTs)，只被约 2% 的高收入家庭接触过，而他们大多分布在城市地区。从行业分布来讲，对坦桑尼亚和博茨瓦纳的调查发现，除了在服务业和出口部门，接近发达的信息通讯技术 (ICT)（因特网、传真和计算机）的机会是很少的 [9]。交通和信息技术设施条件，极大地限制了非洲国家与全球、国家内部城市之间、城市与乡村之间的社会经济交流与人口流动，从而阻碍了城市与乡村的发展。

（2）乡村经济发展缓慢，贫困加剧

资本、活动和收入的多样化是非洲生计战略的核心。不同区位的经验研究表明，乡村家庭缺失从事多种活动的机会，导致收入来源单一。在撒哈拉以南非洲，乡村家庭大约 30%~50% 依赖于非农收入来源，但在南非可能达到 80%~90%。这说明乡村家庭状况越好，收入来源越多样化 [10]。结构调整和市场自由化政策加速了撒哈拉以南非洲的非农化，非农收入多样化已经替代了对现金获取的需求 [11]。尽管对于非农收入多样化的依赖在非洲乡村扩展很快，但并非所有的家庭都享有平等的接近非农的机会。非农活动依地域变化，从现代到传统、从高收入到低收入及从正式到非正式而变化，一般分为与特定区域农业经济区相关的三种基本的综合体 [12]。一是地方服务综合体（如埃塞俄比亚、马拉维）：这些较远区域的非农活动主要是服务，以及一些手工业活动，满足严格受限制的地方市场，如啤酒酿造。其次是贸易综合体（如尼日利亚、坦桑尼亚和津巴布韦）：这些国家有着积极参与劳动力迁移或农业商品生产的历史。它们是市场响应型的，地方人口流动性相当强，也清楚获取收入的机会和消费者的需求。最后是转移支付为主的综合体（津巴布韦和南非）：这些是历史上以乡村劳动力外迁为主的地区，缺乏农业商品的生产。人口流动性非常强，以生命周期的特定阶段在城镇和乡村间的地理运动为特征。乡村的非农收入本质上是被动的，大多数收入来源于转移支付、养老金或者本地居民亲戚来的汇款。汇款占了津巴布韦乡村家庭非农收入的 42%，这使得乡村居民探访其城市亲戚的频率很重要 [12]。以上类型的划分并不是绝对的，根据非农活动实际发生的类型，大多数地区表现出了大量的互相重叠 [12]。

从全球层面来看，乡村贫困程度要高于城市贫困，世界上居住在乡村地区的贫困人口的比率从 62% 增加到了 75% [13]。在撒哈拉以南非洲，贫困是一个主导的乡村现象。值得注意的是，贫困问题已经高度区域化，并且集中的趋势在加强。南亚和撒哈拉以南非洲正变成绝对贫困的核心地区 [14]，占了世界贫困人口总数的 70%。撒哈拉以南非洲贫困的深度和严重程度是最高的 [4]。例如博茨瓦纳和肯尼亚，贫困人口主要集中于博茨瓦纳的半干旱低地以及肯尼亚生态状况较好的高地。耕作是主要的生计来源，但是来自于耕作的收入很低。乡村家庭也会寻找多样化的收入来源，但是穷人常常从事低收入的活动 [15]。同时，由于非洲乡村居民点比较分散，这使得难以为乡村提供物资和服务。农村特殊的经济条件也使得农村地区比非农村地区有更少的发展机会。

（3）农业生产率水平低，土地退化严重

自然灾害频繁，尤其旱灾和洪涝灾害连年不断，导致土地资源利用陷入恶性循环之中。非洲干旱区面积居世界各大洲之首，直接危害了土地开发和农牧业生产，同时又引发其他自然灾害和草地植被退化、土地荒漠化等生态环境问题。过快的人口增长引发的粮食需求增大了对现有土地的索取压力，导致土地开垦边界线推移到了土地承载能力的极限，农业生产活动向脆弱的生态带扩展。土地经营粗放，生存型的锄耕农业和刀耕火种式的休闲轮作制，是一种掠夺式的传统耕作方式。撂荒地在热带高温多雨下，有机质流失大。不施肥，地力下降迅速，土地利用陷入恶性循环之中。

热带干草原地带仍然沿袭游牧和半游牧，干季时牲畜争夺水草资源加剧，严重过度放牧导致草场退化。例如，马里北部地区的萨赫勒地带，草地在减少，沙漠化南侵严重，许多牧场变成了荒漠。如遇干旱年份，草场荒漠化更为严重。在热带森林区大面积的清除森林、掠夺式的开荒种地导致大面积的森林毁坏。同时，非洲农村能源大都依赖木材，例如，马里农村柴薪占燃料的使用量90%以上。无节制的乱砍滥伐，造成农村居民点周围的森林面积在减少。据FAO报告，1990—2000年，非洲森林面积平均以每年5.3万km²的惊人速度在减少，居各大洲之首。

7.2.2 考察中印象深刻的几个主要问题

城市化是一个很复杂的涉及多方面因素的问题，这次考察也主要是围绕考察国首都地区城市建设与乡村发展等问题进行了较为深入的交流与探讨。从考察情况来看，首都地区是这些非洲国家社会经济发展和城市化集聚核心所在，但也是城乡差距最为明显、城乡对立最为严重、城市问题暴露最多的地区。虽然仅仅介绍了四个国家，但对于非洲地区来讲，具有较强的代表性，对于我们理解和剖析非洲国家城乡发展及其问题，提供了大量感性的认识、资料与素材。

（1）持续存在的畸形城乡经济结构

16世纪非洲大陆就开始了被欧洲列强殖民的历史，本土经济受到了严重破坏。虽然在独立之后，非洲国家经济相继恢复，但畸形的单一经济结构仍然一直存在。尤其是撒哈拉以南非洲国家，除了南非等少数国家，大多数仍然将资源型初级产品出口作为国家经济增长命脉。即使是在南非这样的工业化发达国家，虽然种族隔离政策已经废除，但城乡经济社会差异仍然很大，乡村发展依然落后。这与非洲经济发展战略和政策设计、自身基础和条件等因素有着紧密的关联，包括对外来资金的严重依赖。没有带来发展的城市化，被用来描述非洲撒哈拉沙漠以南国家以及部分南亚地区国家城市化与经济增长之间的关系是非常恰当的。突出的表现是国家经济增长滞缓，经济发展和空间政策缺乏，城市化与城镇体系布局过于集中，以及弱势的乡村和农业部门。

农业是非洲乡村地区最重要的经济部门，这使得乡村地区过度依赖单一部门，而且投资风险度很大。税收十分有限，使得乡村无法动员充足的资源来实施自己的发展计划[16]。乡村处于政策的边缘，贫困的乡村很少有机会去影响、改变政府政策，高税收以及其他一些宏观经济政策对农业和乡村产生了负面的影响，从而导致乡村区域资源的流失。这些因素造成了大范围的贫困和低水平发展，具体反映在文化水平、寿命、婴儿死亡率以及营养不良程度等指标方面[16]。矛盾的是，经济增长和贫困减少导致了农业部门相对重要性的降低[13]。Reardon的研究表明，在撒哈拉以南非洲，现实中农业活动规模平均相当于乡村家庭40%~60%的生计投入，从1965—1998年的农业增长慢于总体的人口增长，1980—1998年农业部门劳动力的增长则更慢[17]。这种城乡经济结构的畸形状态，导致的过度城市化，不仅加剧了城乡分割，而且严重阻碍着非洲城市规模经济的组织结构和良性增长。

（2）伴生于快速城市化的城乡贫困

贫困问题、非正式经济的增长与发展已经成为撒哈拉以南非洲地区城市化进程中不可或缺的一部分。非洲城市占非洲地区生产总值的60%，而且是教育、就业和贸易的重要中心。城市地区相对集中的社会服务、潜在就业机会和充满魅力的生活，成为吸引农村人口向城市流动的重要因素，这是非洲城市化的重要拉力。而来自乡村地区法律和秩序崩溃产生的不安全感，进而迫使乡村居民迁徙到城市以寻找更好的安全保障，成为推力因素。Hope 和 Lekorwe1999 年指出，这种现象加速了城市化，却造成了城市贫困，而且加剧了环境恶化。由于人口进入城市的速度远远高于城市所能提供的就业增长的速度，也超出了城市公共服务的供给水平和治理能力，造成这些乡村移民处于一个极度贫困和被剥夺的境遇之中。同时，周围环境迫使非自愿移民大规模同时搬迁，他们为了生存而对燃用木材、建筑材料、淡水、野生动植物等资源展开竞争，大大加剧了环境问题。

对城市地区较高的收入和生活水平的期望很少能实现，城市的贫困问题日益广泛和严重。非洲的贫困表现在许多方面。其特点包括缺乏购买力、农业比例过大、环境风险大、人口流动、社会和经济服务不足、高速城市化、正常收入机会太少。这些问题在我们所调研的城市与乡村是普遍存在的。这些城市的现实状况对城市政府当局提出了许多管理和财政方面的挑战，其中包括控制贫困与失业的扩大规模，以及更好的安全保障与服务。在许多非洲城市，超过70%的居民居住在贫民窟。不规范市场（Informal Market）的存在使得人们投资储蓄买房却无产权。在安哥拉首都罗安达，76%的人们居住在通过不规范市场所获得的房屋中，并且每年以 6%~7% 的速率增长。此外，由于收入不均，往往富人从城市化进程中收益更多，贫困者与妇女几无所获。就南非而言，虽然属于工业化国家，但白人和黑人的差异非常明显，南非白人居住区与黑人城镇反差极大：前者有瑰丽多姿的花园别墅和豪华住宅；而后者简陋的铁皮小屋星罗棋布，多以玻璃瓦或铁皮为顶，形似纸盒的简单窝棚，有的甚至用木板和纸板搭成，屋内缺乏基本的生活、卫生设施，住房一家挨一家，单调暗淡。非洲贫困人口可分为三种类型：第一类可以说是"长期穷人"，他们是处于社会边缘的个体，经常遭受极度的贫困之苦；第二类是"边缘穷人"，他们是有时（例如季节性失业）贫困的个体或家庭；第三类可以称为"新穷人"，这些个体或家庭是经济危机的直接受害者，发展政策导致了他们失业，他们包括被裁减的工人和公务员。

（3）普遍低效、低质的城乡公共基础设施和服务水平

非洲国家应该认识到目前城市发展中的问题和差距。南非开普敦大学教授瓦内萨·沃森认为，目前很多非洲城市"野心勃勃"，想把自己打造成非洲的"迪拜"、"纽约"、"新加坡"等，但在快速修筑现代化的摩天大楼等"面子工程"的同时，很多城市却忽略了就业严重不足、贫民窟增多、城市基础设施滞后、基本服务短缺等"城市病"。

在许多非洲国家，尤其在其城市中，由于无力收集和合理处理污水和固体废物，居住条件十分恶劣。在撒哈拉沙漠以南的黑非洲地区，只有48%的城市家庭能够用上自来水，而在非正规住区，只有19%的家庭能够用上自来水。整个黑非洲地区只有31%的家庭连接到了市政排水系统，而在非正规住区，这一比例只有7%。整个黑非洲地区只有54%的家庭用上了电，而在贫民区，这一比例只有20%。整个黑非洲地区只有15.5%的家庭安装了电话，而在贫民区，只有3%的家庭能够用上这种奢侈品。许多非洲国家城市中垃圾大量堆积，远远超出城市内外自然生态系统的吸收能力，对近邻和用水造成很大影响[18]。我们的考察也发现，即使在首都的城市中心，固体废弃物都是非常严重的城市环境问题，包括随处丢弃的城市生活垃圾以及疏于管理的工业固体废弃物。

农业和乡村发展涉及人员流动以及农产品的加工和运输，现在的问题是运输距离过

长、成本过高。由于非洲农业生产成本普遍较高，当地市场的消费能力有限，大规模投资都面临着产品的储存、销售、加工等问题。自从 20 世纪 40 年代以来，世界银行在全球花费 620 多亿美元投资了共 1 000 多项交通项目，主要用于机动化交通改进的交通投资构成了世界银行支出的 13%~16%，但仍然不足以照顾到所有地区。西方学者评价乡村公路质量低下和公路体系不健全造成一些偏远乡村日益边缘化，强调交通网络的完善和可达性的提高对于非洲乡村非农经济成长和致富非常重要。市场自由化在渐渐使得撒哈拉以南非洲大量获得捐赠人资助的公路修复计划的同时，也趋向于扩大了靠近公路和远离公路的乡村的交通服务差距 [19]。对加纳的研究证实了这些 [20]。Samo 通过观察认为大多数分散化的努力似乎没有改善地方服务提供或乡村地区的总体生活水平 [21]。尽管一些国际和地方 NGO 似乎做出了很大的努力以接近乡村的穷人，但贫穷和疾病在乡村人口中仍非常流行。尽管扩展的社区公路维护、合作的交通协议和低成本的远离公路的农作物加工对于减少特定区位的可达性问题发挥着作用，但较差的交通条件仍是撒哈拉以南非洲农业生产增加的限制之一。

（4）中非农业合作成效初显

中非农业合作历史悠久，取得了非洲国家的普遍认可，也积累了丰富的经验。中国同非洲国家开展农业合作主要集中在几个方面，第一，建设农业基础设施；第二，进行农业技术合作和转让；第三，开展人员培训。据统计，截至 2013 年 8 月，中国已在卢旺达、刚果共和国、莫桑比克等国援助建成 15 个农业技术示范中心，并正在规划实施另外 7 个农业技术示范中心项目。同时，中国还向非洲派出农业技术组和数百名农业技术专家，提供政策咨询，传授实用技术，培训当地人员。在我们所调研的刚果民主共和国、刚果共和国和马里，都有援助的农业技术小组，通过中方援助的农业技术园区，帮助当地农民生产水稻和蔬菜。在 2006 年和 2009 年中国政府宣布的两个八项举措中，都包括在非洲建设农业技术示范中心项目，主要目的是为当地培训人员、传授技术，帮助提高当地农业生产水平。同时，还向非洲国家赠送农业机械，这一方面对于加强非洲乡村地区居民生产能力是非常重要的。

随着中国城市化的加速，人地矛盾与冲突越来越大，导致耕地保护形势越来越严峻。在这一背景下，很多中国企业将视野投向了非洲，希望能够开发非洲大量闲置的农业用地。近些年来，中国企业加快了非洲的农业开发与合作，开展了经济作物的种植。这些企业及技术人员的入驻，不仅帮助开发了闲置或低效的土地，解决了当地居民的生活问题，更重要的是将先进的农业生产技术和技能传播到了落后的乡村地区。除了我们所调研的国家与城市，中国企业在许多国家都开展了农业生产和技术合作，比如在马拉维的棉花种植，在塞内加尔、布基纳法索的芝麻种植，在赞比亚的畜禽饲养等，都产生了积极的影响。

7.2.3　非洲国家城市化与乡村考察的感悟与思考

对非洲城市化与乡村发展的考察时间并不长，但所到之处，看到、听到和大量资料查阅得到的事实，让我们深深感受到，独立后的非洲国家，政治制度正在磨合中不断巩固，经济持续快速增长，国际地位正在稳步提升，全球经济一体化的大趋势和非洲农业资源禀赋的天然优势，吸引并加快着非洲国家同国际社会相互合作，共谋发展的步伐。特别是随着中国经济的快速发展，中非合作已经从过去的项目援助和技术扶持转入全方位合作发展的新阶段。正是基于这种考虑，考察组在关注既定任务考察的同时，从中非合作发展的视角，对非洲国家城市化所面临的任务以及中非城市化与乡村建设中相关的问题进行了对应思考，并力求从政策与现实的结合中找到一些推进中非合作向更高层次发展的亮点。

（1）中非农业合作成效显著，前景更广阔

非洲农业和农村发展问题一直是国内外学者关注和研究的重点。中非农业合作是中非合作重要的组成部分。从20世纪60年代起，中国政府就向非洲提供了力所能及的农业援助，帮助非洲国家建设农业基础设施，进行农业技术项目合作或转让，派遣农业技术专家帮助培养当地农业技术骨干，推进非洲国家农业和农村进步。近些年来，政府积极倡导中国企业对非合作，如中国农垦集团投资数千万美元，在非洲成功开发了六个主题农业项目。江苏农垦集团在非洲成功经营了友谊、中华、喜洋洋农场。中国农业大学、南京农业大学和浙江农业大学等国内高等院校，对口援助非洲农业院校建立园艺实验室、微生物实验室等，传授食品加工与保鲜、果酒酿造、无土栽培以及蘑菇、蔬菜等农作物栽培技术。据当地官员介绍，中国派出的农业技术专家很受非洲国家欢迎，那些手把手、传帮带的生动故事，一直广泛传颂在非洲的乡村大地上。据初步统计，从20世纪60年代至今，中国先后帮助非洲国家建立农业技术实验站、农业技术推广站、农场等农业项目总数已经达到143个，并培训了大批农业技术人才，为非洲国家农业和农村发展提供了巨大的帮助。

非洲农业复杂多样，土地经营方式落后，传统的烧荒造地、刀耕火种和抛荒轮作的耕种方式至今还占有相当大比例。在考察的国家中，除南非存在着大量的小型农场外，其他几个国家仍然以一家一户的生存性传统小农业为主。因此，展望未来的中非合作，虽然任重道远，但前景更加广阔。经过长达几十年的努力，中非农业合作的经验积累已经超过其他任何领域。在中非合作实践中积淀的情感和友谊，不断强化着双边合作的认同感，从而为进一步深化中非农业合作奠定了坚实的基础。特别是中非合作论坛北京峰会和埃及峰会上，中国提出了援非的两个八项措施，均突出了农业合作的内容，为中非农业合作开辟出一条更加多元、内涵更加丰富的发展前景。

从目前的情况看，中非农业合作的机制和方式正处在新旧模式转换的阶段，一个以国家为主导，企业为主体，个体为补充的多层次、全方位的中非大农业合作格局（即农、林、牧、渔及土地改良等），一定能够为未来中非农业合作开拓出一片崭新的局面。中国政府可鼓励、扶持中国企业组建集团，整合优势资源，充分利用其经济、技术实力和国际化运营经验，加快非洲农业资源的开发，快速打造非洲现代农业产业体系，弥补非洲城乡建设的现代农业短板，扭转中国对非农业企业形象。

（2）中非合作框架正在双边关系发展中与时俱进

新中国成立以后，中国第一代领导人就把支持非洲人民当作中国应尽的国际义务，给了非洲国家民族独立和解放斗争很大的支持，奠定了中非世代友好的根基。从1956年埃及同中国建交起到1976年6月，共有42个非洲国家同中国建交，占当时非洲独立国家的90%左右。在这期间，尽管中国经济实力也不强，但还是给予了非洲单方面的经济援助。中国政府援建非洲国家大量项目，提供了上百亿元人民币无息贷款。援建领域主要涉及生产性项目、基础设施建设，以及教育、卫生、体育等方面项目，比如糖厂、纺织厂、啤酒厂、卷烟厂等各种工厂。当时是想通过生产性项目的援建，帮助非洲国家解决就业问题，提高自力更生的能力。其中援建的坦赞铁路全长1 800 km多，于1970年10月正式开工，1976年6月提前全面建成，是中国对外援助的最大项目。坦赞铁路凝聚着坦、赞、中三国人民的深厚友谊，被誉为"友谊之路"、"南南合作之路"。

改革开放以后，伴随着中国经济发展战略与政策的转变，中非关系也开始转向了经济建设领域的务实合作。20世纪80年代，非洲各国普遍面临着独立之后的经济发展和社会复兴的需求。中国政府提出了"平等互利、讲求实效、形式多样、共同发展"的四项对非经济合作新原则，这意味着中非经济关系开始由单一的中国提供官方援助向互利合作、共同发展的多领域合作转变。随着中国经济快速发展，我们对非洲的市场、资源需求越来越大，对非洲投资有了很大的发展。同时，根据非洲国家经济发展需要，帮助非洲国家建立了大量的基础设施项目。这一时期，中国为非洲援建了约300个项目，包括为埃及援建的"开罗国际会议中心"，为肯尼亚援建的大型体育场等，产生了积极的国际社会影响。

进入20世纪90年代之后，伴随着世界多极化、经济全球化发展的深入，中非合作开始向纵深发展。2000年，"中非合作论坛"的成立，更是将中非关系推向了新型战略伙伴关系。第一届中非合作论坛为非洲国家减债100亿元人民币，为缓解非洲沉重的债务负担做出了示范和贡献；第二届中非合作论坛最大的亮点是帮助非洲开发人力资源；第三届中非合作论坛的重点是扩大对非洲援助；第四届中非合作论坛的重点是与非洲合作抗击全球金融危机以及应对气候变化等全球性问题；第五届中非合作论坛重申将继续从战略高度和长远角度看待中非关系发展，不断深化中非新型战略伙伴关系。2006年，中国政府发表《中国对非洲政策文件》，旨在宣示中国对非政策的目标及措施，规划今后一段时期双方在各领域的合作。这种机制化的中非关系和中非合作框架内全方位发展的制度体系，推动中非关系长期稳定发展，互利合作不断迈上新的台阶。中国本着互利共赢的原则开展对非洲的能源资源合作，帮助非洲国家把资源优势转化为发展优势，双方实现了共赢发展。

2001年中国直接对非投资仅5 044万美元，2005年为4亿美元，2010年就达21亿美元，是2001年的40倍。中非双边贸易也增长迅速。1994年中非贸易额仅为26.43亿美元，2000年额达到106亿美元，2011年则超过了1 500亿美元，2012年为1 986亿美元，同比增长19%，高于同期中国的对外贸易增长水平，充分显示出中非贸易蓬勃发展的增长势头，已连续4年成为非洲最大的贸易伙伴国。而其中贸易量最大的要数安哥拉，其2008年的进口额为253.11亿美元，其次是南非、苏丹、尼日利亚、埃及等国。中国对非洲的直接投资也由2003年的74.81万美元猛增到2008年的5 490.55万美元。尽管中非经贸合作取得了快速发展，但在合作中还是出现了一些问题，数量增长很快，但质量的提升还不够。同时，由于文化、制度背景的差异，可能存在沟通交流方面的障碍，一定程度上影响了中非合作的效果。对于这方面的问题，需要在今后中非合作进程中加以研究和解决。

（3）中国对非城市化研究的现实指导作用不断提升

中国对非洲的城市地理研究主要集中在城市化、城市与乡村发展、城市贫困、城市规划等方面。许多学者分析了非洲独特的城市化现象及其对中国城市化发展的启示[22]，以及非洲城市化的问题等[23]，"过度城市化"现象及其对中国农村剩余劳动力流动的借鉴[24]。针对个别国家的城市化问题，进行了具体的分析[25]。为了让国内更好地了解非洲城市，也对非洲的16座历史名城的概貌与发展特点进行了介绍[26]。还有学者分析了第二次世界大战以后，北非五国出现的移民欧洲浪潮，解读了其背后的经济、政治、社会文化、历史、地理和生存环境等原因[27]。国内学者研究发现，贫困问题、非正式经济已经成为撒哈拉以南非洲地区城市化进程中不可或缺的一部分。高贫困率已经成为当今非洲大陆在发展过程中面临的首要挑战。学者们探讨了非洲城市边缘黑人集聚区形成的原因、问题及解决的思路[28]，以及南部非洲地区的持续贫困问题及解决策略[29]。

过去三十年，世界见证了中国的经济奇迹与快速城市化发展，中国也积极地参与非洲城市建设。中国企业在非洲投资的增加、开发区的建设，促使非洲城市地理研究对城市与区域规划的重视。2008 年非洲规划大会的主要目的是通过规划的正确引导改善非洲的居住状况，这为我国可持续城市化发展扩展思路提供了参考与启示[30]。通过评析近年来中国设计机构在非洲的若干规划案例，归纳了非洲城市和城市规划的特点，总结和思考了中国在非洲的规划实践[31]。还有学者介绍了博茨瓦纳在新规划范式中开展公众参与的经验[32]。

中国大型企业在非洲的投资模式，为中国规划走进非洲提供了一个很好的切入点和平台。与欧美公司不同，中国公司在竞标非洲国家能源和原材料项目的时候，往往是提出包括出资修建配套基础设施等一揽子计划，从而直接介入当地城市建设和开发中。近十几年来，中有色、中石油、中铁建等国有大型企业在非洲的投资正逐步走向深度合作，谋求长远发展和双向共赢，体现在城建领域，就是各种形式的区域共建、合作或合资开发计划。国内城市规划设计和研究机构，正在这些共建计划中发挥作用[31]。与此同时，中国在非洲援建的项目、参与的城市建设，如最近西方媒体聚焦的安哥拉"鬼城"事件，迫切的提醒中国学者、官方应了解非洲现实的环境与需求，从非洲民众的角度，结合中国自身能力，传播中国城市建设的有益经验，汲取磨合期的教训，参与非洲城市建设，实现非洲城市发展合作。

西方学者对非洲的研究已持续了几百年，无论是城市还是乡村，都积累了丰富的研究成果和素材。而尽管中非之间合作发展迅速，中国对非洲的城市化与城市发展研究，仍然还相当薄弱。伴随着中国积极实施"走出去"战略，配合国家战略需求，应加强对第三世界国家，尤其是非洲国家的城市化与城乡发展的研究。在这次研究中对非洲城市和乡村发展有了更多深层次的认识，为中国的对非援助和参与、支持非洲国家建设，提供了更多的理论支撑和决策依据。

目前，中国非洲地理研究正在广度和深度上不断提高，并由最初的自然地理、经济地理拓展到城市地理和旅游地理等领域拓展，并正在从相对单一的学科研究向多学科、交叉学科研究深化，研究方法和技术也在不断创新，对中国的"走进非洲"战略和服务于非洲国家城市化与乡村建设的现实指导作用不断提升。考察中我们深深感受到，非洲国家对中国学者的非洲城市化研究抱有很高的期待，这对我们也是极大的鞭策。

（4）中国"一带一路"战略必将给非洲国家城市化与乡村发展注入新的生机与活力

丝绸之路起始于古代中国，是连接亚洲、非洲和欧洲的古代国际商业贸易路线，是东方与西方之间经济、政治、文化与科技交流的主要通道。丝绸之路最初的作用是运输中国古代生产的丝绸、瓷器等商品，从运输路径上分为陆上丝绸之路和海上丝绸之路。陆上丝绸之路从西安起始，一路向西途经甘肃、新疆，穿越西亚到达欧洲。海上丝绸之路主要有东海启航线和南海启航线，从朝鲜半岛和东部沿海港口进入日本，或经泉州、广州、徐闻等南部沿海口岸经东南亚、印度洋进入欧洲和非洲。明朝永乐帝为宣国威于海外，派遣郑和率舰队先后七次出使西洋，最远到达了非洲的肯尼亚。庞大的明朝船队带去中国的丝绸、茶叶、瓷器、金银器皿、五金、书籍等产品，进口非洲的象牙、玛瑙、香料、胡椒、檀香等物品。在货物交换的基础上，丝绸之路沿线的港口和城市的商人逐渐形成了一个复杂的贸易网络，将香料从非洲销往世界各地。从古代到现代，非洲在海上丝绸之路的贸易中一直都扮演着十分重要的角色，也留下中非关系源远流长的一路佳话。

2013 年，习近平主席提出建设"新丝绸之路经济带"和"21 世纪海上丝绸之路"

的战略构想，倡导相关各国联合打造互利共赢的"利益共同体"和共同发展繁荣的"命运共同体"。 "一带一路"的构想是在经济全球化和区域一体化加快推进的背景下，促进中国经济与世界经济合理整合与快速融合的宏伟战略决策。当前，亚欧国家大都处于经济转型升级的关键阶段，非洲国度也是蓄势待发，而"一带一路"战略构想，契合了沿线国家的共同需求，有利于激发沿线国家发展活力与合作潜力，也为沿线国家优势互补、开放发展开启了新的机遇之窗。

从古代丝绸之路带给亚、非、欧的地域繁荣到现代丝绸之路的开通，不仅是人类进步史上跨世纪发展方式的简单叠合，更多地体现了全球化时代，作为一个发展中大国主张和平发展，实现国与国之间互利共赢、共同繁荣目标的具体行动。中国当前正处于经济转型期，传统制造业面临着转型和升级，部分制造业产品出现过剩。海上丝绸之路的建设，将加大中非之间在能源与资源开发、制造业提升和基础设施建设方面的联系。因此，应借助这一历史性机遇，在继续强化石油等矿产资源方面合作的同时，拓展旅游业、农业、渔业等产业的发展与合作，包括共建现代农业技术园区、粮油产业示范推广基地和海洋渔业基地。同时，加快中国制造业技术转移和非洲制造业基地的建设，在转移国内过剩产能的同时，帮助非洲沿海国家设立自贸区、出口加工区及工业园区，促进沿路国家产业分工与合作体系的建设。需要强调的是，尽管中非农业合作已有多年的历史，但是中国目前还没有成规模的援助非洲农业发展的成功经验。

作为非洲国家，如果能积极抓住中国"一带一路"这个难得的国际发展机遇，并从整合本国城乡经济社会结构和城乡利益机制抓起，一定会给非洲国家城市化和乡村建设带来难以估量的积极推动力（图7-58）。

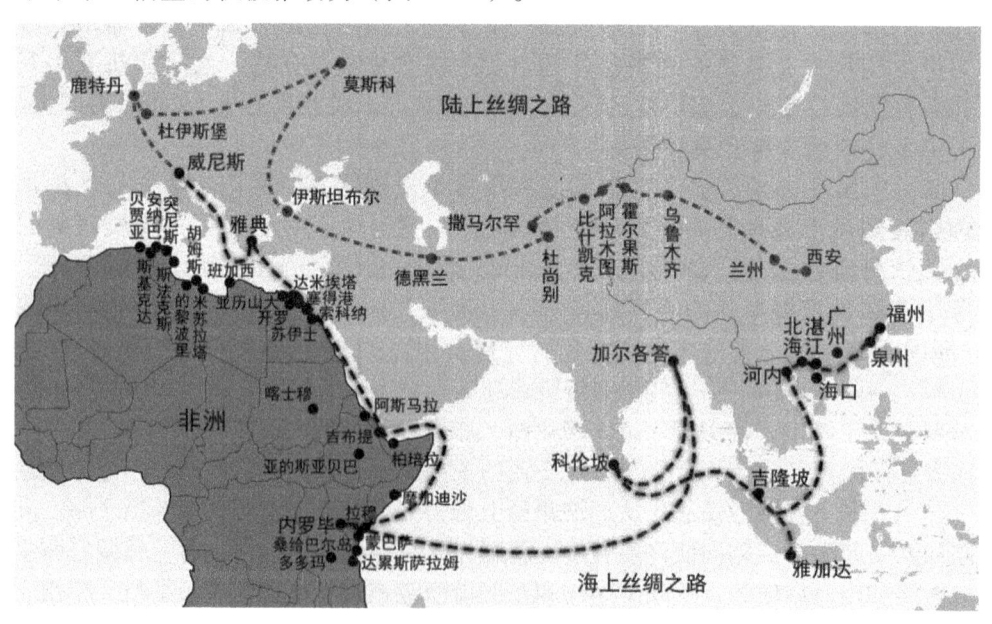

图7-58　"一带一路"与非洲发展

（5）从单一项目援建到整体城市化建设

自1956年以来，中国政府已向51个非洲国家提供了尽可能的援助和建设，项目涵盖了经济基础设施、社会公共设施、农业、工业、医疗卫生、教育、人力资源培训、清洁能源等多个领域，取得了巨大的成就。近些年来，项目建设的类型紧扣非洲国家基本民生，开始关注非洲国家的服务能力建设。中国在尼日利亚的阿布贾修建城市轻轨，缓解当地城市交通压力；在约翰内斯堡修建机场快轨，为 2010 年南非世界杯服务。以中兴、华为为代表的中国通信设备制造企业的产品和服务已覆盖了非洲 50 个国家，为超过 3 亿非洲用户提供了通信服务，为 20 多个非洲国家建设了国家骨干光纤通信网络和电子政务网，将非洲与世界更加紧密地联系在了一起。

从目前的中国对非援建来看，尽管有中国对于能源和资源的需求，但是却是以非洲国家的需求为基本立足点。在中非关系大发展的背景下，非洲城市化建设为中非深化合作提供了新的机遇。近年来，中国企业已经开始参与到非洲的城市改造计划中，积累了一定的经验。例如，中国武夷公司参与了肯尼亚保障性住房的建设，完成了首个中低收入住房试点项目——内罗毕长城小区。除住房之外，中国开发商还为小区居民建设了配套的商业设施、学校、诊所以及污水处理管线。这些项目成果标志着中国已经从单个项目建设向城市化综合项目建设与开发转型。这对于非洲国家无疑是受益的，对于中国而言，也是对中国企业与政府的政策统筹、资源组合与金融实力的考验。如何形成一个合力，为城市化建设项目提供更好的政策等外部环境，是中国政府应该重点考虑的。

从世界范围来看，非洲城市化虽然起步晚，但发展速度非常快。正是由于城市化速度超前于工业化和现代化，导致撒哈拉以南非洲国家出现了普遍的城市病。近十几年来，无论是如联合国等国际组织，还是中西方单个国家，普遍将目光放在如何解决这些"问题"上。当前，非洲经济增长前景较好，但需要解决粮食问题，以及医疗、教育、通讯、电力、自来水等公共服务问题。而中国也正在协调推进工业化、城市化和农业现代化，转型与升级产业结构，积极地融入国际产业分工体系。因此，中国可以利用资金、技术方面的优势，依托中非合作论坛这一新的战略平台，将中非城市化经验交流与非洲城市化建设作为中非合作新方向与重点。结合国内经济社会转型的背景，探索如何利用非洲的人口和土地"红利"，在解决非洲城市化问题的同时，也为中国经济增长提供新的"腾挪"空间。从合作领域来看，不仅要继续深化能源资源、旅游、农业、基础设施、教育和医疗等领域的合作，还应该在城市化与经济增长模式、区域与城市规划、旧城改造与贫民窟治理、资金与技术、人才培养与流动等领域展开全方面的合作。

（6）亚洲基础设施投资银行的成立，无疑给非洲国家城乡基础设施建设带来快速发展的机遇

非洲地区特别是内陆地区城乡基础设施和公共服务落后，已经是一个带有普遍性的且伴随城市化发展过程中城乡经济社会结构畸形而长期存在的问题。尽管非洲国家独立后，随着经济增长，城乡基础设施和公共服务面貌有了较大的改善，但是，由于历史原因和多种现实因素，尤其是资金支付能力的限制，城市与乡村基础设施功能落后、设备不足、质量不高、空间结构不合理等问题并没有得到根本性解决。由于交通、通讯设施不发达，导致货物的运输和信息成本等很高。能源、电力、水资源供应跟不上，造成工业生产动力严重不足，居民生活用电困难。更为突出的是，城乡教育医疗及卫生设施落后，人民接受教育和急救、预防、治疗的机会不均等，形成劳动力素质不高、贫困加剧的恶性循环。考察组到过的地方，均能看到城乡之间、城市与城市之间、大都市区与中小城市之间、沿海城市与内陆城市之间在城市基础设施规模、功能和质量的悬殊对比，这已成为非洲特别是内陆国家城市化与乡村经济社会发展、城乡产业结构和社会组织机构调整的制约性因素。

基础设施建设、与城市资金实力密切相关，亚洲基础设施投资银行的设立，无疑给非洲国家破解资金短缺难题带来机遇。完全可以相信，非洲国家在充分借助中国"一带一路"战略的巨大生机与活力的同时，积极争取世界金融机构特别是亚洲基础设施投资银行专项信贷资金的支持，可从而有效推进非洲国家城乡基础设施建设的快速发展，并在城乡基础功能不断完善，社会生产力水平不断提升的过程中，提高城市和乡村建设的质量与速度。

7.3　中国城市化建设经验的对非借鉴

非洲城市化与乡村发展政策，是西方学者一直关注的热点话题。这些政策都强调了城市病的解决和乡村地区农业发展等内容[13]。也有学者强调了在贫困、乡村发展与地方经济发展及地方分权方面需要国家层面的战略[33]，但非洲自上而下的乡村发展战略在提高乡村贫困人口生活水平方面并不成功。不少人认为不合适的发展战略产生于对乡村社区整个图景的不理解，尤其是忽略了地方人民的感受、需要和理解[34]。虽然非洲国家同中国的政治制度不同，所有制形式也不一样，而且在各自漫长的社会过程中，所形成的民族、宗教、历史、文化和社会习俗也具有鲜明的、多元化的地域特征。但是，从世界城市化和中非合作发展的视角分析，中国和非洲国家之间的相同或相似性要大于不同或差异性。特别是中国和非洲国家同属于发展中国家，发展的方向一致。中国和非洲国家都在发展市场经济，都处于经济社会快速发展的阶段，在城市化建设中遇到的许多问题，如城乡二元结构障碍，城乡经济社会发展不平衡，就业难、贫富不均等城市病，都具有共同性。最重要的是，改革开放后，中国人民通过对挫折和教训的历史总结，自主选择了一条具备中国特色的发展道路，而非洲国家也希望尽快摆脱长期被西方国家边缘化的不利状态，走出一条符合非洲国情的自主发展道路。这种发展大目标和道路选择的趋同性，促成了非洲国家和中国在城市化和乡村发展道路上，相互借鉴彼此成功的经验，促使本国经济社会少走弯路、快速发展的可能性和必要性。

近些年来，伴随着中国经济实力的增强，中国因素对于非洲发展的影响也越来越大。中国在基础设施建设、能源资源开发、工业生产及农业技术合作等方面的投入，促使这个建立在部族主义和自然经济基础上的传统非洲正在经历前所未有的变化。在这样一个日益全球化的国际环境下，中国的参与，将是非洲实现现代化的重要推动力和保障。作为一个人口大国，中国的工业化和城市化模式取得了成功，为解决乡村剩余劳动力提供了广阔的空间，乡镇企业的发展带动了乡村地区的经济发展。这些在中国都是成功的，但是这些模式是否能够被引入到非洲国家，还是需要我们进一步思考和研究。尽管如此，还是有很多经验可供非洲地区借鉴，包括旧城改造、人口流动、城镇体系建设、土地制度改革等方面内容。因此，在中非合作框架下，我们需要加强对非洲城市化动力、机制、格局及乡村发展的研究，进而针对性地提出城市化与乡村发展政策，发挥中国近些年来在城市化战略中积累的成功经验和有效政策，推动中非合作战略的顺利进行，也为中非合作在经济、社会、基础设施领域提供相应的理论与实践参考。

7.3.1 借鉴中国城乡一体化发展政策，加快改变非洲国家城乡发展失调的现状

简单地讲，城乡一体化发展，就是通过规划等政策措施和手段使城市和乡村形成一个完整的系统，促进城乡之间人流、物流、资金流与信息流的自由合理的流动，城乡经济、社会、文化相互渗透、相互融合、高度依赖，城乡差别缩小，各种时空资源得到相互补充、高效利用的过程。从广义上讲，城乡差别主要表现在社会、政治、经济、人口等方面，因此，广义的城乡一体化应当包括城乡政治一体化、城乡经济一体化、城乡文化一体化和城乡生态一体化等内容。从经济角度讲，城乡一体化就是采取一系列配套政策，促进城乡之间生产要素的自由流转，在互补的基础上实现资源共享和合理配置。换句话说，就是充分利用和发挥城市相对先进的技术和管理方式、优秀人才和便捷的信息等优势，直接或间接地带动农村社会和经济的发展，从而消除城乡经济发展水平的差距，实现城乡共同发展，并在城乡经济发展差距缩小的过程中，促进城乡居民的价值观念、城乡文化和生活方式逐步走向一体化。

改革开放以来，在城乡一体化发展政策的指导下，中国城乡经济、社会、文化面貌发生了巨大的变化，已经进入了城市社会。城乡传统的行政区划被打破，城乡联系逐渐紧密，乡村经济实力不断加强，社会文明水平快速提升，并为剩余劳动力提供了广阔的就业和生存空间。相反，非洲国家的城市化，由于历史上形成的大量农村人口向城市的盲目流动，造成城市缺乏坚实的物质和经济基础，不仅挫伤了城市发展的活力，更使农村贫困加剧。加之国家独立后政府对乡村发展存在着认识和政策上的偏颇，导致因历史、区位、资源、人口等多种因素形成的城乡经济、社会发展不平衡的状况未能够得到明显的改变。因此，借鉴中国城乡一体化发展政策，从加强城乡交通、通讯网络体系的建设，完善城乡之间物质运输和人员流动等基础设施建设入手，依据国家发展目标，结合国情和非洲城乡分散，资源、区位、人口差异以及历史文化保护等多方面的实际情况，进行综合分析、规划整合，形成体系完整、结构科学、制度完善、机制灵活的城乡一体化推进的城市化发展战略。从城乡统筹角度，构建城乡产业链。新的战略应该基于非洲文化遗产和传统的复兴，包括综合性发展战略以及社会文化变革的政治经济方案都要考虑乡村居民，从而可能会对非洲国家"溶解"长期以来留存的城乡经济社会发展失调的"难题"，产生"加速度"效应。

加强城乡交通网络体系的建设，完善城乡之间物资运输和人员流动的通道。事实也证明被主干路网所联系起来的乡村地域，要比那些隔离于主干路网之外的乡村地域发展水平高。现代化的通讯设施网络也是需要的。不仅仅是非洲乡村，非洲的城市在互联网普及与应用方面也较差。信息化的加速无疑将广大的乡村地区又一次放在了发展的边缘，这在政策上是不明智的，也是危险的。因为，利用信息化手段，可以解决或至少缓解非洲乡村居民点分散所导致的管理不便和公共服务配给不足等问题。依托区域交通网络体系，培育和壮大中小城市和小城镇，降低首都等大城市的首位度，从而减少或者减缓过度集中城市化所带来的就业及公共服务压力，构建一个合理有序的国家或者区域城乡网络体系。在这方面，一些非洲国家已经做了有益的探索，积累了成功的经验。如坦桑尼亚、肯尼亚、尼日利亚等国，在 20 世纪六七十年代，就先后选择了一些中小城镇作为发展中心，通过加强基础设施，给予税收、贷款优惠或国家直接投资等办法，鼓励与刺激新厂特别是小型工业建设于首都以外的中小城镇和乡村地区，收到了一定效果。

7.3.2 借鉴中国的新农村建设经验，为缩小非洲国家城乡经济社会发展差距助力

中国是一个传统的农业大国，落后的工业决定了近代中国屈辱的历史。新中国成立后，为了民族的振兴，建立了高度集中的社会主义计划经济体制，并对城乡经济和居民户籍实行了二元结构管理。由此形成了一部分比较先进的民族工业和建国初期前苏联参与援建的现代工业与大量的传统农业并存的经济结构形态。一部分在较长时间内发展起来并初具规模的现代城市与辽阔的传统农村并存；一部分现代工业企业与大量的落后手工业或半机械化企业并存；一部分较发达的地区与广大欠发达和贫困地区并存的社会现实。由于户籍制度对人口流动的控制，大量农村剩余劳动力失去了多元创业和自由流动的机会。和中国一样，农业也是非洲国家赖以生存的支柱产业。在殖民统治时期，基于利益和本国发展的需要，殖民统治者往往把注意力和资本投放到利益最丰厚的地区，虽然在一定程度上促进了城市经济，但却放弃了乡村的发展。国家独立后，又因为自然因素、民族矛盾和城乡二元结构复杂性等多种原因，导致在城市日益集中的同时，乡村发展更加缓慢，城乡经济、社会发展差距进一步加大。

随着中国改革开放和城市化建设速度的加快，在对中国城乡经济社会纵深发展反思的基础上，中国共产党十六届五中全会提出了建设社会主义新农村的重大历史任务，拉开了中国新农村建设的序幕。中国新农村建设战略的根本出发点，就是下决心扭转重城轻乡的倾向，通过扩大对"三农"（农业、农村与农民）的投资和政策优惠，促进农业产业化和农村现代化，鼓励广大农民科学种田和自主创业致富；通过加大农村道路、交通、通信等基础设施和公共服务设施建设投资，强化乡村与城市的联系，缩小城乡空间距离，提高乡村公共服务水平。同时，本着节约耕地和可持续原则，对传统农村低密度、分散化的陈旧住房以及落后的教育、医疗和文化等公益性设施进行规划整合和改造；通过因地制宜，挖掘当地自然资源潜力，建设生态特色景观，发展乡村旅游和多种经营，实现城乡生产要素的合理配置；通过建立跨越城乡行政界线的统一市场，实现城乡衔接和农业产品市场衔接，促进城乡资源融合、商贸往来和人才流动；通过改革户籍登记制度，支持农村剩余劳动力自主创业和流动异地择业，提升乡村人力资源优势对城市化与城市经济社会发展的正面激励效应等途径，促进中国传统农村向现代化新农村转变。

实践证明，中国新农村建设战略，不仅快速解放了农村生产力，有效推动了农村经济社会全面、综合发展，而且为破解长期存在的二元结构难题提供了助力，从而促进中国城市与农村劳动生产率比值渐行渐近，城乡发展差距开始缩小，这成为中国城市化建设的一条成功经验，也为非洲国家及城市政府制定城乡发展差距逐步缩小的政策决策，提供出一条可以参考借鉴的发展路径。对于非洲而言，要制定明确的乡村发展计划及行动纲领，增加对农业和乡村建设的投资，大力发展现代农业，鼓励有条件的地区走农业产业化道路。在实地调研和访谈中我们也发现，非洲大部分乡村地区农业耕作技术落后，基本靠人力，而且农业生产工具极其简单原始。因此，农业技术人员及农民农业技能的培训是需要的，而且政府或企业需要支持和鼓励农民使用新技术，改善农业灌溉条件，刺激农民的生产积极性。例如，雨水的收集和水库的建设在非洲乡村地区需求就很大。值得注意的是，非洲国家地广人稀，乡村太分散，乡村居民"乡土"观念较重，客观上都影响着乡村社会经济的发展，也很难实施大规模的乡村建设运动。

7.3.3 借鉴中国渐进式产业结构调整策略，强化非洲国家工业化与城市化的互动激励机制

国际城市化发展规律证实，城市化和工业化之间存在着密切相关及相互推进的互动激励关系。简单地说，就是工业化取得的比较成本利益和规模经济增长所产生的扩大再生产需求，会给城市提供更多的就业机会，城市人口随之增加。而城市人口增加和教育、科技实力增强，带来的城市现代科技的专业化和掌握高技术劳动力人数的不断增加，在对城市经济增长的贡献愈来愈显著的情况下，会进一步吸引新的投资，加快城市生产规模的增长，从而导致城市规模的扩大和城市人口的再增长。其中，资源配置水平和基础设施所增加的城市功能，往往发挥着重要的杠杆作用。历史上，工业化进程首先从18世纪下半叶的英国工业革命开始，而后延展到美、德、法、俄、日等国。第二次世界大战之后，发展中国家先后开始，通过发展工业生产，推动本国的城市化建设，由此掀起了世界城市化浪潮，并被实践证明，成为全球城市化建设的一条必由之路。

改革开放后的中国，是世界城市化发展的后发国，但发展速度却很快，所取得的成就也为世界所瞩目。究其原因，就是紧紧抓住了工业化与城市化之间的内在联系，走出了一条以工业化和信息化带动城市化的发展道路。改革开放近40年来，中国始终坚持渐进式的产业结构调整策略，在持续加大对传统产业改造升级的同时，积极学习，引进国外先进的制造业加工技术和国际现代化工业装备，适时调整国家一、二、三产业在国民经济中的比重，并运用政府和市场双重手段，不断加大城市基础设施和公共服务设施的投资，使中国城市化在硬件和软件实力方面都快速提高，全方位地提升了国家工业化、信息化对城市化的支撑和互动激励能力，从而使中国城市化和乡村建设始终保持着持续、健康发展的生机与活力。而非洲国家之所以出现较为普遍的过度城市化现象，其关键原因还是工业化动力不足，尤其是加工制造业的落后，牵制着整个工业化体系建设的进程。因此，导致非洲国家工业增长同城市人口增长的比例失调，从而弱化了工业化和城市化互相推进的激励效应。所以，借鉴中国渐进式的产业结构调整策略，以加强城市基础功能建设和提高资源配置水平为突破口，推进城市工业产业体系建设，快速增强工业化对城市化的支撑和带动能力，就成为非洲国家有效解决过度城市化引致的一系列社会问题，稳步缩小城乡差距，增强城市化持续快速发展的关键所在。就目前来讲，中国在非洲的投资分布集中于资源富集国家或区域，从行业分布来讲也主要集中于能源矿产资源、基础设施等领域。今后应该更多结合非洲国家或区域发展战略，从整体高度考虑投资领域与区域，强化中国对非洲的技术转让与发展能力建设，促进非洲区域与城乡的协调发展。

客观地评价，非洲国家的城市化建设，在经历了早期殖民统治时期和民族独立后几个阶段的发展，至2008年城市化水平已经达到了39.21%。据联合国非洲经济委员会统计，2025年非洲城市化水平将首次超过50%，逐步接近世界城市化发展的平均水平。但是，从总体上看，非洲国家普遍存在的过度城市化带来的一系列"城市病"并没有得到有效的"医治"，且各国城市化进程差异大，城市化进程与城市经济社会发展水平不同步，二元结构导致的城乡差距扩大和贫困人口增加所引发的经济社会问题，还需要相当长时间的努力才能解决。因此，非洲国家需要结合本国国情，从国家城市化发展的客

观要求出发，借鉴和吸收世界城市化建设的成功经验，并通过对全球城市化建设中已知教训的分析、研究，提高本国城市化与乡村建设的科学决策水平。

尽管未来非洲国家政治经济发展仍然是机遇与挑战并存，经济社会发展中也可能会出现许多新的困难和问题，但我们相信，从殖民统治中解放出来的非洲人民，一定有智慧、有能力、有勇气克服前进中的困难与问题。在国际社会的援助和全球化时代，国与国之间的相互学习、共谋发展的大背景下，非洲人民一定能够在国家城市化建设发展进程中，实现国家繁荣昌盛和人民幸福安康的美好愿景。

参考文献

[1] Piermay, Jean-Luc. Kinshasa: A reprieved mega-city[R] //Caroline Rakodi. The Urban Challenge in Africa: growth and Management of Its Large Cities. Tokyo: United Nations University,1997.

[2] 李保平. 论黑非洲传统文化的基本特征 [J]. 北京大学学报（哲学社会科学版）,1993(6):100-108.

[3] 张宏明. 传统宗教在非洲信仰体系中的地位 [J]. 西非亚洲, 2009(3):11-19.

[4] 甄峰, 郑俊, 魏宗财, 等. 非洲乡村发展研究新进展 [J]. 西亚非洲, 2006(7):73-76.

[5] 张同铸. 非洲经济社会发展战略问题研究 [M]. 北京：人民出版社, 1992.

[6] Taffe E J, Morrill R L, Gould P R. Transport expansion in underdeveloped countries [J]. Geographical Review, 1963, 53(4):503-529.

[7] Platteau J P. Physical infrastructure as a constraint on agricultural growth: The case of Sub-Saharan Africa [J]. Oxford Development Studies, 1996, 24(3):189-219.

[8] Porter G. Living in a walking world: Rural mobility and social equity issues in Sub-Saharan Africa[J]. World Development, 2002, 30(2): 285–300.

[9] World Bank. Adjustment in Africa: Reforms, Results, and the Role Ahead [M]. New York: Oxford University Press for the World Bank, 1994.

[10] Ellis F. Rural Livelihood Diversity in Developing Countries: Evidence and Policy Implications [R]. London: Overseas Development Institute, 1991.

[11] Bryceson D F. The scramble in Africa: Reorienting rural livelihoods [J]. World Development, 2002, 30(5): 725-739.

[12] Bryceson D F. Rural Africa at the Crossroads: Livelihood Practices and Policies [R]. London: Overseas Development Institute, 2000.

[13] Dorward A, Kydd J, Morrison J, et al. A policy agenda for pro-poor agricultural Growth [J]. World Development, 2004, 32(1): 73-89.

[14] World Bank. World development indicators [R].Washington D C: World Bank,2000.

[15] Teklu T, Asefa S. Who participates in labor-intensive public works in Sub-Saharan Africa? Evidence from rural Botswana and Kenya [J]. World Development, 1999, 27(2): 431-438.

[16] Parker A N. Decentralization:The Way Forward For Rural Development [R]. Washington D C: World Bank, 1995.

[17] Reardon T. Using evidence of household income diversification to inform study of the rural nonfarm labor market in Africa [J]. World Development, 1997, 25(5): 735–747.

[18] Hope K R, Lekorwe M. Urbanization and the environment in Southern Africa: Towards a managed framework for the sustainability of cities [J]. Journal of Environmental Planning and Management, 1999, 42(6): 837–859.

[19] Bryceson D F. Sub–Saharan Africa Betwixt and Between: Rural Livelihood Practices and Policies [R].Dutch:University of Leiden, 1999.

[20] Bryceson D F, Howe J. Rural household transport in Africa: Reducing the burden on women[J]. World Development, 1993, 21(11): 1715–1728.

[21] Samo J. Decentralization: The politics of interventionism [J].Development and Change, 1990, 21: 513–530.

[22] 张增玲,甄峰,刘慧. 20世纪90年代以来非洲城市化的特点与动因 [J]. 热带地理, 2007, 27(5): 455–460.

[23] 乔颖. 非洲和拉美国家城市化的弊端及其启示 [J]. 济南大学学报 (社会科学版),2008,18(2):15–18.

[24] 赵慧英. 拉美和非洲地区工业化过程中农村人口迁移分析 [J]. 首都经贸大学学报 ,2007(1): 111–115.

[25] 史云亘. 尼日利亚城市化问题探析 [M]// 周光宏, 姜忠尽. "走非洲，求发展"论文集 . 成都 : 四川人民出版社 ,2008:113–122.

[26] 李原. 世界名城——亚洲、非洲部分 [M]. 上海 : 上海科学技术出版社 , 1984.

[27] 刘晓平, 刘鸿武. 战后北非对欧洲移民问题及其影响 [J]. 西亚非洲 ,2008(3):11–16.

[28] 刘成富, 姜忠尽. 南非城市边缘棚屋区透视 [R]// 张同铸. 迈向二十一世纪的非洲. 南京 : 中国非洲问题研究会 ,1995:187–192.

[29] 张子珩, 冯九璋. 南部非洲的贫困与人力资源能力研究 [J]. 西亚非洲 ,2007(1):27–31.

[30] 李振宇, 邓丰. 规划 "塑造未来" 的三大任务——2008 非洲规划大会 (Planning Africa 2008) 的启示 [J]. 城市规划学刊, 2008(6): 46–50.

[31] 王骏, 张照, 温晓诣. 中国在非洲各国的若干规划实践与思考 [J]. 城市规划学刊, 2010(4):91–98.

[32] Mosha A, Cavric B. 新规划范式中的公众参与：以博茨瓦纳为例 [J]. 国外城市规划 ,2002(2): 20–22.

[33] Goldman I, Carnegie J, Marumo M, et al. Institutional Support for Sustainable Rural Livelihoods in Southern Africa: Results from Zimbabwe, Zambia and South Africa [R]. Natural Resource Perspectives, 2000.

[34] Binns T, Hill T, Nel E. Learning from the People: participatory rural appraisal, geography and rural development in the 'new' South Africa [J]. Applied Geography, 1997, 17(1): 1–9.

图片来源

图 1-1 源自：作者根据佚名.非洲 [EB/OL].（2015-02-14）.https://zh.wikipedia.org/wiki/%E9%9D%9E%E6%B4%B2. 2015-02-14 整理绘制

图 1-2 源自：英国石油公司.BP 世界能源统计年鉴 [M]. 北京：中国统计出版社 ,2011

图 2-1 源自：http://zh.wikipedia.org/wiki/File:Africa_colonization_1939.PNG

图 2-2、图 2-3 源自：作者根据世界银行 2013 年数据绘制

图 2-4 源自：Anon.The State of African Cities 2010: Governance, Inequality and Urban Land Markets [R]. Nairbi: UN-Habitat, 2010

图 2-5 至图 2-12 源自：作者根据世界银行 2013 年数据绘制

图 2-13 源自：Anon. The State of African Cities 2010: Governance, Inequality and Urban Land Markets [R]. Nairbi: UN-Habitat, 2010

图 2-14、图 2-15 源自：作者根据世界银行 2013 年数据绘制

图 3-1 源自：作者自绘

图 3-2 至图 3-5 源自：作者根据《非洲发展指标》(2012 年绘制)

图 3-6 源自：南非斯坦林布什大学（The University of Stellenbosch ）

图 4-1 源自：作者根据非洲统计年鉴整理绘制

图 4-2、图 4-3 源自：作者根据世界银行有关指标数据 . http://data.worldbank.org.cn/indicator 绘制

图 4-4 源自：人民网.非洲"永远"的战争 [EB/OL].(2012-12-02). http://world.people.com.cn/n/2012/1202/c157278-19763425-1.html.2012-12-02

图 4-5、图 4-6 源自：作者根据世界银行有关指标数据：http://data.worldbank.org.cn/indicator 绘制

图 4-7 源自：作者根据 KOF 瑞士经济学会 . http://www.stats.gov.cn/ztjc/ztsj/gjsj/2012/201306/t20130625_74031.html; 世界银行 .http://data.worldbank.org.cn/indicator 绘制

图 4-8 源自：作者根据《中国统计年鉴 》(2001—2013 年) 绘制

图 4-9、图 4-10 源自：作者根据 United Nations Conference on Trade and Development（1980-2012 年 ）绘制

图 4-11 源自：中华人民共和国国务院新闻办公室.中国与非洲的经贸合作白皮书（2013 ）[EB/OL].(2013-08-29) http://www.gov.cn/jrzg/2013-08/29/content_2476529.html

图 5-1 源自:汪恒,石京.非洲公路现状及公路建设市场参入前景分析 [J].铁道工程学报 ,2008(3):97-101

图 5-2 源自：谷歌地图 . http://www.google.cn/maps

图 5-3、图 5-4 源自：Central Intelligence Agency. The World Fact Book 2013[R]. The United States: Central Intelligence Agency,2013

图 5-5 源自：作者自绘

图 5-6 源自：The African Development Bank. African Development Report 2010: Ports, Logistics, and Trade in Africa[M].Oxford: Oxford University Press, 2010

图 5-7 源自：Central Intelligence Agency. The World Fact Book 2013[R]. The United States: Central Intelligence Agency,2013

图 5-8 源自：谷歌图片 . http://images. google.cn/

图 5-9 源自：IEA.World Energy Outlook[Z].2002

图 5-10 源自：Anon. Energy Information Agency[EB/OL].[2016-01-28] http://www.huffingtonpost.com/news/energy-information-agency

图 5-11 源自：BP Statistical Review of World Energy (1990-2010)

图 5-12 源自：作者自绘

图 5-13 源自：African Statistical Yearbook

图 5-14 源自：作者自绘

图 5-15 源自：Cohen Daniel, Marcello Soto. Growth and human capital: Good data，good results[J]. Journal of Economic Growth，2007（12）:112-118

图 6-1 源自：McKinsey Global Institute. Urban World Mapping Economic Power of Cities [Z]. 2011.

图 6-2 源自：UN-Habitat. Global Urban Observatory[Z]. 2008.

图 6-3 源自：Anon. Geographic Guide[EB/OL].[2016-05-28]. http://www.geographicguide.com/africa-map. html

图 6-4 至图 6-8 源自：UN-Habitat. The State of African Cities 2010: Governance, Inequality and Urban Land Markets [R].Nairobi: UN-Habitat, 2010

图 6-9 源自：United Nations. The State of 2008 African Cities—A Framework for Addressing Urban Challenges in Africa [R]. Nairobi: United Nations Human Settlements Programme,2008

图 6-10、图 6-11 源自：UN-Habitat. The State of African Cities 2010: Governance,Inequality and Urban Land Markets [R]. Nairobi: UN-Habitat, 2010.

图 6-12 源自：Owusu G. Small towns in Ghana: Justifications for their promotion under Ghana's decentralization program [J]. African Studies Quarterly, 2005, 8(2):48-69

图 7-1 源自：作者实地拍摄

图 7-2 源自：谷歌地图. http://ditu.google.cn

图 7-3 至图 7-12 源自：作者实地拍摄

图 7-13 源自：谷歌地图. http://ditu.google.cn

图 7-14 至图 7-27 源自：作者实地拍摄

图 7-28 源自：谷歌地图. http://ditu.google.cn

图 7-29 至图 7-38 源自：作者实地拍摄

图 7-39 源自：谷歌地图. http://ditu.google.cn

图 7-40 至图 7-44 源自：作者实地拍摄

图 7-45 源自：谷歌地图. http://ditu.google.cn

图 7-46 至图 7-52 源自：作者实地拍摄

图 7-53 源自：谷歌地图. http://ditu.google.cn

图 7-54 源自：作者实地拍摄

图 7-55 源自：谷歌地图. http://ditu.google.cn

图 7-56、图 7-57 源自：作者实地拍摄

图 7-58 源自：中国企业网 . http://news.zqcn.com.cn/2015/qglh_0310/786454.html

表格来源

表 1-1 源自：英国石油公司 .BP 世界能源统计年鉴 [M]. 北京：中国统计出版社，2011

表 1-2 源自：Food and Agriculture Organization of the United Nations. Food Situation and Crop Prospects in Sub-Saharan Africa[R].Africa Report, 2005

表 1-3 至表 1-5 源自：Food and Agriculture Organization of the United Nations. Global Forest Resources Assessment 2010: Main Report[R]. Rome: Food and Agriculture Organization of the United Nations, 2010

表 1-6 源自：作者根据李淑芹，石金贵 . 非洲水资源及利用现状 [J]. 水利水电快报 ,2009,30(1): 7-9 整理绘制

表 1-7 源自：作者根据唐兰兰 . 非洲旅游资源及其吸引力研究 [D]. 金华：浙江师范大学 ,2010 整理绘制

表 1-8 源自：联合国人类住区规划署 . 规划可持续的城市：全球人类住区报告 2009[M]. 纽约：Earthscan,2009

表 1-9、表 1-10 源自：United Nations Human Settlements Programme. Quick Guides for Policy Makers on Housing the Poor in African Cities[R].Nairobi: UN-Habitat, 2011

表 1-11 源自：Global Urban Observatory, United Nations Human Settlements Programme. Global Urban Indicators Database[R]. Nairobi: UN-Habitat, 2010; United Nations Human Settlements Programme.The State of African Cities 2010: Governance, In equality and Urban Land Markets[R]. Nairobi: UN-Habitat, 2010

表 1-12 源自：席广亮，甄峰，等 . 非洲国家产业结构特征及形成原因 [M]// 周光宏，姜忠尽 . "走非洲，求发展" 论文集 . 成都：四川人民出版社，2008: 206-214

表 2-1 至表 2-3 源自：世界银行 2013 年统计数据

表 2-4 源自：United Nations.The State of 2008 African Cities—A Framework for Addressing Urban Challenges in Africa[R].Nairobi:United Nations Human Settlements Programme,2008

表 2-5 源自：维基百科 . https://wuu.wikipedia.org/wiki

表 2-6 至表 2-16 源自：世界银行 2013 年统计数据

表 2-17 源自：United Nations Human Settlements Programme. The State of African Cities 2010: Governance, Inequality and Urban Land Markets[R]. Nairobi: UN-Habitat, 2010

表 2-18 至表 2-20 源自：世界银行 2013 年统计数据

表 3-1 源自：作者根据联合国人口普查数据与《非洲发展指标》(2012 年) 整理绘制（面积计算时没有包括水域等非建设用地）

表 3-2 至表 3-14 源自：作者根据《非洲发展指标》（2012 年）整理绘制（面积计算时为整个国土面积，包括水域等非建设用地）

表 4-1 源自：作者整理绘制

表 4-2 源自：作者根据世界银行 . http://data.worldbank.org.cn/indicator 整理绘制

表 4-3 源自：作者根据 United Nations Conference on Trade and Development. http://unctad.org/en/Pages/Statistics.aspx 整理绘制

表 4-4 源自：作者根据 United Nations Conference on Trade and Development. FDI/TNC database[Z]. 2011 整理绘制

表 4-5 源自：作者整理绘制

表 4-6 源自：European Commission.External Aid Programmers Financial Trends (1989–2002) [Z]. 2003

表 5-1 源自：Central Intelligence Agency. The World Fact Book 2013[R]. The United States: Central Intelligence Agency,2013

表 5-2 源自: 商务部 . 尼日利亚等 14 个非洲国家筹划横穿非洲大铁路 [EB/OL]. (2005-06-11). http: //www. mofcom. gov. cn /aarticle /o /dj /200506 /20050600124999. html.2009

表 5-3 源自 : 作者整理绘制

表 5-4 源自：作者根据 2008 年各机场网站数据 . http://en.wikipedia.org/wiki 整理绘制

表 5-5 至表 5-8 源自 : 作者整理绘制

表 5-9 源自：BP.BP Statistical Review of World Energy[Z]. 2011

表 5-10 源自：作者根据 1990 年和 1996 年《世界发展报告》整理绘制

表 6-1 源自：作者整理绘制

表 6-2 源自：Thirtle C, Lin L, Piesse J. The impact of research led agriculture productivity growth on poverty reduction in Africa, Asia and Latin America [J]. World Development, 2003, 31(12): 1959–1975